BEST OF TEUBNER

BEST OF

TEUBNER

BEST OF

TEUBNER

KRÄUTER & GEWÜRZE 8

REZEPTE ab Seite 118

*Alle Rezepte sind für 4 Portionen berechnet,
sofern nicht anders angegeben.*

FISCH

84

WARENKUNDE 86 KÜCHENPRAXIS 96

REZEPTE ab Seite 118

*Alle Rezepte sind für 4 Portionen berechnet,
sofern nicht anders angegeben.*

FLEISCH 156

REZEPTE ab Seite 202

*Alle Rezepte sind für 4 Portionen berechnet,
sofern nicht anders angegeben.*

DESSERTS 238

WARENKUNDE 240   KÜCHENPRAXIS 252

REZEPTE ab Seite 282

Alle Rezepte sind für 4 Portionen berechnet,
sofern nicht anders angegeben.

KRÄUTER & GEWÜRZE

VIELFALT AN AROMEN

Die Welt der Kräuter und Gewürze ist ein reicher Schatz, den es zu entdecken gilt. Ob Ananasminze, Zitronenbasilikum, Lavendel, Kardamom oder Zimt – Duft und Geschmack sind entscheidend. Gehen Sie auf eine Entdeckungsreise!

WÜRZENDE ZUTATEN bereichern seit jeher die Küchen der Menschen. Sie prägen den Charakter von Speisen durch ihren pikanten, scharfen, aromatischen, manchmal auch bitteren Geschmack. Doch was genau sind eigentlich Gewürze – zu denen auch Kräuter zählen? Laut den Leitsätzen im Deutschen Lebensmittelbuch handelt es sich dabei um Pflanzenteile, die aufgrund ihres Gehalts an natürlichen Inhaltsstoffen als geschmack- und/oder geruchgebende Zutaten zu Lebensmitteln bestimmt sind. Blüten, Früchte, Knospen, Samen, Rinden, Wurzeln und Wurzelstöcke sowie Zwiebeln oder Teile davon zählen zu den Gewürzen. Auch Blätter und Sprosse gehören dazu. Die einzelnen Unterarten finden Sie im Folgenden jeweils unter dem bekannten Namen – zum Beispiel Thai-Basilikum unter Basilikum. Querverweise zwischen Kräutern und Gewürzen weisen darauf hin, dass von einer Pflanze sowohl frische Blätter wie getrocknete Früchte verwendet werden.

KRÄUTER UND IHRE INHALTSSTOFFE

Viele Pflanzen werden aufgrund ihrer geschmacklichen und heilenden Eigenschaften schon seit der Antike als Würz- und Heilkraut geschätzt. Für den angenehmen Geruch und Geschmack sind oft fettlösliche ätherische Öle verantwortlich. Diese entstehen in den Öldrüsen und werden dann im Gewebe der Pflanzen gespeichert. Besonders reich an ätherischen Ölen sind Dolden- und Lippenblütler. Doch in Kräutern und Gewürzen stecken weitere Inhaltsstoffe: So enthalten etwa Petersilie, Fenchelkraut oder Gartenkresse viel Vitamin C, andere Kräuter sind reich an wertvollen Gerb- und Bitterstoffen. Viele Inhaltsstoffe wirken positiv auf den Organismus. Bitterstoffe regen den Appetit an und fördern die Verdauung. Gerbstoffe wirken entzündungshemmend und Flavonoide, auch sekundäre Pflanzenstoffe genannt, schützen

nicht nur pflanzliche, sondern auch menschliche Zellen vor Krebs. Im Übermaß genossen, können jedoch einige der in manchen Kräutern und Gewürzen enthaltenen Substanzen schädlich wirken: So führen beispielsweise die in Waldmeister oder Liebstöckel enthaltenen, angenehm würzig riechenden Cumarine in großen Mengen zu Leberschäden, Schwindel und Übelkeit. Ebenfalls bedenklich sind Bestandteile mancher ätherischen Öle wie zum Beispiel Estragol, wenn sie dem Körper im Übermaß zugeführt werden. Dieser in vielen Küchenkräutern wie Estragon, Fenchel, Anis oder Basilikum vorkommende Pflanzeninhaltsstoff steht im Verdacht, krebserregend zu sein. Als Heilmittel kommen diese Kräuter daher aus heutiger Sicht nicht mehr infrage – in den geringen Mengen, in denen sie zum Würzen von Salaten, Saucen und anderen Speisen Verwendung finden, sind sie jedoch vollkommen unbedenklich.

KÜCHEN- UND WILDKRÄUTER

Mittlerweile sind Kräuter im Handel in einer bis vor wenigen Jahren noch undenkbaren Vielfalt erhältlich. Viele Gewürzpflanzen lassen sich zudem aus Samen im Topf auf dem Balkon oder im Garten selbst ziehen. Nicht zu vergessen ist die große Zahl der Wildkräuter, die bei genauem Hinsehen vor der Haustür oder sogar im eigenen Garten wachsen. Gerade sie enthalten viele wertvolle bioaktive Substanzen. Sammeln sollte man Wildkräuter nur auf ungedüngten, unbelasteten Wiesen – und ausschließlich bekannte Pflanzen. Denn bei einigen der wild wachsenden Kräuter besteht eine Verwechslungsgefahr mit giftigen Pflanzen. Viele Wildkräuter sind daher auch in Spezialgärtnereien erhältlich oder können als Bundware bestellt werden. Freuen Sie sich auf die Welt der Kräuter und auf spannende Neuentdeckungen.

AROMATISCHE BLÜTEN

Geschmacksstoffe stecken nicht nur in den Blättern und Stängeln von Gewürzpflanzen, sondern auch in den Blüten. Sie setzen als Garnitur farbige Akzente und können oft auch verzehrt werden.

BASILIKUM

BASILIKUM weckt mit seinem unvergleichlichen Aroma wie kein anderes Kraut die Sehnsucht nach Sommer, Süden und mediterranen Genüssen wie zum Beispiel Insalata caprese oder Tagliatelle mit Pesto.

Vermutlich stammt das wärmeliebende Basilikum ursprünglich aus Afrika, wie die Zahl der dort wild vorkommenden Sorten vermuten lässt. Auch Asien, insbesondere Indien, wird als Heimat des pfeffrig-süßen Krauts genannt. Zumindest Tulsi, das Heilige Basilkum (S. 13), stammt wohl von dort. Basilikum existiert in vielen Arten und Sorten und gehört zu den beliebtesten Küchenkräutern. Geerntet werden die Triebspitzen und ganze Stängel vor der Blüte. Basilikum eignet sich weder zum Mitgaren noch zum Trocknen oder Tiefkühlen. Nur in Öl lässt sich sein wunderbares Aroma konservieren.

GENOVESER BASILIKUM (1)

(Ocimum basilicum)
Familie: Lippenblütler *(Lamiaceae,* Syn. *Labiatae)*
andere dt. Bez. Gewöhnliches Basilikum, Basilienkraut, Deutscher Pfeffer, Königskraut, Hirnkraut, Herrenkraut, Suppenbasil, Braunsilge; engl. sweet basil; frz. basilic, grand basilic.
Das aromatische Genoveser Basilikum aus Italien ist die bekannteste Basilikumsorte überhaupt und äußerst beliebt.
Merkmale: Die einjährige, buschige Art wird 60 cm hoch, hat dunkelgrüne Blätter und weiße Blüten.
Verwendung: Blätter, Sprosse mit Knospen sowie Blüten sind ideal für Salate, Pesto und Antipasti und passen zu Knoblauch, Tomaten, Auberginen, Kartoffeln, Fisch und Meeresfrüchten.

GRÜNES KRAUSES BASILIKUM (2)

(Ocimum basilicum 'Green Ruffles')
Die süß duftende und sehr aromatische Sorte wird nicht nur, aber vor allem in England geschätzt.
Merkmale: Einjährige, buschig wachsende, großblättrige Sorte, die bis zu 50 cm hoch wird; limettengrüne, krause Blätter.
Verwendung: Das gekrauste grüne Basilikum ist sehr aromatisch und wird wie Genoveser Basilikum (1) genutzt. Verwandt ist die rötlich braune, ebenfalls gekrauste, etwas schärfer schmeckende Sorte Purple Ruffles. Andere grüne krause Sorten wie das pfeffrige Neapolitanische Basilikum, dessen lindgrüne Blätter fast handgroß werden, oder das Salatblättrige Basilikum mit seinen großen, zarten Blättern sind ebenfalls hocharomatisch. Sie werden in Italien insbesondere für Saucen und Salate verwendet.

PROVENCE-BASILIKUM (3)

(Ocimum basilicum)
Wie der Name vermuten lässt, stammt die mediterrane Form aus Südfrankreich.
Merkmale: Einjährige, buschige, gedrungen wachsende Sorte mit mittelgroßen Blättern.
Verwendung: Das Aroma ist intensiv basilikumtypisch, in der Verwendung wie Genoveser Basilikum (1).

- Genoveser Basilikum: sehr aromatisch, würzig, etwas süß und leicht pfeffrig, große Blätter.
- Grünes krauses Basilikum: sehr aromatisch, große Blätter.
- Provence-Basilikum: intensives Aroma, mittelgroße Blätter.

(1) GENOVESER BASILIKUM ist sehr aromatisch. Seine spitz-ovalen, großen und fleischigen Blätter sind leicht gewölbt und glänzend.

(2) GRÜNES KRAUSES BASILIKUM hat große, dekorative Blätter mit gekraustem Rand. Diese ergiebige Sorte ist äußerst aromatisch.

(3) PROVENCE-BASILIKUM stammt aus Südfrankreich, hat viel Arima, ist ergiebig und hat schmale, glatte Blätter mit gezähntem Rand.

Die verschiedenen Basilikum-Varietäten unterscheiden sich in Wuchs, Blattgröße, Form und Farbe der Blätter, vor allem aber im Aroma. Kräutergärtner unterscheiden die folgenden Unterarten: **Basilikum 'Fino verde'** *(Ocimum basilicum)* (1) ist sehr intensiv im Aroma. Die einjährige Pflanze blüht spät und gilt als eine der besten Sorten für Pesto. **Griechisches Buschbasilikum** *(Ocimum basilicum var. minimum,* Syn. *Ocimum minimum)* (2) ist ein einjähriger, kugeliger, aufrechter Strauch, der bis zu 40 cm hoch wird. **Türkisches Buschbasilikum** *(Ocimum basilicum var. minimum,* Syn. *Ocimum minimum)* (3) ist ebenfalls einjährig und hat kleinere Blättchen, ein intensives Aroma und einen auffällig süßen Duft. Unter den vielen Basilikumsorten fallen weitere durch ihren Duft auf, wie das in der Art nicht eindeutig klassifizierbare einjährige **Zitronenbasilikum** *(Ocimum species)* (4). Die Pflanze wird ungefähr 40 cm groß und eignet sich sehr gut für Saucen, Fischgerichte und helles Fleisch. An Limetten erinnert das **Limonenbasilikum** *(Ocimum x citriodorum).* Das robuste **Mexikanische Gewürzbasilikum** *(Ocimum basilicum)* (5) schmeckt nach Zimt und wird auch als **Zimt-Basilikum** bezeichnet. Die einjährige, exotische Sorte blüht rosa und würzt Desserts, Tees und Drinks.

Für Currys unentbehrlich ist **Thai-Basilikum** *(Ocimum basilicum)* (6), in Thailand Horapa (Horapha) genannt. Das einjährige Kraut schmeckt pfeffrig und hat ein kräftiges Anisaroma. **Thai-Basilikum 'Siam Queen'** *(Ocimum basilicum)* (7), ist eine züchterische Weiterentwicklung mit dunkleren Blättern. Als Thai-Basilikum werden zudem eine zitronige Sorte *(Ocimum citriodorum)* sowie das ausdauernde süße **Rote Tulsi** *(Ocimum tenuiflorum,* Syn. *Ocimum sanctum)* gehandelt, das nach Nelken und Piment duftet. Ausdauernd sind auch alle im Folgenden genannten Arten, das heißt, sie können im Haus im Topf oder Kübel überwintern.

GROSSE ARTENVIELFALT

Die Gattung *Ocimum* umfasst weltweit über 60 Arten. Obwohl nur einige als Würzkraut verwendet werden, unterscheiden sich die Aromen deutlich: Mediterrane Typen schmecken pfefferig-süß und leicht nach Anis und Gewürznelken. Andere Sorten erinnern an Zitrone oder Zimt. Bei asiatischen Sorten dominieren Anis und Kampfer.

(1) BASILIKUM 'FINO VERDE' hat relativ kleine, dunkelgrüne Blätter und ein intensives Aroma.

(2) GRIECHISCHES BUSCHBASILIKUM zeichnet sich durch kleine Blätter aus und ein kräftiges Aroma.

(3) TÜRKISCHES BUSCHBASILIKUM hat sehr kleine Blätter und duftet aromatisch süß.

(4) ZITRONENBASILIKUM hat schmale Blätter und ein würzig-süßes, zitroniges Aroma.

(5) MEXIKANISCHES GEWÜRZBASILIKUM ist rotstielig und hat ein ausgeprägtes Zimtaroma.

(6) THAI-BASILIKUM hat spitz zulaufende Blätter und blüht rot. Sein Aroma ist stark anisartig.

(7) THAI-BASILIKUM 'SIAM QUEEN' hat dunkelgrüne Blätter. Sein Aroma erinnert an Anis und Lakritze.

(8) WILDES BASILIKUM ist robust und blüht rosaviolett. Das Aroma ist frisch und pimentartig.

Wildes Basilikum *(Ocimum americanum,* Syn. *Ocimum canum)* (8), erinnert im Aroma neben Piment an Minze und Ingwer und wird auch für Süßspeisen verwendet. Basilikum 'Wildes Purpur' *(Ocimum canum x basilicum)* (9), eine Kreuzung von Wildem und Neuguinea-Basilikum, ist robust und hat ein gutes Aroma. Aus der Kreuzung von rotem und Kampferbasilikum entstand das nach Nelken, Minze und Anis duftende Basilikum 'African Blue' *(Ocimum kilimandscharicum x basilicum)* (10). Für Pesto eignen sich spät blühende Sorten wie Zyprisches Strauchbasilikum *(Ocimum species)* (11), Kubanisches Strauchbasilikum *(Ocimum basilicum v.)* (12) und das vom Schwarzen Meer stammende rotstängelige Russische Strauchbasilikum *(Ocimum basilicum v.)* (13). Das Basilikum 'Rotes Lesbos' *(Ocimum basilicum)* (14) passt zu Hülsenfrüchten (Dals). Ursprünglich ebenfalls aus Griechenland stammt das Buschbasilikum 'Corfu' *(Ocimum basilicum* ssp. *minimum,* Syn. *Ocimum minimum)* (15). Das gelb blühende Ostindische Baumbasilikum *(Ocimum gratissimum)* (16), auch Vana Tulsi oder Nelkenbasilikum genannt, aromatisiert Reis und Süßes und eignet sich zum Trocknen. Tulsi oder Indisches Basilikum *(Ocimum tenuiflorum,* Syn. *Ocimum sanctum)* (17), das heilige Kraut Indiens, dient vornehmlich als Heilpflanze.

(17) TULSI ODER INDISCHES BASILIKUM hat grüne Blätter mit roten Adern und rötlich violette Stängel. Sein Aroma ist sehr würzig und aromatisch.

(9) BASILIKUM 'WILDES PURPUR' ist rotblättrig und rosa blühend. es schmeckt angenehm pfeffrig.

(10) BASILIKUM 'AFRICAN BLUE' hat grüne Blätter mit roten Adern. Der Geschmack ist etwas herber.

(11) ZYPRISCHES STRAUCHBASILIKUM hat große, fleischige Blätter und typisches Basilikumaroma.

(12) KUBANISCHES STRAUCHBASILIKUM blüht selten und hat so stets frische Blätter; kräftiges Aroma.

(13) RUSSISCHES STRAUCHBASILIKUM hat grüne, mittelkleine Blätter und ein kräftiges Aroma.

(14) BASILIKUM 'ROTES LESBOS' ist robust, blüht zartrosa und hat rotgrüne, gesprenkelte Blätter.

(15) BUSCHBASILIKUM 'CORFU' hat kleine, hellgrüne, zarte und sehr aromatische Blätter.

(16) OSTINIDSCHES BAUMBASILIKUM hat große behaarte Blätter und duftet nach Gewürznelken.

KAPUZINERKRESSE, KERBEL UND KORIANDERKRAUT

Ob pfeffrig-scharf oder anisartig süß: Diese Kräuter werden generell frisch verwendet, denn beim Kochen büßen sie ihr wunderbares Aroma ein.

KAPUZINERKRESSE (1)

(Tropaeolum majus)

Familie: Kapuzinerkressengewächse *(Tropaeolaceae)*
andere dt. Bez. Große Kapuzinerkresse, Indische Kresse, Blumen-kresse; engl. nasturtium, Indian cress; frz. capucine.
Kapuzinerkresse stammt ursprünglich aus den wärmeren Zonen Südamerikas, vermutlich aus Peru. Mit den Spaniern gelangte die Pflanze im 16. Jahrhundert nach Europa, heute ist sie weltweit verbreitet.
Merkmale: Die mehrjährige, frostempfindliche Staude wird hierzulande nur einjährig kultiviert und erreicht ohne Rankhilfe eine Höhe von etwa 30 cm. Die Blätter schmecken erfrischend und leicht scharf.
Verwendung: Blätter und Blüten eignen sich roh für Salate, die Blüten auch für Würzessige und als Garnitur. Die zerkleinerten Blätter aromatisieren auch Saucen und Dips, Frischkäse, Eier und Kartoffeln. Die Blütenknospen und unreifen Früchte können wie Kapern in Essig oder Salz eingelegt werden. Frische Blätter und Blüten lassen sich jederzeit ernten.

KERBEL (2)

(Anthriscus cerefolium)

Familie: Doldenblütler *(Apiaceae,* früher *Umbelliferae)*
andere dt. Bez. Echter Kerbel, Gartenkerbel; engl. anthriscus, chervil; frz. cerfeuil des jardins, herbe aiguillée.
Die Heimat des schon in der Antike geschätzten Würzkrauts liegt in Südosteuropa und im Vorderen Orient. Heutzutage ist Kerbel in ganz Europa sowie in Nordafrika, Ostasien und in Amerika verbreitet. In Deutschland wird das Kraut seit etwa 400 Jahren angebaut.
Merkmale: Der einjährige Kerbel kann bis zu 70 cm hoch werden. Die unteren Blätter haben lange Stiele, die oberen entsprießen direkt an den runden, fein gerillten Stängeln. Die unscheinbaren kleinen weißen Blüten erscheinen in den Blattachseln. Kerbel ist aromatisch süß und leicht anisartig.

- Kapuzinerkresse: erfrischend, leichte Schärfe.
- Kerbel: aromatisch süß, mit anisartigem Geschmack.
- Korianderblätter: frischer, würziger, typischer Geschmack.
- Kresse: kräftiges pfeffriges Aroma, beißend scharf im Geschmack.

Die karminroten, gelben oder orangefarbenen duftenden Blüten der Kapuzinerkresse setzen farbige Akzente – im Garten, auf Balkon und Terrasse, aber auch in der Küche. Sie eignen sich gut als Garnitur von Salaten und Vorspeisen, aber auch von Getränken. Kapuzinerkresseblüten schmecken wie die Blätter der Kapuzinerkresse leicht pfeffrig und nach Kresse, sind jedoch etwas zarter und süßer als diese.

(1) KAPUZINERKRESSE (in der Abbildung junge Pflanze), hat grau-grüne, langstielige, glatte und schildförmige Blätter, die wie die Blüten zum Würzen verwendet werden.

Verwendung: Das Würzkraut ist in Frankreich sowie in den Niederlanden und in den USA beliebt. Neben Petersilie, Schnittlauch und Estragon gehört Kerbel zur klassischen französischen Kräutermischung Fines Herbes. Frische Blätter ergänzen Fisch und helles Fleisch und würzen Salate, Saucen und Suppen. Kerbel passt auch gut zu Eiern, Kartoffeln und Gemüse und ist Bestandteil der traditionellen Gründonnerstagssuppe und der Frankfurter Grünen Sauce (S. 82).

KORIANDERKRAUT (3) –> GEWÜRZE, S. 30
(Coriandrum sativum)
Familie: Doldenblütler *(Apiaceae, früher Umbelliferae)*
andere dt. Bez. Schwindelkorn, Wanzenkraut, Arabische Petersilie, Chinesische Petersilie; engl. coriander, cilantro, Chinese parsley; frz. coriandre, persil chinois, persil arabe.
Koriander ist im östlichen Mittelmeerraum beheimatet und gelangte im 4. Jahrhundert v. Chr. bis nach Indien. Heute ist das Kraut in Asien und auf der ganzen Welt beliebt. Das Kraut gedeiht in gemäßigtem und tropischem Klima.
Merkmale: Die einjährige, krautige Pflanze wird bis zu 1 m hoch. Sie bildet zuerst grundständige, fiederlappige Blätter aus und später dann verzweigte Stängel mit gefiederten, dill-ähnlichen Blättern. Koriandergrün ist äußerst würzig und hat einen etwas eigenwilligen Geschmack.
Verwendung: In asiatischen Küchen wird Korianderkraut häufig als Garnitur verwendet und ist Teil grüner Currypasten, Pickles und Chutneys. In lateinamerikanischen Ländern, insbesondere in Mexiko, ist das Kraut unentbehrlich, etwa für Guacamole. In Portugal aromatisiert Korianderkraut Meeresfrüchte. Hierzulande werden die zarten Blättchen erst seit wenigen Jahrzehnten als Küchenkraut genutzt.

KRESSE, GARTENKRESSE (4)
(Lepidium sativum)
Familie: Kreuzblütengewächse *(Brassicaceae, früher Cruciferae)*
andere dt. Bez. Pfefferkraut, Tellerkresse; engl. garden cress, peppergras; frz. cresson alénois, nasitort.
Diese Kresseart ist reich an Vitamin C und stammt vermutlich aus Westasien oder dem Iran. Seit der Antike ist sie im Mittelmeerraum verbreitet.
Merkmale: Das einjährige Kraut kann 50 cm hoch werden, blüht weiß oder rosa und schmeckt scharf.
Verwendung: Roh bereichert Kresse Salate, Kräuterdips und Kräuterquark und ist eine scharf-würzige Garnitur.

(2) KERBEL hat weiche, zarte, in der Regel hellgrüne, zwei- bis dreifach gefiederte und etwa 12 cm lange Blätter, die leicht mit Korianderkraut zu verwechseln sind. Frühjahrskraut.

(3) KORIANDER Grün oder auch CILANTRO ist in Asien und Lateinamerika so populär wie Petersilie bei uns. Der Geschmack der dunkelgrünen Blätter ist nicht jedermanns Sache.

(4) GARTENKRESSE hat zarte, dunkelgrüne, verkehrt eiförmige Grundblätter. Die Keimlinge wachsen rasch und können bereits nach wenigen Tagen geerntet werden.

LAVENDEL, LIEBSTÖCKEL, LORBEER

In Maßen verwendet, können diese drei Gewürzkräuter interessante Akzente setzen und überzeugen in ungewöhnlichen Kombinationen geschmacklich.

LAVENDEL, ECHTER LAVENDEL (1)
(Lavandula angustifolia)
Familie: Lippenblütler *(Lamiaceae,* Syn. *Labiatae)*
andere dt. Bez. Lavande, Levander, Narde; engl. lavender; frz. lavande.
Ursprünglich stammt Lavendel aus dem westlichen Mittelmeerraum, doch die Pflanze ist heute auch in Süd- und Osteuropa verbreitet. Die französische Provence ist besonders für den Lavendelanbau bekannt. Neben dem Echten Lavendel wird dort für die Seifen- und Parfümherstellung eine weitere Art kultiviert: **Lavandin** oder **Provence-Lavendel** *(Lavandula x intermedia).* Die Hybridform entstand aus einer Kreuzung von Echtem Lavendel und **Speik-Lavendel** *(Lavandula latifolia).* Sie ist im Aroma schwächer als Echter Lavendel. Ätherisches Lavendelöl wird aus den blühenden Rispen destilliert.

Merkmale: In seiner südlichen Heimat erreichen die aufrecht wachsenden, immergrünen und winterharten Sträucher Höhen von 1 m und mehr, sonst werden sie nur 30–50 cm groß. Lavendel hat blaugrüne, lanzettartige Blätter und stark verholzte Zweige. Die duftenden violettblauen Blüten erscheinen im Sommer auf blattlosen Schäften. Lavendel schmeckt parfümiert und leicht bitter.
Verwendung: In Südfrankreich würzt Lavendel frisch oder getrocknet Lamm- und Kartoffelgerichte, seltener auch Fisch. Das Kraut passt auch zu Wild und Wildgeflügel. Getrocknet ist es Teil der Kräutermischung Herbes de Provence, die mit ihrem intensiven Aroma Grillfleisch und Gemüse wunderbar würzt. Lavendelblüten dienen frisch oder kandiert als Garnitur, parfümieren aber auch Eis und andere Desserts, Gebäck, Dressings, Sirup und Honig.

- Lavendel: typisches, parfümiertes Aroma; leicht bitter.
- Liebstöckel: erinnert an »Maggi«-Würze und Sellerie.
- Lorbeer: Die Blätter schmecken jung fruchtig, später herb würzig und leicht bitter.

(1) LAVENDEL blüht blassviolettblau bis purpufarben. Die bis zu 1 cm langen Einzelblüten enthalten bis zu 3 Prozent ätherische Öle und erscheinen ährenartig in Scheinquirlen. Aufgrund seines starken, parfümartigen Aromas sollte Lavendel in der Küche sehr vorsichtig dosiert werden. Oft reichen einige wenige Blüten aus.

LIEBSTÖCKEL (2)

(Levisticum officinale)

Familie: Doldenblütler *(Apiaceae*, früher *Umbelliferae)*
andere dt. Bez. Maggikraut, Suppenlob, Großer Eppich, Labstock, Stecklaub; engl. lovage, bladder seed; frz. livéche.
Die Heimat des Liebstöckels liegt vermutlich im Mittelmeerraum oder in Zentralasien und zählte schon im alten Rom zu den beliebtesten Gewürzen.
Merkmale: Die ausdauernde, bis zu 2 m hohe Staude hat runde, hohle Stängel und unten zweifach, oben einfach gefiederte Blätter. Die kleinen gelben Einzelblüten erscheinen in Dolden. Im Aroma erinnert das Kraut an »Maggi«-Würze und Sellerie.
Verwendung: Liebstöckel eignet sich zum Mitgaren in Suppen und Schmorgerichten. Sparsam dosiert würzen frische Blätter Quark und Butter, Salate und Suppen, die Knospen harmonieren mit Schokolade.

LORBEER, ECHTER LORBEER (3)

(Laurus nobilis)

Familie: Lorbeergewächse *(Lauraceae)*
andere dt. Bez. Gewürzlorbeer, Lorbeerbaum; engl. bay, sweet bay, bay laurel; frz. laurier.
Der Lorbeerbaum ist vermutlich in Kleinasien beheimatet, ist jedoch heute im gesamten Mittelmeerraum verbreitet. In der Antike galt der Baum als heilig.
Merkmale: Der immergrüne, nicht winterharte Baum oder Strauch kann 15 m hoch werden. Die Form der Blätter reicht von rundlich bis lanzettförmig. Junge Lorbeerblätter haben einen fruchtig-würzigen, ältere einen herb-würzigen Geschmack.
Verwendung: Getrocknet oder frisch aromatisiert Lorbeer Suppen, Saucen, Fisch, Ragouts, Fleisch und Wild. Sehr fein geschnitten eignen sich junge Blätter zum Verzehr, meist werden die Blätter zum Würzen vor dem Servieren entfernt.

Zu den Lorbeergewächsen gehört auch der **Indische Lorbeer, Zimtblatt** *(Cinnamomum tamala)* (4). Seine nach Zimt duftenden getrockneten Blätter waren schon in der Antike als Gewürz geschätzt. Zimtblätter würzen Fleisch- und Reisgerichte.

(2) LIEBSTÖCKEL hat dunkelgrüne, keilförmige, grob gezähnte Blätter. Er dient u. a. zur Herstellung des berühmten »Maggi«-Aromas.

(3) LORBEER hat ledrige, bis zu 10 cm lange, oben glänzend dunkelgrüne, unten matte Blätter. In der Antike galt der Lorbeerkranz als Siegeszeichen.

(4) INDISCHES LORBEERBLATT, ZIMTBLATT. Die getrockneten Blätter erkennt man gut an den drei charakteristischen, parallelen Adern.

MAJORAN UND MELISSEN entfalten frisch verwendet ihr Aroma am intensivsten. Das sogenannte Wurstkraut und die Goldmelisse eignen sich gut zum Trocknen, die Zitronenmelisse jedoch nicht.

MAJORAN, GARTENMAJORAN (1)

(Origanum majorana, Syn. Majorana hortensis)
Familie: Lippenblütler *(Lamiaceae, Syn. Labiatae)*
andere dt. Bez. Wurstkraut, Bratenkräutel, Maigram, Mairan; engl. marjoram, sweet marjoram; frz. marjolaine.

Majoran und Oregano sind eng verwandt, was sich im botanischen Namen widerspiegelt, meist werden daher die Majoranarten unter der Gattung Dost *(Origanum)* geführt. Der wärmeliebende Zwergstrauch stammt ursprünglich aus Kleinasien und ist in seiner Heimat mehrjährig. Heute ist er im ganzen Mittelmeergebiet verbreitet und wird einjährig auch in Ost- und Mitteleuropa kultiviert, so zum Beispiel bei Aschersleben in Sachsen-Anhalt. Hierzulande zählt das das traditionell zur Wurstherstellung verwendete Kraut flächenmäßig neben der Petersilie zu den wichtigsten Würzkräutern.

Merkmale: Majoran wird bis zu 60 cm hoch. Seine Stängel sind graugrün, oftmals rötlich gefärbt und flaumig behaart. Auch die Blätter des Majoran sind auf der Ober- und Unterseite filzig behaart. Das Kraut ist würzig süß, leicht harzig und erfrischend im Geschmack.

Verwendung: Majoran wird häufig für die Wurstherstellung, insbesondere für Leberwurst, verwendet, würzt aber auch Fleisch, Ragouts, Kartoffeln, Hülsenfrüchte und Füllungen. Als Gewürz dienen frische und getrocknete, gerebelte Blätter. Da Majoran nicht sehr hitzebeständig ist, gibt man frische Blättchen am besten erst gegen Ende der Garzeit zu.

Neben dem Gartenmajoran gibt es weitere verwandte Arten. Interessant ist etwa der **Kreta-Majoran** *(Origanum dictamnus)* (2), auch Diptamdost, Kretadiptam oder nach dem Diktys-Gebirge auf Kreta Dictamno genannt. Er hat kleine, stark behaarte Blätter, hängende, rosa bis purpurfarbene Blüten und ist mild im Geschmack. Im arabischen Raum schätzt man zudem den **Syrischen** oder **Arabischen Majoran** *(Majorana syriaca)*. Er besitzt ein intensives Aroma, das zwischen Majoran, Thymian und Oregano liegt. Die Pflanze hat weiche, behaarte Blättchen und ist im Nahen Osten eines der wichtigsten Würzkräuter. Verwendet werden Blätter und Stängel wie Thymian oder Bohnenkraut. In der arabischen Küche würzt es Grillfleisch und Fladenbrot.

- Majoran: süßlich würzig, leicht harzig und erfrischend im Geschmack.
- Melisse: würzig, feines Zitronenaroma, beim Berühren der Blätter intensiver Zitrusduft.
- Goldmelisse: angenehm würziges Zitrusaroma.

(1) MAJORAN hat viel Aroma in den Stängeln, Blättern und Knospen kurz vor oder während der Blüte. Die Blätter sind klein, eiförmig und filzig behaart. Majoran lässt sich gut trocknen.

(2) KRETA-MAJORAN hat kleine, eiförmig runde, grün- oder silbriggraue, auffällig stark filzig behaarte Blätter, aus denen auch ein Tee gebraut wird.

(3) MOLDAWISCHE MELISSE ist einjährig. Sie besitzt lange, schmale, gezähnte Blätter und hat violette Blüten. Ihr mildes Zitronenaroma eignet sich für Tees.

MELISSE, ZITRONENMELISSE (3), (6)
(Melissa officinalis)
Familie: Lippenblütler *(Lamiaceae,* Syn. *Labiatae)*
andere dt. Bez. Bienenfang, Bienenkraut, Citronelle, Honigblatt, Herzkraut; engl. lemon balm; frz. baume, mélisse, citronelle.
Zitronenmelisse stammt aus dem östlichen Mittelmeerraum und Westasien und war schon in der Antike geschätzt. Sie wird heute auch in Nordafrika und Amerika kultiviert. Aus ihr wird der bekannte Melissengeist hergestellt.
Merkmale: Zitronenmelisse kann bis zu 90 cm hoch werden und blüht weiß oder gelb und hat ein feines Zitronenaroma.
Verwendung: Zitronenmelisse aromatisiert Süßspeisen, Obstsalate und, zerstoßen mit etwas Eis, auch Drinks. Das Kraut würzt Saucen, Suppen, Salate, Fisch, Füllungen und Chutneys. Zitronenmelisse eignet sich weder zum Trocknen noch zum Mitgaren und wird stets zum Schluss zugefügt.

Andere Arten wie zum Beispiel die in Deutschland heimische **Weiße Melisse** *(Nepeta cataria* ssp. *citriodora)* oder auch die **Moldawische Melisse** *(Dracocephalum moldavicum)* (3) eignen sich mit ihrem milden Zitronenaroma für Tees.

PURPURNE GOLDMELISSE (4)
(Monarda didyma)
Familie: Lippenblütler *(Lamiaceae,* Syn. *Labiatae)*
andere dt. Bez. Indianernessel, Monarde, Rote Melisse, Pferdeminze; engl. tea-balm, wild bergamot; frz. monarde.
Außer dem ähnlich klingenden Namen und dem Aroma haben die Goldmelissen mit den oben beschriebenen Melissen wenig gemein. Sie zählen zur Gattung der Monarden, sind in den USA heimisch und werden von den Indianern als Heilpflanzen geschätzt.
Merkmale: Die winterharte Staude erreicht eine Höhe von bis zu 40–90 cm. Im Spätsommer erscheinen purpurfarbene fedrige Blüten in Scheinquirlen. Goldmelisse besitzt ein würziges, an Minze und Kampfer erinnerdes Zitrusaroma.
Verwendung: Die frischen Blätter und Blüten aromatisieren Drinks und Tees, würzen aber auch Salate, Saucen, Geflügel und Schweinefleisch.

Eng verwandt mit der Goldmelisse ist die **Scharlachrote Goldmelisse** *(Monarda didyma)* (5), die im Aroma stark an Earl-Grey-Tee erinnert. Die Ernte erfolgt während der Blüte.

PFLANZE ODER GEWÜRZ?

Je nach Region kann mit »Zatar« der Syrische Majoran gemeint sein, aber auch von Oregano, Bohnenkraut oder Thymian kann die Rede sein.

(4) PURPURNE GOLDMELISSE hat 4–7 cm lange, behaarte, leicht gezähnte Blätter und ein zitroniges Aroma, das an Minze und Kampfer erinnert.

(5) SCHARLACHROTE GOLD-MELISSE ähnelt stark der Purpurnen Goldmelisse. Ihre Blätter und die Blüten duften nach Bergamotte und erinnern an Earl-Grey-Tee.

(6) ZITRONENMELISSE hat vierkantige, dünn behaarte Stängel. Die oben leicht behaarten Blätter sind eiförmig bis dreieckig und deutlich eingekerbt. Geerntet werden sie vor der Blüte.

OREGANO, ob wild wachsend oder als Kulturpflanze, ist aus der italienischen und auch aus der griechischen Küche nicht wegzudenken.

MAJORAN, GARTENMAJORAN (1)
(Origanum majorana, Syn. *Majorana hortensis)*
Familie: Lippenblütler *(Lamiaceae,* Syn. *Labiatae)*

OREGANO (1–5)
(Origanum vulgare)
Familie: Lippenblütler *(Lamiaceae,* Syn. *Labiatae)*
andere dt. Bez. Echter Dost, Gemeiner Dost, Wilder Majoran; engl. organy, wild marjoram; frz. origan, origan vulgaire.
Oregano ist ursprünglich im östlichen Mittelmeerraum beheimatet und heute weltweit in Zonen mit warmem, gemäßigtem Klima verbreitet. Bereits in der Antike fand das Kraut als Heil- und Würzpflanze Verwendung. Eine botanisch nicht weiter unterschiedene Unterart, der **Dost** (1), kommt bei uns wild vor. Er ist milder und im Aroma deutlich schwächer. Oftmals wird Oregano botanisch nicht ganz korrekt als Wildform des Majorans bezeichnet, beide sind tatsächlich eng verwandt. So sind einzelne Varietäten mal als Oregano, mal als Majoran im Handel zu finden, wie der **Kreta-Majoran**, der auch unter der Bezeichnung **Kreta-Oregano** auftaucht. Auch der **Goldoregano** *(Origanum vulgare 'Aureum'),* eine Kultursorte mit etwas weniger intensivem Aroma und leuchtend gelbgrünen Blättern, wird auch als **Goldmajoran** gehandelt. In vielen Sprachen bezeichnet Oregano eher ein Aroma als eine Pflanzenart, so bedeutet das türkische Wort *kekik* oder das arabische *zatar* nicht nur Oregano, sondern kann auch Majoran, Thymian oder Bohnenkraut meinen. Komplett wird die botanische Verwirrung in Mexiko: Aufgrund des ähnlichen Aromas nennt man dort eine ganze Reihe von Pflanzen aus verschiedenen Familien Oregano.

Merkmale: Die ausdauernde, Ausläufer bildende Staude wird bis zu 1 m hoch. **Oregano** (2) hat rötliche Stängel und kurz gestielte, rundlich bis eiförmig-spitze und je nach Art mehr oder weniger behaarte Blätter. Die kleinen Blüten sind etwa 2 mm groß und meist rosa, selten weiß. Sämtliche Pflanzenteile sind würzig aromatisch, leicht bitter und scharf. Besonders viel Aroma steckt in den Blüten, geerntet wird Oregano daher meist in voller Blüte.

- Oregano: würzig und herb-aromatisch, im Geschmack scharf und oft leicht bitter.
- Mexikanischer Oregano: sehr aromatisch, sehr intensiver Oreganogeschmack.

(1) DOST hat rötliche Stiele und eiförmig-spitze Blätter. Die Blütendolden sind rosa. Trotz des gleichen botanischen Namens unterscheidet die heimische Art sich im Aroma von mediterranen Oregano-Sorten.

(2) OREGANO hat rötliche Stiele und bis zu 4 cm lange, eiförmig-ovale, spitz zulaufende grüne Blätter. Die etwa 2 mm großen, meist rosafarbenen Blüten erscheinen in Rispen mit auffälligen purpurnen Deckblättern.

(3) GRIECHISCHER OREGANO hat rötliche Stiele und kleine, rundlich-ovale, filzig behaarte Blätter. Die Pflanze ist winterhart, wächst buschig und wird etwa 25 cm hoch. Sie trägt kleine weiße Blüten.

Verwendung: Oregano findet vor allem im Mittelmeerraum Verwendung, insbesondere in Italien und Griechenland. Er ist das typische Pizzagewürz, aromatisiert jedoch auch Saucen, Gemüse (vor allem Auberginen und Tomaten) sowie Grillfleisch. Oregano eignet sich zum Mitgaren und lässt sich ausgezeichnet trocknen, denn getrocknet verstärkt sich sein Aroma sogar noch.

Der winterfeste **Griechische Oregano** *(Origanum vulgare* ssp. *hirtum,* Syn. *Origanum heracleoticum)* (3) ist in mehreren Varietäten bekannt. Er hat ein intensives Aroma und schmeckt pfeffrig scharf. Der auf Kreta beheimatete **Kleinblättrige Oregano** *(Origanum microphyllum)* (4) ist milder im Geschmack.

Etwas weniger scharf ist der **Kirgisische Oregano** *(Origanum tytthantum),* der auch unter der Bezeichnung **Türkischer Oregano** bekannt ist (5). Er hat ein kräftiges, angenehm fruchtiges Aroma.

Mehr Schärfe und ein besonders herb-würziges Aroma zeichnet den **Syrischen Oregano** *(Origanum syriacum)* aus, der auch als *zatar* im Handel zu bekommen ist.

Der botanisch nur weitläufig mit dem Oregano verwandte **Mexikanische Oregano** *(Lippia graveolens)* (6), ein Eisenkrautgewächs *(Verbenaceae),* stammt aus Mittelamerika. Das Kraut hat ein sehr intensives Oregano-Aroma und würzt Fisch, Chilis und Pizza. Unter derselben Bezeichnung ist auch noch ein Lippenblütler anzutreffen: *Poliomintha longiflora.* Dieses weiß und rosa blühende Kraut weist ein intensives, pfeffriges Oregano-Aroma auf und eignet sich wunderbar als Würze für Chilis.

Auch die in Nordamerika beheimatete **Steinminze** oder **Cunila** *(Cunila origanoides),* ein violett blühender Lippenblütler *(Lamiaceae,* Syn. *Labiatae),* der unter der englischen Bezeichnung *stone mint* bekannt ist, hat ein ausgeprägtes Oregano-Aroma und wird in der Küche auch wie Oregano eingesetzt.

(4) KLEINBLÄTTRIGER OREGANO stammt aus Kreta und zeichnet sich durch auffällig kleine, eiförmig spitze Blätter aus. Im Aroma ist er etwas milder und erfrischender als der Griechische Oregano (3).

(5) KIRGISISCHER OREGANO hat rötliche Stängel und trägt große, grüne, gestielte, eiförmig ovale Blätter mit abgerundeter Spitze. Die rosa Blüten erscheinen in Dolden. Er ist auch als Türkischer Oregano bekannt.

(6) MEXIKANISCHER OREGANO hat 2–4 cm lange graugrüne, behaarte, eiförmig ovale Blätter mit stumpf abgerundeter Spitze und gekerbtem Rand. Die Blüten sind cremeweiß bis weiß.

THYMIAN ist eine typisch mediterrane Würzpflanze. In drei- bis vierhundert Arten verbreitet, variiert sie stark in Form und Aroma, das von harzig-kampferartig bis zitronig frisch reichen kann.

QUENDEL, FELD-, SANDTHYMIAN (1), (2)

(Thymus pulegioides, Thymus serpyllum)
Familie: Lippenblütler *(Lamiaceae, Syn. Labiatae)*
andere dt. Bez. Bergthymian, Wiesenthymian, Wilder Thymian; engl. wild thyme, mother of thyme; frz. thym serpolet.
Quendel, eine heimische Wildpflanze, ist in den gemäßigten Zonen in zwei Unterarten und in verschiedenen Sorten verbreitet. Der **Feldthymian** *(Thymus pulegioides)* (2) wird auch als **Breitblättriger Thymian, Echter Quendel, Wurstkraut** oder **Arzneithymian** bezeichnet, *Thymus serpyllum* als **Sandthymian**. Die heimischen Thymianformen sind seit der Antike geschätzte Würz- und Heilpflanzen.
Merkmale: Der immergrüne Sandthymian ist kriechend und wird nur etwa 10 cm hoch, der Feldthymian (2) dagegen bis zu 25 cm. Letzterer hat vierkantige Stängel, dünne Blätter und blüht rosa bis violett. Beide Arten sind würzig-aromatisch, etwas milder als Thymian und schmecken leicht bitter und kampferartig.
Verwendung: Quendel lässt sich wie Thymian verwenden. Er aromatisiert Salate und Eierspeisen, aber auch Saucen, Suppen, Eintöpfe und Kräuterbutter.

THYMIAN, ECHTER THYMIAN (3)

(Thymus vulgaris)
Familie: Lippenblütler *(Lamiaceae, Syn. Labiatae)*
andere dt. Bez. Gartenthymian, Römischer Quendel, Feldkümmel, Demut, Kuttelkraut, Zimis; engl. thyme, garden thyme, culinary thyme; frz. thym, farigoule.
Thymian stammt aus dem Mittelmeerraum. Er war schon bei den Sumerern und Ägyptern bekannt und kommt in unzähligen Arten und Sorten vor.
Merkmale: Der immergrüne Zwergstrauch wird je nach Art 20 bis 40 cm hoch und hat starre, eng verästelte Zweige mit dunkel- oder graugrünen, leicht eingerollten Blättern. Die ganze Pflanze ist stark aromatisch, schmeckt würzig-bitter und scharf.
Verwendung: Thymian passt hervorragend zu mediterranen Gerichten und eignet sich zum Mitgaren und Trocknen. Er macht schwere Speisen bekömmlicher und würzt Fleisch und Wild, aber auch Gemüse wie Paprika, Auberginen, Zucchini und Tomaten. Thymian aromatisiert Fisch, Geflügel, Kartoffeln, Saucen, Suppen und Schmorgerichte. Außerdem dient er als Wurstgewürz und getrocknet ist er wichtiger Bestandteil der Herbes de Provence und von Bouquets garnis (S. 43).

- Quendel: würzig-aromatisch, milder als Thymian und leicht bitter und kampferartig.
- Thymian: sehr aromatisch, würzig-bitter und je nach Sorte mehr oder weniger scharf.
- Zitronenthymian: angenehm frisches Zitronenaroma, würzig.

Thymian blüht von Juni bis September je nach Sorte rosa bis violett. Während heimische Arten eher niedrige, dichte Polster bilden, sind Mittelmeertypen meist aufrecht wachsende, verholzende Halbsträucher. Für die Küche interessant sind der Echte Thymian *(Thymus vulgaris)* und der Zitronenthymian *(Thymus x citriodorus)*.

(1) QUENDEL bildet flache Matten oder buschige, bis zu 25 cm hohe Halbsträucher. Er hat kleine, ovale Blätter und blüht rosa bis hellviolett.

Verwandt ist der **weißgrüne Silberthymian** *(Thymus vulgaris 'Argenteus')* (4), der ein klares Thymianaroma ohne Kampfernote hat. Angenehm erfrischend ist der **Zitronenthymian** *(Thymus x citriodorus)* (5), den es in verschiedenen Sorten mit grünen, weiß- oder gelbgrünen Blättern gibt. Sein würziges, zitroniges Aroma passt zu Salaten, Fisch und Geflügel. Der aufrechte, fruchtig würzige **Orangenthymian** *(Thymus fragrantissimus,* Syn. *Thymus vulgaris* ssp. *fragrantissimus)* (6) aromatisiert Desserts und Tee. **Kümmelthymian** *(Thymus herba-barona)* (7) schmeckt nach Kümmel und wird wie dieser verwendet.

Der tropische **Jamaikathymian** *(Coleus amboinicus,* Syn. *Plectranthus amboinicus)* (8), auch als **Spanischer Thymian** oder **Mexikanischer Oregano** bekannt, ist zwar ebenfalls ein Lippenblütler, aber mit dem Thymian nicht verwandt. Er wird bis zu 40 cm hoch und kommt vor allem in Afrika, Asien sowie auf den Großen Antillen vor. Die großen Blätter würzen mit ihrem milden Thymianaroma Salate und Fisch. Die weißbunte Varietät (9) des Jamaikathymians ist ein wenig herber und erinnert im Aroma an Oregano. Das Gewürz aromatisiert Salate und eignet sich auch als Garnitur.

(2) FELDTHYMIAN hat grüne, breite, länglich-ovale Blätter und nur schwach verholzende Stängel.

(3) ECHTER THYMIAN blüht rosa bis violett. Seine Blätter sind länglich-oval oder lanzettartig.

(4) SILBERTHYMIAN ist dekorativ und hat kleine, grüne, ovale Blätter mit weißem Rand.

(5) ZITRONENTHYMIAN besitzt kleine, ovale oder verkehrt eiförmige, grüne oder auch bunte Blätter.

(6) ORANGENTHYMIAN hat blassviolette Blüten und kleine, graugrüne, spitzovale Blätter.

(7) KÜMMELTHYMIAN ist kriechend, hat kleine, dunkelgrüne Blätter und blüht hellviolett.

(8) JAMAIKATHYMIAN, auch Spanischer oder Mexikanischer Thymian, hat große, grüne, zarte Blätter.

(9) WEISSBUNTER JAMAIKATHYMIAN hat weißrandige, in der Mitte grüne Blätter.

WILDKRÄUTERVIELFALT findet man oft gleich vor der Haustür: Es lohnt sich, die fast schon in Vergessenheit geratenen wild wachsenden Gewürzpflanzen für die Küche neu zu entdecken!

Lebensmittel werden heute fast nur noch eingekauft, Selbersammeln ist eher ungewöhnlich – kein Wunder, dass manches in Vergessenheit geraten ist. Etwa das Wissen, welche Kräuter und Pflanzen essbar sind. Da es unter den Wildpflanzen jedoch zahlreiche giftige Arten wie die Hundspetersilie oder den Gefleckten Schierling gibt, sollte man *immer* nur jene Kräuter pflücken, die man auch sicher kennt. Viele Städte und Gemeinden bieten Wildkräuterkurse und -führungen an, bei denen botanisches Wissen und Zubereitungstipps vermittelt werden. Ein Hinweis: Zum Sammeln eignen sich nur gesunde Pflanzen, die auf ungedüngten Böden abseits von Straßen wachsen. Im Folgenden finden Sie eine Zusammenstellung kulinarisch interessanter Wildkräuter und Tipps zu ihrer Verwendung.

Ackersenf *(Sinapis arvensis)* (1). Der Doldenblütler hat dunkelgrüne, im unteren Bereich gelappte Blätter. Blätter und Blüten eignen sich für Salate. Junge, vor der Blüte geerntete Triebe schmecken auch als Gemüse. Das **Barbarakraut** *(Barbarea vulgaris)* (2) wird aufgrund seines würzig-scharfen Geschmacks auch Winterkresse genannt. Der Kreuzblütler wird im zeitigen Frühjahr bis Mai für Salate gesammelt. **Brennnesseln** *(Urtica)* (3) zählen zu den Brennnesselgewächsen *(Urticaceae)*. Junge Blätter und Triebe schmecken spinatähnlich, aber würziger im Salat und als Gemüse. Das »Brennen« der Blätter verschwindet beim Blanchieren. Das milde, an Schnittsalat erinnernde **Kleinblütige Franzosenkraut** *(Galinsoga parviflora)* (4) ist ein Korbblütler und wird zum Dünsten oder für Suppen und Eintöpfe verwendet. **Gänsefingerkraut** *(Potentilla anserina)* (5), ein Rosengewächs, wird im April und Mai vor allem für grüne Saucen und Salate gepflückt. Die säuerlich herben Blätter kann man aber in Öl dünsten. Vielen ist **Giersch** *(Aegopodium podagraria)* (6) als Unkraut bekannt. Die Blätter des Doldenblütlers liegen im Aroma zwischen Petersilie und Möhren. Sie schmecken von März bis April als Salat, später gedünstet. **Glücksklee** *(Oxalis tetraphylla,* Syn. *Oxalis deppei)* (7), ein Sauerkleegewächs *(Oxalidaceae)*, stammt aus Mexiko. Er schmeckt erfrischend säuerlich und würzt in kleinen Mengen Salat und Gemüse. Der **Gundermann** *(Glechoma hederacea)* (8) ist ein Lippenblütler. Seine herb-würzigen Blätter schmecken von März bis Mai in Salaten, später als Gemüse, Quichebelag oder in Suppen. **Guter Heinrich** *(Chenopodium bonus-henricus)* (9), ein Fuchsschwanzgewächs *(Amaranthaceae)*, auch als **Wilder Spinat** bekannt, schmeckt wie Spinat, nur ein wenig herber. Von April bis Juni eignen sich die jungen Blätter und die ungeöffneten Blütenstände als Salat und Gemüse, später geerntet, können sie für Suppen und Füllungen verwendet werden. **Hirtentäschel** *(Capsella)* (10), ein Kreuzblütengewächs, erinnert im Geschmack an Kresse und Rucola und wird für Salate und Gemüse verwendet. Die Blätter des **Huflattichs** *(Tussilago farfara)* (11), einem Korbblütler, erscheinen erst nach der Blüte und werden jung als Salat, später für Blattrouladen und Gemüse eingesetzt. **Knoblauchsrauke** *(Alliaria petiolata)* (12), ein Kreuzblütengewächs, hat ein mildes Knoblaucharoma und liefert von April bis Juni Blätter für Salate, Saucen (Pesto) und Gemüse. Das **Echte Löffelkraut** *(Cochlearia officinalis)* (13) wächst auf salzigen Böden, enthält reichlich Vitamin C und schmeckt rettichähnlich scharf. Von April bis Mai eignen sich die zarten Blätter als Salat.

- Wildkräuter im Frühjahr: würzig-frisch, die Blätter und Triebspitzen sind zart und eignen sich für Kräutersalate.
- Wildkräuter im Frühsommer und Sommer: würzig-herb, die festeren Blätter werden oft als Gemüse oder in Suppen zubereitet.

(1) ACKERSENF wird zwischen 20 und 60 cm hoch. Die leuchtend gelben Blüten erscheinen von Mai bis Herbst.

(2) BARBARAKRAUT
erreicht eine Höhe von bis zu
90 cm. Im Frühjahr erscheinen
die kleinen gelben Blüten.

(3) BRENNNESSELBLÄTTER
enthalten in den Härchen
Säure, die bei Berührung
ein Brennen verursacht.

**(4) KLEINBLÜTIGES
FRANZOSENKRAUT** wird
20 cm hoch. Es blüht weiß
von Mai bis Oktober.

(5) GÄNSEFINGERKRAUT
wird oft nur 15 cm hoch, hat
charakteristisch gefiederte
Blätter und gelbe Blüten.

(6) GIERSCH hat kantige
Stängel und dreiteilige Blätter
mit gezähnten, behaarten
Einzelblättern.

(7) GLÜCKSKLEE blüht
purpurfarben und besitzt
vierblättrige, an der Basis
oft rotbraune Blätter.

(8) GUNDERMANN hat
herzförmig rundliche,
gekerbte Blätter. Er blüht
lila von April bis Juli.

(9) GUTER HEINRICH
wird bis zu 80 cm hoch und
hat große, dreieckige, teils
leicht wellige Blätter.

(10) HIRTENTÄSCHEL wird
bis zu 50 cm hoch und blüht
weiß. Die gestielten Blätter
ähneln Löwenzahn.

(11) HUFLATTICH hat
große, vieleckige Blätter.
Sie sind gestielt, oben grün
und unten weißlich.

(12) KNOBLAUCHSRAUKE
blüht weiß. Ihre Blätter sind
oben herzförmig dreieckig
und gezähnte Blätter.

(13) LÖFFELKRAUT wird
nur etwa 30 cm hoch und
hat dunkelgrüne, gestielte,
ovale Blätter.

FASZINIERENDE AROMENVIELFALT

Ockerfarbenes Pulver, gelblich beige Körner, schwarze Beeren oder trockene Rinden – viele Gewürze scheinen oft wenig spektakulär. Doch verbirgt sich hinter dem unscheinbaren Äußeren eine Fülle an intensiven Aromen.

WUNDERBARE WELT DER GEWÜRZE

Kaum vorstellbar, dass in allen Ländern der Erde aus ähnlichen Grundzutaten immer wieder andere, regional verschiedene und im Geschmack gänzlich unterschiedliche Gerichte entstehen können. Verantwortlich dafür sind aromatische, zumeist getrocknete Früchte, Knospen, Rinden oder Wurzeln von Pflanzen, die mit ihrem charakteristischen, arteigenen Aroma Speisen verfeinern und besser zur Geltung bringen. Schon der Geruch von Anis und Piment, Gewürznelken, Zimt und Vanille ist betörend und regt Köche zu immer neuen Experimenten an. Im Folgenden finden Sie viele bekannte, aber auch längst in Vergessenheit geratene oder neu entdeckte Gewürze. Manchmal finden nicht nur die getrockneten Körner einer Pflanze Verwendung, sondern auch frische Blätter, wie etwa bei Koriander. Wo dies der Fall ist, finden Sie einen Verweis auf die entsprechende Seite im Kräuterkapitel.

UNVERZICHTBAR: SALZ UND PFEFFER

Pfeffer und Salz gelten als die Gewürze schlechthin. Obwohl Salz, das »weiße Gold«, genau genommen gar kein Gewürz ist, hat es dennoch seit jeher für die Menschen eine enorme Bedeutung. Auch beim Pfeffer lohnt es sich, einmal genauer hinzuschauen. In puncto Verbrauch steht Pfeffer unangefochten auf Platz 1. Weltweit schärfen die schwarzen, weißen oder roten Körner, grob zerstoßen oder fein gemahlen, Fleisch und Fisch, Geflügel und Wild, Saucen, Suppen, Salate oder Marinaden. Sie stecken zudem in zahlreichen Würzmischungen.

SCHÄRFE IST BESONDERS BELIEBT

Neben dem bekannten schwarzen Pfeffer gibt es in der Küche noch andere Gewürze, die Schärfe in ein Gericht zaubern. Manche Piper-Art wie der Lange Pfeffer *(Piper longum)* war in der Antike gebräuchlich, eine andere wie der Kubebenpfeffer *(Piper cubeba)* im Mittelalter äußerst beliebt. Heute führen beide Pfefferarten ein kulinarisches Schattendasein und warten auf ihre Wiederentdeckung in der Küche. Aber auch der technische Fortschritt bringt Neuerungen. Dank moderner Herstellungsverfahren gibt es inzwischen echten roten Pfeffer, der durch seine fruchtige Schärfe überzeugt. Besser bekannt sind dagegen viele Pflanzen, die einst als Ersatz für die mit Gold aufgewogenen schwarzen Körner dienten, wie etwa Meerrettich und Senf. Auch sie können noch immer überraschen, etwa in der japanischen Ausgabe als Wasabi oder als Brauner Senf, der noch deutlich schärfer ist als der Weiße.

DIE MENGE IST ENTSCHEIDEND

Wie schon bei den Kräutern, so ist auch bei Gewürzen eine vernünftige Dosierung ratsam. Zum einen soll der Eigengeschmack von Lebensmitteln nicht überdeckt werden, zum andern enthalten zahlreiche Gewürze Inhaltsstoffe, die in größerer Menge gesundheitsschädlich sind. So kann das in Muskat, Pfeffer und Zimt enthaltene Safrol schon ab wenigen Gramm toxisch wirken und führt im Übermaß genossen zu Leber- und Nierenschäden. Dafür müsste man jedoch vier bis fünf Muskatnüsse über eine einzige Portion Spinat reiben. Bei einem derart maßlosen Einsatz würden jedoch die Geschmacksnerven sofort rebellieren, denn der dominante Muskatgeschmack wäre absolut unangenehm und abstoßend.

BITTER, SAUER, SALZIG UND SÜSS

Dem eigenen Gaumen kann man also getrost vertrauen, wenn es um ein Übermaß an Gewürzen geht, die auf unseren Organismus toxisch wirken. Kulinarische Experimente in Sachen bitter, sauer, salzig und süß sollte man daher durchaus wagen. Dank der auf den folgenden Seiten zu jedem Gewürz angegebenen Verwendungstipps können Sie Neues versuchen, bislang unbekannte Gewürze integrieren und Ihren Gästen raffinierte Kreationen servieren.

- Frisch verarbeiten: Im Vergleich zu den getrockneten sind frische Gewürze wie Ingwer, Galgant, Chilis oder Zitrusfrüchte in der Minderzahl. Sie werden am besten frisch geschnitten, gerieben oder gepresst, damit sich die Aromastoffe nicht vorzeitig verflüchtigen.

MUSKATNUSS UND MUSKATBLÜTE

Beide Gewürze stammen vom gleichen Baum, doch tragen sie den Namen des Muskatbaums nicht ganz zu Recht, denn es handelt sich bei Muskatnuss und Muskatblüte weder um Nüsse noch um Blüten.

MUSKAT (1–3)
(Myristica fragrans)
Familie: Muskatnussgewächse *(Myristicaceae)*
andere dt. Bez. Bandanuss, Traumnuss, Suppennuss, Muskatsamen; engl. nutmeg; frz. muscade, noix de muscade.
Die Muskatnuss stammt von den Molukken, genauer gesagt, von den indonesischen Banda-Inseln. Sie war zwar in der Antike und im Mittelalter als Heilmittel bekannt, als Gewürz spielte sie aber keine große Rolle. Ihr Aufstieg begann erst im 16. Jahrhundert. Wie bei den Gewürznelken kontrollierte damals die holländische »Vereenigde Oost Indische Compagnie« (VOC) mittels drastischer Maßnahmen über eineinhalb Jahrhunderte den Handel, bevor das Monopol gebrochen wurde. Obwohl Muskatnuss und -blüte erst spät in die Küchen Europas gelangten, sind beide Gewürze heute sehr gut integriert.
Merkmale: Der immergrüne Muskatbaum erreicht Höhen von bis zu 20 m, in Plantagen wird er meist nicht höher als 6 m. Seine dunkelgrünen, bis zu 15 cm langen Blätter sind kurz gestielt, lanzettförmig-spitz und ledrig. Der Muskatbaum – es gibt männliche und weibliche – blüht gelblich weiß. Aus den weiblichen Blüten entwickeln sich gelbe, pfirsichartige Steinfrüchte, die beide Gewürze des Muskatbaums enthalten.

Die **Muskatnuss** (2) – botanisch handelt es sich hierbei um eine einsamige Beere – steckt in einer glatten, **holzigen Schale** (1). Diese wiederum ist von einem ledrigen, leuchtend karmin- bis violettroten geschlitzten Samenmantel (bot. *Arillus*) umgeben – der **Muskatblüte** (3), auch **Macis** genannt. Der Samenmantel wird sorgfältig entfernt und wie die Nuss getrocknet. In den Anbauländern nutzt man auch die Früchte. Sie dienen zur Herstellung von Konfitüre, Konfekt und Schnaps. Muskatnuss und -blüte sind aromatisch und süß-würzig, wobei die Muskatblüte milder ist und ein feineres Aroma als die leicht harzig schmeckende Nuss hat. Muskatnüsse enthalten 30 bis 40 Prozent Öl, das ausgepresst die rotbraune »Muskatbutter« ergibt. In Mengen ab etwa 4 g wirkt die Muskatnuss giftig.
Verwendung: Muskatnuss dient insbesondere zum Würzen von Saucen (Béchamel), Suppen und Eiergerichten, hellem Gemüse, Kohl, Kartoffeln und Spinat. Das Muskataroma harmoniert wunderbar mit Käse und passt gut zu Fleisch, Wurst, Pasteten und Gebäck. Da sich die ätherischen Öle rasch verflüchtigen, wird Muskatnuss immer frisch gerieben. Muskatblüte dient vor allem zum Aromatisieren von Gebäck. Sie kann zudem immer dann verwendet werden, wenn eine besonders feine Muskatnote erwünscht ist.

- Muskatnuss: aromatisch und süß-würzig, leicht harzig-bitter, erinnert an Kampfer.
- Muskatblüte: aromatisch und süß-würzig, feiner und milder als die Muskatnuss.

(1) DIE HOLZIGE SCHALE der Muskatnuss wird vor dem Trocknen entfernt.

(2) MUSKATNUSS. Die bräunlichen Samen sind etwa 4 g schwer und im Querschnitt typisch marmoriert.

(3) MUSKATBLÜTE (MACIS) wird beim Trocknen orange bis gelbbraun. Sie wird meist gemahlen angeboten.

INGWER, KAPERN UND KARDAMOM

Als würzende Zutaten sind sie beliebt. Vor allem die aromatische Ingwerwurzel ist unverzichtbar in Asiens Küchen – ob in China, Indien, Japan oder Thailand.

INGWER (1)

(Zingiber officinale)
Familie: Ingwergewächse *(Zingiberaceae)*
andere Bez. Engvaar, Gemwern, Ingber, Zenzero; engl. ginger; frz. gingembre, rhizome de gingembre.
Der Ingwer stammt vermutlich aus dem Süden Chinas. Angebaut wird er heute in Asien, Australien, Südamerika – und in Nigeria. Die Gewürzpflanze ist seit etwa 4.000 v. Chr. im tropischen Asien sowie im pazifischen Raum verbreitet. Als Würzmittel war Ingwer auch im alten Rom beliebt und relativ preisgünstig. In Europa blieb er während des Mittelalters eine wichtige Gewürzpflanze. Erst später verlor der Ingwer hierzulande an Bedeutung. Vor wenigen Jahrzehnten wurde er dann dann als Zutat asiatischer Gerichte bei uns wieder entdeckt.
Merkmale: Die mehrjährige Staude wird über 1 m hoch, hat unverzweigte Triebe mit lanzettartigen, bis zu 30 cm langen Blättern und blüht gelbrot. Als Gewürz findet das knapp unter der Erde wachsende, fleischige Rhizom vielseitig Verwendung. Ingwer ist aromatisch, teils leicht zitronig und schmeckt brennend scharf.
Verwendung: Ingwer wird weltweit als universelles Gewürz geschätzt und meist frisch verwendet. Er eignet sich zum Mitgaren, passt zu Fisch und Meeresfrüchten, Fleisch und Geflügel und aromatisiert Suppen, Saucen, Currys, Konfitüren, Bonbons, Gebäck und Getränke. Eingelegt reicht man ihn zu Sushi. Getrockneter Ingwer würzt Saucen, Gemüse und Fleisch, aber auch Gebäck (Lebkuchen) und Wein.

KAPERN (2)

(Capparis spinosa)
Familie: Kaperngewächse *(Capparaceae)*
andere dt. Bez. Echter Kapernstrauch, Kapperstrauch; engl. caper, caper bush; frz. câprier, câprier épineux
Kapern stammen wahrscheinlich aus Zentralasien und sind von Pakistan bis in den Mittelmeerraum verbreitet. In Nordafrika und Kalifornien liegen wichtige Anbaugebiete.
Merkmale: Der verzweigte, aufrechte Busch wird bis zu 2 m hoch und hat kurz gestielte, blaugrüne, breit eiförmige Blätter. Aus den cremeweiß-violetten Blüten entwickeln sich hängende ovale Beeren. Die Blütenknospen sind roh unverzehrbar. In Salz oder Lake eingelegt, dienen sie jedoch als pikantes Gewürz. Je nach Einlegeart schmecken sie salzig oder säuerlich und leicht scharf. Die Beeren haben ein ähnliches, etwas intensiveres Aroma und sind eingelegt als Kapernäpfel erhältlich.
Verwendung: Rund ums Mittelmeer würzen Kapern Saucen, Tapenade, Pasta, Fisch und Fleisch.

- Ingwer: aromatisch, teils zitronig und brennend scharf.
- Kapern: würzig-pikant, salzig oder sauer und leicht scharf.
- Grüner Kardamom: blumig, zitronig, erinnert an Kampfer und Eukalyptus.
- Schwarzer Kardamom: erdig-herb, erinnert an Nadelholz und Kampfer, oft starkes Raucharoma.

(1) INGWER ist frisch sowie getrocknet und in Stücke geschnitten oder gemahlen erhältlich. Die Rhizome haben eine gelbbraune Schale. Frischer Ingwer ist blass, fest und fleischig.

(2) KAPERN, hier der Größe *Surfines*. Diese dürfen einen Durchmesser von 7–8 mm haben. *Nonpareilles* sind kleiner (4–7 mm) und gelten als die besten Kapern.

(3) Die Kapseln des GRÜNEN KARDAMOM sind zwischen 0,5 und 3 cm lang und länglich oder rundlich. Sie enthalten jeweils an die 20 eckige, dunkelgraue, klebrige Samen.

(4) SCHWARZER KARDAMOM. Die bräunlich schwarzen und längs gerippten Kapseln mit dunklen Samen erhalten durch das Trocknen am Feuer oft ein starkes Raucharoma.

Die Kardamomstaude blüht das ganze Jahr über. Nach ungefähr neun Monaten müssen die reifen Früchte vorsichtig von Hand geerntet werden.

KARDAMOM, GRÜNER KARDAMOM (3)

(Elettaria cardamomum)
Familie: Ingwergewächse *(Zingiberaceae)*
andere dt. Bez. Malabarkardamom, Cardamom; engl. cardamom, green cardamom; frz. cardamome, cardamome vert.
Kardamom ist in Südindien und Sri Lanka heimisch, wo er noch wild vorkommt. Angebaut wird er in asiatischen Ländern, in Guatemala, in Tansania und in Madagaskar. Bereits Griechen und Römer der Antike schätzten ihn als Heil- und Würzpflanze und zahlten hohe Preise. Bis heute ist Kardamom nach Safran und Vanille eines der teuersten Gewürze.
Merkmale: Je nach Unterart kann die mehrjährige Staude bis zu 5 m hoch werden. Das stark bewurzelte Rhizom treibt Scheinstängel mit lanzettartigen dunkelgrünen, glänzenden Blättern aus. Die grünlich weißen Blüten sitzen rispenartig an kriechenden, teils über 1 m langen Stielen. Aus ihnen entwickeln sich grüne, längliche oder rundliche, dreifächrige Kapseln, die beim Trocknen ihr typisches Aroma entwickeln. An der Sonne getrocknete und zu früh oder spät geerntete Kapseln haben eine bleiche, hellgrüne bis weiße oder rötliche Farbe und weniger Aroma. Kardamom guter Qualität ist an den grasgrünen, unversehrten Kapseln zu erkennen. Kardamom hat ein zitroniges, blumiges Aroma und erinnert an Kampfer und Eukalyptus. In den Anbauländern dienen gelegentlich auch die nach Zimt duftenden Blätter als Gewürz.

Verwendung: Als Gewürz für Süßes und Pikantes dienen die ganzen Kapseln, meistens aber die ausgelösten, oft gemahlenen Samen. Kardamom ist Bestandteil zahlreicher Würzmischungen, etwa von Garam masala und Currypulver, würzt aber auch wunderbar Fleisch, Geflügel, Reis, Desserts und Obst. In Indien ist Kardamom vor allem zum Aromatisieren von Tee äußerst beliebt, in arabischen Ländern gilt er als unverzichtbares Kaffeegewürz. Dort wird er auch in großen Mengen importiert. Hierzulande dient Kardamom in erster Linie als Gewürz für Brot und Gebäck, insbesondere für das Weihnachtsgebäck. Außerdem aromatisiert Kardamom Likör. In Skandinavien, wo das Gewürz ebenfalls sehr beliebt ist, aromatisiert man damit auch Wurst, Pasteten und Glühwein.

Weitere Ingwergewächse liefern zwar ein optisch ähnliches Gewürz, bieten jedoch keinen vergleichbaren Ersatz für das intensive Aroma des Grünen Kardamom. Aus der östlichen Himalaja- region und China (Yunnan) stammen der **Braune** oder **Schwarze Kardamom** *(Amomum subulatum)* (4) und der **China-Kardamom** *(Amomum tsaoko).* Beide Ingwergewächse haben ein herbes, leicht erdiges Aroma, oftmals mit einer ausgeprägten Räuchernote, und erinnern ein wenig an Nadelholz und Kampfer. Schwarzer Kardamom ist Bestandteil von Gewürzmischungen und aromatisiert regional Currys, Fleisch, Geflügel und Reisgerichte.

KORIANDER UND KÜMMEL

Koriander und Kreuzkümmel werden in der indischen Küche in zahlreichen Würzmischungen verwendet. In Europa kultiviert man vor allem Kümmel.

KORIANDER (1, 2) –> KRÄUTER, S. 14
(Coriandrum sativum)
Familie: Doldenblütler (*Apiaceae*, früher *Umbelliferae*)
andere dt. Bez. Schwindelkorn, Wanzenkraut, Arabische Petersilie, Chinesische Petersilie; engl. coriander, cilantro, Chinese parsley; frz. coriandre, persil chinois, persil arabe.
Koriander stammt aus dem östlichen Mittelmeerraum. Zusammen mit anderen mediterranen Gewürzen gelangte er im 4. Jahrhundert v. Chr. nach Indien. Heute ist das Gewürz weltweit beliebt und gedeiht in gemäßigten und tropischen Klimazonen. Als Würzmittel dienen die getrockneten Früchte und die frischen Blätter (S. 15). Beide haben jedoch ein vollkommen unterschiedliches Aroma.
Merkmale: Die einjährige krautige Pflanze kann bis zu 1 m hoch werden. Sie bildet erst grundständige, fiederlappige Blätter aus – sie werden als Korianderkraut verwendet –, dann verzweigte Stängel mit dillähnlichen Blättern und weißen bis rötlichen Blütendolden.
Verwendung: Korianderfrüchte mit ausgeprägt würzig-nussigen Aroma verleihen Saucen, Pasteten, Geflügel- und Fleischgerichten sowie Brot und Gebäck einen besonderen Geschmack. Zudem runden sie Gewürzmischungen angenehm ab. Geerntet werden die Früchte etwa 6 Wochen nach der Blüte.

KREUZKÜMMEL (3)
(Cuminum cyminum)
Familie: Doldenblütler (*Apiaceae*, früher *Umbelliferae*)
andere dt. Bez. Ägyptischer Kümmel, Römischer Kümmel, Türkischer Kümmel, Kumin; engl. cumin, white cumin; frz. cumin, cumin du Maroc.
Kreuzkümmel stammt ursprünglich aus dem östlichen Mittelmeerraum, vermutlich aus Ägypten. Bereits in der Antike waren seine getrockneten Früchte als Würzmittel weit verbreitet. Über die Gewürzrouten gelangte der Kreuzkümmel schließlich nach Indien, wo er heute aus den Regionalküchen nicht mehr wegzudenken ist.
Merkmale: Die einjährige Pflanze erreicht eine Höhe von etwa 50 cm und hat einen längs gefurchten, stark verzweigten Stängel. Die dreigeteilten Blätter sind fadenförmig. Aus den weiß oder rosa blühenden Dolden entwickeln sich Spaltfrüchte.
Verwendung: Im östlichen Mittelmeerraum und in Indien ist Kreuzkümmel äußerst beliebt. Er wird zum Würzen von Couscous, Currys, Dals, Suppen, Eintöpfen, Fleisch, Geflügel und Backwaren genutzt. Geröstet entfalten die getrockneten Früchte erst ihr volles Aroma, gemahlen ist Kreuzkümmel Bestandteil zahlreicher Würzmischungen. Die Ernte der Früchte erfolgt 4 Wochen nach der Blüte.

- Koriander: würzig, nussig-mild, wird auch als »warm« bezeichnet.
- Kreuzkümmel: kräftig, würzig-süß, leicht bitter, mit anhaltender Schärfe.

(1) KORIANDERFRÜCHTE sind bräunlich oder rötlich gelb und 2–5 mm groß. Die kugeligen Spaltfrüchte enthalten zwei Teilfrüchte mit je einem Samen.

(2) GEMAHLENER KORIANDER ist Bestandteil vieler Gewürzmischungen wie Garam masala oder Baharat und wird großzügig verwendet.

(3) KREUZKÜMMEL ist bräunlich, grünlich oder gräulich, etwa 5 mm lang, gerade oder leicht gekrümmt und hat Längsrippen.

(4) SCHWARZER KREUZKÜMMEL ist dunkelbraun, schmal, etwa 5 mm lang, halbmondförmig gebogen und hat Längsrippen.

(5) KÜMMEL hat braune, 3–5 mm lange, sichelförmig gekrümmte Teilfrüchte mit fünf gut erkennbaren Längsrippen.

SCHWARZER KREUZKÜMMEL (4)

(Bunium persicum, Syn. Cuminum nigrum)

Familie: Doldenblütler (*Apiaceae*, früher *Umbelliferae*)

andere dt. Bez. Kaiserlicher Kreuzkümmel oder Himalaja-Kreuzkümmel; engl. black cumin; frz. cumin noir.

Schwarzer Kreuzkümmel wächst wild in den Gebirgen Zentralasiens bis zum westlichen Himalaja.

Merkmale: Das mehrjährige Kraut wird bis zu 50 cm hoch und hat zwei- bis dreifach gefiederte Blätter.

Verwendung: Schwarzer Kreuzkümmel wird in Nordindien statt Kreuzkümmel verwendet. Er wird jedoch nicht mitgeröstet, sondern erst nach dem Anbraten zugefügt.

KÜMMEL (5)

(Carum carvi)

Familie: Doldenblütler (*Apiaceae*, früher *Umbelliferae*)

andere dt. Bez. Wiesenkümmel, Echter Kümmel, Brotkümmel; engl. caraway; frz. semence de carvi, anis de Vosges.

Der in Europa und Westasien beheimatete Kümmel ist eines der ältesten bekannten Gewürze. Er verdrängte hierzulande nach und nach den zuvor gebräuchlichen Kreuzkümmel.

Merkmale: Das zweijährige bis zu 1,5 m hohe Kraut bildet im ersten Jahr eine Blattrosette aus, im zweiten Jahr hohle, oben verzweigte Stängel. Die weißen Einzelblüten erscheinen in Doppeldolden.

Verwendung: Vor allem in der deutschen und österreichischen Küche spielt Kümmel eine große Rolle. Er würzt Suppen und Eintöpfe, Gemüse wie Rote Bete und Kohl, vor allem Sauerkraut, aber auch Pilzgerichte, Schweinebraten, Brot und andere Backwaren. Kümmel aromatisiert zudem Spirituosen, wie etwa Aquavit. Geerntet wird er im zweiten Sommer.

- Schwarzer Kreuzkümmel: erdiges Aroma, wird oft mit Schwarzkümmel *(Nigella sativa)* verwechselt.
- Kümmel: würzig aromatisch, im Geschmack leicht brennend-bitter.

SESAM, STERNANIS UND SUMACH

Diese vielseitig eingesetzten Gewürze haben jeweils einen vollkommen unterschiedlichen Geschmack, den es zu entdecken gilt.

SESAM (1–3)

(Sesamum indicum, Syn. Sesam orientale)
Familie: Sesamgewächse *(Pedaliaceae)*
andere dt. Bez. Ägyptischer Ölsame; engl. sesame seeds, gingelly; frz. sésame.

Vermutlich stammt Sesam aus Indien oder Ostafrika. Genau genommen ist er kein Gewürz, sondern eine Ölfrucht. Sie zählt zu den ältesten Ölpflanzen und wird seit Jahrtausenden angebaut, wie Funde im Industal belegen. Heute gedeiht Sesam weltweit in tropischen und subtropischen Gebieten wie China und Indien, aber auch in Äthiopien sowie in Mittelamerika und in den USA.

Merkmale: Die aufrechten, verzweigten, behaarten Stängel des einjährigen Krauts werden bis zu 2 m hoch. Die grünen, auf der Unterseite behaarten Blätter sind unterschiedlich geformt und werden nach oben schmaler und spitzer. Die unteren Blätter sind lang gestielt, breit eiförmig und bis zu 20 cm lang, die oberen lanzettartig. In den oberen Blattachseln erscheinen waagrechte oder leicht hängende, glockenförmige, weiße bis violette Blüten. Daraus entwickeln sich 3 cm große, vierfächrige Kapseln mit vielen, je nach Sorte weißen, grauen, braunen oder schwarzen Samen. Diese enthalten 50 Prozent Öl und schmecken mild, süßlich und nussartig.

Verwendung: Sesam verfeinert Brot (Fladenbrot), Gebäck und würzt Reis-, Geflügel- und Rindfleischgerichte. Zerstoßen ergibt er eine nussige Paste (Tahin), die im Vorderen Orient zum Aromatisieren von Kichererbsenpüree und Vorspeisen dient. In Japan werden die gerösteten, mit Salz vermischten Samen als Tischwürze (Gomasio) verwendet. Helles Sesamöl eignet sich zum Braten, dunkles aus geröstetem Sesam zum Würzen.

- Sesam: geruchlos, mild, süßlich, nussiger Geschmack, der beim Rösten intensiver wird.
- Sternanis: süß aromatisches, stark anisähnliches Aroma.
- Sumach: frisch, säuerlich, fruchtig, leicht adstringierend.

STERNANIS (4)

(Illicium verum)
Familie: Sternanisgewächse *(Schisandraceae)*
andere dt. Bez. Badian, Chinesischer Anis; engl. star anise, Chinese star anise; frz. badiane, anis étoile, anis de Chine.

Sternanis stammt aus den Bergregionen Südchinas und Nordvietnams, angebaut wird er auch in Laos und auf den Philippinen. In Europa spielte das seit gut 400 Jahren bekannte Gewürz keine große Rolle – im 18. Jahrhundert machte Sternanis kurz Karriere, als Gewürz für englische Marmeladen.

Merkmale: Der immergrüne, 10–20 m hohe Baum mit weißer Rinde hat dunkelgrüne, etwa 15 cm lange Blätter und 1 cm große weiße, gelbliche oder rosa Blüten. Daraus entwickeln sich sternförmige Balgfrüchte. Das süße, stark an Anis erinnernde Aroma steckt nur in der holzigen Fruchtwand.

Verwendung: Sternanis ist Teil des Chinesischen Fünf-Gewürze-Pulvers (S. 51) und aromatisiert Ente, Schwein und Rind.

SUMACH, GEWÜRZSUMACH (5)

(Rhus coriaria)
Familie: Sumachgewächse *(Anacardiaceae)*
andere dt. Bez. Gerbersumach, Färberbaum, Sizilianischer Sumach; engl. sumac, Sicilian sumac; frz. sumac.

Der Sumach aus dem Mittelmeerraum ist seit der Antike als Medizin und Säuerungsmittel bekannt. Aufgrund des hohen Gerbstoffgehalts dient zum Gerben von Leder. Zudem färben die Wurzeln und Früchte rot, die Rinde gelb.

Merkmale: Der bis zu 3 m hohe Baum oder Busch hat immergrüne, lange gefiederte Blätter mit eiförmigen, grob gezähnten Einzelblättern. Die grünlich weißen Blüten erscheinen in Rispen und entwickeln sich zu kugeligen, dicht sitzenden, etwa 5 mm großen roten Steinfrüchten. Diese besitzen einen säuerlich herben Geschmack und wirken adstringierend.

Verwendung: Sumach ist als Gewürz besonders im Vorderen Orient beliebt. In der Türkei würzt das Pulver vor allem Salate, kalte Vorspeisen, Zwiebeln, Gemüse sowie gegrilltes Fleisch (Kebab), im Iran ist es unentbehrlich für Reis.

(1) HELLER SESAM, ungeschält. Die hellbraunen Samen (2–3 mm) sind oval und leicht abgeplattet.

(2) HELLER SESAM, geschält. Ohne Schale sind die Samen des hellen Sesam cremeweiß und glänzend.

(3) SCHWARZER SESAM hat bräunlichschwarze Samen; er wird vor allem in Indien angebaut.

(4) STERNANIS ist oft achtzackig, braunrot und ca. 3,5 cm groß. Die Samen enthalten keine Aromastoffe.

(5) SUMACH besteht aus den getrockneten Steinfrüchten des Sumachbaums. Beste Qualitäten sind hellrot.

ZIMT – EIN NAME, ZWEI QUALITÄTEN

Der aus millimeterdünnen Schichten hergestellte Ceylon-Zimt ist nicht nur deutlich feiner im Aroma, sondern auch besser verträglich als der chinesische.

CEYLON-ZIMT, ECHTER ZIMT (1)

(Cinnamomum zeylanicum, Syn. Cinnamomum verum)
Familie: Lorbeergewächse (Lauraceae)
andere dt. Bez. Stangenzimt, Kaneel; engl. cinnamon, cinnamom; frz. cannelle de Ceylon.
Ceylon-Zimt ist auf Sri Lanka (früher Ceylon) heimisch, wird heute aber auch im tropischen Asien sowie in der Karibik angebaut, ebenso auf Madagaskar und den Seychellen.
Merkmale: Der 15–20 m, in Kultur nur 2–3 m hohe Zimtbaum hat große, ovale, jung meist rote, später dunkelgrüne Blätter. Aus den kleinen weißen Blüten entwickeln sich blauschwarze Früchte. Diese und die Blätter dienen in den Anbaugebieten ebenfalls als Gewürz. In den Handel kommt aber vorwiegend die, von 1- bis 2-jährigen Schösslingen stammende, sehr dünn abgeschälte Innenrinde. Der feinwürzige und aromatische Ceylon-Zimt ist in der Verwendung unbedenklich, da er einen viel geringeren Cumaringehalt aufweist als Chinesischer Zimt (Kassie).
Verwendung: In seiner asiatischen Heimat würzen geröstete Zimtstücke Eintopf- und Schmorgerichte, scharfe Currys und Reis. Gemahlen ist Zimt Bestandteil der beliebten Gewürzmischung Garam masala. Im Nahen Osten aromatisiert Zimt Lamm- und Rindfleischgerichte, aber auch Hülsenfrüchte. Bis zur Renaissance war Zimt in Europa ebenfalls ein Gewürz für Saucen und Fleisch, heute wird er vorwiegend für Süßspeisen und Gebäck verwendet.

CHINESISCHER ZIMT, KASSIE (2)

(Cinnamomum cassia, Syn. Cinnamomum aromaticum)
Familie: Lorbeergewächse (Lauraceae)
andere dt. Bez. Kassia, Zimtkassie, China-Zimt, Gewürzrinde; engl. Chinese cinnamon; frz. casse, cannelle, cinnamome.
Die Heimat des Chinesischen Zimts (Kassie) liegt im Südosten Chinas, wo er bereits im 3. Jahrtausend v. Chr. als Gewürz bekannt war.
Merkmale: Der Baum ähnelt optisch dem Ceylon-Zimt (Echter Zimt). Die Rinde des Chinesischen Zimt (Kassie) ist jedoch etwas dicker, gröber und weist einen höheren Gerbstoffanteil auf, der für den herberen Geschmack verantwortlich ist.
Verwendung: Aufgrund des hohen Cumaringehaltes sollte diese Zimtart kaum verwendet werden.

Verwandt mit dem Chinesischen Zimt (Kassie) sind insbesondere der **Indonesische Zimt** *(Cinnamomum burmannii)*, dessen Aroma deutlich an Ceylon-Zimt (Echter Zimt) erinnert, sowie der **Vietnamesische Zimt** *(Cinnamomum loureiroi, Syn. Cinnamomum loureirii)*.

- Ceylon-Zimt (Echter Zimt): süß-aromatisch, im Geschmack feiner als Chinesischer Zimt (Kassie).
- Chinesischer Zimt (Kassie): kräftig, zimtartiger Geschmack, herber als Ceylon-Zimt.

(1) CEYLON-ZIMT (ECHTER ZIMT) ist hellbraun. Die Stangen sind 5–8 cm lang und haben etwa 1 cm Durchmesser. Sie bestehen aus mehreren Lagen sehr dünner, ineinandergeschobener Innenrinde.

(2) CHINESISCHER ZIMT (KASSIE) ist dunkler und gröber als Ceylon-Zimt (Echter Zimt). Die Außenrinde (links) ist borkig, die 1–3 mm dicke Innenrinde ist weniger stark gerollt als die des Ceylon-Zimt (rechts).

KRÄUTER KAUFEN & FRISCH HALTEN

Ein Grundsortiment an frischen Kräutern findet sich heutzutage in fast jedem Supermark. Noch besser sortiert ist das Angebot auf Märkten. Echte Raritäten liefern auf Kräuter spezialisierte Gärtnereien.

FAST ÜBERALL ERHÄLTLICH sind Schnittlauch und Petersilie, ebenso Basilikum, Thymian und Rosmarin. Der Einkauf im Topf empfiehlt sich, weil die Kräuter länger frisch bleiben und den Transport gut überstehen. Wer auf Balkon, Terrasse oder im Garten Platz hat, kann Kräuter selbst ziehen. Das erfordert Geduld, ist jedoch die günstigste Möglichkeit, an das aromatische Grün zu kommen. Liebhabern, die verschiedene Thymian-, Basilikum-, Minze- oder Salbeisorten suchen, sei ein Spezialist angeraten (viele Kräutergärtnereien bieten ihr Sortiment online an). Beim Kauf von Bundware ist Frische oberstes Gebot. Die Schnittflächen müssen frisch und der Geruch angenehm sein. Außerdem sollten keine vergilbten Stängel im Bund stecken. Kräuter – auch aus dem eigenen Garten – sind staubig und sollten daher vor dem Verarbeiten gewaschen werden. Dafür die Zweige und Stängel kurz kalt oder lauwarm

abbrausen oder kurz in kaltem Wasser schwenken, wie unten gezeigt. Anschließend die Kräuter trocken schütteln oder vorsichtig mit Küchenpapier trocken tupfen.

KRÄUTER WERDEN MÖGLICHST FRISCH VERWENDET, nur in Ausnahmefällen (z. B. Waldmeister) entfalten sie ihr Aroma besser leicht verwelkt. Daher die Zweige oder Stängel erst kurz vor der Verwendung mit einer Schere oder einem scharfen Messer abschneiden. Bundware stellt man im Wasserglas in den Kühlschrank, so bleiben die Kräuter 1 bis 2 Tage frisch, oder man füllt die Kräuter in einen Beutel oder in eine gut schließende Dose und besprüht sie mit Wasser, wie unten gezeigt. Danach legt man sie ins Gemüsefach des Kühlschranks. Man kann die Kräuter aber auch in ein feuchtes Tuch einschlagen (siehe ganz unten, Step 4).

KRÄUTER WASCHEN UND TROCKNEN

(1) Kräuterstängel unter fließendem kaltem oder lauwarmem Wasser kurz abbrausen.

(2) Kräuter in einem Sieb oder in einer Salatschleuder schwenken, bis die Blättchen trocken sind.

(3) Kräuter trocken schütteln: Robuste Kräuter bündeln, an den Stängeln halten und die Wassertropfen abschütteln.

(4) Kräuter trocken tupfen: Empfindliche Kräuter auf ein Tuch oder auf Küchenpapier legen und vorsichtig abtupfen.

KRÄUTER KURZFRISTIG AUFBEWAHREN

(1) Frische Kräuterstängel, hier Melisse, in einen Gefrierbeutel geben und leicht mit Wasser besprühen.

(2) Den Beutel dicht verschließen und die Kräuter ins Gemüsefach des Kühlschranks legen.

(3) In der Frischhaltebox: Kräuter locker einlegen, Box mit dem Deckel verschließen und ins Gemüsefach stellen.

(4) Im Tuch: Kräuter locker in ein feuchtes, sauberes Küchentuch einschlagen und kühl stellen.

KRÄUTER ABZUPFEN & ZERKLEINERN

Mit gut geschärften Messern und Scheren ist das Hacken und Schneiden von Kräutern kein Problem. Allerdings sollte man Kräuter am besten gleich weiterverarbeiten, denn ihre Aromen verflüchtigen sich rasch.

KRÄUTERSTÄNGEL IM GANZEN finden in der Küche relativ selten Verwendung. In den meisten Fällen werden die Blätter und Blüten von den Stielen getrennt und dann weiter zerkleinert. Das Abzupfen, Hacken oder Schneiden von Hand ist zwar zeitaufwendiger, aber das schnellere Zerkleinern der Blätter im Mixer ist nicht exakt kontrollierbar und liefert ein Mus, das nur dann Sinn macht, wenn es in einer Füllung versteckt wird oder Speisen würzen soll, die anschließend im Mixer oder Mörser zu einer feinen Paste verarbeitet werden.

BEI KRÄUTERN MIT WEICHEN STIELEN wie Fenchelkraut, Dill oder Koriandergrün lassen sich auch die Stängel verwenden. Grobe Stiele sind dagegen unerwünscht und werden entfernt. Bei großblättrigen Arten wie Basilikum, Salbei oder Liebstöckel werden die Blätter einzeln abgezupft, wie unten

links (Step 1) gezeigt, oder von der Spitze zum Stielende hin abgestreift (Step 2). Generell gilt: Harte Stängel abstreifen, zarte Stiele abzupfen, weil diese leicht reißen oder brechen.

WIE STARK KRÄUTER ZERKLEINERT werden, richtet sich nach dem Verwendungszweck: Fein gehackt würzen Kräuter Vinaigrettes und kalte Saucen. Die durch das Zerkleinern freigesetzten ätherischen Öle können sich mit anderen Zutaten gut verbinden. Zum Erhitzen sind grob gehackte oder geschnittene Kräuter besser. Unentbehrlich zum Zerkleinern ist ein scharfes Kochmesser, damit die empfindlichen Blätter nicht gequetscht werden. Für Zubereitungen, bei denen Kräuter als Garnitur oder sichtbare Einlage dienen, sind gerade Schnittkanten erwünscht. Blätter oder Halme sollte man daher mit dem Messer in Streifen schneiden, wie unten gezeigt.

KRÄUTER ABZUPFEN UND ABSTREIFEN

(1) Bei Kräutern mit größeren Blättern und festen Stielen wie Basilikum die Blätter einzeln vom Stängel zupfen.

(2) Zum Abstreifen von Nadeln oder Blättchen mit Daumen und Zeigefinger Richtung Spitze entlangfahren.

CHIFFONADE (FRZ. ZERKNITTERTES) SCHNEIDEN

(1) Einige etwa gleich große Kräuterblätter, hier Basilikum, aufeinanderlegen und möglichst eng aufrollen.

(2) Blattrolle festhalten und mit einem großen scharfen Messer quer in sehr feine Streifen schneiden.

KRÄUTER SCHNEIDEN UND HACKEN

(1) Schneiden mit der Schere: Ein Bündel Schnittlauchhalme mit einer Küchenschere in Röllchen der gewünschten Länge schneiden. Das Schneiden mit der Schere ergibt gerade Kanten und eignet sich für kleinere Mengen und Garnituren.

(2) Hacken: Kräuter mit einem großen Messer hacken; die Messerspitze mit den Fingern auf das Brett drücken.

(3) Mit dem Wiegemesser hacken: Das Zerkleinern mit dem Wiegemesser eignet sich nur für robuste Kräuter.

ARBEITEN MIT MÖRSER UND MIXER

Fein zerrieben oder püriert entfalten Kräuter in kalten Saucen, Salz- oder Buttermischungen ihr Aroma bestmöglich. Kräuterpasten und Pesto bestechen zudem durch ihre frische, intensive, leuchtend grüne Farbe.

Durch das Zerreiben im Mörser werden die Aromen, etwa die flüchtigen ätherischen Öle der Blätter, freigesetzt, die den Geschmack von Kräutersalz, Pesto und anderen kalten Kräutersaucen ausmachen. Puristen zerreiben Kräuter für Pesto im Mörser – der Name kommt schließlich von ital. *pestare*, zerstoßen. Muss es schnell gehen, kann man die Kräuter zusammen mit den übrigen Zutaten in einem Mixer zerkleinern. Da sich die Aromen rasch verflüchtigen, sollten zerriebene Kräuter zügig weiterverarbeitet werden. Für Pesto, den ligurischen Klassiker, ebenso wie für Pistou, das Pendant aus der Provence, wird nur Basilikum verwendet. Bei der französischen Variante fehlen Pinienkerne, dafür wird Pistou mit Tomaten zubereitet. Auch aus anderen Kräutern wie Rucola, Minze, Koriandergrün oder aus Kräutermischungen (z. B. Koriander, Dill, Kerbel, Petersilie und Schnittlauch) lässt sich Pesto herstellen.

PESTO ALLA GENOVESE

- 120 g Basilikum, 4 Knoblauchzehen
- 50 g Pinienkerne, ½ TL Salz
- 50 g Parmesan, frisch gerieben
- 50 g Pecorino, frisch gerieben
- etwa 150 ml Olivenöl

Das Basilikum waschen (S. 34), mit Küchenpapier vorsichtig trocken tupfen und anschließend die Blätter von den Stängeln abzupfen (S. 35). Den Knoblauch abziehen und mit einem scharfen Kochmesser grob hacken. Stellen Sie dann aus den oben genannten Zutaten einen Pesto her, wie in der Bildfolge unten in Step 1 bis 4 gezeigt.

Soll der Pesto alla genovese zu einer gekochten Pasta serviert werden, dann rühren Sie einfach noch 3–4 Esslöffel Nudelkochwasser unter.

KRÄUTER FÜR PESTO ALLA GENOVESE IM MÖRSER ZERREIBEN:
(1) Pinienkerne mit dem Salz und dem grob gehackten Knoblauch kräftig zerstoßen.
(2) Basilikumblätter grob schneiden, in den Mörser geben und mit dem Stößel fein zerreiben.
(3) Geriebenen Parmesan und Pecorino zufügen und nach und nach sorgfältig einarbeiten.
(4) Zum Schluss das Öl in dünnem Strahl einlaufen lassen und gut untermischen.

GRÜNE KRÄUTERBUTTER HERSTELLEN

Mit frischer Butter vermengt, verfeinern Kräuter Suppen und Saucen. Kräuterbutter ist aber ebenfalls ideal zum Abrunden von Gegrilltem. Die Kräuter können dabei je nach Verwendung variieren.

- je 1 Bund Schnittlauch und glatte Petersilie
- 2 Knoblauchzehen, abgezogen und grob gehackt
- 250 g weiche Butter, Salz
- frisch gemahlener Pfeffer, etwas Zitronensaft

Die Kräuter waschen, trocken schleudern, die Petersilienblättchen abzupfen und weiterarbeiten, wie unten (Step 1–4) gezeigt. Sie können diese Kräuterbutter zusätzlich mit 50 g fein geriebenen Mandeln und 2 fein geschnittenen Sardellenfilets verfeinern. Die Kräuterbutter passt dann besonders gut zu Fisch, hellem Geflügel und Kalbfleisch.

KRÄUTERSALZ HERSTELLEN

Hierfür benötigen Sie 1 Teil frische, geschnittene Kräuterblättchen und 3 Teile Salz, zum Beispiel unraffiniertes Meersalz oder Fleur de Sel. Die Kräuter mit der Hälfte des Salzes im Mörser fein zerreiben. Die Mischung sieben, um vorhandene Stängel und holzige Teile zu entfernen, dann das restliche Salz untermischen. In einer Dose dunkel aufbewahrt, halten sich Aroma und die appetitliche Farbe des Salzes etwa eine Woche. Also nicht zu viel auf einmal herstellen, sondern lieber öfter zu Mörser und Stößel greifen.

KRÄUTER IM BLITZHACKER ZERKLEINERN UND KRÄUTERBUTTER HERSTELLEN

(1) Die Petersilie und den Schnittlauch grob schneiden und im Blitzhacker mit dem Knoblauch in mehreren Durchgängen zerkleinern.

(2) Die weiche Butter mit einem Schneebesen glatt, aber nicht schaumig rühren. Die Butter mit Salz, Pfeffer und Zitronensaft würzen.

(3) Zuletzt die gehackten Kräuter zufügen und rasch unterheben. Alles gut vermengen und die Butter etwas fest werden lassen.

(4) Die Kräuterbutter auf ein Stück Pergamentpapier geben und vorsichtig mit beiden Händen zu einer dünnen Rolle formen.

(5) Die Kräuterbutter im Kühlschrank fest werden lassen und dann mit einem Messer in dünne Scheiben schneiden. Auf diese Weise lässt sich die Kräuterbutter leicht portionieren.

KRÄUTER TROCKNEN UND EINLEGEN

Getrocknet oder eingelegt in Öl, Essig oder Salz, verfeinern Kräuter das ganze Jahr über Salate, Saucen, Fleisch, Fisch und Gemüse. Schon mit wenigen Handgriffen lässt sich die Fülle der Aromen konservieren.

FÜR DEN WINTERVORRAT sollte man grundsätzlich nur gesunde, einwandfreie Pflanzen ernten. Zarte Triebe, einzelne Blätter oder Blüten zupft man von Hand, härtere Stängel und Zweige lassen sich mit einem scharfen Messer oder mit der Schere abtrennen. Der beste Erntezeitpunkt für Kräuter zum Konservieren ist der späte Vormittag eines sonnigen Tages, etwa zwischen 10 und 11 Uhr, wenn der Tau bereits getrocknet ist, die Kräuter aber noch kraftvoll und frisch sind. Zum Trocknen vorgesehene Kräuter und Blüten sollte man nach Möglichkeit nicht waschen, sondern nur kräftig ausschütteln, um eventuell vorhandene Insekten zu entfernen. Müssen die Kräuter doch einmal gewaschen werden, nur in kaltem Wasser schwenken und sorgfältig mit Küchenpapier trocken tupfen.

KRÄUTER TROCKNEN

Gut trocknen lassen sich Kräuter mit harten Stielen und festen, ledrigen Blättern, wie etwa Thymian, Rosmarin, Salbei, Oregano oder Zitronenverbene. Aber auch Minze, Majoran, Beifuß, Bohnenkraut oder Dill eignen sich. Wärme in Verbindung mit einer guten Luftzirkulation sind die wichtigsten Voraussetzungen zum erfolgreichen Trocknen. Mit Bast oder Bindfaden locker zu Sträußen zusammengebunden, werden die Kräuter dann an einem luftigen, schattigen Ort aufgehängt, beispielsweise auf dem Dachboden oder in einem gut belüfteten Raum. Dort trocknen sie in wenigen Tagen. Wer ausreichend Platz zur Verfügung hat, breitet die Kräuter am besten auf einem Holzgitter aus, wie auf der rechten Seite in Step 1 gezeigt, oder legt die Stängel locker nebeneinander in eine mit Papier ausgelegte Holzkiste und stellt diese an einen luftigen, warmen und schattigen Ort. Ist die Luftfeuchtigkeit zu hoch oder kein geeigneter Raum vorhanden, lassen sich Kräuter auch in einem Dörrapparat oder im Mikrowellenherd trocknen. Die Kräuter dazu locker auf Küchenpapier ausbreiten, wie auf der rechten Seite in Step 2 gezeigt, auf eine geeignete Platte setzen und mit Papier bedeckt 2–4 Minuten auf höchster Stufe im Mikrowellenherd trocknen.

Alternativ funktioniert das Trocknen der Kräuter auch auf einem Rost im Backofen. Die Temperatur darf dabei 30 °C nicht

Zum Trocknen eignen sich am besten Kräuter mit harten Stielen und festen Blättern, wie Thymian, Rosmarin, Salbei, Oregano oder Zitronenverbene. Die Kräuter werden mit Bast oder Bindfaden locker zu Kräutersträußen gebunden und an einem schattigen und gut belüfteten Platz aufgehängt.

Einlegen in Öl, Essig oder Salz ist für die meisten Küchen- und Wildkräuter eine ideale Möglichkeit, Geschmack und Aroma zu konservieren. Welcher Methode dabei der Vorzug gegeben wird, entscheidet die spätere Verwendungsabsicht – in Öl konservierte Kräuter sind am vielseitigsten einsetzbar.

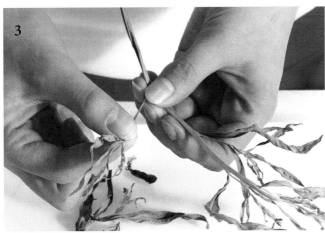

KRÄUTER TROCKNEN, DIE BLÄTTER VON DEN STÄNGELN STREIFEN UND ZERKLEINERN
(1) Trocknen an der Luft: Kräuter und Blüten auf einem Holzgitter ausbreiten und an einem warmen Ort trocknen.
(2) Trocknen im Mikrowellenherd: Die Kräuter auf eine mit Küchenpapier belegte Platte legen und in das Gerät stellen.
(3) Getrocknete Kräuterblättchen – hier Estragon – von den Stängeln streifen und nach Belieben weiter zerkleinern.
(4) Feine Blättchen – hier Thymian – abstreifen und zwischen den Handflächen oder mit dem Nudelholz zerrebeln.

übersteigen und während des Trocknens muss die Ofentür einen Spalt offen bleiben.

GETROCKNETE KRÄUTER ZERKLEINERN
Die Kräuter sind ausreichend trocken, wenn die dürren Blätter rascheln und sich leicht zerreiben lassen. Die Kräuterblättchen dann von den Stängeln streifen, wie oben in Step 3 gezeigt, und in ein Schraubdeckelglas füllen. Oder die Blättchen abstreifen und mit den Fingern oder zwischen den Handflächen zerrebeln, wie oben in Step 4 gezeigt. Größere Mengen getrockneter Kräuter auf Pergamentpapier legen und mit einem Nudelholz zerkleinern. Die zerrebelten Kräuter in ein Glas füllen und luftdicht verschließen.

KRÄUTER IN ÖL ODER ESSIG EINLEGEN
Vor dem Einlegen in Öl, Essig oder Salz werden die Kräuter kurz kalt abgebraust und vorsichtig mit Küchenpapier trocken getupft. Anschließend die abgezupften Blätter grob hacken, fein schneiden oder pürieren und in saubere Schraubdeckelgläser füllen. Die Kräuter etwa 1 cm hoch mit Essig oder Öl bedecken. Es darf kein Blatt herausschauen, denn es würde sonst rasch verderben. Zum Konservieren eignen sich alle länger haltbaren, kalt gepressten Öle. Ideal ist beispielsweise Olivenöl, das weniger schnell ranzig wird als Sonnenblumenöl. Im Ölbad bewahren die Kräuter ihr Aroma weitgehend und lassen sich später beim Entnehmen gut dosieren. Kräuter in Öl sind in der Küche vielseitig einsetzbar. Mit einem guten Weinessig bedeckt, eignen sich eingelegte Kräuter für Zubereitungen, die eine gewisse Säure erfordern, wie für Dips und Dressings. Nach 2–3 Wochen sind die eingelegten Kräuter verzehrfertig. Luftdicht verschlossen halten sie in einem Glas mehrere Monate, wenn die Oberfläche nach dem Entnehmen sofort wieder mit Essig oder Öl bedeckt wird.

KRÄUTER IN SALZ EINLEGEN
In Salz eingelegt, lässt sich das Aroma der Kräuter ebenfalls über den Winter retten. Dabei kommen auf 1 Teil Salz etwa 4 Teile zerkleinerte Kräuter. Beides wird abwechselnd Schicht für Schicht in ein gut verschließbares Gefäß, etwa ein Schraubdeckelglas, gefüllt. In Salz konserviert, halten Kräuter mehrere Monate, sollten jedoch aufgrund des hohen Salzanteils nur sparsam dosiert werden.

TIEFKÜHLEN VON KRÄUTER

Aroma, Inhaltsstoffe und Farbe bleiben beim Tiefkühlen weitgehend erhalten, wenn die Kräuter absolut frisch verarbeitet werden. Abgepackt in kleinen Mengen, lassen sich tiefgekühlte Kräuter später gut dosieren.

EINEN VORRAT FÜR MEHRERE MONATE hat man mit Kräutern aus dem Tiefkühlgerät stets griffbereit. Geeignet sind – mit Ausnahme von empfindlichen Pflanzen wie Basilikum – fast alle Küchen- und Wildkräuter. Ideal ist das Tiefkühlen für zartblättrige Kräuter mit weichen Stängeln, die sich schlecht trocknen lassen (S. 38). Küchenkräuter wie Petersilie, Estragon, Kerbel oder Dill werden dafür am Vormittag nach dem Abtrocknen des Taus geerntet und kurz kalt abgebraust. Anschließend die Blätter mit Küchenpapier trocken tupfen und die Kräuter entweder nach Sorten getrennt oder gemischt zerkleinern und portionsweise tiefkühlen. Das hat den Vorteil, dass die Kräuter küchenfertig sind und ohne vorheriges Auftauen sofort zum Aromatisieren verwendet werden können.

KRÄUTEREISWÜRFEL HERSTELLEN

Praktisch und beliebt ist das Tiefkühlen von zerkleinerten Kräutern oder Kräuterpüree in handelsüblichen Eiswürfelschalen oder in kleinen Behältern für jeweils einen Kräutereiswürfel. Letztere sind zwar etwas kostspieliger in der Anschaffung, haben aber den Vorteil, dass das anschließende Verpacken entfällt. Dafür die Kräuter wie beschrieben vorbereiten, in die Schalen oder Behälter einfüllen und mit Wasser aufgießen, wie auf der rechten Seite in Step 1 gezeigt. Kräutermischungen für spezielle Gerichte können Sie auch mit Gemüse-, Geflügel-, Kalbs- oder Fischfond aufgießen, die noch etwas mehr Geschmack mitbringen. Anschließend die Portionsbehälter verschließen, beschriften und in das Tiefkühlgerät stellen. In Eiswürfelbehältern hergestellte Kräutereiswürfel nimmt man nach dem Durchfrieren wieder aus dem Tiefkühlgerät und löst sie aus der Schale (siehe unten und Step 2 auf der rechten Seite). Die Eiswürfel werden dann entweder in Gefrierbeuteln oder in Dosen aufbewahrt oder einzeln in Alufolie verpackt und genau beschriftet. So hat man einen Vorrat an würzigen Kräuterportionen jederzeit schnell parat.

TIEFKÜHLEN IN BEUTEL UND DOSE

Zum Tiefkühlen ganzer Stängel oder Zweige – etwa für Kräuterbouquets (S. 43) – eignen sich Gefrierbeutel gut, wie rechts in Step 3 gezeigt. Größere Mengen zerkleinerter Kräuter lassen sich am besten in handelsüblichen Kunststoffdosen tiefkühlen, wie in Step 4 gezeigt. Wem das Schneiden oder Hacken der Kräuter zu aufwendig ist, kann diese auf einem Blech auslegen und kurz tiefkühlen. Dann herausnehmen, die starren Kräuter zerrebeln und portionsweise erneut tiefkühlen.

KRÄUTERBLÄTTER EINZELN TIEFKÜHLEN

Etwas aufwendiger ist das Tiefkühlen ganzer Blätter. Die sind hilfreich, wenn für ein Gericht einzelne Kräuterblätter verlangt werden, wie etwa bei Salbeibutter oder bei Curryblättern. Dafür mehrere Lagen Pergamentpapier passend zurechtschneiden, die Kräuter waschen, trocken tupfen und die Blätter abzupfen. Ein Stück Pergamentpapier mit Olivenöl bepinseln und weiterarbeiten, wie rechts in Step 5 gezeigt. Ein zweites Pergamentpapier mit Öl bestreichen, mit der geölten Seite nach unten auflegen und weiterarbeiten, wie rechts in Step 6 gezeigt. Sind alle Kräuterblätter zwischen Ölpapier gelegt, schlägt man das Päckchen in Alufolie ein und beschriftet es. Danach das Päckchen in das Tiefkühlgerät stellen. Bei dieser Methode bleibt die Farbe der Kräuterblätter besonders gut erhalten – beispielsweise beim Bärlauch, der sich beim Zerkleinern dunkel verfärben würde. Zudem können die Blätter auch einzeln entnommen werden.

KRÄUTEREISWÜRFEL HERSTELLEN

(1) Die vorbereiteten Kräuter nach Sorten getrennt oder gemischt zerkleinern, in Portionsbehälter füllen, mit Wasser oder Fond aufgießen, verschließen und tiefkühlen.

(2) Die vorbereiteten Kräuter in eine Eiswürfelschale füllen, mit Wasser oder Fond aufgießen und tiefkühlen. Kräutereiswürfel aus der Schale lösen und einzeln in Alufolie verpacken.

KRÄUTER IN BEUTEL UND DOSE TIEFKÜHLEN

(3) Triebspitzen und ganze Stängel portionsweise in einen Gefrierbeutel füllen, diesen luftdicht verschließen und tiefkühlen.
(4) Größere Mengen zerkleinerter Kräuter und -mischungen in Dosen füllen, mit dem Deckel verschließen und tiefkühlen.

KRÄUTERBLÄTTER EINZELN TIEFKÜHLEN

(5) Ein Stück Pergamentpapier dünn mit Öl bepinseln und die vorbereiteten, abgezupften Kräuterblättchen auflegen.
(6) Eine zweite Lage Kräuterblätter auflegen und mit einem Stück geöltem Pergamentpapier bedecken.

MIT KRÄUTERN AROMATISIEREN

Für Spieße, zum Spicken und Mitbraten eignen sich nur robuste Kräuter mit festen, ledrigen Blättern oder Nadeln wie Rosmarin, Thymian oder Salbei, die beim Garen ihr volles Aroma entfalten.

KRÄUTERSPIESSE vom Grill, bestückt mit saftigem Rind- oder Schweinefleisch oder mit Fisch, sind eine echte Bereicherung für jede Grillparty, zumal ihre Herstellung ganz einfach ist. Dafür die Blätter oder Nadeln vom Zweig abstreifen und weiterarbeiten, wie unten gezeigt. Kräuterzweige oder -stängel statt Metallspieße zu verwenden hat gleich zwei Vorteile: Zum einen verbrennen die Kräuter rasch, wenn man sie lose mit auf den Rost legt, und zum andern gelangt durch das Aufspießen der Fleisch- und Fischwürfel oder Geflügelteile das Aroma

von Rosmarin, Lorbeer oder Zitronengras direkt in das Grillgut. Beim Kotelettbraten aus dem Ofen können die Kräuterstängel jedoch auch aufgelegt und fixiert werden, wie unten in Step 1 und 2 gezeigt. Allerdings dringt bei dieser Methode das würzige Kräuteraroma weniger tief in das Fleisch ein als beim klassischen Spicken. Für das Spicken sticht man das Fleisch mit einem kleinen, spitzen Messer leicht ein und steckt Kräuterspitzen oder -blätter ein, wie ganz unten in Step 1 und 2 beschrieben.

KOTELETTSTRANG MIT KRÄUTERN WÜRZEN
(1) Die vorbereiteten Kräuterstängel locker nebeneinander auf die Fettschicht des Bratenstücks legen.
(2) Die Kräuter mit Küchengarn fixieren, dafür das Fleisch wie einen Rollbraten in Form binden.

LAMMKEULE MIT KRÄUTERN SPICKEN
(1) Mit einem spitzen Messer die Haut oder das Fleisch in gleichem Abstand leicht schräg einstechen.
(2) Sofort vorbereitete Kräuterspitzen und -zweige – hier Rosmarin und Thymian – einschieben.

WÜRZEN MIT EINEM BOUQUET GARNI

Werden Kräuter in viel Flüssigkeit mitgegart, bindet man sie mit Küchengarn zu einem Sträußchen zusammen. So können sie ihr Aroma abgeben und anschließend mühelos wieder entfernt werden. Im einfachsten Fall besteht ein solches Kräutersträußchen – Bouquet garni, wie der Fachmann sagt – nur aus 1 Zweig Thymian, 1 Lorbeerblatt und 3 Stängeln Petersilie – eine Kombination, die immer passt. Die folgenden Bouquets garnis sind jedoch auf die Hauptzutaten verschiedener Fonds abgestimmt.

BOUQUET GARNI FÜR HELLES FLEISCH (1)

Je 1 Möhre und Petersilienwurzel waschen und putzen. Dann 3–4 Stängel Petersilie und je 1 Zweig Liebstöckel, Bohnenkraut und Zitronenthymian sowie nach Belieben noch etwas Oregano waschen und mit Küchenpapier trocken tupfen. Mit Küchengarn alles zusammen mit 1 ungeschälten Knoblauchzehe zu einem Bouquet garni binden und das Garn verknoten.

BOUQUET GARNI FÜR DUNKLES FLEISCH (2)

Je 1 Frühlingszwiebel und Petersilienwurzel waschen und putzen. 1 kleiner Zweig Rosmarin, 1 Zweig Thymian, 2–3 Stängel Petersilie, 2 Salbei- und Lorbeerblätter sowie 4–5 Sellerieblätter waschen und mit Küchenpapier trocken tupfen. Die Schale von ½ unbehandelten Orange möglichst dünn abschälen. Alles mit Küchengarn zu einem Bouquet garni binden und fest verknoten.

BOUQUET GARNI FÜR GEFLÜGELFOND (3)

Je 1 Möhre und Frühlingszwiebel waschen und putzen. Etwas Fenchelgrün sowie 3–4 Stängel Petersilie und 1 Stängel Estragon ebenfalls waschen und mit Küchenpapier trocken tupfen. Möhre und Frühlingszwiebel sowie die Kräuterstängel mit Küchengarn zu einem Bouqet garni binden und das Küchengarn fest verknoten.

BOUQUET GARNI FÜR FISCHFOND (4)

Jeweils 1–2 Estragonstängel und Thymianzweige, 3 Stängel Petersilie und einige Sellerieblätter waschen und mit Küchenpapier trocken tupfen. Dann ½ Stange Staudensellerie waschen und putzen, ½ unbehandelte Zitrone dünn abschälen und alles zusammen mit einer ½ Chilischote ohne Stiel und Samen mit Küchengarn zusammenbinden und fest verknoten.

KRÄUTERSPIESSE HERSTELLEN: Von den Kräuterzweigen alle Blätter oder Nadeln bis auf ein paar an der Spitze abstreifen. Das Ende etwas anspitzen und Fleisch- oder Fischwürfel abwechselnd mit Paprika- und Zwiebelstücken aufspießen.

BOUQUETS GARNIS FÜR FONDS

(1) Zu hellem Fleisch, etwa zu Kalbfleisch, passen aromatische Kräuter wie Bohnenkraut, Zitronenthymian, Liebstöckel, Oregano und Petersilie, ergänzt durch etwas Knoblauch, Petersilienwurzel und Möhre.

(2) Zu dunklem Fleisch wie Rind und Wild vertragen kräftige Aromen wie Rosmarin, Thymian, Salbei und Lorbeer. Ergänzt werden sie durch Petersilie, Sellerieblätter, Petersilienwurzel, Frühlingszwiebel und Orangenschale.

(3) Mit Geflügel harmonieren die Aromen von Petersilie, Estragon, Fenchelgrün und Frühlingszwiebel. Eine Möhre rundet das Bouquet mit ihrer leichten Süße angenehm ab.

(4) Zu Fisch passen Estragon, Thymian, Petersilie, Staudensellerie und Selleriegrün. Die ½ Chilischote bringt zudem einen Hauch Schärfe mit. Für die frische Note sorgt ein Streifen unbehandelte Zitronenschale.

HERRLICH WÜRZIGE DÜFTE

Nach kurzem Rösten in einer schweren Pfanne schmecken Gewürze besonders intensiv. Anschließend werden sie gehackt, im Mörser zerrieben oder in der Gewürzmühle zu feinem Pulver zermahlen.

BEIM RÖSTEN entfalten trockene Gewürze wie Koriander, Kreuzkümmel oder Gewürznelken ihr volles Aroma. Diesen Effekt machen sich viele asiatische Köche zunutze. Vor allem in Indien wird das Aroma vieler Gewürze vor der Verwendung durch Rösten intensiviert. Sollen die Gewürze, beispielsweise für eine Würzmischung, im Anschluss noch gemahlen werden, empfiehlt sich das Rösten ohne Fett. Werden sie nicht weiter zerkleinert, dann kann man die Gewürze auch in etwas Öl oder Butterschmalz rösten. Bei der Zubereitung von Würzölen wie Chili- oder Annattoöl empfiehlt sich ein kurzes Rösten der Gewürze in Öl, um das Aroma zu verstärken.

GEWÜRZE RÖSTEN

Zunächst eine schwere Pfanne ohne Fett erhitzen, dann die Gewürze zufügen und die Hitze etwas reduzieren und alles unter ständigem Rühren rösten, bis die Gewürze leicht zu duften beginnen. Das kann bis zu 2 Minuten oder etwas länger dauern. Dabei darf die Hitze aber nicht zu stark werden, sonst verbrennen die Körner und Samen und schmecken bitter. Vor dem Zerkleinern die Gewürze etwas abkühlen lassen, um sich nicht zu verbrennen. Weil sich die Aromastoffe wie ätherische Öle rasch verflüchtigen, sollte das Rösten und Zerkleinern immer erst unmittelbar vor Gebrauch erfolgen.

GEWÜRZSÄCKCHEN UND GEWÜRZEI (1) UND (2)

Um Gewürze nach dem Garen besser entfernen zu können, füllt man sie – wie unten rechts gezeigt – in ein Gewürzsäckchen aus Mulltuch oder Teefilterpapier. Die Aromen können sich dann während des Garens gut entfalten und das Gewürzsäckchen lässt sich anschließend mit einem Griff schnell wieder herausnehmen. Eine Alternative sind Kugeln oder Körbchen aus Drahtgeflecht (siehe ganz unten rechts), die wie ein Tee-Ei gefüllt und verschlossen werden. Auch sie lassen sich nach dem Garen leicht entnehmen.

GEWÜRZE IM GANZEN MITGAREN
(1) Im Gewürzsäckchen: Die Gewürze in ein Stoffsäckchen füllen und dieses mit Küchengarn fest zusammenbinden.
(2) In der Gewürzkugel aus Drahtgeflecht: Hälften auseinanderdrücken, die Gewürze einfüllen und die Kugel wieder schließen.

Durch das Anrösten in einer Pfanne entwickeln viele ganze Gewürze ein besonders intensives Aroma.

GEWÜRZE ANDRÜCKEN UND HACKEN (1) UND (2)

Kleine Mengen an festen Gewürzen wie Pfefferkörner werden mittels Druck auf die flache Messerklinge oder mit dem Boden eines stabilen Topfes grob zerdrückt. Auch für Wacholderbeeren, die man meist nur leicht andrückt, empfiehlt sich diese Methode. Zum Hacken wiederum dient die Schneide des Messers. Viele Gewürze wie Senf oder Kümmel neigen jedoch dazu, in alle Richtungen zu springen. Um dies zu verhindern, beträufelt man sie vorher mit ein paar Tropfen Öl.

GEWÜRZE IM MÖRSER ZERKLEINERN (3) UND (4)

Das Zerstoßen oder Zerreiben von Gewürzen wie Kreuzkümmel oder Pfeffer- und Korianderkörner in einem Mörser aus Granit, Marmor oder Porzellan ist eine gute Methode, wenn man nur kleinere Gewürzmengen benötigt. Das mechanische grobe oder feine Zerreiben erfordert zwar ein wenig Kraft und

Geduld, funktioniert dafür aber auch mit ölhaltigen oder in Fett gerösteten Gewürzen. Wichtig dabei ist, dass die Oberfläche des Mörsers innen leicht angeraut ist.

GEWÜRZE ZU PULVER VERMAHLEN (5–8)

Größere Mengen an Gewürzen lassen sich kraftsparend in einer elektrischen Kaffeemühle mit Schlagmessern mahlen. Hier gilt: Pro Mahlgang nur 1–2 EL einfüllen und den Mahlvorgang immer wieder unterbrechen. Andere Kaffeemühlen sind weniger geeignet, denn sie verkleben aufgrund der in Körnern und Samen enthaltenen Öle. Auch Blitzhacker bringen nicht das erwünschte Ergebnis. Durch den weiten Abstand der Messer werden die Gewürze kaum erfasst. Gut eignen sich Gewürzmühlen, deren Mahlwerk wie eine Pfeffermühle arbeitet. Kleine Mengen Piment und Koriander oder andere harte, trockene Gewürze lassen sich damit leicht zu Pulver vermahlen.

GETROCKNETE GEWÜRZE ZERKLEINERN

(1) Mit dem Messer: Gewürze andrücken, zusammenschieben und durch Druck auf die flache Klinge zerkleinern.

(2) Mit der Klinge lassen sich Gewürze nur grob zerkleinern; für Pfefferkörner und Wacholderbeeren geeignet.

(3) Im Mörser zerreiben: 1–2 EL Gewürze in den Mörser geben und mit dem Stößel kreisend zerreiben.

(4) Im Mörser können Gewürze je nach Bearbeitungsdauer grob zerkleinert oder fein zerrieben werden.

(5) In der elektrischen Kaffeemühle: Je 1–2 EL Gewürze einfüllen; bis zum gewünschten Grad mahlen.

(6) Je nach Dauer und Zahl der Mahlgänge sind die Gewürze grob zerkleinert oder fein gemahlen.

(7) Mit der Gewürzmühle: Die Gewürze einfüllen und drehend – wie in einer Pfeffermühle – fein zermahlen.

(8) Ein feines Pulver entsteht;. Das Mahlen mit dieser Mühle eignet sich für kleine Mengen harter, trockener Gewürze.

INGWER, ZITRONENGRAS, CHILI

Diese drei Zutaten – in Asiens Küchen absolut unentbehrlich – bürgern sich auch bei uns zunehmend ein. Mit ein paar Tricks bringen Sie Ingwer, Zitronengras und Chilischoten schnell in die richtige Form.

JE NACH GEWÜNSCHTER INTENSITÄT wird Ingwer anders vorbereitet: Für Gerichte, die ein starkes Ingweraroma erfordern, schält man die Rhizome – so heißen die »Wurzeln« botanisch korrekt – zunächst einmal dünn ab, wie unten gezeigt, bevor man sie fein gewürfelt und oft mit Knoblauch und Chili im heißen Öl brät. Stark zerkleinert kommt das typische Ingweraroma besonders gut zur Geltung. Ist jedoch für ein Gericht lediglich eine leichte Ingwernote erwünscht, dann kann Ingwer entweder ungeschält in größeren Stücken mitgegart werden, die dann vor dem Verzehr wieder entfernt werden, oder Sie verwenden sehr jungen Ingwer (zu erkennen an der blassen Schale und dem fast cremeweißen Fleisch), der deutlich milder im Geschmack ist.

Für Dressings oder Marinaden wird gelegentlich Ingwersaft benötigt. Dafür den Ingwer entweder reiben und im Tuch ausdrücken oder pressen, wie unten gezeigt.

ZITRONENGRAS VORBEREITEN
Zitronengrasblätter sind sehr faserig und hart, deshalb findet nur der untere, etwa 15 cm lange blassgrüne Teil Verwendung. Um sein Aroma zu erschließen, ist es am einfachsten, ganze Stängel leicht anzudrücken oder zu quetschen, wie auf der rechten Seite in Step 1 beschrieben. Die ätherischen Öle werden so freigesetzt und das Zitronengras kann anschließend mit einem Griff wieder entfernt werden. Auch größere Stücke Zitronengras sollten nach dem Garen immer entfernt werden.

INGWER SCHÄLEN UND VORBEREITEN
(1) Ingwer schälen: Das Ingwerstück gut festhalten und mit einem kleinen scharfen Messer flach abschälen. Dabei alle braunen Flecken und Sprossansätze mit entfernen.
(2) Ingwer reiben: Den geschälten Ingwer auf einer feinen Küchenreibe raspeln. Für Saft die Raspel in einem Tuch auspressen.
(3) Ingwer auspressen: Den geschälten Ingwer grob würfeln, durch die Knoblauchpresse drücken und den Saft auffangen.
(4) Ingwer in Scheiben schneiden: Vom Ingwer mit einem scharfen Messer quer zur Faser runde Scheiben abtrennen.
(5) Ingwer in Streifen schneiden: Mehrere Scheiben aufeinanderlegen und diese längs in feine Streifen schneiden.
(6) Ingwer würfeln: Einige Ingwerstreifen nebeneinanderlegen und mit einem scharfen Messer quer in feine Würfel schneiden.

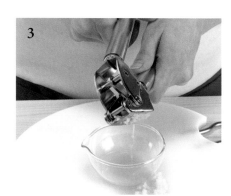

Wird das Zitronengras mitgegessen, etwa in Reisgerichten, Suppen und Saucen, dann muss es vorher stark zerkleinert werden. Zwar lassen sich die Blätter auch hacken, viel einfacher ist es aber, die Stängel in feine Ringe zu schneiden, wie unten in Step 2 gezeigt. Dank der rötlichen Musterung sind die Scheibchen sehr dekorativ und eignen sich daher auch gut als Garnitur für asiatische Gerichte.

CHILISCHOTEN VORBEREITEN

Da die Schärfe der Chilis vor allem in den Samen und Scheidewänden sitzt, werden diese meist entfernt, wie unten in Step 1 und 2 gezeigt. Am besten, Sie tragen dabei Handschuhe, denn der darin enthaltene Schärfewirkstoff Capsaicin kann auf der Haut stark brennen. In jedem Fall wird er äußerst unangenehm, wenn er in die Augen gelangt – dann sofort mit kaltem Wasser spülen! Häufig werden die feurigen Schoten weiterzerkleinert, wie unten in Step 3 und 4 gezeigt. Um Ringe zu erhalten, genügt es, den Stielansatz der Schote zu entfernen und die Chilis im Abstand von 1 mm quer zu durchtrennen, dabei können die Samen gut entfernt werden. In der Schale stecken ebenfalls Schärfestoffe, daher wird sie manchmal ebenfalls entfernt. Dafür die Chilis unter dem Grill bräunen, bis die Haut schwarze Flecken aufweist, in einem Gefrierbeutel 10 Minuten schwitzen lassen und danach häuten.

ZITRONENGRAS VORBEREITEN

(1) Zitronengras andrücken: Die Stängel oben und unten etwas kürzen, dann mit einem Fleischklopfer oder dem Messerrücken das dickere Ende leicht flach klopfen oder quetschen, um die ätherischen Öle freizusetzen.

CHILISCHOTEN ENTKERNEN UND ZERKLEINERN

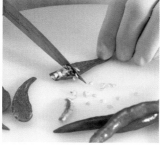

(1) Den Stielansatz mit einem scharfen Messer quer abtrennen und die Schote längs aufschneiden.

(2) Die Kerne mit dem Messer abstreifen und dabei auch die weißen Scheidewände mit entfernen.

(2) Das Zitronengras in Ringe schneiden: Die Enden der abtrennen und die Stängel mit einem scharfen Messer quer in sehr feine Ringe schneiden.

(3) Die Chilihälften mit einem Messer längs in sehr feine Streifen schneiden.

(4) Chilistreifen nebeneinanderlegen und quer in sehr feine Würfel schneiden.

VANILLE, MUSKATNUSS, SAFRAN

Gemahlen sind Gewürze nicht lange haltbar und verlieren schnell an Aroma. Daher empfiehlt sich, Vanilleschoten, Muskatnüsse oder auch den teuren Safran selbst auszulösen oder zu zerreiben.

WENIG AUFWAND erfordert etwa das Auslösen von Vanille-mark. Das lohnt sich umso mehr, als die Geschmacksstoffe größtenteils in den Schoten stecken und weniger im Mark selbst, das aus den Samen der Vanillepflanze und dem sie umgebenden Öl besteht. Gerade bei Vanille sollten Sie immer guter Qualität den Vorzug geben. Echte Vanille ist zwar nicht gerade preiswert, doch können die Schoten mehrfach verwendet werden. Beim Mitgaren in Milch oder Sahne für Vanille-cremes und -saucen gibt die aufgeschlitzte Schote bereits Aroma ab. Anschließend wird sie herausgenommen, ausge-kratzt und das Mark dann wieder als Gewürz zurückgegeben.

Heiß gewaschen und sorgfältig abgetrocknet, eignen sich Vanilleschoten nach dem Auskochen auch noch zur Herstel-lung von Vanillezucker oder Vanillesirup. So können Sie bei-spielsweise die ausgekratzten Schoten mit Zucker in eine gut schließende Dose füllen und haben nach 1–2 Wochen einen vorzüglichen Vanillezucker. Oder Sie stecken die ausgekratz-ten Vanilleschoten in ein Gefäß oder eine Flasche und be-decken sie mit Läuterzucker (S. 254). Dann erhalten Sie schon nach kurzer Zeit einen Vanillesirup, der sich bestens zum Süßen und Aromatisieren von Desserts und Saucen eignet. Er ist 4–6 Monate haltbar.

VANILLESCHOTEN AUSKRATZEN

(1) Die Vanilleschote auf ein Brett legen, am Stielansatz festhalten und mit einem scharfen, spitzen Messer der Länge nach aufschneiden.

(2) Mit dem Messer die halbierten Schoten flach drücken, mit leichtem Druck entlangstreichen, dabei das Mark auslösen.

(3) Die ausgekratzten Schoten nicht wegwerfen, sondern zum Aromatisie-ren verwenden, etwa für Vanillezucker oder Vanillesirup.

MUSKATNUSS REIBEN

(1) Die Muskatnüsse sind hier bereits ausgelöst. Ist die harte Schale noch vorhanden, muss sie entfernt werden.

(2) Die Muskatnuss mit einer speziellen Muskatreibe (im Bild) oder auf einer feinen Raspel reiben. Da sich das intensive Aroma rasch verflüchtigt, Muskat bei Bedarf stets frisch über die Speisen reiben.

Bei der Vanille steckt das meiste Aroma in den Schoten. Deshalb wäre es schade, sie einfach wegzuwerfen, wenn das Mark ausgekratzt ist. Gibt man die Schoten stattdessen mit Zucker in ein gut verschließbares Gefäß, erhält man bereits nach kurzer Zeit einen natürlich hergestellten, herrlich aromatischen Vanillezucker.

MUSKATNUSS IMMER FRISCH REIBEN

Die getrockneten Samen des Muskatbaums, umgangssprachlich und botanisch nicht ganz korrekt als »Nüsse« bezeichnet, enthalten ein flüchtiges ätherisches Öl, weshalb Muskat stets frisch gerieben wird (S. 27). Im Handel sind spezielle gerundete Reiben mit einem integrierten Fach zum Aufbewahren der Muskatnuss erhältlich. Aber Muskat lässt sich auch auf jeder anderen feinen Reibe gut zerkleinern.

SAFRANFÄDEN AUFLÖSEN

Nach wie vor ist Safran das teuerste Gewürz der Welt. Um böse Überraschungen zu vermeiden, empfiehlt es sich, stets Fäden einzukaufen. Denn nur anhand der ganzen getrockneten Blütennarben können Sie die Qualität des Safrans überprüfen. Pulverisierter Safran ist häufig mit anderen rötlichen Pflanzenbestandteilen gestreckt, zudem hält sein Aroma weniger lange. Safranfäden guter Qualität sind tiefrot, dünn und leicht zerbrechlich. In Gerichten mit viel Flüssigkeit können sie im Ganzen mitgegart werden. Je früher man den Safran hinzugibt, desto gleichmäßiger fällt die Färbung aus. Wird in einem Rezept Safranpulver verlangt, lassen sich die Fäden zwischen den Fingerspitzen leicht zu Pulver zerreiben. Für Gerichte mit weniger Flüssigkeit weichen Sie ganze oder zerstoßene Safranfäden am besten einige Minuten in warmem Wasser oder in Milch ein und verwenden dann die intensiv gelbe Flüssigkeit zum Würzen und Färben.

»MIT GEWÜRZEN FÄRBEN«

Einige Gewürze bringen nicht nur Geschmack, sondern auch Farbe ins Essen. Safran zum Beispiel würzt und färbt gleichzeitig intensiv gelb, wie auch das als arabischer Safran oder Gelbwurz bezeichnete, leicht scharfe Rhizom der Kurkumapflanze, das Currypulver und -pasten die leuchtend gelbe Farbe verleiht. In Indien galt das Kurkumapulver einst als heilig, heutzutage färbt es Dals, Gemüse- und Kartoffel-, aber auch Reisgerichte. Nasi kuning, gelber Reis, wird auf Bali noch immer als heilige Speise den Göttern geopfert. Aromatisieren und färben zugleich lässt sich aber auch mit Paprika- oder Chilipulver. Je nach Sorte und Menge des Pulvers ergeben sich verschiedene Rot- und Brauntöne. Annatto hingegen besitzt so gut wie keine Würzkraft, ist aber als Färbemittel beliebt. Schon die Mayas schätzten Annatto – und bis heute spielen die dreikantig abgerundeten Samen in Mittel- und Südamerika eine Rolle. Eingeweicht oder in Öl geröstet, färben sie Suppen, Eintöpfe und Würzpasten intensiv orangerot. Die blassgelb färbenden, einstmals als Safranersatz gehandelten, getrockneten Blüten des Färbersaflor, auch Färberdistel genannt, finden dagegen in der Küche heute kaum noch Verwendung. *Katrin Wittmann*

GEWÜRZMISCHUNGEN AUS ASIEN UND NORDAMERIKA

Leicht geröstet, im Mörser zerstoßen oder aus der Gewürzmühle – frisch hergestellt entfalten die verschiedenen Würzmischungen ein unglaubliches Aroma.

In vielen Regionalküchen Asiens stellen die Köche eigens auf die Hauptzutaten eines Gerichts abgestimmte Würzmischungen selbst her. Häufig werden dabei die Gewürze vor dem Zermahlen noch kurz geröstet, bis sie zu duften beginnen. Im Folgenden finden Sie einige interessante Würzmischungen aus Asien und Nordamerika.

CHAT MASALA

- 10 g Kreuzkümmel, 12 g Pfefferkörner
- 2 g Korianderkörner, 6 Gewürznelken
- 1 g Ajowan, 4 getrocknete rote Chilischoten
- 10 g getrocknete Granatapfelkerne
- 1 TL getrocknete Minze
- 20 g schwarzes Steinsalz
- 5 g gemahlener Ingwer, 10 g Amchoor
- ¼ TL gemahlener Asant, 10 g Salz

Die abgewogenen und abgezählten Gewürze in Schälchen bereitstellen, wie auf der rechten Seite in Step 1 zu sehen. Eine schwere Pfanne nicht zu stark erhitzen und die ganzen Gewürze sowie nach Belieben auch die Granatapfelkerne darin kurz rösten, wie rechts in Step 2 gezeigt. Die gerösteten Gewürze abkühlen lassen und anschließend zu Pulver verarbeiten, wie rechts in Step 3 gezeigt. Das Steinsalz ebenfalls fein mahlen, dann weiterarbeiten, wie rechts in Step 4 beschrieben (siehe auch S. 45). Das erfrischend säuerliche indische Chat masala würzt Gemüse und Salate, aber auch Obst.

GARAM MASALA

- 30 g Kreuzkümmel
- 10 g Korianderkörner
- 10 Pfefferkörner, 10 Kapseln grüner Kardamom
- 5 Kapseln schwarzer Kardamom
- 8 Gewürznelken, 4 ganze Sternanis
- 4 Muskatblüten, 4 Zimtstangen, je 5 cm lang
- 3 getrocknete Zimtblätter
- 3 g frisch geriebene Muskatnuss

Die ganzen Gewürze ohne Fett kurz rösten, dabei ständig rühren, damit sie nicht verbrennen. Gewürze etwas abkühlen lassen und dann im Mörser oder Mixer fein zermahlen (S. 45). Zum Schluss den geriebenen Muskat untermischen. Indisches Garam masala wird in vielen Varianten hergestellt und zum Würzen von Fleisch, Geflügel oder Reisgerichten verwendet.

SCHARFES MADRAS-CURRYPULVER

- 25 g Korianderkörner, 2 g Pimentkörner
- 8 g Kreuzkümmel, 6 g schwarze Senfsamen
- 12 g schwarze Pfefferkörner, 20 g Salz
- 1 Döschen Safranfäden, 5 g Chilipulver
- 10 g gemahlene Kurkuma
- 5 g gemahlener Ingwer

Ganze Gewürze ohne Fett unter Rühren kurz anrösten, abkühlen lassen und fein mahlen. Dann mit den gemahlenen Gewürzen und Salz vermischen.

FÜNF-GEWÜRZE-PULVER

- 1 TL Szechuan-Pfeffer, 3 ganze Sternanis
- 1 TL Fenchelsamen, 1 TL Gewürznelken
- 1 TL gemahlener Kassiazimt

Die ganzen Gewürze fein mahlen, das Pulver gründlich sieben und mit dem Zimt vermischen. In China würzt man damit Schweine- und Rindfleisch sowie Geflügel.

SICHIMI-GEWÜRZMISCHUNG

- 4 kleine getrocknete Chilischoten
- 1 TL Mohn
- 1 TL zerkleinerte getrocknete Orangenschale
- 2 TL Aonori (getrocknete Seetangflocken)
- 1 TL Leinsamen, 2 TL helle Sesamsamen
- gemahlener Sansho (japanischer Pfeffer)

Chilischoten zerbröseln, dabei Stielansatz und Samen entfernen. Dann alles in der Gewürzmühle fein mahlen. In Japan würzt man damit Suppen, Eintöpfe und Yakitori (Hähnchen- und Gemüsespießchen).

BARBECUE-MISCHUNG

- 1 TL Pfefferkörner, 1 TL getrockneter Thymian
- ½ TL getrockneter Majoran
- ½ TL Cayennepfeffer
- 1 TL edelsüßes Paprikapulver
- 1 TL Senfpulver, 1 EL Zucker, ½ TL Salz

Die Pfefferkörner im Mörser zerstoßen und mit den Kräutern zerreiben. Gemahlene Gewürze und Zucker unterrühren und alles vermischen. In den USA werden damit Steaks und Koteletts 2–3 Stunden mariniert und vor dem Grillen gesalzen.

GEWÜRZMISCHUNGEN HERSTELLEN AM BEISPIEL CHAT MASALA

(1) Die Gewürze abwiegen oder abzählen und jeweils in kleinen Schälchen bereitstellen.

(2) Die ganzen Gewürze bei nicht zu starker Hitze ohne Fett unter ständigem Rühren 2–3 Minuten rösten.

(3) Die abgekühlten Gewürze in eine Gewürzmühle füllen und zu einem feinen Pulver vermahlen.

(4) Die gemahlenen Gewürze zufügen, alles gut vermischen. Anschließend das Chat masala in eine Dose füllen.

GEWÜRZPASTEN AUS FRISCHEN ZUTATEN HERSTELLEN

Traditionell werden Chilis, Knoblauch und Gewürze im Mörser oder auf dem Mahlstein zerrieben, schneller geht's jedoch in einem Blitzhacker.

Basis vieler Würzpasten sind Chilis, Ingwer, Knoblauch oder Zwiebeln, die Sie am besten vor dem Zerreiben etwas zerkleinern. Im Mörser werden dann zuerst die festen, anschließend die weicheren Zutaten zu einer feinen Paste zerrieben.

JERK-PASTE

- 5 Frühlingszwiebeln, 3 Knoblauchzehen
- 25 g frische Ingwerwurzel
- 1 Lampion-Chili
- 1 TL Pimentkörner
- ½ TL gemahlener Zimt
- je ½ TL Pfeffer- und Korianderkörner
- ½ TL frisch geriebene Muskatnuss
- 2 frische Lorbeerblätter, in Streifen
- 2 EL Thymianblättchen,
- 100 ml Erdnussöl
- Saft von ½ Limette, ½ TL Salz

Diese Würzpaste aus Jamaika aromatisiert helles Geflügel oder Schweinefleisch. Hierfür erst die Frühlingszwiebeln putzen, Knoblauch und Ingwer schälen. Die Chilischote halbieren und die Samen und Scheidewände entfernen. Alle Zutaten vorbereiten und zu einer Paste verarbeiten, wie auf der rechten Seite (siehe Step 1–5) gezeigt. Anschließend das Geflügel- oder Schweinefleisch mit der Jerk-Paste einreiben. Das Fleisch in eine Form legen und zugedeckt 3–6 Stunden kühl marinieren. Dann das Fleisch salzen und im Anschluss grillen oder braten.

HARISSA

- 14 getrocknete rote Chilischoten
- 1 EL Korianderkörner
- 3 TL Kreuzkümmel
- 3 Knoblauchzehen, abgezogen und grob gehackt
- ½ TL Salz, 1 TL Tomatenmark
- 4–6 EL Olivenöl

Die Chilischoten von Samen und Scheidewänden befreien und 30 Minuten in warmem Wasser einweichen. Inzwischen Koriander und Kreuzkümmel in einer Pfanne ohne Fett rösten, bis die Gewürze zu duften beginnen. Dann beides zu Pulver zermahlen. Knoblauch und Salz im Mörser fein zerreiben, die abgetropften Chilis zufügen und alles zu einer glatten Paste verarbeiten. Zum Schluss Kreuzkümmel und Koriander, Tomatenmark und das Öl untermischen. Harissa würzt Dips zu gegrilltem Fleisch, vor allem aber Couscous und Tagines.

RECADO

- 10 Knoblauchzehen, abgezogen
- je 1 TL Piment- und Pfefferkörner
- 2 TL Korianderkörner
- ¼ TL Kreuzkümmel
- ¼ Zimtstange, grob zerkleinert
- 2 Gewürznelken
- 1 TL getrockneter Oregano, ½ TL Salz
- 1 EL Aceto balsamico bianco oder Weißweinessig

Den Knoblauch grob hacken und entweder mit den anderen Zutaten im Mörser oder im Blitzhacker zu einer Paste verarbeiten. Lassen Sie die Recado-Paste vor der Verwendung noch einen Tag kühl durchziehen. Recados gibt es auf der Halbinsel Yucatan im Süden Mexikos in verschiedenen Varianten mit und ohne Chilis und färbenden Annattosamen. Sie würzen Fleisch, Geflügel oder Fisch vor dem Grillen.

ROTE CURRYPASTE

- 8 getrocknete rote Chilischoten
- 20 g Zitronengras (nur der helle Teil)
- 20 g frischer Galgant
- 3 Knoblauchzehen
- 40 rote thailändische Zwiebelchen
- 1 EL Korianderkörner (etwa 6 g)
- 1 TL Kümmel (etwa 3 g)
- 1 EL fein gehackte Kaffirlimettenschale
- 1 TL Garnelenpaste (Asialaden)

Von den Chilis die Samen und Scheidewände entfernen und die Schoten etwa 30 Minuten in warmem Wasser einweichen. Das Zitronengras in sehr dünne Ringe schneiden, den Galgant schälen und fein hacken. Knoblauch und rote Zwiebelchen ebenfalls schälen und grob hacken. Die gut abgetropften Chilischoten zusammen mit den restlichen Zutaten im Mörser oder Mixer zu einer feinen Paste verarbeiten. Diese recht scharfe asiatische Currypaste würzt Fisch, Meeresfrüchte und Geflügel, aber auch Rind.

SAMBAL OELEK

- 250 g kleine rote Chilischoten
- 1 EL Meersalz
- 2–3 EL Zitronensaft oder Weißweinessig
- 2–3 EL Palmzucker oder brauner Zucker

Die Chilischoten längs halbieren und je nach gewünschtem Schärfegrad die Samen und Scheidewände vollständig entfernen oder einen Teil davon mitverwenden. Danach die Chilischoten möglichst fein hacken und anschließend mit Salz, Zitronensaft oder Weißweinessig und Zucker im Mörser oder Mixer zu einer feinen, homogenen Paste verarbeiten. Sambal Oelek (oder auch Ulek) ist eine klassische Würze auf Chili-Basis. Die dickflüssige, aus Indonesien stammende Sauce wird für viele Saucen und Gerichte verwendet.

JERK-PASTE HERSTELLEN

(1) Die Frühlingszwiebeln mit einem scharfen Messer in dünne Ringe schneiden. Die Knoblauchzehen, den Ingwer sowie die Chilischote in feine Würfel schneiden. Knoblauch und Ingwer in einen Mörser geben und zu einer Paste verreiben.
(2) Alle Gewürze außer Salz zufügen und mit dem Stößel in kreisenden Bewegungen fein zermahlen.
(3) Frühlingszwiebeln, Lorbeerblätter, Thymian und Chiliwürfel zufügen und alles zu einer feinen Paste zerreiben.
(4) Dann nach und nach das Erdnussöl unterrühren und weiterrühren, bis die Masse eine homogene Konsistenz hat.
(5) Zum Schluss die Jerk-Paste mit dem Limettensaft abschmecken und nach Belieben zwei küchenfertige Hähnchen oder Schweinefleisch damit marinieren und alles mindestens 3 Stunden, besser noch über Nacht durchziehen lassen.

WÜRZÖLE UND WÜRZESSIGE

Mit Kräutern und Gewürzen aromatisierte Öle und Essige sind ideal zum Würzen. Sie verleihen vielen Gerichten die besondere Note und sind mit wenig Aufwand leicht selbst herzustellen.

WÜRZÖLE

Das Grundrezept für Würzöle ist einfach: Die Kräuter werden lediglich gewaschen und mit einem Küchentuch trocken getupft. Die Gewürze können zur Intensivierung des Aromas zerdrückt und kurz geröstet werden, sie lassen sich aber auch ganz verwenden. Alle ausgewählten Zutaten kommen in ein Gefäß aus Glas, das bis zum Rand mit Öl aufgefüllt wird. Dann muss das Würzöl 2 Wochen an einem kühlen und dunklen Ort durchziehen. Meist werden Gewürze und Kräuter anschließend wieder entfernt, sie können aber auch im Öl verbleiben. In diesem Fall müssen jedoch sämtliche Zutaten immer vollständig mit Öl bedeckt sein, sonst verderben sie. Würzöle werden an einem kühlen, dunklen Ort aufbewahrt und halten sich mehrere Monate. Für mediterrane Öle empfiehlt sich ein gutes, kalt gepresstes Olivenöl, für asiatische Kombinationen ist Erdnussöl eine gute Wahl.

INGWERESSIG HERSTELLEN UND ABFÜLLEN

(1) Die Hälfte des Essigs kurz aufkochen. Ingwer, Zitronengras und Limettenblätter in ein Glas füllen.
(2) Den heißen Essig über die Zutaten im Glas gießen und alles 10 Minuten abkühlen lassen.
(3) Den gut durchgezogenen Ingweressig nach 2 Wochen durch ein Sieb gießen.
(4) Den fertigen Ingweressig in eine vorbereitete saubere Flasche füllen und kühl und dunkel aufbewahren.

BASILIKUMÖL FÜR TOMATEN UND SALATE

- 20–25 Basilikumblätter
- etwas unbehandelte Zitronenschale und 1 Knoblauchzehe, nach Belieben
- ½ l Olivenöl

Die Basilikumblätter waschen und trocknen. Basilikum und nach Belieben Zitronenschale und Knoblauch in ein Glas füllen, mit Olivenöl übergießen und zwei Wochen an einem kühlen, dunklen Ort durchziehen lassen. Das Basilikumöl durch ein Sieb passieren, in eine vorbereitete saubere Flasche umfüllen und kühl und dunkel aufbewahren.

CHILIÖL FÜR PIZZA UND MEERESFRÜCHTE

- 10–15 getrocknete rote Chilischoten oder 4–6 frische rote Chilischoten, halbiert
- ½ l Erdnuss- oder Olivenöl

Die Chilischoten in eine Flasche füllen, mit Öl aufgießen und 2 Wochen durchziehen lassen. Für die mediterrane Variante Olivenöl verwenden. Eine stärkere Rotfärbung erhält das Öl, wenn die getrockneten, grob gehackten Chilis vorher in Öl geröstet werden. Abkühlen lassen, das Chiliöl durch ein Sieb gießen und in eine vorbereitete saubere Flasche füllen.

MEDITERRANES WÜRZÖL FÜR PASTA
- je 2 Zweige Rosmarin und Thymian
- 1 Schalotte, 3 Knoblauchzehen
- 1 Peperoncino, halbiert
- 1 Lorbeerblatt
- 5–10 Pfefferkörner, ½ l Olivenöl

Die Kräuter waschen und trocknen. Schalotte und Knoblauch schälen. Alle Zutaten in ein Glas geben und mit Öl auffüllen. Würzöl nach 2 Wochen passieren und in eine Flasche umfüllen.

WÜRZESSIGE
Auch für das Ansetzen aromatischer Würzessige benötigen Sie nicht viel: einen guten Essig, entsprechende Kräuter und Gewürze sowie etwas Geduld – weniger bei der Herstellung, denn das ist im Handumdrehen geschehen, sondern während des Reifens. Nach 2–4 Wochen kann der Würzessig passiert und in Flaschen abgefüllt werden.

INGWERESSIG FÜR ASIATISCHE GERICHTE
- 50 g frische Ingwerwurzel, ½ l Reisessig
- 1 Stängel Zitronengras, leicht angedrückt
- 2 Kaffirlimettenblätter

Den Ingwer schälen und in Stücke schneiden, dann weiterarbeiten, wie auf der linken Seite in Step 1 und 2 gezeigt. Den übrigen Essig zugießen, das Glas verschließen und den Würzessig fertigstellen, wie auf der linken Steite (Step 3 , 4) gezeigt.

ESTRAGONESSIG FÜR SALATE
- 50 g Estragon
- ½ l Aceto balsamico bianco

Estragon waschen, trocken tupfen, in eine Flasche füllen. Die Hälfte des Essigs erhitzen, in die Flasche geben und 10 Minuten ziehen lassen. Übrigen Essig zufügen. Alles 2 Wochen ziehen lassen und passieren.

GEWÜRZESSIG FÜR GEGRILLTES
- 1 Schalotte
- 1 cm frische Ingwerwurzel
- 1 Muskatblüte
- 2 Gewürznelken
- ½ TL Senfkörner
- ½ TL Pfefferkörner
- 1 TL Salz
- 1 TL Zesten von 1 unbehandelten Orange
- ½ l Weißweinessig

Die Schalotte und den Ingwer schälen und in Stücke schneiden. Mit den anderen Zutaten in ein Gefäß geben. Das Gefäß verschließen und den Essig 3–4 Wochen an einem warmen Ort oder auf der Fensterbank in der Sonne stehen lassen. Anschließend den Gewürzessig durch ein Sieb passieren und in Flaschen füllen.

CARPACCIO MIT BASILIKUMSORBET

ZUBEREITUNGSZEIT: 1 Std. / KÜHLZEIT: 2–3 Std.

FÜR DAS CARPACCIO: 300 g absolut frisches Wolfsbarschfilet mit Haut, geschuppt und entgrätet
• 2–4 EL Olivenöl • grobes Meersalz • grob zerstoßener schwarzer Pfeffer • Saft von ½ Limette
FÜR DAS BASILIKUMSORBET: 1 kleines Bund Basilikum • 20 ml Mineralwasser • 100 ml Läuterzucker (S. 254)
• Saft von 1 Limette • 1 EL Pinienkerne, geröstet • Salz • zerstoßener schwarzer Pfeffer • 1 Blatt Gelatine,
kalt eingeweicht
AUSSERDEM: 1 Kopf Escorialsalat (gelber Winter-Endiviensalat; nur die gelben Blätter verwenden;
Ersatz: 4 Chicoréestauden) • 1–2 EL Olivenöl • ¼ TL mildes Madras-Currypulver oder ein anderes mildes
gelbes Currypulver • Salz • Zucker

1. Für das Carpaccio das Wolfsbarschfilet etwa 10 Minuten tiefkühlen. Inzwischen die Basilikumblätter für das Sorbet abzupfen, waschen und abtrocknen.

2. Das Basilikum mit dem Mineralwasser, dem Läuterzucker, dem Limettensaft sowie den Pinienkernen fein pürieren und die Masse durch ein Sieb streichen. Das Püree mit Salz und zerstoßenem Pfeffer abschmecken.

3. In einem kleinen Topf 1 TL des Pürees vorsichtig er-wärmen und die gut ausgedrückte Gelatine darin auflösen. Die Mischung zum restlichen Püree geben und alles in einer Sorbetiere (Eismaschine) cremig frieren. Wenn Sie keine Eismaschine zur Verfügung haben, können Sie die Masse auch in kleine Schüsseln füllen und 2–3 Stunden tiefkühlen, dabei wiederholt kräftig durchrühren.

4. Schneiden Sie das Wolfsbarschfilet mit einem scharfen, dünnen Messer quer zur Faser in sehr dünne Scheiben. In einem Schälchen das Olivenöl, Salz und Pfeffer gut miteinander verrühren. Vier Teller mit dem Öl ausstreichen und die Wolfsbarschscheiben mittig auflegen. Den Fisch auf der Oberseite ebenfalls mit dem gewürzten Öl bestreichen und mit Limettensaft beträufeln.

5. Den Salat putzen, waschen und trocken schleudern. In einer Pfanne das Olivenöl erhitzen. Schwenken Sie die Salatblätter kurz darin und schmecken Sie den Salat mit Currypulver, Salz und Zucker ab. Die Salatblätter kurz auf Küchenpapier abtropfen lassen und auf dem Carpaccio verteilen. Von dem Sorbet mithilfe zweier Esslöffel gleich-mäßige Nocken abstechen und formen. Je zwei Nocken Basilikumsorbet auf dem Carpaccio anrichten und servieren.

S. 11–13
BASILIKUM

S. 254
LÄUTERZUCKER

S. 278
SORBET HERSTELLEN

LÄUTERZUCKER
In gut sortierten Supermärkten ist Läuterzucker – ein reiner Zuckersirup – bereits fertig in Flaschen erhältlich. Sollten Sie ihn nirgends bekommen, lässt er sich leicht selbst herstellen: Einfach 100 g Zucker mit 100 ml Wasser aufkochen, ein paar Minuten köcheln lassen, fertig! (siehe auch S. 254)

PETERSILIENMOUSSE MIT GEDÄMPFTEM KANINCHENRÜCKEN

ZUBEREITUNGSZEIT: 1 Std. / MARINIER- UND KÜHLZEIT: 2–3 Std.

FÜR DIE PETERSILIENMOUSSE: 280 g Petersilie • Salz • 1 TL Apfelessig • frisch gemahlener
Pfeffer • 120 g Mascarpone • abgeriebene Schale von ½ unbehandelten Zitrone
FÜR DIE KANINCHENRÜCKEN: 4 Kaninchenrückenfilets, je 50–70 g • 1 EL Rapsöl
• abgeriebene Schale von ½ unbehandelten Zitrone • Salz • grob gemahlener Pfeffer
AUSSERDEM: 2 mittelgroße Möhren • Salz • 60 g glatte Petersilie • Meersalz aus der Mühle
• einige Stiefmütterchen- oder Borretschblüten

1. Für die Mousse die Petersilie waschen, von den Stielen befreien, in kochendes Salzwasser legen und 6 Minuten garen, dann mit dem Schaumlöffel herausheben und gut ausdrücken. Pürieren Sie die Petersilie 30 Sekunden im Mixer. Das Petersilienpüree in eine Rührschüssel füllen, mit Essig, Salz und Pfeffer würzen und auskühlen lassen. Rühren Sie dann den Mascarpone unter, wie rechts in Step 1 gezeigt. Zum Schluss die Zitronenschale untermischen, alles mit Salz und Pfeffer abschmecken und die Mousse 2–3 Stunden in den Kühlschrank stellen.

2. Die Filets parieren. Schneiden Sie jeweils die Spitzen und ein wenig des Kopfstücks ab (alle vier Filets sollen etwa gleich groß sein). Rapsöl, Zitronenschale, Salz und Pfeffer in eine flache Form geben. Die Filets darin 2–3 Stunden marinieren.

3. Inzwischen die Möhren schälen und in leicht gesalzenem Wasser weich garen. Dann herausnehmen, die Möhren kalt abschrecken und lauwarm abkühlen lassen. Nehmen Sie anschließend die Kaninchenfilets aus der Marinade und arbeiten Sie weiter, wie unten rechts in Step 2 gezeigt. Die Päckchen auf einen passenden Dämpfeinsatz legen und die Kaninchenfilets in einem Topf über wenig kochendem Wasser etwa 3 Minuten zugedeckt dämpfen.

4. Die Petersilie waschen, trocken schütteln und die Blättchen abzupfen. Schneiden Sie die beiden Möhren schräg in Scheiben. Die Kaninchenfilets aus der Folie wickeln und ebenfalls schräg in Scheiben schneiden. Die Mousse mit Möhren und Kaninchenfilets anrichten, wie unten in Step 3 gezeigt, und servieren.

PETERSILIENMOUSSE

HERSTELLEN UND ANRICHTEN

1. Mascarpone löffelweise zum Petersilienpüree geben. Nach und nach mit dem Schneebesen unterrühren.

2. Die Kaninchenrückenfilets kurz abtropfen lassen und einzeln in ein entsprechend großes Stück Alufolie wickeln.

3. Die Petersilienblätter auf Tellern auslegen. Mit zwei Esslöffeln oder einem Eisportionierer eine Nocke Petersilienmousse abstechen, mittig auf den Tellern anrichten und mit Meersalz aus der Mühle würzen. Die Möhren- und Kaninchenfiletscheiben abwechselnd ringsum verteilen und alles mit den Blüten garnieren.

GURKENKALTSCHALE MIT MINZE

ZUBEREITUNGSZEIT: 45 Min.

FÜR DIE SUPPE: 900 g Gartengurken, gewaschen • 1 Tasse abgezupfte Minzeblätter,
am besten türkische Nane-Minze • 30 ml Sushi-Essig • 2 Blatt Gelatine, eingeweicht
• Cayennepfeffer • Estragonessig • Minzeblättchen zum Garnieren
FÜR DEN JOGHURTSCHAUM: 1 TL Kreuzkümmelsamen • Meersalz • 1 EL Saft und abgeriebene
Schale von ½ unbehandelten Zitrone • 200 g griechischer Joghurt (Sahnejoghurt aus Kuhmilch
mit 10 % Fett) • Milch nach Bedarf
FÜR DIE GARNELEN: 8 küchenfertige Black Tiger Garnelen (Seawater-Qualität, Größe 8–12)
• 8 Scheiben Frühstücksspeck • 20 g Butter • 1 Knoblauchzehe, angedrückt • 1 Zweig Rosmarin

1. Die Gurken von den Enden befreien, 800 g mit der Schale in Stücke schneiden und im Entsafter mit der Minze zu Saft verarbeiten. Übrige Gurke schälen und in feine Streifen schneiden.

2. Erwärmen Sie 25 ml Sushi-Essig, lösen Sie die ausgedrückte Gelatine darin auf und rühren Sie die Mischung unter den Saft. Alles durch ein feines Sieb passieren und mit Cayennepfeffer und Estragonessig abschmecken.

3. Für den Joghurtschaum den Kreuzkümmel ohne Fett bei mittlerer Hitze in einer Pfanne rösten, bis er zu duften beginnt, dann im Mörser fein zerstoßen. Vermischen Sie Kreuzkümmel, Salz, Zitronensaft und -schale.

4. Alles mit dem Joghurt aufmixen, bei Bedarf etwas Milch zugießen. Die Gurkensuppe auf Eis rühren, bis sie zu gelieren beginnt.

5. Die Garnelen jeweils in eine Speckscheibe wickeln und in Butter mit Knoblauch und Rosmarin braten.

6. Gurkenstreifen mit 3 EL Joghurtschaum und dem restlichen Sushi-Essig verrühren.

7. Rühren Sie zwei Drittel des übrigen Joghurtschaums unter den gelierenden Gurkensaft. Aufschäumen, die Gurkensuppe in kalte Gläser füllen und mit Joghurtschaum, je zwei Garnelen, den Gurkenstreifen und Minze garnieren.

POT-AU-FEU VOM KNURRHAHN MIT STERNANIS UND SAFRAN

ZUBEREITUNGSZEIT: 2 Std. / FÜR 4–6 Portionen

FÜR DAS POT-AU-FEU: 500 g Rindertafelspitz • 2 weiße Zwiebeln • 2 Möhren • 4 Pastinaken, je etwa 200 g • 1 Fenchelknolle • 70 ml Olivenöl • 2 EL fein gehackte frische Ingwerwurzel • Salz • 1 Prise Zucker • 6 ganze Sternanis • ½ l trockener Weißwein • ¾ l klarer Apfelsaft • ½ l Maracujasaft • 4–6 Knurrhahnfilets • etwas Mehl zum Bestäuben • 2 Stängel Majoran • 100 g Shiitake-Pilze • 200 ml Madeira • 1 g Safranfäden • 10–20 g Süßholzwurzel, gemahlen • 50 g grüne Oliven, entsteint • Fleur de Sel • grob zerstoßener Pfeffer • 2 EL Basilikum- oder Majoranblättchen

1. Schneiden Sie den Rindertafelspitz in 2 cm große Würfel. Zwiebeln, Möhren und Pastinaken schälen, den Fenchel putzen, waschen und grob würfeln. In einem Topf 50 ml Olivenöl erhitzen und die Fleischwürfel mit dem vorbereiteten Gemüse sowie dem gehackten Ingwer darin kurz anbraten.

2. Würzen Sie Fleisch und Gemüse mit Salz und Zucker und fügen Sie dann den Sternanis zu. Anschließend alles mit Weißwein, Apfel- und Maracujasaft ablöschen und das Fleisch im Fond noch etwa 1 Stunde offen köcheln lassen.

3. Fischfilets mit Küchenpapier abtupfen, salzen und auf der Hautseite mit Mehl bestäuben. In einer Pfanne das restliche Öl erhitzen und die Filets darin auf der Hautseite goldgelb braten. Filets aus der Pfanne nehmen und beiseitestellen.

4. Den Majoran waschen, trocken schütteln, die Blättchen abzupfen und fein schneiden. Die Shiitake putzen und halbieren oder vierteln.

5. Wenn das Rindfleisch weich ist – es sollte jedoch nicht zerfallen –, den Fond mit Madeira, Majoran, Safran und Süßholz würzen. Fügen Sie die Shiitake-Pilze und die Oliven zu und lassen Sie alles noch 5 Minuten köcheln, bis sich das Süßholzpulver gelöst hat.

6. Die Basilikum- oder Majoranblättchen waschen, mit Küchenpapier trocken tupfen und in grobe Streifen schneiden. Legen Sie die gebratenen Knurrhahnfilets in den Topf mit dem Pot-au-feu und lassen Sie den Fisch darin noch etwa 2 Minuten ziehen.

7. Verteilen Sie Fleisch, Gemüse, Pilze und Oliven zusammen mit dem Fond auf vorgewärmte tiefe Teller und richten Sie jeweils ein halbiertes Knurrhahnfilet darauf an.

8. Die Fischfilets mit Fleur de Sel und grob zerstoßenem Pfeffer würzen. Zum Schluss alles mit Basilikum oder Majoran bestreuen und das Pot-au-feu sofort servieren.

S. 49
SAFRAN

S. 35
KRÄUTER ZERKLEINERN

VARIANTE MIT MINZE

Dieser Eintopf erhält eine andere geschmackliche Note, wenn Sie statt Süßholzpulver 2 EL zerstoßene Kaffeebohnen mitkochen und das Basilikum durch Minzestreifen ersetzen. Sollte Knurrhahn gerade nicht erhältlich sein, können Sie auch Riesengarnelen oder Jakobsmuscheln verwenden.

JAKOBSMUSCHELN MIT VANILLE

ZUBEREITUNGSZEIT: 50 Min.

FÜR DIE LIMETTENBUTTER: 40 g weiße Zwiebel, geschält • 30 g Knollensellerie, geschält
• 1 TL Butter • 125 ml trockener Weißwein • ¼ l Geflügelfond • Salz • frisch gemahlener
Pfeffer • Saft von ¼ Limette • Zesten von ½ Limette • 80 g eiskalte Butter, in Stücken •
FÜR DIE MUSCHELN: 2 Vanilleschoten • 12 Jakobsmuscheln, ausgelöst und geputzt • Salz
• frisch gemahlener weißer Pfeffer • Zitronensaft • 10 g Butter • 1 Stängel Zitronengras (S. 46)

1. Für die Limettenbutter die Zwiebel und den Sellerie in
feine Scheiben schneiden. In einer Kasserolle die Butter
zerlassen und die Zwiebel- und Selleriescheiben darin hell
anschwitzen. Löschen Sie beides mit dem Weißwein ab.
Anschließend mit Geflügelfond auffüllen und die Flüssigkeit
auf ⅛ l reduzieren.

2. Die Sauce durch ein feines Sieb passieren. Schmecken
Sie die Reduktion mit Salz, Pfeffer, Limettensaft und -zesten
ab. Anschließend die Sauce mit der kalten Butter mit dem
Pürierstab aufschlagen.

3. Die Vanilleschoten längs halbieren. Das Muschelfleisch
mit Salz, Pfeffer und Zitronensaft würzen. Braten Sie dann
die Jakobsmuscheln in der Butter zusammen mit den
halbierten Vanilleschoten und dem Zitronengras von jeder
Seite in 1–2 Minuten goldbraun an.

4. Die Limettenbutter vorsichtig erhitzen (die Sauce darf
nicht kochen!) Richten Sie die Muscheln mit der Limettenbutter auf vorgewärmten Tellern an und garnieren Sie alles
mit den halbierten Vanilleschoten. Dazu passt ausgezeichnet
ein Erbsen-Koriander-Püree oder kurz gebratener Pak Choi.

S. 48
VANILLESCHOTEN
VORBEREITEN

WEISSER HEILBUTT MIT KORIANDERSAUCE

ZUBEREITUNGSZEIT: 1 Std. 30 Min.

FÜR DIE KORIANDERSAUCE: 2 EL Butter • 1 EL Korianderkörner • 10 Limettenfilets
• 4 EL dunkler Kalbsfond • 400 ml heller Geflügelfond • 50 g Sahne • Salz • etwas Limettensaft
• ein paar Tropfen alter Aceto balsamico • 50 g geschlagene Sahne
FÜR DEN HEILBUTT: 1 kg weißer Heilbutt mit Gräte und Haut • 2 EL Olivenöl • 3 EL Butter
• 1 TL zerstoßene Korianderkörner • 2 Zweige Thymian • 1–2 Knoblauchzehen, angedrückt
• je 150 g Blumenkohl- und Romanescoröschen, geputzt • Salz • Fleur de Sel • frisch gemahlener
Pfeffer • 1 EL fein geschnittene glatte Petersilie

S. 30
KORIANDER

1. Für die Sauce die Butter aufschäumen und die Koriander-körner darin leicht bräunen. Limettenfilets zufügen und beide Fonds angießen. Die Flüssigkeit um ein Drittel reduzieren und die Sahne zugeben. Erneut aufkochen lassen. Die Sauce mit dem Pürierstab aufmixen und durch ein Sieb passieren. Mit Salz, Limettensaft und Essig abschmecken.

2. Den Backofen auf 80 °C vorheizen. Den Heilbutt waschen und trocken tupfen. In einer Pfanne das Öl erhitzen und den Fisch darin ringsum anbräunen. Das Öl abgießen und 2 EL Butter, Koriander, Thymian und den Knoblauch zufügen. Den Fisch mehrmals mit der schäumenden Korianderbutter übergießen, dann im Ofen 20–25 Minuten garen.

3. Blumenkohl und Romanesco getrennt in reichlich Salzwasser bissfest garen und dann in gesalzenem Eis-wasser abschrecken.

4. Die restliche Butter in einer Pfanne aufschäumen lassen. Die Blumenkohl- und Romanescoröschen darin goldbraun an braten und mit Fleur de Sel, Pfeffer und Petersilie würzen.

5. Die Sauce kurz aufkochen. Entfernen Sie nach Belieben die Haut und lösen Sie die Heilbuttfilets von der Gräte. Die Filets mit dem Gemüse auf vorgewärmten Tellern anrichten. Die Koriandersauce noch einmal aufmixen, die geschlagene Sahne unterziehen, den Fisch damit umgießen und servieren.

VANILLE-ZANDER AUF TOPINAMBUR-RHABARBER MIT LAVENDEL

ZUBEREITUNGSZEIT: 50 Min.

FÜR DEN FISCH: 4 Zanderfilets mit Haut, entgrätet, je etwa 150 g • 4 Vanilleschoten • 2 EL Mehl
• Salz • frisch gemahlener Pfeffer • 2–3 EL Öl zum Braten • 4 Topinamburknollen, insgesamt etwa
200 g • 1 rote Zwiebel • 3 Stängel Rhabarber, etwa 100 g (Ersatz: weißer Pfirsich oder Stachelbeeren)
• 2 EL Olivenöl • Salz • Zucker • ½ TL gemahlener Kreuzkümmel • 1 TL Currypulver • 4 EL Madeira
• 4 Stängel Lavendel mit Blüten oder Rosmarin
AUSSERDEM: 4 Stück Pergament- oder Backpapier, 35 x 35 cm • 1 Eiweiß zum Bestreichen

S. 48
VANILLESCHOTEN
VORBEREITEN

S. 16
LAVENDEL

1. Die Zanderfilets mit Küchenpapier abtupfen und die Haut mit einem scharfen Messer leicht einschneiden, damit der Fisch beim Braten in Form bleibt. Jeden zweiten Einschnitt etwas anheben und pro Filet eine Vanilleschote unter die Haut ziehen, sodass die Vanilleschote mal unter, mal oberhalb der Haut liegt. Hautseite mit Mehl bestäuben und mit Salz und Pfeffer würzen. Das Öl in einer Pfanne erhitzen und die Filets nur auf der Hautseite goldgelb anbraten, dann herausnehmen und beiseitestellen.

2. Die Topinamburknollen waschen, abbürsten, aber nicht schälen, und in möglichst dünne Scheiben schneiden. Die Zwiebel schälen, halbieren und in feine Scheiben schneiden. Den Rhabarber dünn schälen und in kleine Stifte schneiden.

3. Erhitzen Sie das Öl in einer Pfanne und braten Sie die Zwiebel- und Topinamburscheiben darin 2 Minuten an. Alles mit Salz, Zucker, Kreuzkümmel und Curry würzen, den Rhabarber zufügen, mit Madeira ablöschen und etwa 2 Minuten weiterbraten.

4. Den Backofen auf 200 °C vorheizen. Die Ränder der Papierstücke mit Eiweiß bestreichen und das warme Topinambur-Rhabarber-Gemüse in die Mitte geben. Die Zanderfilets, Hautseite nach oben, auf das Gemüse legen und mit je 1 Stängel Lavendel belegen. Schlagen Sie das Papier zusammen und falten Sie die Ränder halbkreisförmig ein. Die Päckchen auf ein Blech setzen und im Ofen in etwa 8 Minuten fertig braten. Herausnehmen und den Fisch in der Papierhülle servieren.

GEFÜLLTE SAIBLINGFILETS AUF DILLBLÜTEN

ZUBEREITUNGSZEIT: 2 Std.

FÜR DIE SAIBLINGFILETS: 200 g Zanderfilet ohne Haut • Salz • Tabasco • 2 Eiweiße, Größe M (50 g)
• 250 g Spinat, große Blätter, geputzt • 70 g Möhre • 70 g Knollensellerie • 50 g Lauch • 4 Schalotten
• 2 Knoblauchzehen • 200 g Sahne, gekühlt • 8 Saiblingfilets, je etwa 60 g, ohne Haut • frisch gemahlener
Pfeffer • 20 g Butter • 150 ml Weißwein • ¼ l Fischfond • 60 ml trockener Wermut, z. B. Noilly Prat
• 4 große Dillblüten • Dillstängel • 1 EL Dillsamen • 1 TL weiße Pfefferkörner • 1 Lorbeerblatt
FÜR DIE SAUCE: 100 g kalte Butterwürfel • Salz • 4 TL Saiblingkaviar (Ersatz: Forellenkaviar)
• 1 TL fein geschnittener Dill
FÜR DEN SPINAT: 25 g Butter • 2 Schalotten, geschält und fein gewürfelt • 1 Knoblauchzehe,
geschält und fein gewürfelt • 320 g geputzter Blattspinat • Salz • frisch gemahlener Pfeffer
• 2 EL Pinienkerne, geröstet • 40 g frisch geriebener Parmesan
AUSSERDEM: 4 Stücke hitzebeständige Frischhalte- oder Alufolie • 4 schöne Dillblüten (Dillkronen)
oder Dillspitzen

1. Schneiden Sie das Zanderfilet in Würfel und würzen
Sie es mit Salz und Tabasco. Die Fischwürfel mit dem Eiweiß
vermengen und etwa 15 Minuten tiefkühlen.

2. Inzwischen das Gemüse vorbereiten: Den Spinat in
Salzwasser blanchieren, kalt abschrecken und gut ausdrücken. Die Möhre und den Sellerie schälen und beides in
etwa 5 mm große Würfel schneiden. Den Lauch putzen, gut
waschen und in dünne Ringe schneiden. Schalotten und
Knoblauch schälen, die Schalotten in feine Ringe schneiden,
die Knoblauchzehen halbieren.

3. Die eiskalte Fisch-Eiweiß-Mischung mit der gekühlten
Sahne im Blitzhacker zu einer geschmeidigen Farce verarbeiten und durch ein Sieb passieren. Legen Sie die Spinatblätter
auf hitzebeständiger Frischhalte- oder Alufolie zu 4 Recht-
ecken in Größe der Saiblingfilets aus. Dann die Rouladen
fertigstellen, wie auf der rechten Seite unten in Step 1 und
2 gezeigt. Die vier Rouladen auf den Dämpfeinsatz des
Dämpftopfes setzen.

4. Die Butter in den Dämpftopf geben, kurz aufschäumen
lassen und das Gemüse darin hell anschwitzen. Löschen Sie
alles mit Weißwein, Fischfond und Wermut ab. Dillblüten,
Dillstängel und Dillsamen, die weißen Pfefferkörner sowie
das Lorbeerblatt zufügen. Alles aufkochen, den Dämpfeinsatz einlegen und die Saibling-Rouladen 15–20 Minuten
dämpfen, das Fischfilet soll noch leicht glasig sein.

5. Für die Sauce von dem Dämpffond 200 ml abmessen und
durch ein feines Sieb in eine Kasserolle passieren. Reduzieren Sie die Flüssigkeit rasch bei starker Hitze auf ein Drittel.
Die Sauce von der Herdplatte nehmen und nach und nach
die kalte Butter einrühren, die Sauce darf jetzt nicht mehr
kochen. Mit Salz abschmecken und die Sauce warm halten.

6. Für den Spinat die Butter in einer Kasserolle aufschäumen
lassen, Schalotten und Knoblauch darin glasig anschwitzen.
Den Spinat zufügen und zusammenfallen lassen. Drücken
Sie die Blätter mit einer Schaumkelle gut aus und würzen Sie
den Spinat mit Salz und Pfeffer. Zum Schluss die Pinienkerne
und den Parmesan unterrühren. Den Spinat abschmecken.

7. Den Blattspinat mittig auf vorgewärmten Tellern anrichten.
Die Rouladen in breite Scheiben schneiden und auf dem
Spinat arrangieren. Die Sauce kurz erwärmen, Saiblingkaviar
und Dill einrühren und den Spinat damit umgießen. Alles mit
Dillblüten oder Dill garniert servieren. Als Beilage schmeckt
Basmati- oder Jasminreis.

S. 35
KRÄUTER ZERKLEINERN

SAIBLINGFILETS

MIT FARCE BESTREICHEN UND AUFROLLEN

1. Den Spinat jeweils dünn mit Zanderfarce bestreichen. Die Saiblingfilets salzen, pfeffern und mittig auf den Spinat legen. Die Saiblingfilets erneut mit etwas Farce bestreichen.

2. Die von Farce umhüllten Filets mithilfe der Folie zur Rouladen aufrollen, dann die Folie an den Enden wie ein Bonbon zusammendrehen. Enden nach unten einklappen.

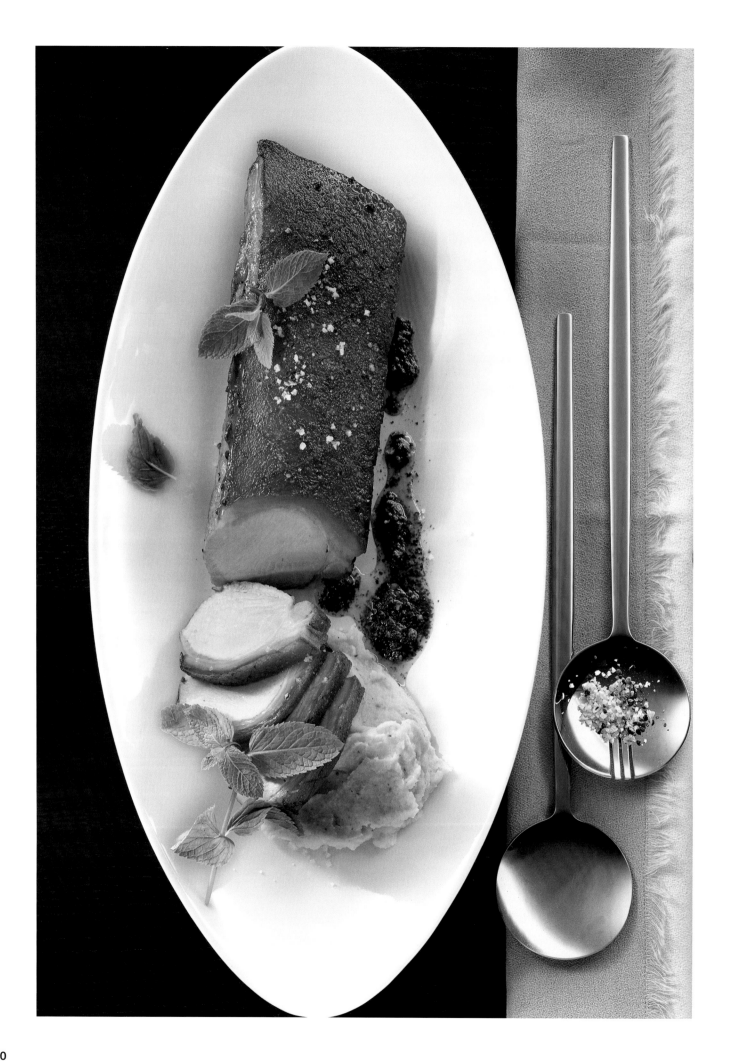

SPANFERKELRÜCKEN AUS DEM OFEN MIT MINZPESTO UND SELLERIEPÜREE

ZUBEREITUNGSZEIT: 1 Std. 20 Min.

FÜR DAS FLEISCH: 1 Spanferkelrücken ohne Knochen, 600–800 g • Salz
• frisch gemahlener Pfeffer • 2–3 EL Öl • 1 EL Butter • Minzeblättchen für die Garnitur
FÜR DAS SELLERIEPÜREE: 1 Schalotte • 2 Champignons • 250 g Knollensellerie
• 30 g Butter • 100 ml Geflügelfond • 100 g Sahne • Salz • Zitronensaft
FÜR DEN MINZPESTO: 1 kleines Bund Minze, Blättchen abgezupft • 1 EL Pinienkerne,
geröstet • 1 EL frisch geriebener Parmesan • abgeriebene Schale von ½ unbehandelten
Orange • 1 Msp. fein zerstoßener Kümmel • 1 Msp. fein gehackter Knoblauch • Salz
• frisch gemahlener Pfeffer • 200 ml Traubenkernöl • neutrales Öl nach Bedarf

1. Füllen Sie einen Topf etwa 1 cm hoch mit Wasser und bringen Sie es zum Kochen. Das Fleisch mit der Schwarte nach unten einlegen und 30–40 Sekunden im kochenden Wasser garen, dann herausnehmen. Die Schwarte nach Belieben mit einem scharfen Messer oder mit einer Rasierklinge fein einritzen, ohne das Fleisch dabei zu verletzen.

2. Für das Püree die Schalotte schälen, die Champignons putzen und beides fein würfeln. Den Sellerie schälen und ebenfalls in feine Würfel schneiden. Den Backofen auf 160 °C vorheizen. In einem ofenfesten Topf die Butter zerlassen und die Schalotten und Champignons darin kurz anschwitzen. Den Sellerie zufügen und kurz mit anschwitzen. Löschen Sie alles mit dem Fond ab und garen Sie das Gemüse zugedeckt im Ofen in 10–15 Minuten weich.

3. Verarbeiten Sie inzwischen die Minze für den Pesto mit den Pinienkernen, dem Parmesan, der Orangenschale, den Gewürzen sowie dem Traubenkernöl im Mixer zu einer homogenen Paste. Zum Schluss so viel neutrales Öl unterrühren, bis der Minzpesto die gewünschte Konsistenz hat.

4. Den Spanferkelrücken ringsum mit Salz und Pfeffer würzen. Braten Sie das Fleisch mit der Schwarte nach unten in einer ofenfesten Pfanne bei schwacher Hitze mindestens 10 Minuten in Öl an, bis das Fett austritt und die Schwarte schön knusprig ist.

5. Das Gemüse aus dem Ofen nehmen. Den Spanferkelrücken mit dem Bratfett übergießen, wenden und im heißen Backofen etwa 15 Minuten braten.

6. Stellen Sie inzwischen das Selleriepüree fertig. Dafür die Sahne zufügen, das Gemüse pürieren, mit Salz und Zitronensaft abschmecken und das Püree kurz warm halten.

7. Den Spanferkelrücken aus dem Ofen nehmen und 10 Minuten ruhen lassen, dann in aufgeschäumter Butter kurz nachbraten.

8. Schneiden Sie den Rücken in Scheiben und richten Sie ihn mit dem Selleriepüree an. Alles mit dem Minzpesto und Minzeblättchen garniert servieren.

S. 36
PESTO HERSTELLEN

KRÄUTERVARIATIONEN
Statt Minze können Sie für den Pesto auch junge Bärlauchblätter oder Koriandergrün verwenden. Letzteres passt ausgezeichnet zum herzhaften Spanferkel.

KANINCHENKEULEN
MIT PIMENT

S. 36
ARBEITEN
MIT MÖRSER & MIXER

ZUBEREITUNGSZEIT: 1 Std. 35 Min. / EINWEICHZEIT: 12 Std.

FÜR DIE FRÜCHTE: 120 g Dörrobst (zu gleichen Teilen Aprikosen, Backpflaumen, Äpfel, Birnen,
Sultaninen) • 5 g Ingwer, in Sirup eingelegt (Asialaden) • 200 ml frisch gepresster Orangensaft
• 20 g Zucker

FÜR DIE KANINCHENKEULEN: 4 küchenfertige Kaninchenkeulen • Salz • frisch gemahlener
Pfeffer • etwas Mehl • 2 EL Öl • 40 g Räucherspeck mit Schwarte, in etwa 1 cm große Würfel
geschnitten • 40 g Möhre • 40 g Knollensellerie, geschält und 1 cm groß gewürfelt • 120 g Zwiebeln,
geschält und 1 cm groß gewürfelt • 25 g Tomatenmark • 150 ml trockener Riesling • 400 ml Geflügelfond • ½ Lorbeerblatt • 2 Knoblauchzehen, angedrückt • 10–12 Pimentkörner, grob zerstoßen

AUSSERDEM: 100 g Sahne • 1 TL Dijon-Senf • Cognac • Petersilie zum Garnieren

1. Schneiden Sie am Vortag das Dörrobst in grobe, den
Ingwer in feine Würfel. Die Sultaninen ganz lassen. Alles
in einen Topf geben, Orangensaft und Zucker zufügen,
aufkochen und auskühlen lassen.

2. Kaninchenkeulen salzen, pfeffern und in Mehl wenden,
dann in einem Bräter in Öl ringsum anbraten und herausnehmen. Rösten Sie die Speck-, Möhren- und Selleriewürfel im
verbliebenen Öl leicht braun an. Zwiebeln zufügen und
bräunen. Das Tomatenmark unterrühren und 2 Minuten
mitrösten. Alles mit Weißwein ablöschen und mit dem Fond
auffüllen, dann Lorbeer und Knoblauch zufügen.

3. Den Backofen auf 180 °C vorheizen. Den Fond mit
Piment würzen, erhitzen und die Kaninchenkeulen einlegen.
Lassen Sie alles zugedeckt im Ofen 45 Minuten schmoren,
dabei die Keulen öfter wenden.

4. Wenn das Fleisch weich ist, die Keulen herausnehmen
und warm stellen. Den Fond passieren, die Sahne, das
abgetropfte Dörrobst sowie den Senf zufügen. Reduzieren
Sie die Flüssigkeit rasch auf die gewünschte Konsistenz.
Die Sauce mit Cognac abschmecken. Die Keulen auf
vorgewärmten Tellern anrichten, mit der Sauce umgießen und
mit Petersilie garnieren. Dazu passen grüne Bandnudeln.

STUBENKÜKEN MIT ZITRONENVERBENE

ZUBEREITUNGSZEIT: 2 Std.

FÜR DIE STUBENKÜKEN: 4 küchenfertige Stubenküken, je 400–450 g
• Fleur de Sel • Piment d'Espelette (Ersatz: ein anderes Chilipulver) • 12 junge Knoblauchzehen, zerdrückt
• 4 Stängel Zitronenverbene (Ersatz: 20 g getrocknete Zitronenverbene) • 4–8 Zweige Zitronenthymian
• 2 Kaffirlimettenblätter, halbiert • 1 Limette, in 6 Spalten geschnitten • Salz • Pfeffer • Zitronenverbene zum Garnieren
FÜR DIE ZITRONENBUTTER: je 1 Stängel Zitronenverbene, Basilikum, glatte Petersilie, Kerbel und Estragon
• 120 g weiche Butter • abgeriebene Schale von 2 unbehandelten Zitronen • ein paar Tropfen Zitronensaft
• Fleur de Sel • Piment d'Espelette (Ersatz: ein anderes Chilipulver) • ½ l Geflügelfond

1. Die Stubenküken waschen und trocken tupfen. Lösen Sie die Brusthaut vom Hals aus vorsichtig vom Fleisch. Die Stubenküken von innen und außen kräftig mit Fleur de Sel und Piment d'Espelette würzen. Das Geflügel mit Knoblauch, Kräutern und je einer Limettenspalte füllen.

2. Für die Zitronenbutter die Kräuterblättchen von den Stängeln zupfen und fein schneiden. Vermischen Sie die Kräuter in einer Schüssel mit der Butter, der Zitronenschale und dem -saft und schmecken Sie alles mit Fleur de Sel und Piment d'Espelette ab. Die Zitronenbutter dann vorsichtig unter die Haut der Brust und Keulen schieben.

3. Den Backofen auf 200 °C vorheizen. Die Stubenküken auf den Rost legen und auf der mittleren Schiene in den Ofen schieben. Füllen Sie ein tiefes Blech mit dem Geflügelfond und den übrigen Limettenspalten und schieben Sie es unter den Rost. Die Stubenküken 30–40 Minuten braten, dabei wiederholt mit dem Fond übergießen. Den Fond dann durch ein Spitzsieb passieren, nach Belieben etwas einkochen und die Sauce mit Salz und Pfeffer abschmecken.

4. Die Stubenküken herausnehmen, tranchieren, auf vorgewärmten Tellern anrichten, mit der Sauce umgießen, mit Zitronenverbene garnieren und servieren.

S. 35
KRÄUTER ABZUPFEN &
ZERKLEINERN

SCHÖN KNUSPRIG
Nicht jeder Ofen ist gleich, daher kann die Garzeit variieren. Ist das Geflügel nach 40 Minuten noch nicht gar, noch ein paar Minuten zugeben. Und wenn Sie die Stubenküken zudem wenige Minuten auf höchster Grillstufe nachbräunen, wird die Haut schön knusprig. Als Beilage schmeckt eine Polenta mit gerösteten Pinienkernen und Pecorino.

LAVENDELHUHN AUS DEM OFEN

ZUBEREITUNGSZEIT: 1 Std.

FÜR DAS HÄHNCHEN: 1 küchenfertiges Freilandhähnchen, etwa 1,4 kg
• Salz, frisch gemahlener Pfeffer • 4 EL Olivenöl
FÜR DEN LAVENDELSUD: 4 Schalotten • 1 mittelgroße Möhre • ¼ Knollensellerie
• 1 festkochende Kartoffel • ¼ Stange Lauch • 1 l Geflügelconsommé oder Geflügelfond
• 5–6 Stängel frischer Lavendel, zu einem Sträußchen gebunden • 50 g Butter

1. Das Hähnchen mit Küchenpapier gut abtupfen, dann innen und außen mit Salz und Pfeffer würzen. Erhitzen Sie in einer Pfanne 2 EL Olivenöl und braten Sie das Hähnchen darin ringsum hellbraun an. Herausnehmen, abtupfen und das Hähnchen auf einer Keulenseite in einen Bräter legen.

2. Für den Lavendelsud die Schalotten, die Möhre, den Sellerie und die Kartoffel schälen. Den Lauch halbieren und sorgfältig waschen. Schneiden Sie die Möhre, den Sellerie und die Kartoffel erst in Scheiben, dann in 3 x 2 cm große Rauten. Den Lauch ebenfalls in 3 x 2 cm große Rauten schneiden. Die Consommé erhitzen und die Schalotten, die Möhren-, Sellerie- und Kartoffelrauten und Lavendel zugeben.

3. Den Backofen auf 160–180 °C vorheizen. Beträufeln Sie das Hähnchen mit dem übrigen Öl und braten Sie es anschließend im Backofen zunächst auf einer Keulenseite, dabei von Zeit zu Zeit mit dem Lavendelsud übergießen.

4. Wenden Sie das Hähnchen nach 15 Minuten und braten Sie es dann auf der anderen Keulenseite unter mehrfachem Übergießen mit Lavendelsud noch etwa 15 Minuten. Anschließend den Lauch zufügen und das Hähnchen mit der Brustseite nach oben in weiteren 15 Minuten fertig braten.

5. Das Hähnchen herausnehmen und warm stellen. Das Gemüse mit einem Schaumlöffel herausheben. Den Lavendelfond durch ein feines Sieb passieren, etwa 400 ml abmessen und in einer Kasserolle auf ein Drittel reduzieren.

6. Rühren Sie die Butter unter und mixen Sie die Sauce mit dem Pürierstab schaumig auf. Von dem Hähnchen die Brustfilets und Keulen auslösen, in Scheiben schneiden und zusammen mit dem Gemüse auf vorgewärmten Tellern anrichten. Alles mit Sauce umgießen. Sofort servieren.

S. 16
LAVENDEL

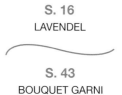

S. 43
BOUQUET GARNI

SPARSAM VERWENDEN!
Da Lavendel ein intensives Aroma hat, sollte man ihn nur vorsichtig dosieren, sonst kann er leicht dominieren und einen seifigen Geschmack hervorrufen.

GESCHMORTE BAUERNENTE
MIT BEIFUSS

ZUBEREITUNGSZEIT: 2–3 Std.

FÜR DIE ENTE: 1 küchenfertige Ente, etwa 1 ½ kg • ½ unbehandelte Orange • ½ Apfel
• ½ weiße Zwiebel • Salz • frisch gemahlener Pfeffer • 3–4 Blätter getrockneter Beifuß
• ½ EL Tomatenmark • 100 ml Weißwein • ½ l Geflügeljus oder -fond • nach Belieben
etwas Pfeilwurzmehl oder Speisestärke • 1 Sträußchen getrockneter Beifuß
FÜR DEN KIRSCHSPITZKOHL: 1 mittelgroßer Kopf Spitzkohl, ohne Strunk, geviertelt
• 1 Schalotte, geschält • 20 Sauerkirschen (frisch oder aus dem Glas), entsteint
• 150 g Butter • Salz • Pfeffer • Zucker • 50 ml Kirsch- oder Himbeeressig

1. Entenflügel im Unterarmgelenk abtrennen und mit dem Hals in einen Bräter legen. Orange, Apfel und Zwiebel schälen und grob würfeln. Ente innen und außen kräftig salzen, pfeffern. Mit der Hälfte der Obst- und Zwiebelwürfel und den Beifußblättern füllen. Ente in Form binden: Erst das Küchengarn um die Unterschenkel binden, dann links und rechts über die Oberschenkel nach hinten führen. Ente auf die Brust drehen, Garn unter den Flügeln durchziehen und verknoten.

2. Den Backofen auf 180 °C vorheizen. Ente auf einer Keulenseite in den Bräter legen, mit etwas Wasser übergießen und im Ofen 1 Stunde braten, dabei alle 10–15 Minuten mit Wasser übergießen. Ente auf der anderen Keulenseite 1 Stunde braten, dabei erneut mit Wasser übergießen. Achten Sie darauf, dass das Wasser immer 2–3 cm hoch im Bräter steht. Ente drehen und mit der Brust nach oben 30 Minuten weiterbraten, bis sie schön gebräunt ist. Herausnehmen, vom Garn befreien und warm halten. Fond anderweitig verwenden.

3. Den Bräter auf den Herd stellen, Hals und Flügel lösen. Rösten Sie die restlichen Obst- und Zwiebelwürfel kurz mit an. Dann das Tomatenmark zufügen, alles mit dem Weißwein ablöschen, diesen reduzieren, dann die Geflügeljus angießen und die Sauce 15 Minuten köcheln lassen.

4. Inzwischen den Kohl in feine Streifen schneiden. Die Schalotte fein würfeln. Schalotte und Kirschen in aufgeschäumter Butter kurz anschwitzen, dann den Kohl zufügen. Würzen Sie alles mit Salz, Pfeffer und etwas Zucker. Spitzkohl mit Essig ablöschen und bei schwacher Hitze knackig garen.

5. Die Sauce passieren und mit Pfeilwurzmehl leicht binden. Den Kohl mit etwas Sauce auf einer vorgewärmten Platte anrichten, die Ente in die Mitte setzen, den Beifuß in die Bauchhöhle stecken und sofort servieren.

WILDHASE, GESCHMORT MIT ZIMT UND SCHOKOLADE

ZUBEREITUNGSZEIT: 1 Std. 50 Min.

FÜR DIE HASENSCHULTERN: 8 Wildhasenschultern, pariert • Salz • frisch gemahlener Pfeffer
• 2 EL Öl zum Braten • 40 g durchwachsener Räucherspeck • 60 g Möhre • 240 g Zwiebeln
• 40 g Staudensellerie • 30 g Butter • 30 g Tomatenmark • 400 ml kräftiger Rotwein • ½ l dunkler
Wildfond (Ersatz: dunkler Rinderfond) • 4 Knoblauchzehen, abgezogen • 2 Zweige Thymian
• ½ Lorbeerblatt • 1 TL weiße Pfefferkörner • 2 Stangen Zimt • 60 g dunkle Kuvertüre
mit 70 % Kakaoanteil

S. 33
ZIMT

S. 248
KUVERTÜRE SCHMELZEN

1. Die Hasenschultern auf eventuell vorhandene Schrot-kugeln untersuchen und diese gegebenenfalls entfernen. Fleisch mit Küchenpapier trocken tupfen und mit Salz und Pfeffer würzen. Das Öl in einem großen Bräter erhitzen und das Fleisch darin ringsum anbraten. Herausnehmen und beiseitestellen.

2. Den Speck grob würfeln. Die Möhre und die Zwiebeln schälen, den Sellerie putzen und alles in Würfel schneiden. Gießen Sie das Bratfett ab und fügen Sie die Butter zu. Anschließend Speck-, Möhren- und Selleriewürfel in den Bräter geben und anbraten. Wenn das Gemüse leicht gebräunt ist, die Zwiebeln zugeben und ebenfalls gleich-mäßig bräunen. Anschließend das Tomatenmark unter-rühren und noch etwa 2 Minuten mitrösten.

3. Den Backofen auf 180 °C vorheizen. Das Gemüse mit etwas Wein ablöschen und diesen reduzieren. Füllen Sie alles mit dem übrigen Wein und dem Wildfond auf. Knoblauch, Kräuter und Gewürze zugeben. Alles aufkochen, Hasenschul-tern wieder in den Bräter legen und im Ofen etwa 1 Stunde 20 Minuten schmoren.

4. Die Schultern aus dem Bräter nehmen und warm stellen. Passieren Sie dann die Sauce durch ein feines Sieb in eine Kasserolle. Die Sauce auf die gewünschte Konsistenz einkochen lassen. In der Zwischenzeit die Kuvertüre hacken. Die Temperatur reduzieren und die Kuvertüre in der heißen Sauce auflösen, sie darf jetzt aber nicht mehr kochen.

5. Richten Sie die Schultern auf vorgewärmten Tellern an und überziehen Sie das Fleisch mit Sauce. Als Beilagen empfehlen sich glasierte Staudenselleriestifte, Möhren, ein Selleriepüree mit Walnüssen sowie Schupfnudeln.

DUNKLE KUVERTÜRE
Für die Sauce wird eine gute Kuvertüre benötigt, wie sie inzwischen fast überall im Handel erhältlich ist. Verwenden Sie keine Kochschokolade!

MIT NELKEN GESPICKTE MAIBOCKSCHULTER

S. 35
KRÄUTER ABZUPFEN &
ZERKLEINERN

ZUBEREITUNGSZEIT: 2 Std. 30 Min.

FÜR DAS REH: 2 parierte Maibockschultern mit Blattknochen, etwa 1 kg (beim Wild-
händler vorbestellen) • 18 Gewürznelken • Salz • Pfeffer • 2–3 EL Öl zum Braten
• 40 g Möhre • 120 g Zwiebeln • 40 g Staudensellerie • 40 g durchwachsener Räucherspeck
• 30 g Butter • 30 g Tomatenmark • 50 ml roter Portwein • 150 ml kräftiger Rotwein,
etwa Merlot • ½ l Wild- oder dunkler Kalbsfond • 1 Zweig Rosmarin • 1 Lorbeerblatt
• 4 Wacholderbeeren • 8 weiße Pfefferkörner • 4 Knoblauchzehen, abgezogen
• 1 EL Dijon-Senf • 1 EL Rotes oder Schwarzes Johannisbeergelee
NACH BELIEBEN: 100 g Waldpilze, geputzt • 1 EL Butter • 4 EL Crème fraîche, glatt gerührt
• 1 EL in feine Streifen geschnittene Petersilie • 2 EL Rotes oder Schwarzes Johannisbeergelee

1. Die Schultern auf der fleischigen Seite 9-mal mit der Spicknadel oder einem spitzen Messer 1 cm tief einstechen – je 3 Reihen mit je 3 Einstichen – und die Schultern mit den Nelken spicken. Das Fleisch mit Salz und Pfeffer würzen. Braten Sie die Schultern in einem Bräter in Öl ringsum an.

2. Möhre und Zwiebeln schälen, Sellerie putzen und wie den Speck 1 cm groß würfeln. Die Schultern herausnehmen, das Öl abgießen und die Butter zufügen. Braten Sie Speck, Möhre und Sellerie darin hellbraun an. Die Zwiebeln zufügen, braun rösten, dann das Tomatenmark noch 2 Minuten mitrösten.

3. Den Backofen auf 180 °C vorheizen. Alles mit Portwein ablöschen und diesen fast ganz reduzieren. Rotwein, Wildfond, Kräuter, Gewürze und Knoblauch zufügen und

aufkochen. Verrühren Sie Senf und Johannisbeergelee und geben Sie es in den Bräter. Die Schultern einlegen und im Ofen etwa 1 ½ Stunden auf der unteren Schiene schmoren, dabei mehrfach wenden.

4. Wenn das Fleisch weich ist, die Schultern herausheben, von den Blattknochen befreien und zugedeckt warm stellen. Den Fond passieren und rasch auf die gewünschte Konsistenz einkochen. Braten Sie die Pilze in der Butter an. Inzwischen die Schultern tranchieren. Die Pilze auf vorgewärmte Teller verteilen, das Fleisch darauf anrichten, mit etwas Sauce überziehen und alles mit der Crème fraîche, Petersilie und Johannisbeergelee garnieren. Als Beilage passen mit Speck und Zwiebelwürfeln sautierte Rosenkohlblätter sowie kleine Brezenknödel.

GEEISTES WALDMEISTER-SÜPPCHEN MIT ERDBEEREN UND ZITRONENMELISSE

ZUBEREITUNGSZEIT: 35 Min. / MARINIERZEIT: 24 Std. / KÜHLZEIT: 5 Std.

FÜR DAS WALDMEISTERSÜPPCHEN: 1 Bund Waldmeister, angewelkt • 125 g Erdbeeren, gewaschen und geputzt • 1 Vanilleschote • ½ l trockener Sekt • 400 g Zucker • 4 Blatt Gelatine, kalt eingeweicht • 100 ml Champagner oder trockener Rieslingsekt
AUSSERDEM: 125 g Erdbeeren, gewaschen und geputzt • 8 Zitronenmelisseblätter, in Streifen geschnitten • etwas Zitronenmelisse für die Garnitur

S. 48
VANILLESCHOTEN
VORBEREITEN

1. Den Waldmeister waschen, trocken schütteln und die Blättchen abzupfen. Die Erdbeeren vierteln und mit dem Waldmeister in eine Schüssel geben. Halbieren Sie die Vanilleschote und lösen Sie das Mark aus.

2. In einem Topf ½ l Wasser mit Sekt, Zucker sowie Vanilleschote und -mark aufkochen und die Waldmeister-Erdbeer-Mischung damit übergießen. Lassen Sie anschließend alles zugedeckt etwa 24 Stunden bei Zimmertemperatur ziehen.

3. Anschließend den Fond durch ein feines Sieb gießen. Erwärmen Sie in einem kleinen Topf ein Viertel des Fonds und lösen Sie die ausgedrückte Gelatine darin auf. Die aufgelöste Gelatine unter den restlichen Fond mischen, alles gut verrühren und das Waldmeistersüppchen im Kühlschrank etwa 5 Stunden leicht gelieren lassen.

4. Den Champagner zugießen und den Fond aufrühren. Die Erdbeeren in Scheiben schneiden und auf vier Gläser verteilen. Übergießen Sie die Erdbeeren mit dem gelierenden Fond. Das Waldmeister-süppchen mit Melisse garnieren und kalt servieren.

»Ein leichtes, duftiges Dessert für den Frühling. Wenn Sie es etwas üppiger wünschen, können Sie das Süppchen mit einer Nocke Topfen- oder Erdbeersorbet servieren.«

CHILI-ANANAS MIT TAHITI-VANILLE

ZUBEREITUNGSZEIT: 25 Min.

FÜR DIE ANANAS: 1 reife Ananas • 1–2 Ancho-Chilis (getrocknete Poblano-Chilis, Ersatz: eine andere getrocknete Chiliart) • 100 g dunkler Muscovadozucker oder anderer brauner Zucker • 1 TL Tahiti-Vanillemark (Ersatz: das ausgekratzte Mark von 3 Bourbon-Vanilleschoten) • 4 ganze Sternanis • 4 Kapseln grüner Kardamom • 8 cl Kaffeelikör • 4 cl Liquore Galliano (Kräuterlikör) • 100 ml Kokoswasser von einer frischen Kokosnuss • 1 EL Speisestärke
AUSSERDEM: einige Blättchen Thai-Basilikum, gewaschen und trocken getupft • 50 ml aufgeschäumte Milch

S. 12
THAI-BASILIKUM

S. 48
VANILLESCHOTEN
VORBEREITEN

S. 258
ANANAS VORBEREITEN

1. Von der Ananas den Strunk entfernen, die Frucht schälen und achteln. Die getrockneten Chilis von Stielansatz und Samen befreien und fein zerbröseln. In einem großen flachen Topf den Muscovadozucker hell karamellisieren. Ananasachtel, Chilis, Vanillemark, Sternanis und Kardamom zufügen, anschließend mit einem Holzlöffel umrühren. Löschen Sie die Ananas mit den beiden Likörsorten und dem Kokoswasser ab.

2. Die Flüssigkeit etwas einkochen lassen. Verrühren Sie in der Zwischenzeit die Speisestärke mit 1 EL Wasser. Anschließend den Ananasfond mit der angerührten Stärke leicht glasig binden – die Stärkelösung am besten tropfenweise zufügen, damit der Fond nicht zu dickflüssig wird.

3. Arrangieren Sie je zwei Ananasstücke in einem Glas oder in einer Schale. Die Früchte vor dem Servieren mit etwas Fond übergießen, mit Thai-Basilikum und etwas Milchschaum garnieren und sofort servieren.

LIQUORE GALLIANO
Charakteristisch für den strohgelben Kräuterlikör (35 Vol. % Alkohol) aus Italien ist sein ausgeprägtes Vanillearoma. Die Spezialität wurde erstmals 1896 in Livorno – in der Destillerie von Arturo Vaccari – aus über 70 verschiedenen Zutaten hergestellt.

DUNKLE OLIVENÖL-SCHOKO-MOUSSE MIT FLEUR DE SEL UND PFEFFRIGEM BIRNENCONFIT

ZUBEREITUNGSZEIT: 1 Std. / **KÜHLZEIT:** 8–12 Std. / **FÜR** 6 Portionen

FÜR DIE OLIVENÖL-MOUSSE: 120 g dunkle Schokolade (70 % Kakaoanteil) • 80 ml aromatisches Olivenöl, etwa aus der Toskana oder aus Umbrien • 2 Eier (Größe M), getrennt • 70 g Zucker • 135 g steif geschlagene Sahne • 1 Prise Fleur de Sel
FÜR DIE SCHOKOHIPPEN: 90 g Butter • 95 g Puderzucker • 75 g Mehl (Type 405) • 20 g Kakaopulver • 2 Eiweiße (Größe M)
FÜR DAS BIRNENCONFIT: 2 reife Birnen, etwa Williams Christ oder Commice • 100 ml fruchtiger Weißwein, etwa eine Riesling Spätlese • 1 EL Akazienhonig • Zucker und Zitronensaft zum Abschmecken, je nach Reife der Birnen • 1 Prise Vanillezucker • 1 EL Speisestärke • 1 TL grob gemörserte Pfeffermischung (zu gleichen Teilen Tellicherry-, Szechuan- und Kubebenpfeffer)
AUSSERDEM: Backpapier • etwas Kakaopulver zum Besieben

1. Für die Mousse die Schokolade in kleine Stücke brechen. Erwärmen Sie das Olivenöl in einer Metallschüssel auf einem maximal 50 °C heißen Wasserbad und lösen Sie die Schokolade darin unter Rühren auf. Die Schüssel auf ein kaltes Wasserbad setzen und die Mischung unter Rühren auf Raumtemperatur abkühlen lassen.

2. Die Eigelbe mit der Hälfte des Zuckers schaumig rühren, die Eiweiße mit dem übrigen Zucker steif schlagen. Rühren Sie die Eigelbmasse in die Schoko-Öl-Mischung und heben Sie dann den Eischnee vorsichtig unter. Die geschlagene Sahne unterheben und alles mit Fleur de Sel abschmecken. Die noch flüssige Masse mindestens 8 Stunden kühl stellen.

3. Den Backofen auf 210 °C vorheizen. Für die Schokohippen die Butter in einer Kasserolle zerlassen und den Puderzucker zufügen. Mehl und Kakaopulver vermischen, über die Butter sieben und beides mit dem Zucker unterrühren. Dann nach und nach das Eiweiß einarbeiten, bis eine homogene Masse entsteht. Verstreichen Sie die Hippenmasse mit einer Palette auf einem mit Backpapier belegten Blech zu einem Rechteck. Die Hippenmasse im Backofen 5–6 Minuten backen. Herausnehmen, in 6 Rechtecke schneiden und diese noch heiß über ein Nudelholz mit 4–5 cm Durchmesser legen. Die zylindrischen Schokohippen (Rollen) abkühlen lassen und bis zur Verwendung in einer dicht schließenden Dose aufbewahren.

4. Die Birnen schälen, vom Kerngehäuse befreien und klein würfeln. Die Birnen sofort mit Weißwein, Honig, Zucker, Zitronensaft und Vanillezucker in einem Topf bei schwacher Hitze 5–8 Minuten köcheln lassen, sie sollen weich, aber nicht verkocht sein. Rühren Sie die Speisestärke mit etwas kaltem Wasser an und binden Sie die Birnen damit leicht. Das Birnenconfit mit der Pfeffer-Mischung abschmecken.

5. Die Olivenöl-Schoko-Mousse in einen Spritzbeutel mit großer Lochtülle geben und die Schokorollen damit füllen. Die Oberfläche glatt streichen und gleichmäßig mit dunklem Kakaopulver besieben. Die Törtchen auf Dessertteller setzen, etwas Birnenconfit daneben anrichten und sofort servieren. Dazu passt mit Fleur de Sel abgeschmecktes Karamelleis.

AUSSERGEWÖHNLICH GUT!
Die Kombination von Olivenöl und Schokolade ist wenig verbreitet, ein Versuch lohnt jedoch unbedingt. Wichtig ist, ein aromatisches Olivenöl zu verwenden, denn milde Öle aus Ligurien oder vom Gardasee können sich geschmacklich nicht gegen die Schokolade durchsetzen. Der anfangs starke Olivenölgeschmack wandelt sich während der Kühlzeit in eine angenehme Note.

VARIATIONEN DER GRÜNEN SAUCE

ZUBEREITUNGSZEIT: je Variation 25 Min.

FÜR DIE DREI SAUCENVARIATIONEN: 100 g ausgepalte Erbsen, gegart • 200 g Sahne
• Salz, frisch gemahlener Pfeffer • pro Variante 1 Handvoll Kräuter
VARIANTE 1: Kresse • Kapuzinerkresse • Bärlauch • Sauerampfer • Kerbel • Minze
• Petersilie • Estragon • Schale von 1 unbehandelten Zitrone
VARIANTE 2: Petersilie • Basilikum • Majoran • Schnittlauch • 1 Knoblauchzehe, abgezogen
VARIANTE 3: glatte Petersilie • Pimpinelle • Brennnessel • Schnittlauch • 1 Knoblauchzehe,
abgezogen • etwas Safran • Ringelblumen- und Lavendelblüten

1. Die Erbsen pürieren. Die Sahne leicht salzen, pfeffern und zum Kochen bringen. Wählen Sie eine der drei Kräutervarianten aus. Die Kräuter waschen, trocken schleudern, die Blättchen abzupfen und – falls benötigt – mit dem Knoblauch grob hacken. Die Kräuterkombination mit der Sahne im Mixer zu einer glatten Masse verarbeiten.

2. Rühren Sie nach und nach das Püree unter und binden Sie die Sauce bis zum gewünschten Grad. Sie darf jetzt nicht mehr kochen. Soll die Kräutersauce eine kräftige grüne Farbe erhalten, mischen Sie ein paar gehackte Spinatblätter unter. Variante 1 schmeckt gut zu weißem Gemüse, aber auch zu Lamm und Geflügel. Variante 2 passt zu Tomaten, Kartoffeln, Bohnengerichten, italienischen Fleischgerichten, Teigwaren und Fisch. Variante 3 begleitet Fisch, Fenchel, Geflügel, Krusten- und Schaltiere.

»GRIE SOSS« – KLASSIKER AUS FRANKFURT

Ihrer »Grie Soß« haben die Frankfurter in Oberrad sogar ein Denkmal gesetzt: sieben kleine Gewächshäuser aus farbigem Plexiglas. Genau sieben Kräuter sollte diese Sauce nämlich enthalten, um als Original zu gelten: Petersilie, Schnittlauch, Borretsch, Pimpinelle, Kerbel, Kresse und Sauerampfer. Bei der Auswahl der Kräuter können Sie jedoch nach Saisonangebot variieren. Auch mit Dill, Estragon, Zitronenmelisse und Liebstöckel schmeckt die »Grüne Sauce« gut, nur frisch sollten die Kräuter sein. Streichen Sie 2 hart gekochte Eigelbe durch ein feines Sieb. Verrühren Sie diese in einer Schüssel mit 2 EL Öl, 1–2 EL Essig, 125 g saurer Sahne sowie 125 g Joghurt. 250 g gemischte Kräuter waschen, trocken schleudern und fein hacken. Rühren Sie die Kräuter unter die Joghurt-Sahne-Mischung und schmecken Sie die Sauce mit Salz, Zucker und Pfeffer ab. Die Grüne Sauce schmeckt zu Salz- oder Pellkartoffeln, aber auch zu Fisch und Fleisch.
Astrid Mathé

WÜRZIGE SAUCEN MIT KRÄUTERN

PESTO GENOVESE MIT RUCOLA

ZUBEREITUNGSZEIT: 35 Min.

FÜR DEN PESTO: 1 Bund Rucola, etwa 100 g • ½ Knoblauchzehe, abgezogen und grob gehackt • 10 g Pinienkerne, gehackt • 10 g Walnusskerne, gehackt • 10 g Parmesan, frisch gerieben • 10 g Pecorino (romano, toscano, sardo oder siciliano), frisch gerieben

1. Rucola waschen, die Stiele entfernen, die Blätter mit Küchenpapier trocken tupfen und in Streifen schneiden. Den Knoblauch im Mörser zerkleinern und dabei nach und nach den Rucola zugeben. Pinien- und Walnusskerne zufügen.

2. Verarbeiten Sie alles ohne viel Kraftaufwand im Mörser. Den Käse zufügen und alles mit dem Olivenöl zur homogenen Paste verarbeiten. Den Pesto mit Salz abschmecken und möglichst rasch weiterverarbeiten, da er sonst an Geschmack und Farbe verliert. Er verfeinert Nudelgerichte, Saucen und Minestrone, passt aber auch zu gegrilltem Fisch sehr gut.

SALSA VERDE

ZUBEREITUNGSZEIT: 20 Min.

FÜR DIE SALSA (GRUNDREZEPT): je 1 Bund Schnittlauch, Petersilie, Basilikum und Oregano • 3 Knoblauchzehen, abgezogen • 100 ml Olivenöl • 5 EL Aceto balsamico • Salz • frisch gemahlener Pfeffer • 1 kleine Zwiebel, geschält • 50 g Parmesan, frisch gerieben

1. Die Kräuter waschen, trocken schleudern, von den Stielen befreien und grob hacken. Kräuter, Knoblauch und Öl in einen hohen Rührbecher füllen und alles mit dem Stabmixer zu einer feinen Masse pürieren.

2. Kräuter-Öl-Mischung in eine Schüssel umfüllen. Den Essig unterrühren und die Salsa mit Salz und Pfeffer würzen. Die Zwiebel würfeln und mit dem Parmesan untermischen. Salsa abschmecken. Zu kaltem, gegarten Fleisch servieren.

MOJO MIT AVOCADO

ZUBEREITUNGSZEIT: 15 Min.

FÜR DEN MOJO: 2–3 Knoblauchzehen, abgezogen • grobes Salz • ½ TL Kümmel • 1 TL Ancho-Chilipulver (Ersatz: ½ TL Cayennepfeffer) • 1 EL fein geschnittene Majoranblättchen • ½ Avocado • 2 EL Estragonessig • 20 g Schalottenwürfel, blanchiert • 4 EL Olivenöl

1. Zerkleinern Sie den Knoblauch mit Salz, Kümmel, Chilipulver und Majoran in einem Mörser. Das Avocadofruchtfleisch aus der Schale lösen und in feine Würfel schneiden.

2. Vermischen Sie die Avocadowürfel mit dem Essig, den Schalottenwürfeln, der Würzmischung und dem Öl. Alles gut vermengen und abschmecken. Der Mojo passt zu Fisch und hellem Geflügel.

FISCH

SPEISEFISCHE DER WELT IM ÜBERBLICK

DIE VIELFALT DER FISCHE ist riesig. Sie alle haben die gleichen Grundmerkmale, obwohl sie, zoologisch gesehen, keine einheitliche Tiergruppe wie die Säugetiere sind. Fische sind Wirbeltiere, die zahntragende Kiefer haben, im Wasser leben und Flossen besitzen. Speisefische gliedert man in Knorpel- und Knochenfische sowie in Süßwasser- und Meeresfische.

KNORPELFISCHE IM ÜBERBLICK

Zu den weltweit kulinarisch wichtigsten Knorpelfischen gehören Haie und Rochen. Trotz ihrer unterschiedlichen Gestalt haben diese eine Reihe gemeinsamer Merkmale. Das Skelett von Haien und Rochen ist rein knorpelig angelegt, sodass verknöcherte Gräten oder Rippen fehlen, daher auch der Name Knorpelfische. Die Haut bei Knorpelfischen ist ledrig und weist Hautzähne und -verknöcherungen auf. Haie und Rochen besitzen von außen erkennbare Kiemenspalten, durch die das Atemwasser ausströmt (siehe Skizze unten). Ihre Zähne stehen in mehreren Zahnreihen hintereinander und wachsen zeitlebens nach. Dabei wird die äußerste Zahnreihe in regelmäßigen Abständen ersetzt. So ist stets dafür gesorgt, dass die funktionale Zahnreihe im besten Zustand ist und keine Abnutzungen aufweist.

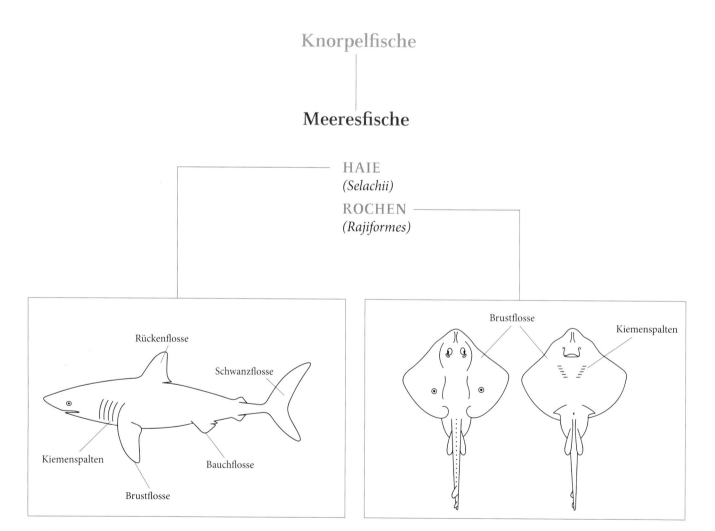

Knorpelfische

Meeresfische

HAIE
(Selachii)

ROCHEN
(Rajiformes)

Rückenflosse

Schwanzflosse

Kiemenspalten

Bauchflosse

Brustflosse

Brustflosse

Kiemenspalten

HAIE
Sie weisen eine stromlinienartig spindelförmige Gestalt auf und besitzen für gewöhnlich eine asymmetrisch geformte Schwanzflosse.

ROCHEN
Ihr Erscheinungsbild kennzeichnen die stark ausgebildeten Brustflossen sowie der deutlich vom Körper abgesetzte Schwanz.

KNOCHENFISCHE IM ÜBERBLICK

Sosehr sie sich äußerlich auch unterscheiden: Alle Knochenfische entsprechen einem gemeinsamen Grundschema (siehe Skizze unten). Von den Knorpelfischen unterscheiden sie sich vor allem dadurch, dass ihr Skelett größtenteils aus echtem Knochengewebe besteht, dass sie Kiemendeckel, Schuppen oder Knochenschilder und durch Flossenstrahlen geschützte Flossen haben. Diese Flossenstrahlen können sowohl hart wie Stacheln (Stachelstrahlen) sein oder aber weich und gegliedert (Gliederstrahlen). Je nach Bedarf können die Flossen ausgebreitet oder zusammengelegt werden. Die Schwanzflosse dient Knochenfischen hauptsächlich zur Fortbewegung, die Rücken- und Afterflossen sowie die Bauchflossen sind zumeist eher Steuerungs- und Stabilisierungsorgane. Die deutliche Linie, die an der Seite vom Kopf bis zum Schwanz verläuft, ist der Sitz des Strömungssinns. Sie ermöglicht es dem Fisch auch, feste Hindernisse, Beutetiere und Feinde wahrzunehmen. Die Strömungslinie besteht aus zahlreichen kleinen Sinnesknospen. Bei der Bestimmung der Fischarten spielt sie eine wichtige Rolle.

Knochenfische

Meeresfische

AALARTIGE FISCHE
(Anguilliformes)

ÄHRENFISCHARTIGE FISCHE
(Atheriniformes)

ARMFLOSSER
(Lophiiformes)

BARSCHARTIGE FISCHE
(Perciformes)

DORSCHARTIGE FISCHE
(Gadiformes)

HERINGSARTIGE FISCHE
(Clupeiformes)

KUGELFISCHVERWANDTE
(Tetraodontiformes)

LACHSARTIGE MEERESFISCHE
(Salmoniformes)

PANZERWANGEN
(Scorpaeniformes)

PETERSFISCHE
(Zeiformes)

PLATTFISCHE
(Pleuronectiformes)

SCHLEIMKOPFARTIGE FISCHE
(Beryciformes)

STÖRARTIGE FISCHE
(Acipenseriformes)

Süßwasserfische

BARSCHARTIGE FISCHE
(Perciformes)

DORSCHARTIGE FISCHE
(Gadiformes)

HERINGSARTIGE SÜSSWASSERFISCHE
(Clupeiformes)

KARPFENARTIGE FISCHE
(Cypriniformes)

LACHSARTIGE FISCHE
(Salmoniformes)

NEUNAUGENARTIGE FISCHE
(Petromyzoniformes)

WELSARTIGE FISCHE
(Siluriformes)

KNOCHENFISCHE
Trotz ihrer unterschiedlichen Gestalt entsprechen die Knochenfische alle einem Grundschema.

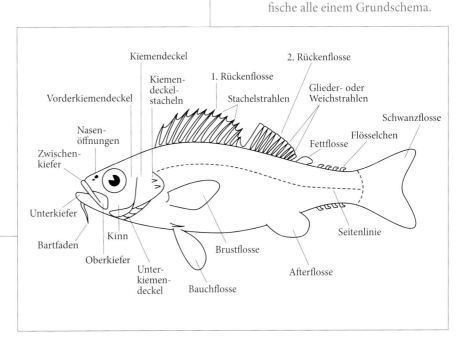

FISCHPRODUKTE AUS ALLER WELT UND IHRE HERSTELLUNG

Aus dem Urlaub bringen wir sie mit: Erinnerungen an Länderküchen, lokale Fischspezialitäten und typische Düfte. Hier ist sie, die bunte Welt der Fischspezialitäten aus Fabriken und Manufakturen.

Für die Verarbeitung in »Fischfabriken« wird sowohl Frischfisch als auch Tiefkühlfisch verwendet. Die hohe Qualität des Tiefkühlfisches bleibt am besten erhalten, wenn der tiefgekühlte Fisch in Kühlräumen bei hoher Luftfeuchtigkeit und Temperaturen bis 8 °C relativ langsam auftauen kann. Zu Hause sollte man tiefgekühlten Fisch immer langsam, am besten über Nacht, im Kühlschrank auftauen. Zum schnelleren Auftauen kann auch kaltes Wasser – die Wassermenge darf dabei das Vierfache des Fischgewichts nicht übersteigen – verwendet werden, das beeinträchtigt allerdings die Qualität.

Eine Weiterverarbeitung der Fische kann durch verschiedene Methoden wie Trocknen, Salzen, Säuern, Räuchern oder/und durch Hitzesterilisierung erfolgen. Ziel dieser Verarbeitung ist immer eine Verlängerung der Haltbarkeit, bei eingedosten Produkten ist sie am längsten. Fischhalbkonserven werden bei Temperaturen von unter 100 °C pasteurisiert, Fischvollkonserven durch Erhitzen über 100 °C sterilisiert. Bei anderen Fischprodukten kann eine Verlängerung der Haltbarkeit durch Zusatz von Konservierungsstoffen erreicht werden. Zahlreiche Herstellungsverfahren beruhen auf langen Traditionen, die fest mit ländertypischen Lebensweisen verwachsen sind, wie etwa beim **Mojama de Atùn** (1).

Getrocknete Fischprodukte

Die bekanntesten Fischprodukte sind **Stockfisch** und **Klippfisch** (2). Dazu werden Kabeljau, Seelachs, Schellfisch, Leng oder Lumb (Brosme) verwendet. Nach dem Köpfen und Ausnehmen trocknet man die Fische an der Luft. Stockfisch ist die ungesalzene Variante. Klippfisch dagegen wird nach Herausschneiden der Wirbelsäule und oft auch der seitlichen Gräten gesalzen und erst nach Erlangen der Salzgare getrocknet. Das Fleisch des Stockfisches soll trocken und hart sein, das Fleisch des Klippfisches ist etwas wasserreicher, aber trotzdem fest. Beide Produkte sollten hellgelb bis weißlich sein und keine rötlichen Stellen aufweisen.

- Fischprodukte werden aus Frisch- und Tiefkühlfisch hergestellt.
- Man unterscheidet getrocknete, gesalzene oder eingelegte Ware; Konserven, Räucherfisch und Delikatessen.

(1) MOJAMA DE ATÙN heißen in Spanien die in Salzlake eingelegten und danach luftgetrockneten Filetstücke vom Roten Thun. Sie werden meist als Tapas gereicht

(2) KLIPP- UND STOCKFISCH sind Fischprodukte, die durch Trocknung hergestellt werden. Sie sind lange haltbar und müssen vor der Verwendung gut gewässert werden.

(3) HUEVA SECA, ein spanisches Produkt aus Fischeiern vom Seehecht, Kabeljau, Thunfisch oder Steinbeißer, wird als Tapa mit Mandeln oder Trockenfrüchten serviert.

NORWEGISCH-SPANISCHE VERBINDUNG: BACALAO

In Mittelmeerländern versteht man unter Kabeljau vor allem den gesalzenen, getrockneten Klippfisch und zieht ihn dem frischen Kabeljau vor. Auch in Brasilien gilt Klippfisch aus Norwegen als große Delikatesse. Schließlich folgten die Wikinger auf ihren Expeditionen Richtung Amerika um das Jahr 1000 dem Atlantik-Kabeljau, der in Schwärmen in den nördlichen Meeren bis nach Neufundland verbreitet war. Genauso wie die Basken, die den Kabeljau auf Walfangtouren in den Norden Europas entdeckten, trockneten sie ihn als Proviant an der Luft, denn sie stellten fest, dass der magere Kabeljau eingesalzen und auf Klippen getrocknet schmackhafter und unempfindlicher ist als das fette Walfleisch. In den Mittelmeerkulturen war das Einsalzen vor allem von Walfleisch üblich. Bereits die alten Ägypter und Römer betrieben Handel mit Salzfischen. Die brettharten, salzglitzernden Fischfetzen aus dem

Nordatlantik wurden im mediterranen Raum zum Verkaufsschlager. Als Proviant im Sklavenhandel und auf Kriegszügen breitete sich der Klippfisch schließlich nach Südamerika und Afrika aus. Den Norwegern blieb die Versessenheit des Südens auf den Trockenfisch, der bei ihnen als Arme-Leute-Essen galt, lange Zeit ein Rätsel, denn ab 1835 holten spanische Schiffe 40 Jahre lang ihren Bacalao aufgrund besonderer Einfuhrbestimmungen selbst in Kristiansund ab, dem Zentrum der norwegischen Klippfischindustrie. Die Spanier brachten im gegenzug Tomaten, Olivenöl, Paprika und Chili mit – für die Norweger damals exotische Zutaten. Heutzutage wird aber auch dort »Bacalau« serviert.

Ursula Heinzelmann

Für **Hueva seca** (3) verarbeitet man Fischeier: Die rohen Fischeier werden gesalzen, dann gewaschen, gepresst, luftgetrocknet und vakuumverpackt. Die Hueva seca schneidet man in Scheiben oder Stücke und isst sie roh. Dazu reicht man einen trockenen spanischen Weißwein oder Sherry.

GESALZENE FISCHPRODUKTE

Durch das Salzen wird dem Fisch Wasser entzogen. Dadurch schrumpft der Fisch. Mit der Aufnahme einer gewissen Salzmenge gerinnt das Fischeiweiß und durch fischeigene Enzyme und Bakterienenzyme können sich die typischen Aromastoffe entwickeln. Dies ist besonders bei fettreichen Fischen der Fall. Heringe, Makrelen und Lachse gehören daher zu den bevorzugten Fischen für das Salzen. Magere Fische wie Sardellen sind gesalzen (Bild 1, S. 91) mehrere Jahre haltbar, besonders wenn sie kühl und unter Luftabschluss gelagert werden. Nicht

sehr stark gesalzene Fettfische wie der Hering können schon nach einigen Monaten weich werden und tranig oder süßlich schmecken. Der Hering ist ein wichtiger Salzfisch, von ihm kommen verschiedene Produkte auf den Markt (S. 93). Fischprodukte werden als Anchosen bezeichnet, wenn sie mild gesalzen und gekräutert sind. Auch der Kräuterhering und vor allem Sprotten gehören dazu. Besonders beliebt sind die süßsauren Anchosen aus Skandinavien, zu deren Herstellung man gewürzten Essig verwendet. Der Name »Anchovis« wird unterschiedlich verwendet – in romanischen Ländern generell für sardellenartige Fische, in Deutschland jedoch für kräutergesalzene Sprotten oder für Sardellen. Die Filets der Sprotten sind als »Appetitsild« bekannt. **Gesalzene Sardellen** (Bild 1, S. 91) kommen meist aus Holland, Portugal und Spanien. Nach dem Entfernen von Kopf und Eingeweiden werden sie unter Zugabe großer Mengen Salz in Eichenfässer gepackt.

Alle zwei Wochen wird die sich bildende fettreiche Lake über den Fischen abgeschöpft. Das typische Aroma für echten Anchovis aus gesalzenen Sardellen braucht 1–2 Jahre zur vollen Entfaltung. Die Reifung von Anchovis aus Sprotten dauert etwa 3 Monate.

SALZHERINGE IM ÜBERBLICK

Heringe werden vor dem Salzen von Hand »gekehlt«. Dabei wird mithilfe eines kleinen, spitzen Messers ein drehender Stich gemacht, mit dem zugleich Kiemen, Magen, Herz, Galle, Leber und ein Teil des Darms entfernt werden. Milch und Rogen bleiben beim Kehlen im Fisch. Höchste Qualität haben seegekehlte und seegesalzene Heringe, die meisten Salzheringe werden jedoch an Land gekehlt und gesalzen. Im Gegensatz zur Trockensalzung bei Magerfischen mit abwechselnden Lagen von Fisch und Salz bevorzugt man bei Fettfischen wie dem Hering die Nasssalzung in Fässern oder Bassins.

Salzheringe kommen unter verschiedenen Namen in den Handel: Für Matjesheringe sind Heringe das Rohprodukt, die keinen äußerlich erkennbaren Ansatz von Milch oder Rogen aufweisen, denn sie sind besonders fettreich. Matjesheringe werden in Fässern (Bild unten), vor allem solchen aus Eichenholz, mild gesalzen. Der Salzgehalt im Gewebewasser sollte zwischen 6 und 21 Prozent liegen. Beim Fetthering handelt es sich, wie der Name sagt, um einen fetten Hering. Er hat ebenfalls keinen erkennbaren Ansatz von Milch oder Rogen. Im Gegensatz zum Matjeshering ist er aber »hartgesalzen«, das heißt, sein Salzgehalt liegt erheblich höher als beim Matjes. Auch Vollheringe sind hartgesalzen und oft ungekehlt. Milch und Rogen sind bei ihnen gut erkennbar. Ihlen ist die Bezeichnung für abgelaichte Heringe; auch sie sind hartgesalzen.

Eine Spezialität aus Skandinavien sind die Kräuterheringe. Zu ihrer Herstellung eignen sich die fetten und großen atlantoskandischen Heringe, wie die »lsländer« und »Norweger« besonders. Dem Salz gibt man in Skandinavien meist Gewürze und oft auch etwas Zucker zu.

Saure Marinaden: Konserven und Surimi

Mildgesalzener Lachs ist das Ausgangsprodukt für Räucherlachs. Die beste Qualitätsstufe für Räucherlachs mit der Bezeichnung »prime« stammt von besonders fettreichen, möglichst rotfleischigen Lachsen. Lachs mit der Bezeichnung (T) ist mager, mit der Bezeichnung (TT) sehr mager. Die filetierten Seiten des Lachses werden in große Fässer gepackt und jeweils mit einer Lage Salz bedeckt. Zur Herstellung von geräuchertem »Seelachs« in Scheiben wird dieser ebenfalls zunächst gesalzen. Seine charakteristische Farbe erhält er durch Zugabe von Farbstoffen. Für gesalzene Makrelen besteht in den USA ein großer Bedarf. Trotz beträchtlicher Makrelenanlandungen reicht die eigene Produktion der USA an Salzmakrelen nicht aus, sodass größere Mengen, vor allem aus Norwegen, importiert werden müssen.

In Schweden hat die Einlagerung von Heringen Tradition: Die Heringe reifen in Holzfässern, die in dunklen Stollen lagern. Bevor sie wieder ans Tageslicht kommen, werden sie nochmals geprüft.

SPITZENPRODUKTE AUS DEM NORDEN

In der Produktion von gesäuerten Fischspezialitäten sind die skandinavischen Länder absolute Spitze hinsichtlich Quantität und Qualität.

(1) GESALZENE SARDELLEN bringen den besten Geschmack mit, wenn sie im Ganzen gesalzen werden. Leider sind sie bei uns im Handel schwer zu bekommen – meistens nur in italienischen Spezialgeschäften.

GESÄUERTE FISCHE: MARINADEN

Unter dem Begriff Marinaden versteht man heute gesäuerte Fischprodukte, die vorher weder gekocht noch gebraten wurden. Die Fischfilets werden erst 4–6 Tage in ein Essig-Salz-Bad gelegt – hierfür benutzt man Fässer oder größere Becken. Durch das Salz wird das Fischeiweiß denaturiert, das heißt vom rohen in den genussfertigen Zustand gebracht. Während Salz dem Fisch Wasser entzieht und ihn somit fester macht, hat Essigsäure einen entgegengesetzten Effekt: Das Fischfleisch wird durch die Zugabe von Essigsäure zarter. Die Menge des Salzes und die Konzentration der Essigsäure hängen wesentlich von der Rohware, besonders von deren Fettgehalt ab. Salz und Essig müssen sorgfältig aufeinander abgestimmt sein, um eine gute Qualität der Marinade zu erreichen. Für die Herstellung von Feinmarinaden werden neben Salz und Essig zusätzlich Gewürze und Zucker zugefügt. Marinaden sollen von heller, weißgrauer Farbe, fest im Fleisch, saftig und nicht zäh sein.

Die Produktpalette an Marinaden ist groß: Marinierte Heringe sind ausgenommene, nicht entgrätete Heringe ohne Kopf und Schwanzflosse. Bismarckheringe werden im Gegensatz dazu entgrätet. Kronsild oder Kronsardinen sind keine Sardinen, sondern kleine entgrätete Heringe ohne Kopf. Für die Herstellung von Rollmöpsen werden entgrätete Heringe ohne Kopf und Schwanzflosse verwendet und mit Essig, Kräutern und Gewürzen abgerundet. Auch Koch- und Bratfische säuert man für verschiedene Produkte. Manchmal gibt man zusätzliche Gewürze hinzu, etwa beim Bratrollmops.

GEBRATEN ODER GEKOCHT: FISCHKONSERVEN

Als Rohware finden sowohl frische als auch tiefgekühlte Fische – in erster Linie Heringe – Verwendung. Die Gare erzielt man durch Erhitzen. Gebratene Fische werden in der Regel eingedost und bei einer Temperatur von 80–90 °C pasteurisiert. Solche Halbkonserven sind ohne Kühlung bis zu 6 Monate haltbar. Der Gewichtsverlust der Rohware beträgt dabei 15–20 Prozent. Als Vollkonserven bezeichnet man in luftdicht verschlossene Dosen verpackte und bei 100–120 °C sterilisierte Rohware ohne Zusätze von Konservierungs- oder Farbstoffen. Sie müssen mindestens 1 Jahr haltbar sein.

(2) SURIMI wird in der Regel aus Alaska-Pollack hergestellt, größtenteils direkt auf den Fabrikschiffen, und tiefgekühlt angelandet. Die Ausbeute für Surimi beträgt 25–30 Prozent, der Rest ist Abfall.

FISCHMASSE MIT TRADITION: SURIMI

Surimi (2) geht in Japan auf eine jahrhundertealte Tradition zurück: Reines Fischfleisch ohne Haut und Gräten wird durch Kneten und wiederholtes Auswaschen zu einer glatten weißen Masse verarbeitet, die nach Würzung und Stärkezugabe geformt und gekocht oder gebacken wird. Nach dieser Herstellungsprozedur hat Surimi seinen Namen erhalten: Surimi heißt »gewaschene Fischmasse«. Zu Surimi wird vorwiegend Alaska-Pollack verarbeitet, meist direkt auf den Fangschiffen. Die Ausbeute beträgt 25–30 Prozent, der Rest ist Abfall. Heute wird Surimi keineswegs mehr nur von Japan hergestellt, auch die USA sind zu einem bedeutenden Produzenten und Verbraucher der schockgefrosteten Fischmasse geworden. Den beim Tiefkühlen eintretenden Qualitätsverlust versucht man durch Zugabe von Salz, Zucker, Polyphosphat und Sorbitol wieder wettzumachen. Surimi ist eine fast völlig geruchs- und geschmacksfreie und dazu blütenweiße Masse. Ein Grundprodukt, so manipulierbar, wie sich das die Industrie nur wünschen kann. Surimi ist auch die Grundlage des sogenannten

»Fisch-Crabmeat«. Über den Anteil an Krebsfleisch darin wird der Verbraucher allerdings im Unklaren gelassen. Nach Deklarationsvorschrift sind auch Hühnereiweiß, Wasser, Stärke, Sorbit und pflanzliches Eiweiß im Produkt enthalten. Das »Fisch-Crabmeat« wird in Stäbchen, zu kleinen Stücken oder zu Krabbenscheren geformt.

Geräucherte Fischprodukte

Das übliche Verfahren für tiefgekühlte und frische Fische ist die »Heißräucherung«, für Salzfische die »Kalträucherung«. Der Unterschied zwischen beiden besteht vor allem in der Temperatur beim Räuchern und in der Räucherdauer. Bei beiden Verfahren muss der Fisch vor dem Räuchern vorgetrocknet werden, um ein festes Fleisch, appetitliches Aussehen und eine möglichst lange Haltbarkeit zu erreichen. Diese ist vor allem darauf zurückzuführen, dass das Fischfleisch Stoffe mit bakterizider Wirkung aus dem Rauch aufnimmt. Generell sind kaltgeräucherte Fischwaren länger haltbar als heißgeräucherte. Bei

sachgemäßer, kühler Lagerung beträgt die Haltbarkeit bekaltgeräucherten Salzfischen wenigstens 14 Tage, bei heißgeräucherten, frischen Fischen 4–8 Tage, und für vakuumverpackte Produkte bis zu 6 Wochen.

Lachs (6) ist als Räucherfisch weltweit die Nummer eins. Meist ist das Ausgangsprodukt inzwischen Zuchtlachs aus Norwegen, Schottland oder Kanada. Von Feinschmeckern wird Wildlachs allerdings höher bewertet. Der begehrteste und feinste ist der Atlantische Wildlachs mit einem Fettgehalt von etwa 14 Prozent; andere wie der Coho oder der Chum Salmon haben einen niedrigeren Fettgehalt und eine geringere Qualität. Bei uns ebenfalls sehr beliebt ist **geräucherte Forelle** (1).

FARBE UND AROMA
Farbe und Aroma des geräucherten Fisches werden besonders von der Art des verwendeten Holzes bestimmt. Für das Räuchern von Fischen nimmt man Späne, Briketts oder Sägemehl aus Laubholz. Vor der Kalträucherung müssen Salzfische gewässert werden. Die Temperatur beim Kalträuchern beträgt

Hohe Qualität für anspruchsvolle Genießer ist das Produktionsziel dieser norddeutschen Aal- und Fischräucherei.

(1) GERÄUCHERTE FORELLE schmeckt vorzüglich und erfreut sich dank des niedrigen Fettgehalts großer Beliebtheit.

(2) OSTSEEHERINGE – frisch aus dem Rauch – hier mit Kopf und Schwanz, sind mit etwas Salz und Brot sehr delikat.

15–20 °C. Der Räuchervorgang erstreckt sich über 1–6 Tage. Bevorzugte Fische für die Kalträucherung sind Lachs, Meerforelle und Lachsforelle, aber auch Dornhai, Heilbutt oder Makrele. Unter der Bezeichnung Räucherlachs kommen sowohl Produkte aus Lachsen als auch solche aus Meerforellen in den Handel. Die zarteste Qualität wird mit frischem Lachs erzielt, der vor dem Räuchern für 12 Stunden in eine milde Salzlake eingelegt wurde. Für Lachshering werden große, möglichst fette, unausgenommene Salzheringe mit Kopf geräuchert. Die Rohware für den Lachsbückling entspricht der für Lachshering. Er wird jedoch vor dem Räuchern ausgenommen und für einzelne Produkte erst nachträglich geköpft (Delikatesslachsbückling) und filetiert (Lachsbücklingfilet).

Kipper (4) sind kaltgeräucherte, frische Fettheringe. Vor dem Einlegen in Salzlake werden die geköpften Heringe gespalten. Dieser »gefleckte« Hering wird längstens 1 Tag geräuchert und ist nur kurze Zeit haltbar. Zum Verzehr wird er gebraten. Vor der Heißräucherung werden die Fische gewaschen, geschuppt und in eine milde Salzlake eingelegt. Die Gare erhalten sie erst im Räucherofen bei einer Temperatur von 70–90 °C, selten darüber. Das goldgelbe Aussehen sowie das Raucharoma erhält der Fisch gegen Ende des Räucherprozesses in der »Dämpfphase«, in der die Luftzufuhr gedrosselt und das bis dahin brennende Räuchermaterial mit feuchten Spänen zugedeckt wird, sodass ein dichter, feuchter Rauch entsteht. Die Heißräucherung dauert bis zu 4 Stunden. Zur Heißräucherung eignet sich vor allem der Hering, besonders geschätzt ist der Bückling. Rohware sind vor allem **Nord- und Ostseeheringe** (2). Sie werden zum Räuchern nicht ausgenommen und haben im Sommer gute Qualität, weil sie dann sehr fettreich sind. Die **Kieler Sprotten** (3) erreichen in der zweiten Jahreshälfte ihre beste Qualität. Einige geräucherte Produkte haben irreführende Namen. Dazu gehören neben den »**Schillerlocken**« (5) die geräucherten Rückstücke des Dornhais. Sie kommen als »Seeaal« in den Handel. Vom Heringshai stammt der »Kalbfisch«, der meist in Scheiben angeboten wird. Hinter der Bezeichnung »Speckfisch« verbergen sich knorpelfreie geräucherte Stücke vom Grauhai.

(3) KIELER SPROTTEN haben im Gegensatz zu den Heringen in den Herbst- und Wintermonaten die beste Qualität.

(4) KIPPER sind vom Rücken her gespaltene Heringe, die in England kaltgeräuchert, in Norwegen heißgeräuchert werden.

(5) SCHILLERLOCKEN nennt man die geräucherten Bauchstreifen des Dornhais.

(6) RÄUCHERLACHS wird heute meist aus Farmlachs hergestellt. Von Feinschmeckern wird Wildlachs höher bewertet.

Kaviar – der Inbegriff von Luxus

Diese Delikatesse ist von einem Mythos umgeben: Für manche muss es einfach Kaviar sein – koste es, was es wolle (und das tut's); andere tolerieren ihn, ob nun Beluga oder der gefärbte »Ersatz« vom Seehasen, höchstens als Dekoration für russische Eier. Sicher ist, dass beim »echten« Kaviar nicht allein der reale Wert zählt (und bezahlt wird), sondern auch sein Symbolwert. Dabei ist Kaviar – nüchtern betrachtet – nichts anderes als präparierter Fischrogen. Der kann, rein theoretisch, von jedem Fisch sein, sofern er nicht giftig ist – wie zum Beispiel der berühmt-berüchtigte Fugu. Im Laufe der Zeit hat sich jedoch herausgestellt, dass der Rogen vom Stör eben doch der feinste ist. Und dass sich die Russen und die Iraner – mit ihren immer noch reichlichen Störvorkommen im Kaspischen Meer – am besten auf die Zubereitung dieses Luxusprodukts verstehen. Natürlich produzieren auch andere Länder Kaviar, China zum Beispiel, wo die Störe in den großen Flüssen Kaviar-Lieferanten sind. Oder Taiwan, wo Rogen vom Fliegenden Fisch zu **Tobi-Ko** (1) verarbeitet wird. In Kalifornien produziert ein Schwede erfolgreich einen sehr feinen »russischen Kaviar« von amerikanischen Stören.

Die Russen nehmen allerdings, und wohl mit Recht, für sich in Anspruch, den feinsten Kaviar zu produzieren. Die größte Erfahrung haben sie jedenfalls – schließlich sitzen sie an der Quelle. Denn nur vom lebenden Stör gibt es guten Kaviar. Wenn die Störweibchen zum Ablaichen aus dem Kaspischen Meer in die Flussarme des Wolgadeltas aufsteigen, werden sie gefangen, in Aquarien an Bord der Boote gehältert und in die Verarbeitungsfabriken gebracht. Zur Entnahme des Rogens werden die Fische betäubt. Von der Entnahme des Rogens bis zur Verpackung des fertigen Kaviars in Dosen vergehen nur etwa 10 Minuten. Frischer geht's nicht!

QUALITÄTSKRITERIEN

Die Qualität des Kaviars bestimmt aber auch der Gehalt an Salz, das frischen Kaviar haltbar macht. Die für den russischen Kaviar berühmte Bezeichnung »Malossol« steht für »wenig Salz«. Die besten Qualitäten werden gerade nur so viel gesalzen, wie es für die begrenzte Haltbarkeit notwendig ist. Moderne Kühl- und Transportmöglichkeiten machen es möglich, frischen Kaviar an jeden Ort auf der Welt zu schaffen. Aber: Frischer Kaviar ist sehr empfindlich und sollte bei einer Temperatur von –2 °C gelagert werden. Auf keinen Fall sollten –4 °C

(1) TOBI-KO nennt man den Kaviar von Fliegenden Fischen in Taiwan. Diese leuchtend orangefarbene Kaviarsorte mit etwas kleinerer Körnung als der Forellen-Kaviar ist in Europa nur in Spezialgeschäften erhältlich.

(2) OSIETRA-KAVIAR ist für Kenner der Favorit. Er ist kleiner, hartschaliger und unempfindlicher. Man sagt ihm einen nussartigen Geschmack nach; tatsächlich ist sein Aroma mit keiner anderen Kaviarsorte vergleichbar.

(3) BELUGA-KAVIAR – der Kaviar der Superlative: der feinste, der teuerste und mit 3,5 mm Durchmesser pro Korn der größte. Auch ist der seltene, bis 4 m lange und 1.200 kg schwere Beluga-Stör der größte seiner Familie.

(4) SEVRUGA-KAVIAR kommt vom kleinsten Mitglied der Stör-Familie Der Kaviar ist sehr dünnschalig und entsprechend empfindlich. Kenner loben sein kräftiges und würziges Aroma. Er ist mittel- bis stahlgrau.

unterschritten werden, denn dann gehen Geschmack und Konsistenz der Körner verloren. Weil die Lagerung nicht ganz einfach ist, hat sich pasteurisierter Kaviar in Gläsern durchgesetzt – von Kaviar-Verehrern schlicht als Konserve abgelehnt. Die Qualität konnte aber inzwischen wesentlich verbessert werden. Das soll heißen, besser ein gut pasteurisierter Kaviar als ein frischer Kaviar, der durch unsachgemäße Lagerung nicht mehr so frisch ist. Serviert wird Kaviar immer kalt, möglichst auf einem Eissockel. Die Delikatesse mit 16 Prozent Fettgehalt und etwa 270 Kalorien pro 100 Gramm ist übrigend nicht gerade mager. Der Eiweißgehalt liegt bei 25–30 Prozent. Neben dem echten Kaviar – von dem es drei Sorten gibt, die nach den Störarten **Osietra** (2), **Beluga** (3) und **Sevruga** (4) benannt sind, von denen sie stammen – wird heute auch ein guter Ersatz angeboten. Man muss dabei nicht gleich an die pechschwarzen oder rosafarbenen **Seehaseneier** (6), (8) denken. Es gibt ja auch **Keta-Kaviar** vom Lachs (7) oder **Forellenrogen** (5). Letzterer wird immer beliebter. Er schmeckt angenehm kräftig und sieht appetitlich und zudem dekorativ aus. Keta-Kaviar hat seit Jahren einen hohen Marktanteil. Unter diesem Namen kommt jeder Lachsrogen auf den Markt – egal, von welchem Lachs er stammt. Die größten Produzenten sind Russland und die USA. Wichtigster Lieferant ist der Chum Salmon oder Keta-Lachs. Sein Rogen ist von etwas blasserer Farbe als der vom Pink Salmon oder Coho. Die Rogenkörner vom Pink Salmon oder Buckellachs und vom Coho sind etwas kleiner. Deutsche, polnische und dänische Teichwirtschaften beliefern zunehmend den Markt mit Forellenrogen.

Wie man mit Kaviar umgeht

Die ideale Verpackung für Kaviar ist die innen beschichtete Stülpdeckeldose von etwa 1,8 kg. Mit dem Deckel wird die überschüssige Lake herausgedrückt. Verschlossen wird die Dose mit einem breiten Gummiring, sodass keine Luft hineinkommt. In der ungeöffneten Dose bleibt der Kaviar ohne Qualitätsverlust bis zu 1 Jahr haltbar. Ist der Kaviar erst einmal geöffnet, gilt vor allem eines: Niemals mit Silber an den Kaviar gehen! Silber oxidiert und verleiht dem Kaviar einen fischigen Geschmack. Auch mit Edelstahl sollte er nicht in Berührung kommen. Auf dem Markt sind geschmacksneutrale Bestecke aus Perlmutt. Aber auch Löffel aus Horn, Schildpatt und Holz taugen zum Verzehr der teuren Körner. Wer es ganz stilvoll wünscht, verwendet einen Goldlöffel.

EIN BLICK GENÜGT

Kennern reicht beim Kaviarkauf ein Blick auf den Deckel der Originaldose und sie wissen, womit sie es zu tun haben: Die Deckelfarbe bei Beluga ist blau, bei Osietra gelb und bei Sevruga rot oder orange.

(5) FORELLEN-KAVIAR wird immer populärer. Der präparierte Rogen der Forellen, vor allem der großen Exemplare, ist dem Lachs-Kaviar geschmacklich durchaus ebenbürtig. Man kann ihn auch genauso verwenden.

(6) SCHWARZER SEE-HASEN-KAVIAR ist feinkörnig und fest. Er kommt, stark gesalzen, aus Island, Norwegen oder Dänemark und wird – rot oder schwarz – für Dekorationszwecke in der kalten Küche verwendet.

(7) KETA-KAVIAR wird der orangerote Rogen vom Lachs aus dem Pazifik genannt. Das Korn ist sehr groß und empfindlich. Kulinarisch und preislich ein guter Kompromiss zwischen echtem Kaviar und Kaviar-Ersatz.

(8) ROTER SEEHASEN-KAVIAR oder Seehasenrogen ist die billigste Kaviarsorte und kommt in großen Mengen auf den Markt. Ursprünglich ist er rosa bis gelblich, wird dann aber rot oder schwarz eingefärbt.

FISCHQUALITÄT ERKENNEN: TOPFRISCH ODER DOCH NICHT?

Das Angebot ist groß – und Sie haben die Qual der Wahl. Wie sieht ein wirklich frischer Fisch aus? Achten Sie auf fünf Details: Haut, Flossen, Augen, Kiemen und Geruch geben Aufschluss darüber, wie gut die Qualität eines Fisches ist.

QUALITÄT UND FRISCHE – zwei Voraussetzungen, ohne die eine gute Fischküche unmöglich wäre. Frische ist das entscheidende Kriterium beim Meeresfisch, gleichgültig, ob er in Küstenregionen angeboten wird oder weite Wege bis ins Binnenland zurücklegen muss. Bei Süßwasserfischen ist Frische sicher weniger ein Thema, weil sie beim Fischhändler meist in Bassins gehältert werden. Meeresfisch wird dagegen nicht lebend gehandelt und es kann Stunden oder gar Tage dauern, bis er zum Verbraucher gelangt. Grund genug, beim Einkauf auf die nachfolgend beschriebenen Frischemerkmale zu achten und Haut, Flossen, Augen, Kiemen und den Geruch genau zu prüfen. Aus diesen Einzelergebnissen kann man dann eine

Entscheidung hinsichtlich der Frische treffen. Im Zweifelsfall sollte man sich jedoch immer für die Frische entscheiden – also lieber einem wirklich frischen, vielleicht weniger edlen Fisch den Vorzug geben als einem Prestige-Fisch, der schon etwas länger auf Eis liegt.

Fisch macht nach dem Fang oder Schlachten eine Totenstarre durch. Dabei entsteht durch den Abbau von Milchzucker Milchsäure. Die Totenstarre beginnt in der Kopfregion und dehnt sich von dort über den ganzen Fischkörper aus. Die typischen Merkmale der Totenstarre – hartes Fleisch, schwer beweglicher Körper, abgespreizte Kiemendeckel – dauern bei den einzelnen Arten unterschiedlich lange an und gehen in der Regel nach einigen Stunden zurück. Nach der Totenstarre wird das Fleisch wieder elastisch. Mit zunehmender Lagerung – auch auf Eis – wird das Fischfleisch immer weicher. Geschmacklich ist das Fleisch nach der Totenstarre am besten, während der sich durch Abbau der muskeleigenen Energieträger noch Aromastoffe bilden. Bei Fischen, die auf Eis gelagert sind, ist das am zweiten oder dritten Tag nach dem Fang der Fall. Die Verarbeitung zu Filet an Bord der Fang- und Fabrikschiffe erfolgt jedoch meist noch vor der Totenstarre und den mit ihr verbundenen Reifeprozessen für den Geschmack des Fleisches. Das ist die Ursache dafür, dass tiefgekühlte Ware im Vergleich zu auf Eis gelagerten Fischen manchmal fade schmecken kann.

QUALITÄTSMERKMALE

Die **Haut** eines Fisches sollte natürlichen Glanz und Farbe aufweisen, nicht verblasst wirken, keine Druckstellen sowie Beschädigung irgendwelcher Art aufweisen und, entsprechend der Fischart und der Fangmethode, ganz normal beschuppt sein. Hering und Makrele sowie einige weitere Meeresfische

Frischer geht es nicht: Werden Saiblinge direkt nach dem Fang verarbeitet, darf man beste Qualität erwarten.

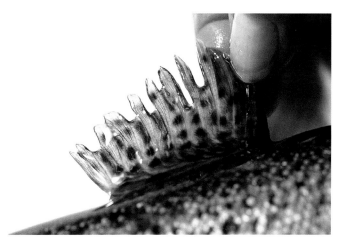

verlieren beim Fang fast immer die meisten Schuppen. Das ist bei diesen Fischarten die Regel. Bei Fischen guter, frischer Qualität ist der Schleim auf der Haut klar und durchsichtig.

Das Aussehen der Haut wird dann beanstandet, wenn sie unnatürlich gelb oder grau verfärbt, trüb oder gar schmierig blutig ist. Trockene Haut ist ein deutliches Zeichen dafür, dass der Fisch bereits längere Zeit an der Luft gelegen hat.

Die **Flossen** (1) sollten gut erhalten sein. Beschädigungen sind häufig die Folge langer Schleppdauer und voller Netze. Bei starker Schleimbildung, was besonders bei unsachgemäßer Lagerung der Fische auftritt, können die Flossen verkleben.

Die **Augen** (2), (3) fangfrischer Fische sind prall und klar, nicht eingesunken oder trüb.

Das Aussehen der **Kiemen** (4) ist ein besonders wichtiges Kriterium. Am frischesten ist der Fisch, wenn die Kiemen leuchtend rot, die einzelnen Blättchen klar und deutlich zu erkennen, nicht verschleimt und nicht verklebt sind. Grauweiße, hellgelbliche, braune, verklebte oder auch schleimige Kiemen weisen darauf hin, dass der Fisch schon seit längerer Zeit tot ist oder schlecht gelagert wurde. Diese Symptome können auch bei kranken Fischen auftreten. Gelegentlich ist das bei Zuchtfischen der Fall.

Bei ausgenommenen Fischen sollte die Bauchhöhle sauber ausgeweidet und weitgehend geruchlos sein. Blutreste müssen leuchtend rot sein. Die Eingeweide bei nicht ausgenommenen frischen Fischen weisen scharfe Konturen auf. Je länger der Fisch schon tot ist, umso undeutlicher sind die Umrisse zu erkennen, bis sie sich schließlich mit zunehmend breiiger Konsistenz der Eingeweide ganz auflösen.

Auch der **Geruch** (5) ist sehr aufschlussreich: Der bei frischen Fischen nicht unangenehme Geruch der Eingeweide wird im Lauf der Zeit mehr und mehr unangenehm bis faulig. Frisch riechen die Eingeweide von Fischen dagegen kaum.

Ähnliches gilt auch für den ganzen Fisch: Frischer Fisch riecht fast nicht! Besonders gut lässt sich der Geruch eines Fisches hinter dem abgespreizten Kiemendeckel prüfen. Der charakteristische Geruch nach Fisch entsteht erst durch chemische Abbauprozesse bei längerer oder unsachgemäßer Lagerung. Dieser »typische Fischgeruch« ist daher für einen frischen Fisch keinesfalls typisch – und auch säuerlich, tranig oder gar faulig darf frischer Fisch nicht riechen!

Profiköche unterziehen übrigens nicht nur ganze Fische, sondern auch die Fischfilets einer einfachen Qualitätsprüfung: Sie streichen mit einer scharfen Messerklinge behutsam über die Filetfläche. Je weniger Fleisch an der Klinge hängen bleibt, desto frischer ist das Filet.

(1) Ein wesentliches Kriterium für gute Fischqualität zeigt sich an den Flossen: Sie sollen gut erhalten und möglichst wenig beschädigt sein. Beschädigungen sind oft die Folge langer Schleppdauer und sehr voller Netze. Bei falscher Lagerung der Fische können die Flossen zudem verkleben.

(2) Klare Augen sind ein gut erkennbares Frischemerkmal. Das Beispiel einer fangfrischen Forelle zeigt deutlich: Das Auge ist prall und glasklar ohne jede Trübung.

(3) Trübe Augen – Finger weg! Das Auge dieses Zanders ist bereits verschleiert und trüb, was ein deutliches Zeichen dafür ist, dass der Fisch nicht mehr ganz frisch ist.

(4) Leuchtend rote Kiemen signalisieren Frische. Die einzelnen Kiemenblättchen müssen klar zu erkennen sein. Sie dürfen weder fleckig noch verschleimt aussehen.

(5) Frisches Fischfilet hat keinen ausgeprägten Geruch. Riecht es leicht fischig, ist es nicht mehr frisch. Auch darf es nicht säuerlich, tranig oder gar faulig riechen.

VIELFALT MIT WIRKUNG: WELCHE GARMETHODE FÜR WELCHEN FISCH?

Ob Dünsten, Kochen, Grillen oder Frittieren: Jede Garmethode hat charakteristische Merkmale, die sich auf das Gargut individuell auswirken. Daher ist auch nicht jede Garmethode für jeden Fisch geeignet.

ES GIBT ZAHLREICHE GARMETHODEN und sie lassen sich nach charakteristischen Merkmalen gliedern, wie etwa die Art des Kochgeschirrs, Flüssigkeits- oder Fettzugabe und Gartemperatur. Während man unter **Kochen** das Garen in reichlich Flüssigkeit bei großer Hitze versteht, handelt es sich beim Pochieren, Dämpfen und Dünsten um sanftere Methoden, die entweder mit einer geringeren Gartemperatur oder mit weniger Flüssigkeit auskommen.

Unter **Pochieren** (1) wird langsames Garziehen in reichlich Flüssigkeit verstanden, etwa in Fischfond, Court-Bouillon oder Salzwasser – und zwar bei Temperaturen unterhalb des Siedepunktes. Salz ist wichtig, damit der Fisch nicht auslaugt. Es gilt die Faustregel: kleine Fische in heiße, große Fische in kalte Flüssigkeit einsetzen. Pochieren ist die beste Garmethode für ganze Fische mit Haut.

Dämpfen (2) hat vor allem in China Tradition, ist aber auch bei uns im Kommen. Die Chinesen stapeln Bambuskörbe übereinander und garen so mehrere Fische gleichzeitig. Hierzulande verwendet man meist einen herkömmlichen Topf mit Siebeinsatz oder einen professionellen Dampfgarer. Dämpfen eignet sich für ganze Fische unter 1 kg Gewicht. Es ist auch ideal für Filets, um ihren puren Geschmack voll zu erhalten.

Das Garen im eigenen Saft unter Zugabe von wenig Fett und Flüssigkeit wird als **Dünsten** (3) bezeichnet. Zugedeckt und bei mäßiger Temperatur ist das Dünsten eine der schonendsten Garmethoden. Die Hitze wirkt von zwei Seiten: Von unten gart der Fisch im Fond, von oben kommt der Dampf. Der Fisch wird zart und aromatisch. Dünsten ist die ideale Methode für kleinere Fische und Filets.

Zum **Braten in der Pfanne** (4) eignen sich ganze Fische, die nicht mehr als 400 g wiegen, sowie Filets. Diese Garmethode bekommt Fisch sehr gut – vorausgesetzt jedoch, man gart ihn möglichst kurz und auf den Punkt. Durch die starke Hitze schließen sich die Poren des Fischfleisches, das dadurch unter der schützenden Kruste angenehm saftig bleibt.

Beim **Frittieren** (5) wirken hohe Temperaturen auf das Gargut. Fisch sollte daher nur mit einer schützenden Hülle frittiert werden. So bildet sich rasch eine Kruste, die das zarte Fleisch saftig hält. Das kann eine dünne Mehlschicht sein, eine Panade oder ein Teigmantel. Größere Fischstücke werden bei 160°C frittiert, kleine ganze Fische wie Sardellen bei 180°C.

Die älteste Garmethode, das **Grillen** (6), ist auch für (ganze) Fische geeignet. Ob über Holzkohle oder unter dem Elektrogrill: Durch die starke Strahlungshitze gerinnt das Eiweiß in den äußeren Schichten und bildet einen Schutzmantel, unter dem Saft, Aroma und Nährstoffe eingeschlossen bleiben. Der Grill muss jedoch immer gut vorgeheizt werden.

Eine schonende Garmethode für kleinere ganze Fische oder für Fischstücke ist das **Räuchern** (7). Für das Räuchergut Fisch wählt man in der Regel das Heißräuchern: Bei einer Temperatur von etwa 60°C bleibt der Fisch zart und saftig. Der Geschmack wird stark vom Räuchermehl und von zugesetzten Gewürzen beeinflusst, daher sollte man auf gute Qualität des Räuchermehls achten (gibt es im gut sortierten Haushaltswarenladen und in Geschäften für Anglerbedarf). Räuchern kann man in speziellen RäuBeröfen, aber ebenso im Wok.

Sehr beliebt ist **Fisch aus dem Ofen** (8). Diese Zubereitungsmethode eignet sich für ganze Fische, Filets und Koteletts. Das Fischfleisch sollte dabei durch Abdecken oder Beschöpfen mit Flüssigkeit vor direkter Strahlungshitze geschützt werden. Alternativ dazu schafft das Einhüllen in Pergament oder Folie ideale Bedingungen, damit der Fisch im eigenen Saft garen kann. Das wunderbare Aroma bleibt dabei voll erhalten und entfaltet sich bestens.

(1) Beim Pochieren oder Garziehen wird der Fisch in eine gewürzte Flüssigkeit gelegt, die auf keinen Fall mehr kochen sollte.

(2) Beim Dämpfen entfaltet die feuchte Hitze ihre ganze Wirkung: Der Fisch wird dabei schonend und aromareich gegart.

(3) Beim Dünsten soll das Gargut möglichst im eigenen Saft garen. So bleibt das Aroma erhalten und das Fischfleisch wird sehr zart.

(4) Beim Braten spielt große Hitze eine Doppelrolle: Sie schließt die Poren, macht eine leckere Kruste und hält das Fischfleisch schön saftig.

(5) Beim Frittieren schützt eine Hülle das empfindliche Gargut vor allzu großer Hitze. So wird es außen kross und bleibt innen saftig.

(6) Beim Grillen ist starke Strahlungshitze notwendig: Nur sie erzeugt die Röststoffe mit dem unverwechselbaren Aroma.

(7) Beim Räuchern kommt es auf den Rohstoff an: Frische Fische und Tiefkühlfische werden heißgeräuchert, Salzfische dagegen kaltgeräuchert.

(8) Ganze Fische, Filets und Koteletts lassen sich gut im Ofen zubereiten. Der Vorteil der Methode: Spezielle Bratfolie, Alufolie, Pergament oder Backpapier umhüllen den Fisch und sorgen dafür, dass er saftig und sein Aroma voll erhalten bleibt.

F(R)ISCHE AUS DEM TIEFKÜHLFACH

Was tun, wenn Sie das Anglerglück ereilt? Essen, so viel geht! Und der Rest der fangfrischen Beute darf ausnahmsweise Tiefkühlschlaf halten!

FISCH RICHTIG KONSERVIEREN: Dass frischer Fisch, und um ihn geht es in diesem Buch in erster Linie, auch durch den feinsten tiefgekühlten nicht gleichwertig zu ersetzen ist, dürfte bekannt sein. Doch wird es immer wieder einmal passieren, dass man von dieser übrigens besten Konservierungsmethode für Fisch Gebrauch machen muss. In unseren Breiten wird das vermutlich seltener bei Meeresfischen der Fall sein – außer man wohnt in Meeresnähe, denn zum Tiefkühlen eignen sich nur wirklich fangfrische Fische. Bei Süßwasserfischen könnte es allerdings schon eher einmal vorkommen, dass man mehr fangfrische Fische hat, als man momentan verbrauchen kann. Hier empfiehlt es sich, diese so schnell wie möglich tiefzukühlen. Dabei hängt es bei großen Fischen von der späteren Verwendung ab, ob man sie im Ganzen oder gleich in Portionen tiefkühlt. Auf jeden Fall sollten die Fische vorher ausgenommen und die Bauchhöhle unter fließendem Wasser gereinigt werden. Je nach Fischart können sie auch vorher geschuppt werden. Danach sollten Sie die Fische zuerst glacieren (1). In jedem Fall aber müssen die Fische korrekt verpackt (2) werden, wenn sie die Lagerzeit ohne Mängel überstehen sollen. Kleine Fische (wie etwa Sardinen) werden erst einzeln vorgefroren, bevor man sie zusammen verpackt.

Als Verpackungsmaterial eignet sich Kunststoff- oder Alufolie. Wenn Fischstücke, etwa Filets, tiefgekühlt werden, sollten sie durch Folienblätter voneinander getrennt werden. Übrigens: die maximale Lagerzeit für Frischfisch wird vom Deutschen Tiefkühlinstitut mit 3–8 Monaten angegeben – natürlich ausschließlich bei –18 °C und darunter!

GLACIEREN

(1) Glacierte Fische halten besser: Zum Glacieren die küchenfertig vorbereiteten Fische auf Alufolie legen und lose abgedeckt vorfrieren. Dann die Fische in eiskaltes Wasser tauchen und, sobald sie mit einer Eisschicht überzogen sind, den Vorgang wiederholen.

(2) Die auf diese Weise präparierten Fische sorgfältig verpacken: Jeden Fisch einzeln in Alufolie wickeln und im Tiefkühlgerät bei mindestens –18 °C bis zum baldigen Verbrauch lagern.

WAS VOM FISCH ÜBRIGBLEIBT

Frischer Fisch – eine delikate Angelegenheit. Doch wie viel bleibt für das kulinarische Vergnügen nach dem Ausnehmen und Filetieren?

Wie viel verwertbares Fleisch hat ein Fisch? Beim Einkauf ist es wichtig, einen Anhaltspunkt zu haben, wie das Verhältnis von verwertbarem Fleisch zu den Abfällen ist. Das kann bei den verschiedenen Fischarten sehr unterschiedlich sein.

Die Tabelle unten gibt dazu Richtwerte, ausgehend von handelsüblichen Größen, an. Mit der Größe ändern sich die Relationen. So hat ein kleiner Steinbutt von 1 kg Gewicht, prozentual gesehen, einen geringeren Filetanteil als ein großer von 4–5 kg.

WIE VIEL VERWERTBARES FLEISCH HAT EIN FISCH?

Ausgangspunkt für diese Tabelle ist – sofern nicht anders vermerkt – der ganze Fisch. Je nach Größe differiert der Anteil nicht verwertbarer Abfälle (Innereien, Flossen). Aus den verwertbaren Abgängen (Kopf, Gräten, Haut, Flossensaum) lässt sich ein Fond kochen. Der Anteil an Filetgewicht ist von Fisch zu Fisch verschieden. Die Tabelle unten gibt einen Überblick.

FISCH, BRUTTOGEWICHT	FISCH, KÜCHENFERTIG		VERWERTBARE ABGÄNGE	FILETGEWICHT
	Nettogewicht	Abfälle, nicht verwertbar	z.B. für Fonds (Kopf, Haut, Gräten, Flossen)	(ohne Haut, sauber pariert)
Aal, 670 g	450 g/67,2 %	220 g	70 g/10,5 %	380 g/56,7 %
Dorade rosé/Brassen, 390 g	350 g/90,2 %	40 g	190 g/48,9 %	160 g/41,3 %
Ganzer Rochen, 7.000 g	6.650 g/95,0 %	350 g	4.900 g/70,0 %	1.750 g/25,0 %
Karpfen, 985 g	810 g/82,2 %	175 g	480 g/48,7 %	330 g/33,5 %
Lotte/Seeteufel, 730 g (ohne Kopf)	470 g/64,2 % (enthäutet)	–	360 g/49,4 %	370 g/50,6 %
Loup de mer, 860 g	815 g/94,8 %	45 g	425 g/49,4 %	390 g/45,3 %
Petersfisch/St. Pierre, 650 g	500 g/77,0 %	150 g	330 g/50,8 %	170 g/26,2 %
Rochenflügel, 2.320 g	–	–	1.310 g/56,5 %	1.010 g/43,5 %
Seezunge, 525 g	495 g/94,2 %	30 g	280 g/53,8 %	215 g/40,4 %
Steinbutt, 2.700 g	2.640 g/97,8 %	60 g	1.790 g/66,4 %	850 g/31,4 %
Tilapia, 800 g	630 g/78,8 %	170 g	390 g/48,8 %	240 g/30,0 %
Wildlachs, 2.670 g	2.500 g/93,5 %	170 g	1.000 g/37,4 %	1.500 g/56,1 %
Zander, 1.000 g	900 g/90,0 %	100 g	460 g/46,0 %	440 g/44,0 %

RUNDFISCHE VORBEREITEN: SCHUPPEN & AUSNEHMEN

Was tun mit einem fangfrisch gekauften Wolfsbarsch? Mit der richtigen Technik sind das Schuppen und Ausnehmen kein Problem. Im Folgenden werden alle wichtigen Handgriffe Schritt für Schritt genau beschrieben.

AM BEISPIEL EINES WOLFSBARSCHS wird gezeigt, wie man einen fangfrischen Rundfisch küchenfertig vorbereitet. Die meisten Fische müssen vor der Zubereitung geschuppt werden, wobei zuvor die Flossen abgeschnitten werden. Am besten geschieht das Schuppen vor dem Ausnehmen, dann geht es einfacher. Ein Fischschupper erleichtert das Ablösen der Schuppen. Man kann dafür aber auch den Rücken eines stabilen Kochmessers verwenden. Fische schuppt man am besten unter fließendem kaltem Wasser oder auch über einigen Lagen Zeitungspapier, dann verteilen sich die kleinen Blättchen nicht über den ganzen Raum.

Beim Ausnehmen heißt es vorsichtig sein: Die an der Leber hängende Galle darf nicht verletzt werden, denn die austretende Gallenflüssigkeit würde den Fisch ungenießbar machen. Nach dem Ausnehmen ist noch die Niere in der Bauchhöhle des Fisches, da sie wie ein Schlauch eng am Rückgrat anhaftet. Zwar müsste sie aus kulinarischer Sicht nicht entfernt werden, aus ästhetischen Gründen ist dies jedoch sinnvoll. Mit einem spitzen Messer ritzt man die weiße Schutzhaut auf, kratzt die Niere heraus und spült unter fließendem Wasser alle Reste weg. Im Allgemeinen nimmt man einen Fisch durch die Bauchhöhle aus, wie auf der rechten Seite oben erklärt. Will man aber einen ganzen Fisch mit Kräutern und Gewürzen füllen, dann kann man den Fisch auch durch die Kiemen ausnehmen (siehe rechte Seite unten).

DURCH DIE KIEMEN AUSNEHMEN

Bei dieser Methode bleibt die Bauchhöhle geschlossen. Die feinen Aromen von Fisch und Kräutern gehen darin eine köstlich duftende Verbindung ein. Zum Ausnehmen durch die Kiemen und zum Füllen mit Kräutern eignen sich am besten Portionsfische, die im Ganzen serviert werden können. Das sieht nicht nur besser aus, sondern hat auch ganz praktische Gründe: Der so ausgenommene Fisch enthält ja noch alle Gräten; größere Fische müssten mitsamt den Gräten zerteilt werden, die sich dann beim Essen nicht mehr so leicht entfernen lassen wie beim ganzen Fisch. Größere Fische bereitet man deshalb auf diese Weise nur dann zu, wenn man aus dem Mittelstück Scheiben (»Darnen«) schneiden möchte, die an der Bauchseite noch geschlossen sein sollen, etwa für eine Teigfüllung.

EINEN RUNDFISCH SCHUPPEN

(1) Mit einer Schere die Brustflossen, die Bauch- und Rückenflosse sowie die Afterflosse entfernen.

(2) Den Fisch am Schwanzende mit einem Küchentuch anfassen und mit einer Hand gut festhalten.

(3) Mit einem Fischschupper oder mit dem Rücken eines stabilen Kochmessers zum Kopf hin schuppen.

RUNDFISCH DURCH DEN BAUCH AUSNEHMEN

   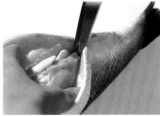

(1) Die Bauchhöhle des Fisches von der Afteröffnung zum Kopf hin flach aufschneiden.

(2) Das letzte Stück unmittelbar vor dem Kopf mit der Küchenschere aufschneiden.

(3) Die Bauchseiten auseinanderziehen; die Innereien sind jetzt gut zu erkennen.

(4) Mit den Fingern oder mit der Schere die Eingeweide an der Afteröffnung lösen.

  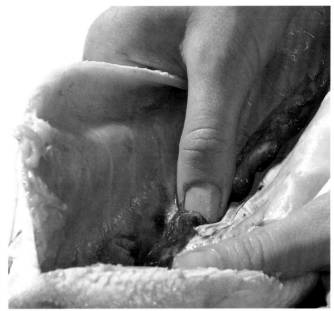

(5) Eingeweide mit den Fingern in Richtung Kopf herausziehen und abschneiden.

(6) Die schwarzgrüne Galle ist gut zu sehen. Sie darf nicht verletzt werden!

(7) Die Kiemen an einer Ansatzstelle abschneiden und vorsichtig herausziehen.

(8) Kiemen an der zweiten Ansatzstelle abschneiden und den Fisch waschen.

(9) Die Bauchhöhle des Fisches gut ausspülen und dabei auch mit dem Daumennagel oder einem Teelöffel die dunkelrote Niere herausschaben, die schlauchartig am Rückgrat anhaftet.

RUNDFISCH DURCH DIE KIEMEN AUSNEHMEN

(1) Den Darm am After rundum vom Muskelfleisch trennen.

(2) Kiemendeckel wegklappen und die Kiemen am oberen Ende abschneiden.

(3) Auch das untere Ende abschneiden; die Kiemen vollständig entfernen.

(4) In die Kiemenöffnung greifen; Schlund mit den Innereien packen.

(5) Vor dem Entfernen prüfen, ob der Darm am After ganz gelöst ist.

(6) Eingeweide herausziehen; Darm und Galle dürfen nicht verletzt werden.

RUNDFISCH KÜCHENFERTIG MACHEN: PORTIONIEREN UND FILETIEREN

Geschafft, der Fisch ist bereits ausgenommen und geschuppt. Doch küchenfertig wird er erst durch Portionieren oder Filetieren.

DER FISCH IST KÜCHENFERTIG – das bedeutet meistens, dass der Fisch zwar schon geschuppt und ausgenommen ist, aber noch portioniert oder filetiert werden muss. Portionieren wird man vor allem große Fische. Am Beispiel eines großen Lachses zeigen wir, wie man einen Rundfisch in gleichmäßige Portionen zerteilt, und zwar so, dass die Scheiben an der Bauchseite noch zusammenhängen (siehe unten). Zunächst trennt man dazu den Kopf des Fisches ab, wie im Bild links unten gezeigt. Dann löst man den Darm an der Afteröffnung mit einem Messer ab (S. 103, Step 1) und zieht ihn mit den Eingeweiden aus dem Schlund heraus (S. 103, Step 4–6). Erst danach schneidet man den Fisch in portionsgerechte Scheiben, wie unten gezeigt. Die Stücke bis zum Ende der Bauchhöhle bezeichnet man als »Darnen« – die Nierenteile darin lassen sich problemlos mit dem Daumennagel oder einem Teelöffel herausschaben (S. 103, Step 9). Das Schwanzstück, das nicht mit portioniert wird, anderweitig verwenden.

EINEN RUNDFISCH FILETIEREN

Wird ein Fisch nicht portioniert und auch nicht im Ganzen verwendet, muss man ihn filetieren. So wie der in der Bildfolge rechts gezeigte Wolfsbarsch lassen sich auch andere Rundfische küchenfertig vorbereiten. Fest hält man den Fisch dabei am besten mit einem Küchentuch (man hat ihn so besser im Griff). Das Ergebnis: zwei gut parierte Filets sowie die Parüren, auch Abgänge genannt (dazu zählen Kopf, Skelett, Flossen, Haut, Abschnitte vom Zuschneiden). Parüren nicht wegwerfen: Daraus lässt sich würziger Fischfond herstellen.

LACHS PORTIONIEREN

(1) Mit einem scharfen, kräftigen Messer zunächst den Kopf des Fisches sauber abtrennen.

(2) Vom Fisch – am Kopfende beginnend – mit einem großen Messer 2–3 cm dicke Scheiben abschneiden.

(1) Den Kopf abtrennen; dafür beidseitig schräg einschneiden.

(2) Fisch mit dem Rücken zu sich legen und mit der Hand festhalten. Den Rücken mit einem dünnen Messer direkt neben der Rückenflosse längs einschneiden.

(3) Das Messer am Kopfende quer unter das obere Filet schieben und das Filet ...

(4) ... direkt über der Mittelgräte in Richtung Schwanz abtrennen (braucht etwas Kraft).

(5) Am Kopfende unterhalb der Mittelgräte ansetzen und das zweite Filet abschneiden.

(6) Die Mittelgräte ist jetzt freigelegt und lässt sich gut mitsamt dem Schwanz abheben.

(7) Nun die Filets parieren: Dazu zunächst die Bauchhöhlengräten entfernen.

(8) Die verbliebenen kleinen Gräten mit der Grätenzange oder einer -pinzette entfernen.

(9) Zum Häuten das Filet am Ende einschneiden, Hautende festhalten und Filet knapp über der Haut abschneiden.

(10) Das zweite Filet ebenso häuten. Jetzt hat man zwei sauber parierte Filetstücke.

(11) Übrig bleiben die Parüren: Haut, Flossen, Mittelgräte, Kopf und sonstige Abschnitte.

RUNDFISCHE DURCH DEN RÜCKEN ENTGRÄTEN UND FÜLLEN

Diese Methode ist nicht ganz einfach, aber durchaus dazu geeignet, andere zu beeindrucken: Das Entgräten durch den Rücken ist ideal, wenn große Fische gefüllt oder geräuchert werden sollen.

FÜR DAS ENTGRÄTEN durch den Rücken bieten sich Fische an, die ihrer Größe nach für ein Zwei-Portionen-Gericht geeignet sind. Die Methode ist zwar etwas aufwendig, aber für einige Zubereitungen – wie beispielsweise für das Füllen mit einer Farce – absolut unumgänglich. Ein weiterer Vorteil: Relativ große Fische sind in kürzester Zeit gleichmäßig gar. Man kann so vorbereitete Fische dämpfen und mit einem feinen Ragout füllen. Oder man kann sie roh mit Butterbröseln bestreichen und unter dem Grill gratinieren. Auch zum Räuchern sind durch den Rücken entgrätete Fische ideal.

RUNDFISCH FÜLLEN

(1) Eine Farce, d. h. eine Masse zum Füllen der Bauchhöhle des Fisches, nach Rezept vorbereiten. Die fertige Farce mit einem Löffel in die Bauchöffnung des Fisches füllen.

(2) Die Bauchöffnung über der Farce zuklappen und den Fisch mit Küchengarn umwickeln, damit die Füllung nicht austreten kann.

ENTGRÄTEN DURCH DEN RÜCKEN

Am Beispiel eines Wolfsbarschs wird in der Bildfolge auf der rechten Seite das Entgräten durch den Rücken Schritt für Schritt gezeigt. Sie brauchen dazu eine Fischschere, ein scharfes Messer, ein Sägemesser und eine Pinzette. Das Ergebnis: Die beiden grätenlosen Filets werden praktisch nur noch von Kopf und Schwanz und an der Bauchseite zusammengehalten. Vor dem Entgräten muss man den Fisch schuppen (S. 102, Step 1–3) und durch den Bauch ausnehmen (S. 103, oben). Anschließend werden die Flossen, wie auf der rechten Seite in Step 1 gezeigt, entfernt. Der Fisch wird dann flach auf eine Arbeitsfläche gelegt und mit einem kurzen, scharfen Messer am Rücken neben der Wirbelsäule und den daran befindlichen Gräten eingeschnitten, wie rechts (siehe Step 2–4) zu sehen. Den Schnitt über die Wölbung der Bauchgräten führt man nun weiter, bis das Skelett frei liegt, und entfernt das Rückgrat sowie die Eingeweide (siehe Step 5–7). Zum Schluss werden die Kiemen und die knochigen Teile bis zu den Kiemendeckeln entfernt, damit die Höhle für die Füllung schön groß ist (siehe Step 8 und 9). Die in den Filets verbliebenen Gräten zieht man mit einer Grätenzange heraus.

RUNDFISCH FÜLLEN

Wenn man einen Rundfisch füllen möchte, kauft man ihn am besten im Ganzen, also nicht ausgenommen. Das hat den Vorteil, dass man ihn dann selbst durch den Rücken entgräten

und ausnehmen kann. Zum Füllen ist dies ideal, denn der Bauch bleibt geschlossen und es entsteht eine schöne große Öffnung, die viel Farce aufnehmen kann, wie auf der linken Seite unten in Step 1 zu sehen – viel mehr als die kleine Bauchhöhle beim Ausnehmen durch den Bauch. Damit die Füllung

nicht austritt, umwickelt man den Fisch in kurzen Abständen mehrere Male mit Küchengarn und verknotet die Fäden dann auf der Rückseite des Fisches (S. 106, Step 2). Die Bildfolgen auf dieser Doppelseite zeigen das Vorbereiten und Füllen detailliert am Beispiel eines Wolfsbarschs.

DURCH DEN RÜCKEN ENTGRÄTEN

(1) Beim geschuppten Fisch mit einer Fischschere die Flossen am Rücken, am Bauch und am After jeweils in Richtung Kopf abschneiden.

(2) Mit dem Messer am Rücken oberhalb des Rückenflossenansatzes behutsam der Länge nach bis auf die Mittelgräte einschneiden.

(3) Den gleichen Schnitt am Rücken unterhalb des Rückenflossenansatzes machen, indem man mit dem Messer behutsam der Länge nach tief bis auf die Mittelgräte einschneidet. Beim Schneiden für eine bessere Sicht das stehen gebliebene Mittelstück mit dem Daumen leicht nach oben drücken.

(4) Beim Freilegen der Filets die Bauchhöhlengräten möglichst nicht durchtrennen. Sie müssen sonst später einzeln aus den Filets gezupft werden.

(5) Bauchhöhle aufspreizen und die frei liegende Mittelgräte direkt vor dem Schwanz abschneiden. Das geht am besten mit einer Schere.

(6) Das lose Ende der Mittelgräte nun herausziehen und die Mittelgräte so nah wie möglich am Kopf mit der Schere durchtrennen.

(7) Die frei liegenden Eingeweide vorsichtig herausnehmen und hinter dem Kopf abschneiden. Die Bauchhöhle gründlich kalt ausspülen.

(8) Die festen und knochigen Teile zwischen dem Bauch und der Kopfunterseite mit der Schere bis an den Kiemendeckel wegschneiden.

(9) Den Fisch auf der Arbeitsfläche auf den Rücken legen und die Kiemen entfernen; auch das geht am besten mit einer spitzen Küchenschere.

(10) Ein kleines Sägemesser unter die Gräten schieben und diese nach außen hin wegschneiden. Beim zweiten Filet ebenso verfahren.

(11) Die restlichen sichtbaren Gräten mit einer Grätenzange oder einer Grätenpinzette gründlich entfernen und den Fisch wieder umdrehen.

PLATTFISCHE AUSNEHMEN, FILETIEREN & PORTIONIEREN

Haben Sie Lust auf eine grätenfreie Delikatesse? Dann ist Plattfisch genau das Richtige: Meist wird er bereits ausgenommen gehandelt und muss lediglich in handliche Filets zerlegt werden. Wie das geht, zeigen wir Ihnen hier!

GROSSE PLATTFISCHE wie Steinbutt, Heilbutt oder Glattbutt werden eher selten im Ganzen, sondern in der Regel filetiert oder portioniert zubereitet. Wie man solche Fische filetiert, erklärt die Bildfolge auf der rechten Seite oben am Beispiel eines Steinbutts (Step 1–14). Steinbutt kommt bei uns meist mit einem Gewicht zwischen 1 und 3 kg und einer Länge von 45–50 cm in den Handel.

Übrigens: In der Regel sind Plattfische beim Kauf schon ausgenommen. Trotzdem wird es hier – ebenfalls am Beispiel des Steinbutts in der Bildfolge auf der rechten Seite unten gezeigt. Auf diese Weise kann auch mit anderen Plattfischen verfahren werden. Dabei gilt generell: Kleinere Exemplare werden erst gehäutet und dann filetiert, bei großen Fischen dagegen häutet man zuerst die bereits ausgelösten Filets.

PLATTFISCH PORTIONIEREN

Will man große Plattfische nicht filetieren und trotzdem auf Portionsgröße bringen, dann teilt man sie in Tranchen. So einfach, wie es auf den ersten Blick aussieht, ist dies aber nicht, denn die Mittelgräten großer Fische sind recht stark und man muss ein wenig Kraft aufwenden. Außerdem empfiehlt sich der Einsatz eines großen und stabilen, sehr scharfen Küchenmessers, um die starke Mittelgräte glatt zu durchtrennen. In der Bildfolge auf der rechten Seite unten wird am Beispiel eines Glattbutts gezeigt, wie man große Plattfische portioniert. Wichtig dabei ist vor allem, dass die Scheiben gleichmäßig dick sind. Das Fleisch am Kopf- und Schwanzende eignet sich nicht für Portionsstücke, da es eine kürzere Garzeit hätte. Stattdessen kann man es gut für Farcen verwenden. Den Fisch zur Vorbereitung für das Portionieren, falls noch nicht geschehen, ausnehmen und schuppen. Dazu am Schwanz festhalten und die Flossen in Richtung Kopf abschneiden, wie auf der rechten Seite unten rechts in Step 1 zu sehen. Den Fisch mit einem stabilen, scharfen Messer, wie rechts unten in Step 2, in gleichmäßig dicke Tranchen schneiden. Da die Tranchen aus der Mitte sehr groß sind, halbiert man sie: Dazu die Tranche flach hinlegen, ein stabiles Messer auf die Mittelgräte setzen und die Scheibe mit Druck in der Mitte durchtrennen.

PLATTFISCH AUSNEHMEN

(1) Mit einem Messer hinter dem Kopf ansetzen und das Messer in einem geraden Schnitt nach außen führen.

(2) In die so entstandene Tasche greifen, mit den Fingern die Eingeweide lösen und ganz vorsichtig herausziehen.

(3) Die so entstandene Tasche ist, im Vergleich zur Bauchöffnung beim Ausnehmen der Rundfische, eher klein.

PLATTFISCH FILETIEREN

(1) Das Messer über den Augen am Rand des Kopfes ansetzen und am Kopf entlangführen.

(2) Den Schnitt auf der Seitenlinie des Fisches bis zum Schwanz gerade weiterführen.

(3) Die Haut und das Fleisch entlang des Flossensaumes mit dem Messer einschneiden. Zum Festhalten des Fisches dabei mit der Hand in die Tasche seitlich hinter dem Kopf fassen und kräftig zupacken.

(4) Dann das obere Filet abheben. Das Messer unter dem Fleisch flach über die Gräten führen.

(5) Das obere Rückenfilet abheben. Dann Haut und Fleisch auf der anderen Seite einschneiden.

(6) Das Küchenmesser unter dem Fleisch ganz flach auf den Gräten bis zum Rand führen.

(7) Das zweite Fischfilet abheben. Je nach Jahreszeit kommt dabei der Rogensack zum Vorschein.

(8) Den Fisch umdrehen – die Blindseite schaut jetzt nach oben – und dann wie gezeigt einschneiden.

(9) Das Messer erneut flach über die Gräten bis zum Rand führen und das dritte Filet abheben.

(10) Das vierte Filet auf dieselbe Weise vorsichtig auslösen, abheben und beiseitestellen.

(11) Auch der Rogensack rechts unten, hinter dem Kopf, lässt sich jetzt leicht entfernen.

(12) Zwischen Haut und Fleisch einschneiden, die Haut festhalten und das Filet von der Haut trennen.

(13) Den fransigen Flossensaum am Filet mit einem scharfen Messer gerade schneiden.

(14) Eventuell vorhandenes braunes Gewebe zum Schluss entfernen; es ist sehr fetthaltig.

BÄCKCHEN AUSLÖSEN

(1) Mit dem Messer hinter den Augen einstechen und einen Schnitt parallel zu den Augen führen.

(2) Die Bäckchen auslösen und vorsichtig die Haut abziehen. Das zweite Bäckchen ebenso auslösen.

PLATTFISCH PORTIONIEREN

(1) Um große Plattfische zu portionieren, zunächst mit der Schere den Flossensaum abschneiden.

(2) Den Fisch quer in Tranchen schneiden. Dann die mittleren, dicken Tranchen in der Mitte teilen.

SEEZUNGE HÄUTEN, FILETIEREN UND ZUM FÜLLEN VORBEREITEN

Keine große Kunst: Das Häuten und Filetieren wird detailliert gezeigt. Auf diese Weise lassen sich neben Seezunge auch Rot-, Bastard- und Lammzungen sowie Schollen oder Klieschen leicht vorbereiten.

WIE ANDERE KLEINERE PLATTFISCHE kann man Seezungen gut im Ganzen zubereiten – einmal gegart, lässt sich das delikate, zarte Fleisch leicht von den Gräten lösen. Für manche Zubereitungen ist es jedoch unabdingbar, sie zu filetieren, etwa für gefüllte Seezungenröllchen. Das Häuten und Filetieren kleinerer Plattfische zeigen die Bildfolgen unten und auf der rechten Seite am Beispiel einer Seezunge.

SEEZUNGE HÄUTEN UND FILETIEREN
Beim Häuten zunächst die Haut am Schwanzende so weit lösen, dass sie mit Daumen und Zeigefinger gut greifbar ist. Alternativ kann man auch das Schwanzende der Seezunge 2–3 Sekunden in siedendes Wasser tauchen. Danach lässt sich die Haut leicht ablösen. Danach arbeitet man wie unten, in Step 3 und 4 gezeigt, weiter.
Zum Filetieren der Seezunge zuerst den Kopf und die Flossen abtrennen. Eventuell vorhandenen Rogen freilegen und entfernen. Die Seezunge dann entlang der Mittelgräte einschneiden und die Filets sauber parieren und auslösen, wie in der Bildfolge auf der rechten Seite oben (Step 5–10) beschrieben. Seezungenfilets eignen sich vor allem für sanfte Garmethoden wie Dünsten oder Dämpfen. Aus den Parüren (Kopf, Flossen und Mittelgräte) lässt sich ein feiner Fond herstellen, der die ideale Grundlage für die begleitende Sauce bildet. Allerdings muss man den Fond ausreichend reduzieren, sonst wird die Sauce wässrig.

Ganze Fische schmecken auch ausgezeichnet à la meunière – nach Müllerin Art, in Mehl gewendet und in Butter gebraten. Übrigens: Im Gegensatz zu anderen Fischen gilt bei der Seezunge die Devise »je frischer, desto besser« nicht. Seezungen brauchen etwas Zeit, ehe sie ihre Bestform erreichen. Optimal sind Plattfische ein bis zwei Tage nach dem Fang, dann haben sich Geschmack und Festigkeit des Fleisches ideal entwickelt.

SEEZUNGE FÜLLEN
Füllen kann man nicht nur Rundfische. Auch kleinere Plattfische lassen sich füllen. Zwar umschließt ein Plattfisch die Füllung dabei nicht völlig, doch die durch das Entgräten entstandene Öffnung ist relativ groß und bestens zum Aufnehmen von Farcen oder anderen Füllungen geeignet. Dafür die Seezunge häuten und einschneiden, wie in der Bildfolge auf der rechten Seite unten (Step 1–5) gezeigt. Dabei am Kopf- und Schwanzende einen etwa 2 cm breiten Rand lassen. Weiterarbeiten wie in der Bildfolge rechts unten beschrieben.

SEEZUNGE HÄUTEN

(1) Mit einem scharfen Messer die Haut zwischen Schwanzflosse und Schwanzende quer einschneiden.

(2) Das Schwanzende mit Meersalz bestreuen und die Haut mit den Fingern ein wenig ablösen.

(3) Das Hautende abheben und dann die Haut mit einem kräftigen Ruck und etwas Kraft abziehen.

(4) Die Seezunge umdrehen, am Schwanzende einschneiden und die Blindseite ebenso häuten.

SEEZUNGE FILETIEREN

(1) Den Kopf mit einem Messer mit geradem Schnitt abtrennen.

(2) Mit der Schere den Flossensaum beidseits zum Kopf hin abschneiden.

(3) Den Rogen – falls vorhanden – der Länge nach vom Kopf her freilegen.

(4) Den Rogen mit einem Messer vorsichtig auslösen und entfernen.

(5) An der Mittelgräte einschneiden; Klinge zwischen Filet und Gräten führen.

(6) Das Messer an den seitlichen Gräten entlangführen; diese abschneiden.

(7) Das parierte Filet von der Mittelgräte abheben und vollends abtrennen.

(8) Klinge flach zwischen Gräten und Filet führen; das zweite Filet auslösen.

(9) Seezunge auf der anderen Seite entlang der seitlichen Gräten einschneiden.

(10) Nun das zweite Filet abtrennen und die Filets der Unterseite lösen.

SEEZUNGE ZUM FÜLLEN VORBEREITEN

(1) Die gehäutete Seezunge mit dem Messer auf der Mittelgräte einschneiden.

(2) Die beiden Filets mit dem Messer flach von den Gräten lösen.

(3) Die frei liegende Mittelgräte mit einem kräftigen Knick durchbrechen.

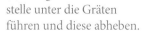

(4) Klinge an der Bruchstelle unter die Gräten führen und diese abheben.

(5) Die angewachsenen Gräten beidseits mit der Küchenschere abtrennen.

(6) Die zweite Hälfte der Mittelgräte mit der Schere abtrennen und entfernen.

(7) Ringsum den Flossensaum mit der Küchenschere abschneiden. In die durch das Entgräten entstandene Öffnung kann nun die Füllung verteilt werden.

RUND- UND PLATTFISCHE BEI TISCH ZERTEILEN UND VORLEGEN

Gleichgültig, ob man den Fisch bereits in der Küche zerteilt oder das Zerlegen vor den Gästen »zelebriert«: Wichtig ist, dass die Filets möglichst unbeschädigt und schnell auf die Teller kommen.

APPETITLICH ANGERICHTET, fachmännisch vorgelegt – und selbstverständlich ohne Gräten: So sollte Fisch auf den Tisch kommen. Hilfreich beim Zerlegen ist ein spezielles Fisch-Vorlegebesteck, das aus einem großen Fischmesser und einer extrabreiten Gabel zum Vorlegen der Filets besteht.

Ein sorgfältig ausgelöstes ganzes Filet sieht appetitlicher aus, als wenn es Stück für Stück von den Gräten abgehoben wird. Der Zeitaufwand sollte dafür aber in Relation stehen, denn ein abgekühlter Fisch verspricht keinen Genuss. Bei Portionsfischen legt man die erste Hälfte vor, entfernt die Gräten und hält den Rest warm. Man kann aber auch den Fisch im Ganzen auf dem Teller servieren. So werden blau gekochte Portionsfische oft direkt im Fischtopf auf den Tisch gebracht – schneller und frischer geht es nicht. Gegrillte Portionsfische legt man dem Gast meist ganz vor, weil die knusprige Haut gern mitgegessen wird – wie auch bei korrekt geschuppten größeren Fischen, die mit der Haut filetiert werden. Wie man einen Rundfisch zerlegt, verdeutlicht die Bildfolge auf der rechten Seite am Beispiel einer Lachsforelle.

Das Zerlegen von Plattfischen erklärt die Bildfolge links unten am Beispiel eines Steinbutts. Beim Babysteinbutt kann man die weiße Haut auf der Bauchseite mitessen. Auch die feinen

PLATTFISCH BEI TISCH ZERLEGEN

(1) Zuerst mit einem Fischmesser die Haut am Flossensaum und an der Mittelgräte lösen.

(2) Erst die eine Hälfte der Haut, dann die andere Hälfte mit dem Fischmesser vorsichtig abheben.

(3) Das erste Filet mit dem Fischmesser entlang des Flossensaums vorsichtig, aber trotzdem möglichst rasch lösen.

(4) Das Messer von der Mittelgräte aus zwischen Filet und Gräten führen, das Filet abheben und warm stellen.

(5) Das zweite Filet ebenso ablösen. Die Mittelgräte vorsichtig von Kopf und Schwanz lösen.

(6) Die Mittelgräte vorsichtig abheben. Die beiden unteren Filets ebenfalls von der Haut lösen und abheben.

Steinbuttbäckchen sollten dem Gast nicht vorenthalten werden (siehe Step 11). Beim Zerlegen von Räucherfisch geht man genauso vor wie bei gegartem Fisch. Ist es ein Rundfisch, werden erst die Rückenflossen, dann die übrigen Flossen entfernt.

Nach dem Abziehen der Haut werden die Filets gelöst. Nur geräucherten Aal mit seiner ledrigen Haut schneidet man zunächst in Stücke und zieht die Haut erst danach ab. Die Stücke vom Rücken her teilen und die Mittelgräte entfernen.

RUNDFISCH BEI TISCH ZERLEGEN

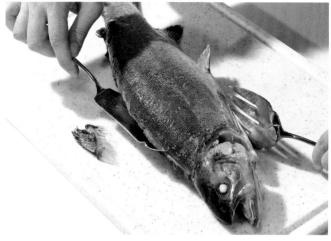

(1) Den gegarten Fisch mithilfe einer Fischschaufel oder Ähnlichem vorsichtig auf ein Tranchierbrett legen.

(2) Zuerst die Rückenflosse mithilfe des Fischmessers und einer Gabel herausziehen und beiseite legen.

(3) Dann mithilfe des Fischmessers vorsichtig die Haut entlang des Rückens, dann am Kopf und am Schwanz abtrennen. Den Fisch dabei am besten mit einer großen Fischgabel festhalten.

(4) Anschließend die Bauchflossen mithilfe des Fischmessers und der Gabel entfernen und beiseite legen.

(5) Die Haut entfernen: Dazu die Haut vom Kopf her auf das Fischmesser aufrollen und zugleich abziehen.

(6) Das obere Filet hinter dem Kopf mit dem Fischmesser lösen. Die Mittelgräte dabei nicht durchtrennen!

(7) Das Filet mithilfe des Fischmessers und der Gabel anheben, auf eine vorgewärmte Platte legen und warm stellen.

(8) Mit dem Fischmesser von unten her sehr vorsichtig das untere Filet vom Schwanz trennen.

(9) Das ganze Fischskelett behutsam abheben und dabei das Filet bis hinter den Kopf lösen. Den Kopf mit abheben.

(10) Das Filet mit der Hautseite nach oben auf die Platte legen und die Haut durch Aufrollen entfernen.

(11) Zuletzt am Fischkopf die Kiemendeckel von hinten anheben und die feinen Bäckchen auslösen.

POCHIERFONDS FÜR KENNER

Zartheit und Aroma: Das langsame Garen in reichlich Flüssigkeit ist ideal für nahezu alle Fischarten. Ob sanftes Pochieren oder Blaukochen – wichtig ist die Auswahl des richtigen Pochierfonds.

ZUM POCHIEREN eignen sich vor allem ganze, durch ihre Haut geschützte Fische. Sie werden langsam und in reichlich Flüssigkeit gegart. Das kann sauberes Meerwasser sein – ersatzweise mit Meersalz versetztes Süßwasser – oder auch eine Court-Bouillon. So nennt man den in einer knappen halben Stunde leicht selbst herzustellenden, mild-würzigen Gemüsefond, der für alle Arten von Fisch ein idealer Garsud ist. Ein Zusatz von Milch und einige Zitronenscheiben in der Court-Bouillon konservieren beim Garen die schöne weiße Farbe des Fischfleisches. Der Garsud eignet sich ideal zum Pochieren von Fischstücken oder -filets. Auch kann der Sud mit Wein oder Essig angereichert werden: Fischen mit ausgeprägtem, kräftigem Geschmack tut der Zusatz von ½ l trockenem Weißwein (dann die Wassermenge auf 2 ½ l reduzieren) oder auch ein Schuss Weinessig gut. Beim Blaukochen ist Essig unabdingbar, da er die Farbe der Fischhaut verstärkt. Bei Forellen sollte der Essig jedoch vorsichtig dosiert werden, da das feine Aroma der Fische schnell von der Säure übertönt wird.

TIPPS & TRICKS FÜRS POCHIEREN

(1) Der Fond zum Blaukochen unterscheidet sich lediglich durch die Zugabe von Essig von der Court-Bouillon mit Gemüse.

(2) Schön weiß bleibt der Fisch, wenn man das Salzwasser zum Pochieren mit Milch und Zitronenscheiben anreichert.

(3) In Court-Bouillon mit Gemüse, Kräutern, Lorbeerblatt und Wacholderbeeren wird Steinbutt wunderbar zart.

COURT-BOUILLON MIT GEMÜSE

- 100 g Möhren
- 50 g Petersilienwurzel
- 1 Schalotte
- 120 g Lauch
- 50 g Salz
- 1 Stängel Petersilie
- 2 Zweige Thymian
- 1 Lorbeerblatt
- 2 Wacholderbeeren
- 15 weiße Pfefferkörner, leicht angedrückt

Schälen Sie die Möhren, Petersilienwurzel und Schalotte. Den Lauch putzen und gründlich waschen. Möhren und Petersilienwurzel in Scheiben schneiden. Die Schalotte in Ringe und den Lauch in feine Streifen (Julienne) schneiden. Das zerkleinerte Gemüse in einen großen Topf füllen und 3 l Wasser zugießen. Salz, Petersilienstängel, Thymianzweige, Lorbeerblatt und Wacholderbeeren einlegen, aufkochen und 15 Minuten köcheln lassen. Die angedrückten Pfefferkörner zufügen und alles noch weitere 5 Minuten garen.

FOND ZUM BLAUKOCHEN

- 100 g Möhren
- 50 g Petersilienwurzel
- 1 Schalotte, 120 g Lauch
- 50 g Salz
- 1 Stängel Petersilie
- 2 Zweige Thymian
- 1 Lorbeerblatt
- 2 Wacholderbeeren
- 100 ml Weißweinessig
- 15 weiße Pfefferkörner

Bereiten Sie das Gemüse wie oben beim Rezept für Court-Bouillon beschrieben vor. Dazu das Gemüse in einen Topf geben, 3 l Wasser, Salz und Kräuter zufügen. Den Essig angießen, aufkochen und etwa 20 Minuten köcheln. Die Pfefferkörner leicht andrücken, dazugeben und 5 Minuten mitköcheln lassen. Die Säure des Essigs verleiht auch weniger edlen Fischen eine feine Note und verfärbt die anhaftende Schleimschicht intensiv blau, was die Fische besonders appetitlich aussehen lässt. Je frischer die Fische sind, umso schöner die Farbe! Beim Ausnehmen und Vorbereiten den Fisch wenig und vorsichtig anfassen, um die Schleimschicht auf der Haut nicht zu verletzen. Aus diesem Grund belässt man auch zum Blaukochen die Kiemen im Fisch.

GARSUD FÜR PORTIONSSTÜCKE

- ½ l Milch
- 60 g Salz
- 1 unbehandelte Zitrone, in Scheiben

Füllen Sie die Milch in einen flachen Topf und gießen Sie 3 l Wasser dazu. Die Mischung mit dem Salz und den Zitronenscheiben vermengen und aufkochen. Jeweils nur 2 ungehäutete Fischstücke gleichzeitig in den Fond einlegen – der Fond darf nicht zu stark abkühlen – und gar ziehen lassen. Der Sud sollte stets köcheln. Dieser Pochierfond mit Milch und Zitrone empfiehlt sich besonders für Portionsstücke wie Tranchen und Darnen (dicke, aus dem Mittelstück der Fische geschnittene Scheiben).

GARZEIT BEACHTEN

Die Garzeit fürs Pochieren und Dämpfen von Fischen ist oft erheblich kürzer als die Zeit, die für die Zubereitung einer begleitenden Sauce benötig wird. Daher sollte man genau planen, rechtzeitig mit der Sauce beginnen und die Zeiten gut aufeinander abstimmen.

FISCHFONDS: GRUNDLAGEN DER GUTEN FISCHKÜCHE

»Fumet de poisson«, wie Fischfond in Frankreich genannt wird, ist relativ leicht und preiswert herzustellen – und von unvergleichlichem Aroma. Als Basis für Suppen und Saucen ist er einfach ideal.

Ob zum Garziehen, für Saucen oder Suppen – in der Fischküche ist ein aus Karkassen (oder auch Parüren), Gemüse und Gewürzen gekochter Fond einfach unverzichtbar. Geeignet dafür sind die Karkassen von fangfrischen, weißfleischigen Fischen wie Stein- oder Glattbutt, Zander, Trüsche, Scholle oder Seezunge. Wer nur Filets verarbeitet, kann die Karkassen meistens auch über den Fischhändler beziehen.

Wichtig für einen guten Fischfond sind absolut frische Fische und die Auswahl des richtigen Kochweins. Der Wein sollte jung und spritzig sein, ausreichend Säure haben, aber einen nicht zu ausgeprägten Geschmack. Der Fischfond darf außerdem nicht zu lange köcheln: nach 20–30 Minuten ist er fertig. Kocht man ihn länger, dann schmeckt er schnell leimig und wird unbrauchbar. Und wenn es schnell gehen muss, dann darf es auch schon mal ein fertiger Fond aus dem Glas sein.

FISCHFOND
(ergibt etwa 2 ½ l)
- 1 kg Fischkarkassen
- 120 g Schalotten
- 80 g Lauch (nur den weißen Teil)
- 80 g Fenchel
- 100 g Petersilienwurzeln
- 80 g Staudensellerie
- 60 g Butter
- ½ l trockener Weißwein (etwa Chardonnay)
- ½ TL weiße Pfefferkörner, grob zerdrückt
- 1 Lorbeerblatt
- 2–3 Zweige Thymian

Zerkleinern Sie die Karkassen zuerst grob und entfernen Sie die Kiemen aus den Fischköpfen. Anshließend die Karkassen in einer Schüssel unter fließendem kaltem Wasser ausgiebig wässern, wie in der Bildfolge auf der rechten Seite in Step 1 zu sehen. Danach gibt man die Karkassen in ein Sieb und lässt sie gut abtropfen. Zwischenzeitlich das Gemüse waschen, putzen oder schälen, Schalotten würfeln, Lauch in Ringe, Fenchel in Stücke, Petersilienwurzeln und Sellerie in Scheiben schneiden. In einem Topf die Butter zerlassen und weiterarbeiten, wie auf der rechten Seite gezeigt (Steps 2–8). Lassen Sie den Fischfond dann erkalten und entfetten Sie ihn, bevor Sie ihn für Saucen oder Suppen verwenden.

LACHSFOND
(ergibt etwa 900 ml)
- 700 g Lachskarkassen (ohne Kopf und Haut)
- 100 g weiße Zwiebeln
- 150 g Lauch (nur den weißen Teil)
- 100 g Staudensellerie
- 100 g Champignons
- 10 weiße Pfefferkörner
- ¼ l trockener Weißwein (etwa Chardonnay)
- 10 cl Noilly Prat
- 5 Stängel Petersilie
- 2 Lorbeerblätter

Wässern Sie die Karkassen etwa 20 Minuten kalt und lassen sie sie anschließend in einem Sieb gut abtropfen. Die Zwiebeln schälen und vierteln, den Lauch und den Stangensellerie putzen und waschen, alles in Scheiben schneiden. Die Pilze putzen und in kleine Stücke schneiden.

Einen Topf (etwa 25 cm Ø) erhitzen, Zwiebeln und Lauch unter Rühren darin andünsten, Pilze und Sellerie mitschwitzen. Die Karkassen einlegen und alles zugedeckt etwa 5 Minuten dünsten lassen. Pfeffer, Weißwein und Noilly Prat zufügen und alles um ein Drittel reduzieren. Anschließend ¼ l Wasser angießen. Petersilie und Lorbeerblätter zu einem Bouquet garni (S. 43) binden, zufügen und alles bei reduzierter Hitze weitere 30 Minuten köcheln lassen. Gießen Sie den Lachsfond danach durch ein grobmaschiges Sieb und drücken Sie ihn mit der Schöpfkelle leicht aus. Zum Abschluss den Fond noch einmal durch ein mit einem Tuch ausgelegtes Sieb gießen, auskühlen lassen und dann das Fett abschöpfen.

GLACE DE POISSON
Mit dieser leicht herzustellenden Fischfond-Reduktion kann man hervorragend Saucen abschmecken oder zu dünn geratene Fonds verbessern. Für »Glace de poisson« bereitet man zunächst einen Fischfond zu, der dann auf ein Viertel der ursprünglichen Menge reduziert wird.

Portionieren kann man den konzentrierten Fond am besten, indem man ihn in Eiswürfelschalen tiefkühlt. Später löst man die gefrorenen Fondwürfel aus und lagert sie – möglichst einzeln verpackt – im Tiefkühlfach. Der reduzierte Fischfond hält sich tiefgekühlt etwa 3 Monate.

(1) Um einen Fischfond zu kochen, erst einmal die Fischkarkassen etwa 20 Minuten kalt wässern.

(2) Die Karkassen unter Wenden in der zerlassenen Butter etwa 3–4 Minuten leicht anschwitzen.

RÄUCHERFISCHFOND

(ergibt etwa 350 ml)

- 50 g weiße Zwiebel
- 100 g Tomaten
- 50 g Champignons
- 2 Stängel Petersilie
- 1 Zweig Dill
- 1 Lorbeerblatt
- 1 EL Sonnenblumenöl
- Karkassen von 2 geräucherten Forellen
- 350 ml Fischfond

Zuerst das Gemüse vorbereiten: Zwiebel schälen, Tomaten waschen, vom Stielansatz befreien, Pilze putzen und alles in Stücke schneiden. Petersilie, Dill und Lorbeerblatt zu einem Bouquet garni (S. 43) binden. Das Öl in einem Topf erhitzen, Gemüse- und Pilzstücke darin anschwitzen. Die Karkassen zufügen, den Fischfond angießen und das Bouquet garni zufügen. Sobald die Flüssigkeit kocht, schalten Sie die Hitzequelle aus und lassen den Sud 30 Minuten ziehen. Den Fond durch ein mit einem Tuch ausgelegtes Sieb gießen.

(3) Das vorbereitete Gemüse dazugeben und unter gelegentlichem Wenden leicht angehen lassen.

(4) Sobald die Mischung im Topf zu köcheln beginnt, den Wein angießen und etwas reduzieren.

(5) 2 l kaltes Wasser zu der Mischung gießen und alles zusammen noch einmal kräftig erhitzen.

(6) Pfefferkörner, Lorbeerblatt und Thymianzweige zufügen. Den Fond zum Kochen bringen.

(7) Mehrmals abschäumen und den Fischfond 20 bis 30 Minuten leicht köcheln lassen.

(8) Den Fond durch ein mit einem Passiertuch ausgelegtes Sieb gießen, den Satz dabei nicht ausdrücken.

GLACE DE POISSON

(1) Am besten gleich eine größere Menge Fischfond auf Vorrat herstellen und portioniert tiefkühlen.

(2) Fischfond in Eiswürfelschalen: Das Aroma der konzentrierten Würfel ist ideal zum Nachwürzen.

GRAVED LACHS

ZUBEREITUNGSZEIT: 1 Std. / MARINIERZEIT: 2–3 Std. / FÜR 10 Portionen

2 TL weiße Pfefferkörner • 2 TL Senfkörner • 2–3 TL Fenchelsamen • 2 Lorbeerblätter • 2 TL Wacholderbeeren • 2 TL Korianderkörner • 300 g Meersalz • 200 g Zucker • 4 Bund Dill (etwa 160 g) • 1 kg Lachsfilet
am Stück, mit Haut • 3 EL Olivenöl
AUSSERDEM: Frischhaltefolie

1. Zerstoßen Sie erst die Gewürze im Mörser. Dann fügen
Sie Salz und Zucker hinzu, um die Mischung fein zu mörsern.
Den Dill waschen, trocken schütteln und grob hacken.

2. Den Lachs mit kaltem Wasser abspülen und mit Küchenpapier trocken tupfen. Dann auf die Hautseite legen, mit der
Salz-Kräuter-Mischung bedecken und diese gut andrücken.
Zum Marinieren legen Sie den Lachs in ein entsprechend
großes Gefäß, decken ihn mit einem Holzbrett ab und
beschweren dieses mit gusseisernen Töpfen. Lassen Sie den
Lachs mindestens 12 Stunden im Kühlschrank durchziehen.

3. Nach Ablauf der Zeit nehmen Sie den Lachs aus der
Marinade und schaben diese mit einer Teigkarte oder
einem Messerrücken so gut es geht ab. Anschließend
den Lachs gründlich mit dem Olivenöl einreiben, in
Frischhaltefolie wickeln und im Kühlschrank weitere
6 Stunden durchziehen lassen.

4. Anschließend entfernen Sie die Folie. Schneiden
Sie den marinierten Lachs schräg in möglichst dünne
Scheiben und servieren Sie ihn mit Sahnemeerrettich,
Baguette und Blattsalat.

»MEDITERRAN MIT TOMATEN-PESTO«

Graved Lachs ist eigentlich eine etwas salzige Angelegenheit aus dem hohen Norden. Doch
warum sollte er nicht mit mediterranen Aromen harmonieren? Ich finde, Tomatenpesto ist
eine wunderbare Ergänzung zum Graved Lachs. Dazu wird er wie oben beschrieben ge-
beizt. Dann erstelle ich aus 40 g fein gehackten getrockneten Tomaten, 2 abgezogenen und
durchgepressten Knoblauchzehen, einem Bund gehacktem Basilikum und 30 ml gutem Olivenöl ein Pesto, das ich im Mörser gleichmäßig zerstoße (S. 36). Das Pesto verteile ich auf
dem von der Beize befreiten Fisch und lasse diesen weitere 6 Stunden ziehen. Die Säure der
Tomaten und die leichte Schärfe von Basilikum und Knoblauch ergeben ein schönes Aro-
menspiel, das den durch den Marniervorgang gewürzten Fisch belebt. *Christian Petz*

HERINGS-TATAR

ZUBEREITUNGSZEIT: 30 Min. / MARINIERZEIT: 2 Std.

90 g Joghurt (3,5 % Fett) • 2 EL Meerrettich, frisch gerieben oder aus dem Glas • Salz • frisch gemahlener weißer Pfeffer • Saft von 1 Zitrone • 1–2 EL Schnittlauchröllchen • 100 g gekochte Rote Bete • 100 g festkochende Kartoffeln, gekocht und gepellt • 60 g Apfel • 200 g Heringsfilet (eingelegt) oder Matjesfilet

1. Zuerst geben Sie den Joghurt in eine Schüssel und schmecken ihn mit dem Meerrettich, mit Salz, Pfeffer, Zitronensaft und Schnittlauch ab. Die Rote Bete mit Küchenpapier trocken tupfen. Schneiden Sie dann die Rote Bete und die Kartoffeln in 1 cm große Würfel. Den Apfel schälen, vierteln, vom Kerngehäuse befreien und ebenfalls würfeln. Die Würfel von Roter Bete, Kartoffeln und Äpfeln in die Joghurt-Marinade geben und behutsam vermengen.

2. Hacken Sie das Heringsfilet mit einem scharfen Messer in kleine Stücke oder zerdrücken Sie es mit einer Gabel auf einem flachen Teller. Heben Sie die Fischmasse unter die vorbereitete Sauce.

3. Lassen Sie das Herings-Tatar mindestens 2 Stunden (am besten länger, etwa über Nacht) im Kühlschrank abgedeckt durchziehen. Vor dem Servieren das Tatar nochmals pikant abschmecken und mit Schnittlauch bestreut servieren.

KLEINER SNACK
Servieren Sie das Herings-Tatar als Vorspeise oder Snack auf geröstetem Brot. In Kombination mit Butterkartoffeln ergibt das Tatar ein leckeres Hauptgericht.

SAIBLINGS-TATAR

ZUBEREITUNGSZEIT: 25 Min. / FÜR 6 Personen

400 g Saiblingsfilet ohne Haut • 1 Schalotte • ½ Stange Staudensellerie • 1 Frühlingszwiebel • 2–3 EL Olivenöl • Salz • frisch gemahlener Pfeffer • Zitronensaft

1. Befreien Sie die fangfrischen Saiblingsfilets sorgfältig von allen Gräten, spülen Sie den Fisch unter kaltem Wasser ab und tupfen Sie ihn mit Küchenpapier gut trocken. Anschließend die Filets mit einem Messer fein würfeln und in eine Schüssel geben.

2. Die Schalotte schälen und in feine Würfel schneiden. Den Staudensellerie und die Frühlingszwiebel waschen, trocken tupfen und in dünne Scheiben bzw. Ringe schneiden. Das Gemüse behutsam mit einem großen Löffel oder einem Teigspatel unter das Fischtatar heben.

3. Das Tatar mit dem Olivenöl anmachen und gut durchmischen, bis Ihnen die Konsistenz zusagt. Zum Schluss das Tatar mit Salz, frisch gemahlenem Pfeffer und Zitronensaft pikant abschmecken.

4. Ein frischer Blattsalat der Saison oder auch kleine Keniabohnen passen zusammen mit Baguette hervorragend zu diesem Tatar. Marinieren Sie das Tatar erst kurz vor dem Servieren, da dieser delikate Fisch durch Salz und Zitrone an Farbe verliert.

5. Um dem Tatar einen spritzigeren Charakter zu verleihen, können Sie auch etwas Forellenkaviar hinzufügen. Möchten Sie eine asiatisch angehauchte Variante servieren, dann geben Sie sehr fein geschnittenes Zitronengras und etwas frisches Koriandergrün dazu.

CARPACCIO VON THUN-FISCH UND SEETEUFEL MIT GERÖSTETEM SESAMÖL

ZUBEREITUNGSZEIT: 50 Min.

FÜR DAS CARPACCIO: 250 g fangfrisches Thunfischfilet • 150 g Seeteufelfilet, pariert
FÜR DIE GEMÜSEGARNITUR: 2 gestr. EL rote Paprikaschote, geschält und fein gewürfelt
• 2 gestr. EL gelbe Paprikaschote, geschält und fein gewürfelt • Filets einer Limette, in Stücke
geschnitten • Saft von 1 Limette • ½ Chilischote, fein gewürfelt • 1 TL Ingwer in Sirup (oder
kandiert), fein gewürfelt • 1 TL Ingwersirup (aus dem Asialaden) • Salz • frisch gemahlener Pfeffer
ZUM ANRICHTEN: 1 Knoblauchzehe • 1 ½ TL Sesamöl aus geröstetem Sesam • grobes Meersalz
• grob gemahlener Zitronenpfeffer • 4 TL schwarze Sesamsamen • 4 TL geschälte Sesamsamen
• 20 Blättchen Koriander
AUSSERDEM: Frischhaltefolie, Alufolie

1. Schneiden Sie zunächst das Thunfischfilet der Länge nach taschenartig auf. Dann schieben Sie vorsichtig und möglichst gleichmäßig verteilt das Seeteufelfilet in diese Tasche hinein. Stellen Sie die Teller zum Servieren des Gerichts kühl: Legen Sie sie dazu in kaltes Wasser oder ins Tiefkühlfach.

2. Um das Carpaccio später hauchdünn schneiden zu können, wickeln Sie den gefüllten Fisch fest in Frischhaltefolie und lassen ihn im Tiefkühlfach etwa 15 Minuten leicht anfrieren. Eine perfekt runde Scheibenform erreichen Sie, wenn Sie das Carpaccio nach dem Einwickeln in die Frischhaltefolie zusätzlich mit Alufolie in Form rollen.

3. Für die Gemüsegarnitur mischen Sie die Zutaten, schmecken diese mit Salz und frisch gemahlenem Pfeffer ab und lassen die Mischung etwa 15 Minuten bei schwacher Hitze abgedeckt durchziehen.

4. Zum Anrichten die vorgekühlten, trockenen Teller mit Knoblauch abreiben und dünn mit Sesamöl einpinseln. Mit Meersalz, Zitronenpfeffer und je der Hälfte der beiden Sesamsorten bestreuen.

5. Das Fischfilet dünn aufschneiden und auf die Teller verteilen. Wieder gleichmäßig mit Sesamöl einpinseln, mit Meersalz und Zitronenpfeffer würzen und die verbliebene Sesamsaat darüberstreuen. Zum Abschluss die Gemüsegarnitur verteilen und mit Korianderblättchen garnieren.

MEHR SCHÄRFE

Wer es gern etwas pikanter mag, kann zusätzlich 1 kleine, getrocknete Chilischote im Mörser zerkleinern und dann über das Carpaccio streuen. Das gibt dem Ganzen noch etwas mehr Schärfe und einen angenehmen Geschmack.

S. 15
KORIANDER

S. 32
SESAM

»INGWER GIBT DEN TON AN«

Heute hat roher Fisch seinen Einzug in die gehobene Küche gefunden – dank der japanischen Sushi-Tradition. Fangfrischer Fisch benötigt als Würze allenfalls etwas Salz, Zitrone und hochwertiges Olivenöl als feinen Geschmacksträger. Da halte ich es mit dem griechischen Feinschmecker Archestratos von Gela (4. Jh. v. Chr.), der die Einfachheit der Zubereitung zum Prinzip erhob.
Beim Klassiker »Thunfisch-Carpaccio« werden hauchdünn geschnittene Scheiben vom Thunfischfilet lediglich mit etwas Meersalz und Limettensaft gewürzt und mit bestem Olivenöl verfeinert.
Spannend für einen Koch sind aber auch und gerade die Variationen eines klassischen Gerichts. Im nebenstehenden Rezept habe ich das Thunfisch-Carpaccio mal mit asiatischen Zutaten variiert. Hier gibt der Ingwer den Ton aus Schärfe und Süße an und bekommt einen Gegenspieler in der Frische des Limettensaftes und der Korianderblätter. Das Sesamöl aus geröstetem Sesam hingegen sorgt für die geschmackliche Abrundung, damit die einzelnen Gewürze harmonisch zusammenfinden. Die Verwendung von zweierlei Fischfilets sorgt nicht nur im Aroma für Abwechslung, sondern erfreut auch das Auge durch das ungewöhnliche Aussehen.
Ingo Bockler

MATJES NACH HAUSFRAUENART

ZUBEREITUNGSZEIT: 45 Min.

450 g Matjesfilet • 80 g grüner Apfel, geschält, entkernt und fein gewürfelt • 100 g Salatgurke, entkernt und fein gewürfelt • 80 g Schalotten, fein gewürfelt • 50 g Radieschen, fein gewürfelt • Meersalz • frisch gemahlener Pfeffer • 80 g Crème fraîche • 1 Bund Schnittlauch, in Röllchen geschnitten • 2 TL Forellenkaviar • Dillspitzen zum Garnieren
FÜR DIE SAUCE: 40 g Crème fraîche • 4 TL Sahne • Meersalz • frisch gemahlener Pfeffer • 4 TL Forellenkaviar
AUSSERDEM: Metallring (7 cm Durchmesser, mindestens 3 cm hoch)

1. Schneiden Sie die Matjesfilets der Länge nach in 3 cm breite Streifen, anfallende Abschnitte klein schneiden und beiseitestellen. Die Matjesstreifen an der Innenseite des Metallrings entlang einlegen, sie sollen einen 3 cm hohen Kreis bilden, der die nachfolgende Füllung umschließt.

2. Nacheinander Apfel-, Gurken-, Schalotten- und Radieschenwürfel mit Meersalz und Pfeffer würzen. Danach 1 TL von jeder Würfelsorte mit den fein geschnittenen Matjesabschnitten vermengen und nacheinander in Lagen übereinander fest in den Metallring schichten. Die dabei übrig gebliebenen Matjes- und Gemüsestücke vermischen und zum Schluss auf den Matjes-Törtchen verteilen. Mit Schnittlauch bestreuen. Crème fraîche glatt rühren, würzen und auf den Matjesringen verteilen. Mit Forellenkaviar garnieren.

3. Für die Sauce die Crème fraîche mit der Sahne glatt rühren, mit Meersalz und Pfeffer abschmecken und zum Schluss den Forellenkaviar einrühren. Die Sauce separat dazu servieren.

»MATJES LEICHT UND RAFFINIERT«

Klassisch wird Matjes wie ein Salat zubereitet. Dabei wird der Matjes in mundgerechte Stücke geschnitten und mit der Sauce aus Mayonnaise und den übrigen, nicht zu klein geschnittenen Zutaten vermischt. Bei dem Rezept auf dieser Seite wird ein Metallring seitlich mit einem Matjesfilet ausgekleidet; die Hauptzutaten werden miteinander vermischt oder in einzelnen Lagen wie bei einer Torte übereinander hineingeschichtet. Die Trennung der Zutaten bewirkt eine klarere Geschmacksausrichtung, die am Gaumen zu einem weitaus aromatischeren Zusammenspiel führt. Die leichtere Crème fraîche als Ersatz für die gehaltvolle Mayonnaise sorgt für eine cremige Frische.
Ingo Bockler

LAUWARME ROTBARBE MIT GEMÜSESALAT UND WASABICREME

ZUBEREITUNGSZEIT: 1 Std. 15 Min.

600 g Rotbarbenfilets (oder Loup de mer, Dorade) • Salz • frisch gemahlener Pfeffer
• 10 Kirschtomaten • 200 g Zuckerschoten • 100 g Keniabohnen • 2 Möhren • 10 Minimaiskolben
FÜR DIE VINAIGRETTE UND SAUCE: 2 EL Kürbiskernöl • 2 EL Olivenöl • 2 EL Öl • 4 EL Fischfond
(S. 116) • 2 EL Aceto balsamico bianco • Salz, Pfeffer, Zucker • 5 EL Crème fraîche • 1 TL
Wasabipaste (jap. Meerrettich) • 1 EL Zitronensaft

1. Spülen Sie die Rotbarbenfilets mit kaltem Wasser ab. Entfernen Sie sorgfältig etwaige noch verbliebene Gräten und tupfen Sie die Filets anschließend mit Küchenpapier gut trocken. Dann auf beiden Seiten mit Salz einreiben und mit frisch gemahlenem Pfeffer würzen.

2. Die Kirschtomaten waschen, kurz blanchieren und mit einem spitzen kleinen Messer häuten. Die Zuckerschoten und Keniabohnen putzen, die Möhren schälen und in dünne Scheiben schneiden. Zuckerschoten, Bohnen und Möhren sowie die Minimaiskolben nacheinander kurz blanchieren und in kaltem Wasser abschrecken.

3. Für die Vinaigrette die drei Öle mit dem Fischfond und dem Aceto balsamico bianco verrühren. Mit Salz, Pfeffer und Zucker pikant abschmecken. Für die Wasabicreme die Crème fraîche mit der Wasabipaste verrühren, mit Salz abschmecken und mit Zitronensaft verfeinern.

4. Die Rotbarben in einer großen Pfanne in Olivenöl von beiden Seiten etwa 3 Minuten braten. Das Gemüse kurz in einem Wok lauwarm sautieren und mittig auf den Tellern anrichten. Setzen Sie die Rotbarbe vorsichtig darauf und übergießen Sie das ganze Gericht mit der Vinaigrette. Mit Wasabicreme dekorativ verzieren.

S. 116
FISCHFOND HERSTELLEN

EDLE BOUILLABAISSE

ZUBEREITUNGSZEIT: 3 Std.

FÜR DEN FOND: 1 Seezunge (600–800 g) • 2 Rotbarben (jeweils etwa 300 g) • 1 Knurrhahn
oder Drachenkopf (600–800 g) • 4 Kaisergranate (oder Garnelen) • 1 Hummer (500–600 g)
• 4 Schalotten • 2 Knoblauchzehen • 1 kleine Möhre • ½ Fenchelknolle • 1 Stange Staudensellerie • ½ Stange Lauch • 100 ml Olivenöl • 10 Safranfäden • 2 Zweige Thymian • 1 Bund
Basilikum (die Blätter abgezupft und gehackt; Stiele aufgehoben) • 100 ml Weißwein
• 2 cl Pernod
FÜR DIE EINLAGE • 500 g Miesmuscheln • 1 kleine Möhre • ½ Fenchelknolle • 2 Stangen
Staudensellerie • ½ Stange Lauch • 100 ml Olivenöl • Salz • frisch gemahlener Pfeffer
• 4 Tomaten, gehäutet, entkernt und gewürfelt • 20 Safranfäden • 1 Bund Petersilie, gehackt

1. Die Seezunge filetieren, wie auf Seite 110 gezeigt. Rotbarben und Drachenkopf schuppen (S. 102), filetieren und entgräten, wie auf Seite 105 gezeigt. Die Karkassen 30 Minuten unter fließendem kaltem Wasser säubern (S. 117, Step 1). Das Fleisch der Kaisergranate aus den Schalen auslösen. Den Hummer in kochendem Wasser 1–2 Minuten pochieren, dann aus dem Wasser nehmen. Den Schwanz ausbrechen und in Scheiben schneiden, den Hummerkopf halbieren, die Scheren anschlagen.

2. Die Schalotten schälen und würfeln, die Knoblauchzehen abziehen und halbieren. Die Möhre putzen und schälen, den Fenchel putzen, den Staudensellerie waschen und Möhre, Fenchel und Sellerie grob würfeln. Den Lauch putzen, waschen und in Streifen schneiden. Erhitzen Sie dann in einem großen weiten Topf 100 ml Olivenöl und braten Sie darin zunächst die Schalen der Kaisergranate und die Hummerkarkassen an. Die Fischkarkassen und das Gemüse dazugeben und mit angehen lassen. 10 Safranfäden, den Thymian und die abgezupften Basilikumstiele zufügen,

mit Weißwein und Pernod ablöschen und mit etwa 4 l kaltem Wasser aufgießen. Unter ständigem Abschöpfen des Schaums zunächst 25 Minuten köcheln und dann 1 Stunde ziehen lassen. Den Sud durch ein feines Sieb abgießen.

3. Für die Einlage putzen und wässern Sie die Miesmuscheln. Die Möhre putzen und schälen, den Fenchel putzen, den Staudensellerie waschen, den Lauch putzen und waschen. Schneiden Sie die Gemüse in feine Streifen (Julienne). In einem Topf das Olivenöl erhitzen. Die Hummerscheiben und -scheren sowie die Kaisergranate mit Salz und Pfeffer würzen und anbraten. Die Gemüsestreifen und Tomatenwürfel dazugeben, die Safranfäden einstreuen und die Muscheln hineingeben. Mit dem Sud angießen und aufkochen. Die Hitze reduzieren, die mit Salz und Pfeffer gewürzten Fischfilets einlegen und 4 Minuten ziehen lassen. Die Suppe abschmecken und in einem großen Suppentopf servieren. Mit gehackter Petersilie und Basilikumblättchen bestreuen. Dazu passen eine französische Rouille (S. 154) und ofenfrisches Baguette.

S. 110
SEEZUNGE FILETIEREN

S. 105, 106
RUNDFISCHE FILETIEREN

»MEINE PARISER EDEL-BOUILLABAISSE«

Die klassische Fischsuppe aus Marseille hat sich im Laufe der Jahre vom einfachen Eintopf mit sämiger Konsistenz zu einer hoch geschätzten kulinarischen Köstlichkeit gewandelt. Meine Bouillabaisse ist der Pariser Variante von Auguste Escoffier nachempfunden, wobei ich sie noch mit Kaisergranaten und Hummer verfeinert habe. Durch die Zugabe von Staudensellerie und Fenchel erhält die Suppe eine frische anisartige Note, die sich wunderbar mit den anderen Aromen, allen voran dem Safran, verbindet. Außerdem verzichte ich auf die herkömmliche Bindung der Suppe, was ihr eine gewisse Leichtigkeit verleiht. Zudem kann der Fond am Vortag gut vorbereitet werden. 30 Minuten vor dem Servieren wird die Einlage zugegeben, kurz gegart und schon kann serviert werden. Ein wunderbares Gericht für zahlreiche Gäste!
Bobby Bräuer

BORSCHTSCH MIT STEINBUTT

ZUBEREITUNGSZEIT: 2 Std. 35 Min.

FÜR DIE SUPPE: 1 kg Fischkarkassen von Weißfischen • 100 g Lauch • 80 g Staudensellerie
• 1 Lorbeerblatt • 1 Zweig Thymian • 60 g Schalotten • 2 Knoblauchzehen • 1 TL weiße Pfefferkörner • ¼ l trockener Weißwein • 12 cl Noilly Prat • 300 g Rote Bete • Salz • 2 EL Kümmel
• 200 g weißes Fischfilet (etwa Kabeljau, Zander) • 1 Eiweiß • Salz • frisch gemahlener Pfeffer
FÜR DIE EINLAGE: 300 g Steinbuttfilet (oder Kabeljau) • 50 g Sahne • 5 blanchierte Wirsingblätter
(8–9 Min. gegart) • 250 g Pilze (etwa Steinpilze) • Butterschmalz

1. Wässern Sie die Fischkarkassen 30 Minuten lang. In
der Zwischenzeit waschen und putzen Sie den Lauch und
Staudensellerie und binden das Gemüse mit dem Lorbeerblatt und dem Thymianzweig zu einem Bouquet garni (S. 43).
Schälen und würfeln Sie die Schalotten. Dann die gewässer-
ten Karkassen mit dem Bouquet garni, den Schalotten, den
nicht abgezogenen Knoblauchzehen, den zerdrückten
Pfefferkörnern, 1 l Wasser sowie Wein und Noilly Prat zum
Kochen bringen und 20 Minuten ziehen lassen, dabei immer
wieder den Schaum abschöpfen. Gießen Sie den Fond durch
ein Passiertuch, dabei die Fondzutaten mit der Schöpfkelle
leicht ausdrücken. Lassen Sie den Fond erkalten.

2. Die Rote Bete in Salzwasser mit dem Kümmel weich
garen, schälen und in Scheiben schneiden. Für die Einlage
acht Scheiben Rote Bete in feine Streifen schneiden und
beiseitestellen. Drehen Sie das Fischfilet mit ½ Knolle grob
zerkleinerter Rote Bete durch die grobe Scheibe des
Fleischwolfs und heben Sie das leicht verquirlte Eiweiß unter,
anschließend salzen, pfeffern, ¼ l kalten Fond zugießen und
kräftig durchrühren. Nach und nach den übrigen Fond
angießen, unter ständigem Rühren aufkochen und 30 Minuten mit der restlichen klein geschnittenen Roten Bete ziehen
lassen. Durch ein Tuch passieren und die Consommé noch
etwas reduzieren.

3. Für die Einlage vom Steinbutt 100 g abwiegen, salzen
und mit der Sahne pürieren. Die Wirsingblätter leicht plattieren, eines davon in Streifen schneiden. Auf den übrigen
4 Blättern die Farce verstreichen, je 50 g Steinbuttfilet darauf
legen, einschlagen und 6–7 Minuten zusammen mit dem
geschnittenen Blatt dämpfen. Die Pilze putzen, würfeln, kurz
in heißem Butterschmalz anbraten und zusammen mit den
Fischpäckchen sofort mit der Fischconsommé anrichten.

S. 43
BOUQUET GARNI

HECHTKLÖSSCHEN

ZUBEREITUNGSZEIT: 2 Std.

500 g Hechtfleisch ohne Haut und dunkle Stellen • 350 g Sahne • 8 cl Pernod • 2 Sternanis
• 10 g Fenchelsamen • etwas Safranpulver • Salz, 1 Msp. Cayennepfeffer • Limettensaft

S. 98
POCHIEREN ALS GARMETHODE

S. 114
POCHIERFONDS

1. Das Hechtfleisch mithilfe einer Grätenzange gründlich entgräten und Hautreste sowie dunkle Stellen sorgfältig entfernen. Das Hechtfleisch in grobe Stücke schneiden und im Tiefkühlgerät 10–15 Minuten anfrieren lassen. Anschließend durch die grobe Scheibe eines Fleischwolfs drehen (S. 190).

2. In der Zwischenzeit den Pernod mit Sternanis, Fenchelsamen und Safranpulver zusammen aufkochen und auf etwa ein Drittel reduzieren, durch ein Sieb passieren und anschließend abkühlen lassen.

3. Das durch den Fleischwolf gedrehte Hechtfleisch salzen und im Blitzhacker zu einer homogenen Masse mixen. Die ausgekühlte Reduktion dazugeben und nach und nach die kalte Sahne unterrühren, bis eine glänzende, feine Masse entsteht. Die Masse durch ein feines Sieb streichen und mit Salz, Cayennepfeffer und Limettensaft abschmecken.

4. Die Hechtfarce mit 2 kleinen Esslöffeln zu gleich großen Klößchen formen und 10 Minuten in Salzwasser pochieren. Dazu passt ein Tomaten-Fenchelgemüse sowie eine Safransauce.

FISCHFONDUE

ZUBEREITUNGSZEIT: 40 Min.

2 kg Fische im Ganzen (etwa Lachs, Thunfisch, Seeteufel, Petersfisch oder Steinbutt) • Muscheln
• kleine Calamaretti nach Belieben • 2 Stangen Staudensellerie • 4 Schalotten • ¼ Knollensellerie
• 1 Fenchelknolle • 1 Stange Lauch • 150 g Champignons • 300 ml Weißwein • 10 cl Noilly Prat
• 5 cl Pernod • Salz • frisch gemahlener Pfeffer • Safranfäden nach Belieben

1. Filetieren Sie die Fische, wie auf den Seiten 104 und
108 gezeigt, es sollten etwa 800 g Fischfilet übrig bleiben.
Die Filets in mundgerechte Stücke schneiden. Die Muscheln
putzen und waschen, die Calamaretti waschen und mit
Küchenpapier trocken tupfen. Alles auf Platten anrichten.

2. Die Fischkarkassen 30 Minuten wässern (ohne Kiemen,
Haut und Innereien) und mit dem klein gewürfelten Gemüse
in Weißwein, Noilly Prat, Pernod und 1,2 l Wasser 10 Minuten
kräftig kochen. Dabei ständig abschäumen und anschließend
durch ein feines Sieb gießen. Für einen konzentrierteren
Fischfond wird dieser noch weiter reduziert und mit Salz,
Pfeffer und Safranfäden pikant abgeschmeckt.

3. Bei Tisch die einzelnen Zutaten auf Fonduegabeln stecken
und zum Garen in den heißen Fond halten. Für Fische mit
weniger festem Fleisch sowie für Muscheln gibt es im Asialaden Drahtkörbchen. Mit Dips und klein geschnittenem
Gemüse, etwa mit Paprikaschoten, Chinakohl, Champignons
oder auch mit Thaispargel servieren.

S. 48
SAFRAN

S. 104, 108, 116
FISCH FILETIEREN/
FISCHFOND HERSTELLEN

VERWANDLUNG
Sie können die Fische auch sehr gut durch einen Tempura-
teig ziehen und dann frittieren. Reichen Sie dazu scharfe und
exotische Saucen.

GEDÄMPFTER WOLFSBARSCH MIT INGWER UND FRÜHLINGSZWIEBELN

ZUBEREITUNGSZEIT: 1 Std.

FÜR DEN FISCH: 1 Wolfsbarsch, ausgenommen, geschuppt, ohne Kiemen, etwa 1,2–1,4 kg • 2 EL trockener Sherry • 2 EL Sojasauce • Salz, frisch gemahlener Pfeffer • 20 g junger Ingwer • 2 Frühlingszwiebeln • 4 EL Öl
FÜR DEN SUD: ½ l Geflügelfond • je 4 EL trockener Sherry, Sojasauce und Fischsauce • 20 g Ingwer, in dünne Scheiben geschnitten • 2 Knoblauchzehen, angedrückt • 2 kleine rote oder grüne Chilischoten, gehackt • 6 Frühlingszwiebeln, in 3 cm lange Stücke geschnitten • 2 Stängel Zitronengras, flach geklopft • Saft von 2 Limetten • 4 getrocknete Shiitake-Pilze, grob zerkleinert

1. Kochen Sie alle Zutaten für den Sud im Wok auf, dann den Wok beiseitestellen. Den Wolfsbarsch auf jeder Seite mehrere Male bis zur Gräte einschneiden, die Sojasauce und den Sherry mischen und den Fisch damit marinieren. Mit Salz und Pfeffer würzen und 10–15 Minuten ruhen lassen.

2. Legen Sie den Wolfsbarsch in den Dämpfeinsatz des Woks und lassen Sie ihn zugedeckt über dem kochenden Sud 10–15 Minuten dämpfen. In der Zwischenzeit den Ingwer schälen, die Frühlingszwiebeln putzen und beides in sehr feine Streifen schneiden. Die Ingwer- und Frühlingszwiebel-streifen auf den Fisch legen und 5 Minuten mitdämpfen.

3. Das Öl in einem Topf sehr heiß werden lassen und über den Fisch gießen, dass es zischt, so kann der Geschmack von Ingwer und Frühlingszwiebeln in den Fisch eindringen.

4. Den gedämpften Wolfsbarsch vorsichtig aus dem Dämpfer nehmen, auf eine vorgewärmte Servierplatte legen und in seinem Sud anrichten. Dazu passen gekochte Kartoffeln.

S. 28

INGWER

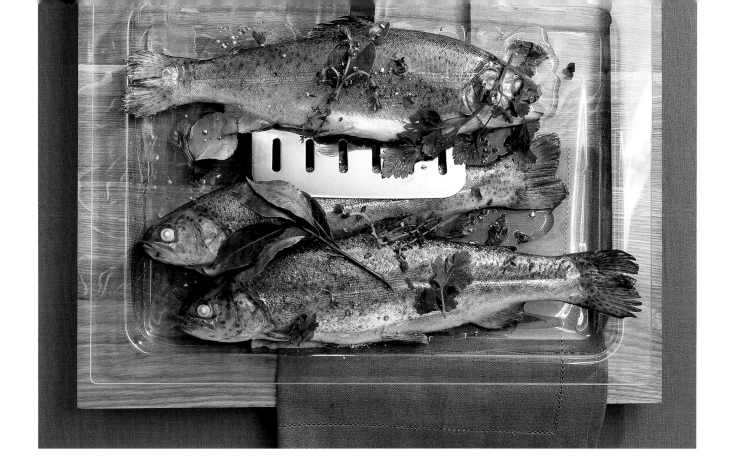

BACHSAIBLING AUS DEM KRÄUTERDAMPF

ZUBEREITUNGSZEIT: 1 Std.

FÜR DEN FISCH: 4 kleine Bachsaiblinge, küchenfertig • 2 EL Olivenöl • Salz
• frisch gemahlener Pfeffer • 4 Zweige Thymian • 4 Stängel Petersilie • je 4 Stängel Zitronenmelisse und Korianderkraut • 5 Kaffirlimettenblätter • 1 Lorbeerblatt • ¼ l trockener Weißwein
FÜR DIE SAUCE: 70 g Schalotten • 4 TL Butter • 150 ml Crème fraîche • 200 g Sahne
• 2 EL fein gehackte Kräuter (Petersilie, Rosmarin und Koriandergrün)
AUSSERDEM: Alufolie

Entfernen Sie zuerst die Kiemen der Saiblinge. Spülen Sie
die Fische danach mit kaltem Wasser ab und tupfen Sie sie
vorsichtig mit Küchenpapier trocken. Den Backofen auf
130 °C vorheizen.

1. Einen Bräter mit dem Olivenöl ausstreichen, die Saiblinge
salzen, pfeffern und in den Bräter legen. Verteilen Sie die
Kräuter und Gewürze auf den Fischen, danach gießen Sie
den Wein an und bringen alles zum Kochen. Verschließen
Sie anschließend den Bräter mit Alufolie und lassen Sie die
Saiblinge im Ofen 10–12 Minuten dämpfen. Anschließend die
Folie wieder entfernen.

2. Für die Sauce die Schalotten schälen und würfeln, dann in
der Butter anschwitzen. Den verbliebenen Fischsud aus dem
Bräter zugießen und auf die Hälfte reduzieren. Die Saiblinge
wieder in den Ofen stellen und bei offener Tür warm halten.

3. Die Crème fraîche und die Sahne in den reduzierten Sud
einrühren und diesen weiter reduzieren, bis die Sauce sämig
ist. Zum Schluss rühren Sie die gehackten Kräuter ein und
schmecken die Sauce mit Salz und frisch gemahlenem
Pfeffer ab. Ziehen Sie vor dem Servieren nach Belieben die
Haut der Saiblinge an der Oberseite vom Kopf zum Schwanz
hin ab und übergießen Sie die Fische mit der würzigen Sauce.

ZANDER, SOUFFLIERT AUF LIMETTENSCHAUM

ZUBEREITUNGSZEIT: 2 Std.

FÜR DIE FARCE 200 g Lachsfilet (oder Lachsforelle) • 100 g Sahne • 1–2 cl Pernod • Salz
• Pfeffer • Zitronensaft
FÜR DAS BLUMENKOHLPÜREE: 1 Blumenkohl • Saft von 2 Zitronen • Salz • 50 g Butter
• 50 g Mehl • 200 ml Gemüsefond • 100 g Sahne • Pfeffer • Trüffelbutter oder Trüffelöl
FÜR DEN LIMETTENSCHAUM: 100 ml Weißwein • 200 g Sahne • 100 ml Fischfond (S. 116)
• 50 g Butter • Saft von 1 Limette • Salz • Pfeffer
FÜR DEN FISCH: 600 g Zanderfilet (oder Bachsaibling, Felchen)

1. Schneiden Sie für die Farce das Lachsfilet in grobe
Würfel und kühlen Sie diese 20 Minuten im Tiefkühlfach.
Dann weiterarbeiten, wie unten in Step 1 beschrieben.

2. Den Blumenkohl putzen, waschen, in Röschen zerteilen
und in gesalzenem und mit Zitronensaft gewürztem Wasser
weich kochen. In der Zwischenzeit eine Sauce herstellen,
wie auf der rechten Seite in Step 2 gezeigt. Anschließend
den Blumenkohl zusammen mit der Sauce im Mixer
pürieren und warm stellen.

3. Lassen Sie für den Limettenschaum den Weißwein
5 Minuten einkochen und geben Sie dann Sahne und
Fischfond hinzu. Verfeinern Sie die fertige Sauce mit
der Butter und schmecken Sie sie mit Limettensaft,
Salz und Pfeffer ab.

4. Die Lachsfarce mit einem Löffel auf die gewürzten Filets
streichen, wie auf der rechten Seite in Step 3 gezeigt,
und die Filetstücke in einem Dampfgarer oder einem Topf
mit Siebeinsatz bei 75 °C etwa 12–15 Minuten dämpfen.
Dabei erhält die Lachsfarce eine lockere Konsistenz (sie
wird souffliert). Die heiße Limettensauce mit dem Pürierstab
aufschäumen und mit dem Blumenkohlpüree zum Fisch
anrichten. Als Beilage eignen sich Kartoffeln.

S. 116
FISCHFOND HERSTELLEN

LACHSFARCE ZUBEREITEN

(1) Für die Farce das Lachsfilet in grobe Würfel schneiden
und 20 Minuten tiefkühlen. Danach im Blitzhacker pürieren
und nach und nach die Sahne dazulaufen lassen. Die
Masse durch ein feines Sieb streichen und mit Salz, Pfeffer,
Zitronensaft und Pernod abschmecken. Farce kalt stellen.

ZANDERFILETS SOUFFLIEREN

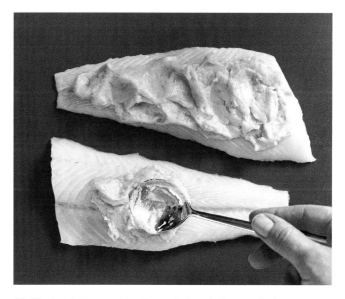

(2) Die Butter anbräunen und mit dem Mehl bestäuben. In die Mehlschwitze die Brühe und die Sahne einrühren und mit Zitronensaft, Salz, Pfeffer und Trüffelbutter oder -öl abschmecken. Den separat weich gekochten Blumenkohl mit der Sauce im Mixer pürieren und warm stellen.

(3) Die Lachsfarce etwa 2 cm dick auf die gewürzten Zanderfilets streichen. Wer es besonders dekorativ möchte, kann die Farce auch in einem Spritzbeutel mit einer Lochtülle (ohne Zacken, etwa 1 ½ cm breit) füllen und auf die Zanderfilets spritzen.

FORELLE »MÜLLERIN«

ZUBEREITUNGSZEIT: 25 Min.

4 küchenfertige Bachforellen (je 350 g, oder Lachsforellen) • feines Meersalz • frisch gemahlener Pfeffer • Saft von 2 Zitronen • etwas Mehl • 50 ml Erdnussöl • 120 g Butter • 3 EL Kalbsjus (gibt es fertig zu kaufen) • 3 EL Worcestershire Sauce • 3 EL gehackte Petersilie • 8 Scheiben einer sauber geschälten Zitrone

1. Entfernen Sie die Kiemen, spülen Sie die Forellen unter fließendem kaltem Wasser ab und tupfen Sie sie mit Küchenpapier trocken. Würzen Sie die Fische innen und außen mit Salz, Pfeffer und der Hälfte des Zitronensaftes. Wenden Sie die Forellen in Mehl, das überschüssige Mehl gut abklopfen.

2. Erhitzen Sie das Erdnussöl in einer großen Pfanne und braten Sie die Forellen darin von jeder Seite in etwa 4 Minuten goldbraun an. Die Forellen vorsichtig aus der Pfanne heben und auf Küchenpapier kurz abtropfen lassen. Anschließend die Forellen auf vier vorgewärmten Tellern anrichten.

3. Das Bratfett abgießen und die Butter in der Pfanne aufschäumen lassen. Kalbsjus, Worcestershire Sauce und den restlichen Zitronensaft zusammen kurz aufkochen lassen und die Forellen damit beträufeln. Die fein gehackte Petersilie über die Fische streuen. Mit den Zitronenscheiben garnieren.

S. 98
FISCH BRATEN

»DIE ZUBEREITUNG IST ENTSCHEIDEND«

Dieses Gericht ist einer der Klassiker schlechthin: Was allerdings leicht anmutet, hat viel mit der richtigen Temperatur zu tun. Da das Fischeiweiß in der heißen Butter sofort zu gerinnen beginnt, muss der Garvorgang mit Präzision erfolgen. So darf die Hitze nicht zu schwach sein, sonst klebt der Fisch am Pfannenboden an und die Hülle aus Butter und Mehl kann sich nicht schnell genug verfestigen. Zudem zieht der Fisch bei zu geringer Hitze Wasser. Zu starke Hitze dagegen bräunt den Fisch zu sehr und führt zu einem ungleichmäßigen Gargrad des Fleisches. Das Einstellen der richtigen Temperatur bedarf etwas Erfahrung. Den fertig gegarten Fisch richte ich auf einer vorgewärmten Platte an, würze ihn mit Zitronensaft, Salz und Pfeffer und übergieße ihn mit der aufgeschäumten Bratbutter. Bisweilen variiere ich das Rezept, indem ich die Butter aromatisiere (siehe Rezept oben), oder ich verfeinere sie mit gehackten Pinienkernen oder Mandeln. *Ingo Bockler*

FISCHFRIKADELLEN MIT PERLGRAUPEN UND KARTOFFELSALAT

ZUBEREITUNGSZEIT: 1 Std. 20 Min.

FÜR DIE FISCHKÜCHLEIN: 500 g Fischfilet (nach Belieben von Forelle, Renke, Saibling, Hecht, Kabeljau, Schellfisch oder Goldbarsch) • 2 Scheiben Toastbrot • 1 Schalotte • 4 EL Gemüsewürfel (etwa Möhre, Petersilienwurzel, Staudensellerie, Lauch) • 4 EL Graupen (Perlgraupen), gekocht • 2 EL gehackte Petersilie (oder Thymianblättchen, Majoran) • 2 Eier • Salz, frisch gemahlener Pfeffer • frisch geriebene Muskatnuss • Butterschmalz zum Ausbacken der Frikadellen
FÜR DEN KARTOFFELSALAT: 500 g festkochende Kartoffeln • 1 kleine Salatgurke • 3 EL Topfen (oder Quark) • 70 g Sahne • 2–3 EL reduzierter Geflügelfond • Salz • frisch gemahlener Pfeffer • Zitronensaft oder Weißweinessig • 2 EL Schnittlauchröllchen

1. Für den Kartoffelsalat die Kartoffeln weich kochen, pellen und in dünne Scheiben schneiden. Die Gurke waschen und schälen, dabei ein paar grüne Streifen stehen lassen. Die Gurke der Länge nach halbieren, entkernen und in 3–4 mm dicke Scheiben schneiden.

2. Rühren Sie den Topfen mit der Sahne und dem Geflügelfond glatt. Mit Salz, Pfeffer und Zitronensaft oder Essig abschmecken und unter die Kartoffel-Gurken-Mischung heben. Die Schnittlauchröllchen über den Kartoffelsalat streuen.

3. Drehen Sie für die Fischküchlein das von Gräten befreite Fischfilet durch die mittlere Scheibe des Fleischwolfes und stellen Sie das Fischhack sofort wieder kühl. Das Toastbrot im Blitzhacker zu Bröseln zerkleinern. Die Schalotte schälen und fein würfeln. Die Schalottenwürfel zusammen mit den Gemüse-würfeln, den abgekühlten Graupen, der Petersilie und den Eiern unter das Fischhack mischen. Mit Salz, Pfeffer und Muskat abschmecken.

4. Aus der Fischmasse 12 Frikadellen formen. In einer Pfanne das Butterschmalz erhitzen und die Fischküchlein von beiden Seiten goldbraun ausbacken. Nach Belieben mit Kräuterdip oder Aioli servieren.

»EDEL UND FEIN GEFÜLLT«

Das Fischpflanzerl, wie man in Bayern sagt, stammt ursprünglich aus der mittelalterlichen Klosterküche. Da die Kirche über 130 Tage des Jahres als Fastentage deklarierte – und damit an diesen Tagen das Fleischessen verbot –, kreierten findige Klosterbrüder zahlreiche Fischgerichte, damit für das leibliche und kulinarische Wohl auch in diesen scheinbar entbehrungsreichen Fastenzeiten gesorgt war.

Die Güte einer solchen Frikadelle wird durch die Zutaten bestimmt: je edler und hochwertiger das verwendete Fischfleisch, desto zarter und schmackhafter das Ergebnis. Eine edle Abwandlung erhalten die Frikadellen, wenn Sie statt Fischfleisch einfach Garnelenfleisch verwenden. Sie können auch nur einen Teil des Fischfilets durch Garnelenschwänze ersetzen und diese grob hacken, so erhält das Pflanzerl etwas mehr Biss.

Für eine besondere Gaumenüberraschung sorgt eine Füllung im Pflanzerl: Diese bereite ich gern aus einem Mozzarellakern zu, der beim Braten leicht schmilzt und für ein wunderbar zartschmelzendes Erlebnis sorgt. Dafür umhülle ich eine etwa 5 mm dicke, 3 x 3 cm große Mozzarellascheibe mit der Fischmasse und brate das Pflanzerl anschließend wie im nebenstehenden Rezept beschrieben. Noch feiner aber ist ein Kern aus Kaviar (S. 94, 95) – etwa 1 TL pro Pflanzerl –, der sich beim Aufbeißen körnig in den Mund ergießt.

Markus Bischoff

S. 27
MUSKATNUSS

S. 36
KRÄUTER ZERKLEINERN

FINGERFOOD
Formen Sie aus der Fischmasse 24 kleine Frikadellen und reichen Sie diese – auf kleine Spieße gesteckt – als leichte Partyhappen.

SEETEUFEL IM SPECKMANTEL

ZUBEREITUNGSZEIT: 45 Min.

16 Scheiben Frühstücksspeck, sehr dünn geschnitten
• 4 Seeteufelstücke (je 140 g) • 3 EL Butterschmalz
• 1 Bund glatte Petersilie • 40 g Butter • Saft von
½ Zitrone • Salz • frisch gemahlener Pfeffer

1. Heizen Sie den Backofen auf 180 °C vor. Legen Sie jeweils 4 Speckscheiben nebeneinander aus und wickeln Sie in jede Scheibe ein Seeteufelstück ein. Braten Sie die Fischstücke im Speckmantel in einer Pfanne in heißem Butterschmalz rundherum an und garen Sie sie anschließend 10 Minuten im vorgeheizten Backofen, zwischendurch die Fischstücke ein- bis zweimal wenden.

2. In der Zwischenzeit die Petersilie waschen, trocken schütteln und die Blättchen abzupfen, große Blätter halbieren oder vierteln. Dann den Backofen ausschalten, den Fisch aus der Pfanne nehmen und zum Warmhalten auf einer Platte oder den Tellern in den ausgeschalteten, offenen Ofen stellen.

3. Gießen Sie das Bratfett ab. Lassen Sie die Butter in der Pfanne leicht braun werden, dann geben Sie den Großteil der Petersilie dazu und lassen sie kurz andünsten. Anschließend mit dem Zitronensaft ablöschen, mit Salz und frisch gemahlenem Pfeffer würzen.

4. Richten Sie die Seeteufelstücke im Speckmantel mit der Petersiliensauce auf vorgewärmten Tellern an und streuen Sie die restliche Petersilie darüber.

KULINARISCHES STÜCKWERK
Sie können die Seeteufelstücke auch jeweils in 4 Scheiben schneiden, diese einzeln mit dem Speck umwickeln, dann anbraten und – wie im Bild oben gezeigt – als mundgerechte Partyhappen servieren.

»MIT FRÜHSTÜCKSSPECK SCHMECKT'S MILDER«

»Scholle Finkenwerder Art« – ein nordischer Klassiker aus der Hamburger Hausmannsküche, benannt nach einer Halbinsel der Hansemetropole. Dafür wird durchwachsener Räucherspeck in Streifen geschnitten, gebraten und warm gestellt. Im Speckfett und etwas Butter wird die gesalzene, mit Zitronensaft beträufelte und in Mehl gewendete Scholle von jeder Seite ein paar Minuten gebraten. Dann wird sie mit den Speckstreifen belegt serviert – was dem eher zarten Fisch ein herrlich pikantes Aroma verleiht. Ich habe das feine Fischfleisch in meiner Variante »Seeteufel im Speckmantel« beim Garen im Backofen durch den Speck vor zu großer Hitze geschützt. Zudem verleiht der Speck dem Fisch noch mehr Aroma. Dabei habe ich den weniger dominant schmeckenden Frühstücksspeck verwendet. So konkurrieren die beiden Zutaten geschmacklich nicht miteinander, sondern ergänzen sich auf eine feine Art. Ein i-Tüpfelchen bildet die aromatische, fein-säuerliche Petersilien-Zitronen-Sauce.   *Matthias Buchholz*

LACHS IN FILOTEIG

ZUBEREITUNGSZEIT: 1 Std. 10 Min.

FÜR DIE FÜLLUNG: 60 g Schalotten • 1 Knoblauchzehe • 1 Chilischote • 5 g Ingwerwurzel
• 80 g Fenchel mit etwas Grün • 1 EL Olivenöl • 100 g rote, grüne und gelbe Paprika, gewürfelt
• 1 Zweig Thymian • Salz • frisch gemahlener Pfeffer
FÜR DIE SAUCE: 100 g Tomaten • 1 EL gehackte Kapern • 2 EL schwarze Oliven, fein gewürfelt
• Salz • Pfeffer • 4–5 EL Olivenöl
FÜR DEN FISCH: 4 Lachsfilets ohne Haut (je etwa 140 g) • Salz • frisch gemahlener Pfeffer
• 4 Filoteigblätter (28 x 28 cm) • 1 Eiweiß zum Bestreichen • 5–6 EL Olivenöl

1. Für die Füllung die Schalotten schälen, den Knoblauch abziehen und beides fein würfeln. Die Chilischote längs halbieren, Samen und Scheidewände entfernen und die Schoten in feine Streifen schneiden, den Ingwer fein hacken. Den Fenchel putzen, waschen und zusammen mit dem Grün ebenfalls fein hacken.

2. In einer Pfanne das Öl erhitzen, Schalotten und Knoblauch darin hell anschwitzen. Anschließend Chilistreifen, Ingwer- und Fenchelstücke sowie Paprikawürfel zugeben.

Den Thymianzweig zufügen und alles einige Minuten anschwitzen. Salzen, pfeffern und dann den Thymianzweig herausnehmen.

3. Für die Sauce die Tomaten blanchieren, häuten, entkernen und das Fruchtfleisch fein würfeln. Die Tomatenwürfel mit den gehackten Kapern und Oliven vermischen, mit Salz und Pfeffer würzen, das Olivenöl unterrühren und die Sauce beiseitestellen. Die Lachsfilets salzen und pfeffern. Anschließend weiterarbeiten, wie unten beschrieben.

FILOTEIG FÜLLEN, ANBRATEN UND IM OFEN FERTIG GAREN

(1) Die Filoteigblätter nebeneinander auf einer Arbeitsfläche auslegen und jeweils ein Viertel der Gemüsemischung in die Mitte setzen. Die vorbereiteten Lachsstücke darauf legen, die Teigränder mithilfe eines Pinsels ringsum mit Eiweiß bestreichen und den Teig zu Päckchen zusammenfalten. Den Backofen auf 200 °C vorheizen.

(2) Das Öl in einer großen feuerfesten Form auf dem Herd erhitzen und die Lachspäckchen darin von beiden Seiten kurz anbraten. Päckchen in der Form im Backofen 5–7 Minuten garen. Lachspäckchen mit der Sauce auf vorgewärmten Tellern anrichten. Sofort servieren. Dazu passt gemischter Blattsalat mit Olivenöl-Balsamico-Vinaigrette.

KABELJAU IM PERGAMENT

ZUBEREITUNGSZEIT: 1 Std. 20 Min.

FÜR DEN FISCH: 500 g Kabeljaufilet ohne Haut, in 4 Stücke zu je 125 g geschnitten
• 150 g Lauch (nur der hellgrüne Teil) • 300 g rote Paprikaschoten • ½ Limette
• 2 EL Sesamöl • 1 TL rosenscharfes Paprikapulver • ½ TL geriebene, frische
Ingwerwurzel • 150 g Sojasprossen • Salz • Pfeffer • Koriandergrün
FÜR DIE SAUCE: 2 TL Butter • 1 EL Schalottenwürfel • 2 EL trockener Weißwein
• 2 cl Noilly Prat • 150 ml Fischfond (S. 116) • 50 g Sahne • 1 EL Crème fraîche
• 1 TL Maisstärke • Salz • 3 Rohrzuckerwürfel • Saft von ½ Limette • 2 Stängel Zitronengras
AUSSERDEM: 4 Pergament- oder Backpapierstücke für den Fisch (je 35 x 20 cm)

S. 47
ZITRONENGRAS

S. 116
FISCHFOND HERSTELLEN

1. Spülen Sie die Fischfilets kalt ab und tupfen Sie sie trocken. Lauch und Paprikaschoten putzen, waschen und in 4 cm lange Juliennestreifen schneiden. Die Limette heiß waschen, von der Schale Zesten reißen, blanchieren und abtropfen lassen. Im heißen Sesamöl die Lauch- und Paprikastreifen anschwitzen. ½ TL Paprikapulver, Ingwer, Limettenzesten sowie die abgespülten und abgetropften Sojasprossen dazugeben.

2. Für die Sauce die Butter zerlassen, die Schalottenwürfel glasig anschwitzen, mit Weißwein, Noilly Prat und Fischfond (1 EL abnehmen) ablöschen. Sahne und Crème fraîche einrühren und kurz aufkochen lassen. Den restlichen Esslöffel Fischfond mit der Stärke verrühren und die Sauce binden.

Mit Salz, Rohrzucker und Limettensaft würzen, das Zitronengras 10 Minuten in der Sauce mitziehen lassen, dann entfernen und die Sauce mit dem Pürierstab aufmixen. Den Backofen auf 220 °C vorheizen.

3. Das Pergamentpapier ausbreiten, in die Mitte ein Achtel der Gemüsemischung setzen. Die Fischfilets mit Salz, Pfeffer und ½ TL Paprikapulver würzen, ein Filet auf das Gemüse legen, ein zweites Achtel Gemüse daraufsetzen und mit 3–4 EL Sauce beträufeln. Das Papier zusammenkneifen, damit das Päckchen gut verschlossen ist. Die übrigen 3 Filets ebenso einpacken, alle auf ein Backblech legen und im vorgeheizten Ofen 8 Minuten garen. Zum Servieren mit Koriandergrün bestreuen.

GEFÜLLTES SEEZUNGENFILET MIT BLUTORANGENSABAYON

ZUBEREITUNGSZEIT: 1 Std. 45 Min.

FÜR DIE SEEZUNGEN: 4 kleine Seezungen (je etwa 350 g) • 100 ml Fischfond
(S. 116) • 1 EL trockener Weißwein • 1 Champignon, in Scheiben geschnitten
• 1 Schalotte, in Scheiben geschnitten
FÜR DIE FÜLLUNG: 80 g geschälte Kartoffeln, grob gewürfelt • 1 EL Butter
• Salz • Muskatnuss • 1 Msp. gehackte Anissamen
FÜR DAS BLUTORANGENSABAYON: 1 Eigelb • 300 ml Blutorangensaft,
auf 100 ml reduziert • 1 TL kalte Butter, in Stücken • 200 ml Weißweinsauce (S. 152)
• Salz • Zitronensaft • 2 Blutorangen, filetiert

S. 116
FISCHFOND HERSTELLEN

S. 110 und 111
SEEZUNGE VORBEREITEN

1. Häuten und öffnen Sie die Seezungen an der Mittelgräte taschenartig, dann einschneiden und die Mittelgräte entfernen, wie auf Seite 111 beschrieben. Für die Füllung die Kartoffeln in reichlich Salzwasser weich kochen. Durch eine Presse drücken und mit den kalten Butterstücken zu einer glatten Masse verarbeiten. Mit Salz, Muskat und dem gehackten Anis abschmecken.

2. Den Backofen auf 180 °C vorheizen. Die Seezungenfilets salzen und die Kartoffelmasse mit einem Löffel oder mithilfe eines Spritzbeutels in die Taschen der Fische füllen. Den Fischfond mit Weißwein, Schalotten- und Champignonscheiben aufkochen. Die Seezungen hinzufügen und im Backofen etwa 5 Minuten garen.

3. Für die Sauce das Eigelb mit der Blutorangensaftreduktion in einem Wasserbad schaumig schlagen und die Butter einrühren. Die Weißweinsauce aufkochen, das Orangensabayon einfließen lassen, mit einem Pürierstab aufschäumen und abschmecken. Die Seezungen mit der Sauce übergießen und mit Blutorangenfilets garnieren.

BLUTORANGENZEIT
Blutorangen haben von Mitte Dezember bis Mitte März Saison. Statt Blutorangensaft können Sie aber auch herkömmlichen Orangensaft verwenden.

TARTELETTES MIT LAUCH UND STOCKFISCH

ZUBEREITUNGSZEIT: 1 Std. 20 Min. / EINWEICHZEIT: 24–48 Std.

FÜR DIE TARTELETTES: 300 g Stockfisch • 600 g Lauch, geputzt • 100 g roher
Schinken, in Streifen geschnitten • 4 TL Butter • Salz • frisch gemahlener Pfeffer
• 400 g Blätterteig (aus der Kühltheke) • 4–5 Eier • 250 g Sahne • frisch geriebene
Muskatnuss • 50 g gehackte Walnusskerne • Butter • 1 Eigelb
AUSSERDEM: 4 Tartelettesförmchen oder 2 Quicheformen (18 cm Ø)

1. Wässern Sie den Stockfisch 24–48 Stunden lang.
Den Fisch dabei mit kaltem Wasser ganz bedecken und
das Wasser alle 6 Stunden wechseln. Danach den Fisch
unter kaltem Wasser abspülen, Haut und Gräten entfernen,
dann den Fisch trocken tupfen und in fingerbreite Streifen
schneiden. Den Backofen auf 200 °C vorheizen.

2. Den Lauch putzen, waschen, halbieren und quer in 2 cm
breite Streifen schneiden. Den Schinken in Butter anschwitzen, den Lauch mitdünsten, mit Salz und Pfeffer würzen und
auskühlen lassen. Die Tartelettesförmchen mit dem Blätterteig auslegen, wie rechts in Step 1 gezeigt. Eier und Sahne
verrühren, mit Salz, Pfeffer und Muskat würzen und mit
Walnüssen und Lauch vermengen. Die Lauchmasse zur
Hälfte in die Formen geben, die Fischstreifen auflegen und
den übrigen Lauch darauf verteilen, wie auf der rechten
Seite in Step 2 zu sehen.

3. Der Fisch-Lauch-Mischung einen Blätterteigdeckel
aufsetzen, wie auf der rechten Seite in Step 3 gezeigt.
Die Tartelettes im vorgeheizten Ofen etwa 30 Minuten
goldbraun backen. Sie schmecken lauwarm oder auch
kalt mit einem knackigen Blattsalat.

S. 88, 89
STOCKFISCH

S. 27
MUSKATNUSS

BLÄTTERTEIG-TARTELETTES FORMEN, FÜLLEN UND BACKEN

(1) Die Tartelettesförmchen dünn mit flüssiger Butter ausstreichen. Den Blätterteig ausrollen die Tartelettesförmchen mit Teig auskleiden, überstehende Teigränder mit einem Messer rundherum abschneiden.

(2) Die vorbereitete Lauchmasse etwa zur Hälfte auf die Förmchen verteilen, die Stockfischstreifen darauflegen und die restliche Lauchmasse darübergeben.

(3) Aus dem Teig vier Kreise in Größe der Förmchen ausstechen, auf die Tartelettes legen und die Teigränder fest zusammenkneifen. Die Tartelettes mit Eigelb bestreichen und den Deckel mit einer Gabel mehrfach einstechen. Aus den Teigresten Blätter oder Blüten ausstechen, auf die Tartelettes legen und mit Eigelb bepinseln. Die Tartelettes im auf 200 °C vorgeheizten Backofen etwa 30 Minuten goldbraun backen.

GEGRILLTER TANDOORI-STEINBUTT MIT APRIKOSEN-TOMATEN-CHUTNEY

ZUBEREITUNGSZEIT: 1 Std. 40 Min.

FÜR DEN FISCH: Salz • 400 g Blattmangold, ohne Strunk (oder Blattspinat)
• 4 kleine Steinbutte (je 500 g) • 4 Pitabrote • 1 Limette, in Viertel geschnitten
FÜR DAS TANDOORI-MASALA: abgeriebene Schale von ½ Orange • 2 EL Koriandersamen
(oder gemahlener Koriander) • 1 TL mildes Chilipulver • 2 TL edelsüßes Paprikapulver
• ½ TL frisch geriebene Muskatnuss • 2 TL ganzer oder gemahlener Schwarzkümmel
(oder Kreuzkümmel) • 2 Knoblauchzehen, abgezogen und grob gehackt • 2 TL frischer,
fein geriebener oder gehackter Ingwer • 1 TL Meersalz • 1 EL Joghurt • 1 TL Zitronensaft
FÜR DEN BULGUR: 175 g Bulgur • 1 EL Olivenöl • 1 TL Kreuzkümmel • 1–2 EL Zitronensaft
• ½ Bund glatte Petersilie • ½ TL Meersalz • 300 ml Gemüsefond (oder Fischfond, S. 116)
FÜR DAS CHUTNEY: 12 Kirschtomaten • 4 kleine Schalotten • 200 g Aprikosen, frisch oder
getrocknet (oder gute Aprikosenkonfitüre) • 1 EL Olivenöl • 1 TL Puderzucker • ½ EL Tomatenmark • 1 TL Aceto balsamico bianco (oder Weißweinessig) • 150 ml halbtrockener Weißwein
• Saft von 2 Blutorangen • 1 Msp. Meersalz • frisch gemahlener schwarzer Pfeffer
AUSSERDEM: 4 Bogen Aluminiumfolie (je 40 cm lang) • 4 Bogen Backpapier (je 34 cm lang)

S. 98, 99
FISCH GRILLEN

FISCHTAUSCH

Der kleine Steinbutt lässt sich durch Steinbutt- oder Schollenfilets mit Haut ersetzen. Die Hautseite dabei mehrfach einritzen, die Filets marinieren und auf jeder Seite 2 Minuten, beginnend mit der Hautseite, grillen. Etwa 1 Minute nachziehen lassen.

1. Heizen Sie den Elektro- oder Holzkohlengrill vor. Bringen Sie einen großen Topf mit Wasser und einer Prise Salz zum Kochen, dann die gewaschenen Mangoldblätter hineingeben. Nach etwa 2 Minuten den Mangold mit der Schaumkelle aus dem Topf nehmen, in Eiswasser abschrecken und abtropfen lassen. Blanchieren Sie die Kirschtomaten für das Chutney 20 Sekunden im kochenden Mangoldsud, anschließend kalt abschrecken und die Haut abziehen.

2. Für das Tandoori-Masala alle Zutaten miteinander vermischen und zuletzt den Joghurt und den Zitronensaft unterrühren. Die Steinbutte gründlich abspülen, mit Küchenpapier trocken tupfen und häuten. Die Fische auf ein großes Blech legen, von beiden Seiten mit einer Prise Meersalz bestreuen und mit der Masala-Gewürzmischung gleichmäßig einreiben. Beiseitestellen und marinieren lassen.

3. In der Zwischenzeit den Bulgur in eine Schüssel geben und mit einer Gabel das Olivenöl, den Kreuzkümmel, Zitronensaft, Petersilie und Meersalz gut untermischen. Den Gemüsefond in einem Topf aufkochen, auf den Bulgur gießen und mit dem Holzlöffel gut durchmischen. Dann mit Frischhaltefolie abdecken und ziehen lassen. Für das Chutney Schalotten schälen, Aprikosen entsteinen, beides fein hacken und in einem Topf in Öl anschwitzen. Den Puderzucker, das Tomatenmark und den Essig zugeben, den Weißwein und Orangensaft zugießen und alles kurz aufkochen lassen. Zum Schluss die Kirschtomaten zugeben und mit Meersalz und Pfeffer pikant abschmecken.

4. Legen Sie die Fische auf den Grill und drehen Sie sie nach 2 Minuten um 45 Grad, um ein schönes Grillmuster zu erhalten. Nach weiteren 2 Minuten drehen Sie die Fische um und grillen die andere Seite für 4 Minuten. Die Alufolien mit jeweils einem Stück Backpapier darauf nebeneinander ausbreiten, jeweils etwas Mangold in die Mitte geben und mit Meersalz würzen. Die Fische vom Grill nehmen, auf den Mangold setzen und die Papiere zu Paketen schließen. Das funktioniert am besten, wenn man die Seiten an Kopf- und Schwanzende einschlägt. Dann die obere und untere Seite des Papiers über dem Fisch ineinanderrollt und verschließt.

5. Legen Sie die Fischpakete für 5 Minuten zurück auf den Grill und rösten Sie die Pitabrote auf dem Grill leicht an. Zum Anrichten die Pakete mit einer Schere öffnen, Papier auseinanderziehen. Fisch in der Folie auf große ovale Teller geben. Jeweils ein Viertel Limette auf das Schwanzende der Fische geben. Mit dem Bulgur und dem Chutney servieren.

KNURRHAHN VOM GRILL MIT KRÄUTERBUTTER

ZUBEREITUNGSZEIT: 1Std. 40 Min.

FÜR DIE KRÄUTERBUTTER: • 125 g weiche Butter • 50 g rote Paprikaschote
• 3 TL gehackte glatte Petersilie • 1 TL Thymianblättchen • 1 Msp. rosenscharfes
Paprikapulver • Salz • Zitronensaft
FÜR DEN KNURRHAHN: je 12 lange, dünne Zucchini- und Auberginenscheiben
• 8 Knurrhahnfilets • Zitronensaft • Salz
AUSSERDEM: Pergamentpapier • Küchengarn

S. 98, 99
FISCH GRILLEN

S. 37
KRÄUTERBUTTER
HERSTELLEN

1. Feuern Sie den Holzkohlengrill an. Schälen Sie die Paprikaschote mit einem Sparschäler. Das Fruchtfleisch fein würfeln, blanchieren, in Eiswasser abschrecken und gut abtropfen lassen. Bereiten Sie die Kräuterbutter zu, wie unten in Step 1 und 2 gezeigt, und stellen Sie sie kalt.

2. Das Gemüse für den Fisch in der Grillpfanne im Ofen 5–10 Minuten in heißem Olivenöl anbraten, damit es sich besser biegen lässt. Nun je 3 Gemüsescheiben abwechselnd nebeneinanderlegen, je 1 Filet daraufsetzen und beides mit Salz und Zitronensaft würzen. Die Filets in das Gemüse einschlagen und mit Küchengarn sorgfältig umwickeln.

3. Wenn alle Filets eingepackt sind, werden sie auf dem Grill oder in einer Grillpfanne von jeder Seite 6–10 Minuten gegrillt. Das Küchengarn entfernen und die Filets mit der Kräuterbutter servieren.

KRÄUTERBUTTER ZUBEREITEN UND KNURRHAHNFILETS EINWICKELN

(1) Die Butter schaumig schlagen, die vorbereiteten Kräuter und die blanchierten und abgetropften Paprika-würfel unterrühren. Die Buttermischung mit Zitronensaft und Salz abschmecken.

(2) Mit Pergamentpapier eine gleichmäßig dicke Butterrolle formen und diese kalt stellen.

(3) Das Gemüse für den Knurrhahn in der Grillpfanne kurz anbraten. Die Filets auf die Gemüsestreifen legen. Das Gemüse einschlagen, die Fischfiletpäckchen mit Küchengarn umwickeln und anschließend auf dem Grill oder in der Grillpfanne garen.

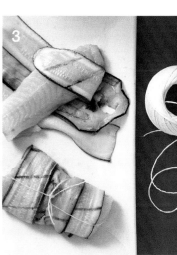

GERÄUCHERTER KARPFEN AUS DEM WOK

ZUBEREITUNGSZEIT: 45 Min.

FÜR DEN FISCH: 4 Karpfenkoteletts • Salz, frisch gemahlener Pfeffer • 3 Lorbeerblätter
• 10 Pfefferkörner • 5 Wacholderbeeren • Sahnemeerrettich
FÜR DEN SALAT: 250 g gemischte Blattsalate • 50 g weiße Zwiebel • 100 g Kirschtomaten
• 2 EL Basilikumblättchen
FÜR DIE VINAIGRETTE: • 2 EL Aceto balsamico bianco • Salz • frisch gemahlener Pfeffer
• 1 Msp. scharfer Senf • 5 EL Sonnenblumenöl • 1 EL gehackte Kräuter (Petersilie, Schnittlauch)
AUSSERDEM: Alufolie • 200 g Räuchermehl (Buche)

1. Die Karpfenkoteletts abspülen, gründlich mit Küchenpapier trocken tupfen und mit Salz und frisch gemahlenem
Pfeffer würzen. Bereiten Sie dann den Wok zum Räuchern
vor, wie unten in Step 1 und 2 zu sehen.

2. Die Lorbeerblätter, Pfefferkörner und Wacholderbeeren
auf dem Räuchermehl verteilen, die Karpfenkoteletts auf
das mit Alufolie ummantelte Einsatzgitter des Woks legen
und dieses über dem Räuchermehl platzieren (Step 3).
Den Wok auf den Herd stellen, die Herdplatte einschalten
und den Fisch 12–15 Minuten räuchern, dann herausnehmen und lauwarm abkühlen lassen.

3. Die Blattsalate putzen, waschen und trocken schleudern.
Die Salatblätter mundgerecht zerpflücken. Die Zwiebel
schälen und in dünne Ringe schneiden, die Tomaten waschen, trocken tupfen und halbieren. Alle Zutaten für die
Vinaigrette miteinander verrühren. Die geräucherten Karpfenkoteletts mit den Salatzutaten anrichten, mit der Vinaigrette
beträufeln, mit den Basilikumblättchen bestreuen und mit
Sahnemeerrettich servieren. Dazu passt frisches Baguette.

S. 98, 99
FISCH RÄUCHERN

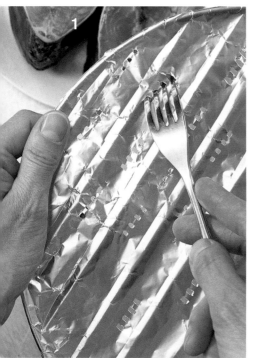

RÄUCHERN IM WOK MIT RÄUCHERMEHL AUS BUCHE

(1) Ummanteln Sie den Gittereinsatz des Woks mit
Alufolie, kneifen Sie den Rand fest und stechen Sie
die Folie mehrfach vorsichtig mit einer Gabel ein.

(2) Kleiden Sie den gesamten Wok mit Alufolie aus und
geben Sie dann etwa 2 cm hoch Räuchermehl hinein.

(3) Legen Sie die Karpfenkoteletts auf das Gitter
und platzieren Sie es über dem Räuchermehl.

WEISSWEIN-SAUCE

ERGIBT: etwa ¼ l / ZUBEREITUNGSZEIT: 50 Min.

1 Schalotte • 100 ml trockener Weißwein • 2 EL Noilly Prat • 400 ml Fischfond (S. 116) • 250 g Sahne • 1 EL Butter, in kleinen Stücken • Salz • Cayennepfeffer • etwas Zitronensaft • 1–2 EL geschlagene Sahne

1. Die Schalotte schälen, dann in feine Ringe schneiden, in eine Kasserolle füllen, den Weißwein und den Noilly Prat angießen und die Mischung zum Kochen bringen. Den Fischfond zugießen und die gesamte Flüssigkeit auf etwa ein Drittel reduzieren.

2. Die Sahne zugießen, vorsichtig aufkochen und bei geringer Hitze köcheln lassen, bis die Sauce sämig ist und die gewünschte Konsistenz erreicht hat. Dabei gelegentlich umrühren. Vorsicht: Sahne kocht leicht über!

3. Gießen Sie die Sauce durch ein feines Sieb in eine andere Kasserolle und rühren Sie die Butterstücke einzeln ein. Die Sauce mit dem Pürierstab kurz aufschäumen.

4. Die Sauce mit Salz, Cayennepfeffer und einigen Tropfen Zitronensaft würzen und mit dem Schneebesen die geschlagene Sahne behutsam unterziehen.

S. 116
FISCHFOND

SAMTSAUCE – VELOUTÉ

ERGIBT: etwa 350 ml / ZUBEREITUNGSZEIT: 30 Min. (ohne Auskühlen)

FÜR DEN FOND: 300 g Fischparüren (möglichst von Forelle, Zander, Seezunge) • 1 gestr. TL Butter • 1 Schalotte, in feine Würfel geschnitten • 150 ml trockener Riesling • 1 TL Salz • ½ Zweig Thymian
FÜR DIE VELOUTÉ: 1 EL Butter • 2 TL Mehl • 1 Eigelb • 100 g Sahne

1. Die Fischparüren 30 Minuten wässern. Die Butter zerlassen und die Schalottenwürfel darin glasig werden lassen; sie dürfen keine Farbe annehmen. Die Fischparüren zugeben und etwa 2 Minuten anschwitzen.

2. Etwa 400 ml Wasser und den Riesling zugießen, das Salz und den Thymianzweig hinzufügen. Bei geringer Hitze aufkochen lassen und den entstehenden Schaum abschöpfen. Nach etwa 20 Minuten Kochzeit den Fond durch ein mit einem Passiertuch ausgelegtes Sieb abgießen und anschließend auf etwa 350 ml einkochen. Abkühlen lassen.

3. Für die Velouté die Butter erhitzen, das Mehl darin ohne Farbe unter Rühren anschwitzen. Den abgekühlten Fischfond angießen und die Mischung unter ständigem Rühren mit dem Schneebesen aufkochen. 10 Minuten köcheln lassen.

4. Die Eigelbe und die Sahne miteinander verquirlen und unter Rühren in die Velouté gießen, die jetzt nicht mehr kochen darf! Ein Sieb mit einem Passiertuch auslegen. Die heiße Sauce einfüllen, ablaufen lassen, dann mit dem Pürierstab aufschlagen und fein abschmecken.

FETTE IN DER FISCHKÜCHE

Fette dienen als Geschmacksträger und als Schutz für das zarte Fischfleisch. Butter unterstreicht das Aroma des Fischs und der jeweiligen Würzzutaten, ohne dabei in den Vordergrund zu treten. Das gilt für Butter in Saucen gleichermaßen wie für Butter als Bratfett. Auch Olivenöl intensiviert das Aroma von Fisch. Dabei bleibt mildes Olivenöl eher im Hintergrund, während würzige und fruchtige Öle geschmacklich eine gute Ergänzung sind. Sie verleihen in Kombination mit entsprechenden Aromaten vielen Fischgerichten eine mediterrane Note.

ROTE BUTTER-SAUCE – BEURRE ROUGE

ERGIBT: etwa 150 ml / ZUBEREITUNGSZEIT: 1 Std. 20 Min.

• 30 g Schalotten • 30 g Petersilienwurzel • 30 g Lauch
• 50 g Möhre • 10 g Fenchel • ¼ Lorbeerblatt • 1 EL Butter
• 350 g Karkassen von Magerfischen • 400 ml Rotwein
• 1 Zweig Thymian • 120 g eiskalte Butter

1. Schälen oder putzen und waschen Sie das Gemüse und schneiden Sie alles in Scheiben. Die Karkassen wässern. Gemüse und Lorbeer in der Butter anschwitzen, die Karkassen zufügen und die sich bildende Flüssigkeit einkochen lassen; Gemüse und Gräten dürfen keine Farbe annehmen.

2. Löschen Sie das Gemüse und die Karkassen mit dem Wein ab, zugleich 400 ml Wasser angießen und aufkochen. Den Fond 25 Minuten köcheln lassen, dabei immer wieder abschäumen. Dann durch ein feines Sieb in eine Kasserolle ablaufen lassen. Den Thymian zufügen, die Flüssigkeit auf 100 ml reduzieren. Zuletzt den Thymian entfernen und die in Stücke geschnittene Butter mit dem Schneebesen einrühren, nicht aufmixen.

WEISSE BUTTER-SAUCE – BEURRE BLANC

ERGIBT: etwa 200 ml / ZUBEREITUNGSZEIT: 25 Min.

1 Schalotte • 100 ml Fischfond (S. 116) • 150 ml trockener Weißwein • 2 EL Weißweinessig
• 160 g eiskalte Butter, in Scheiben • Salz • Pfeffer
• 1 EL geschlagene Sahne

1. Schälen Sie die Schalotte und schneiden Sie sie in feine Würfel. In eine Kasserolle geben und den Fischfond, Wein und Essig angießen. Alles rasch zum Kochen bringen und bei relativ starker Hitze die Flüssigkeit im Topf auf etwa 4 EL reduzieren. Lassen Sie die Reduktion dann durch ein feines Sieb in eine andere Kasserolle ablaufen. Anschließend erneut erhitzen.

2. Rühren Sie die eiskalten Butterstücke nach und nach in die Sauce ein, bis die Butter geschmolzen und die Sauce von homogener Konsistenz ist. Nicht mehr aufkochen lassen! Dann mit Essig, Salz und Pfeffer fein abschmecken und mit einem Pürierstab aufmixen. Zuletzt die geschlagene Sahne unterziehen.

FRANZÖSISCHE ROUILLE

ERGIBT: 4 bis 6 Portionen / **ZUBEREITUNGSZEIT:** 1 Std.

175 g rote Paprikaschoten • 8–10 Chilischoten • 5–6 Knoblauchzehen • ½ TL grobes Meersalz
• 5–6 Safranfäden • 100 g mehlig kochende Kartoffeln, gegart • 1 Eigelb • 150 ml Olivenöl

1. Die Paprikaschoten waschen, halbieren und die Samen und Scheidewände entfernen. Rösten Sie die Fruchthälften unter dem Backofengrill, bis die Haut sich dunkel verfärbt.

2. Lassen Sie die Paprikaschoten in einer Plastiktüte oder unter einem feuchten Küchentuch schwitzen, bis die Haut Blasen wirft. Dann die Haut mithilfe eines kleinen Messers abziehen und das Fruchtfleisch in kleine Würfel schneiden.

3. Die Chili waschen, halbieren, Samen und Scheidewände entfernen und das Fruchtfleisch fein würfeln. Die Knoblauchzehen abziehen und in Hälften oder Viertel schneiden. Das gewürfelte Paprikafruchtfleisch, die Chiliwürfel, die abgezogenen und zerteilten Knoblauchzehen, das Meersalz und die Safranfäden in einen Mörser geben. Fein zerreiben.

4. Pellen Sie die gekochten, ausgekühlten Kartoffeln, , dann in Stücke schneiden und mit einer Gabel oder einem Kartoffelstampfer grob zerdrücken. Anschließend die Kartoffelmasse sorgfältig in die Paprika-Chili-Knoblauch-Mischung einrühren.

5. Rühren Sie nun das Eigelb behutsam unter die Kartoffelmasse und füllen Sie die Mischung zur Fertigstellung der Rouille in eine größere Schüssel um.

6. Geben Sie anschließend das Olivenöl zunächst tropfenweise und schließlich in einem dünnen Strahl zur Mischung. Rühren Sie das Öl dabei mit einem Schneebesen kräftig unter die Masse, bis sie eine angenehme, homogene Konsistenz bekommt.

KUMQUAT-TOMATEN-PESTO

ZUBEREITUNGSZEIT: 30 Min.
TROCKNEN DER TOMATEN: 5 Std.

• 150 g halbierte Strauchtomaten • Meersalz • Thymian
• Rosmarin • Knoblauch • abgeriebene Schale von je
½ unbehandelten Orange und Zitrone • 120 ml Olivenöl
• 50 g Kumquats, in Scheiben geschnitten • Orangensaft
• 1 EL Honig • 1 Msp. Zimt • 1 Lorbeerblatt • 50 g Pinienkerne, geröstet und gehackt • 50 g Parmesan • Salz

1. Geben Sie die Tomaten auf ein geöltes Backblech
und bestreuen Sie sie mit Meersalz, Thymian, Rosmarin,
Knoblauch und der Orangen- und Zitronenschale. Die
Tomaten mit 2 EL Olivenöl beträufeln und 5 Stunden bei
80 °C im Ofen trocknen lassen.

2. Die Kumquatscheiben in Orangensaft mit Honig, Zimt und
Lorbeerblatt weich kochen. Auskühlen lassen und Lorbeerblatt entfernen. Die gegarten Kumquats mit den Tomaten,
Pinienkernen, Parmesan und Salz mischen. Mit dem Pürierstab pürieren und dabei das restliche Olivenöl untermixen.

S. 36
PESTO HERSTELLEN

S. 241
KUMQUATS

SAUCE AU PISTOU

ZUBEREITUNGSZEIT: 35 Min.

• 50 g Schalotten • ⅛ l Weißwein • 100 g Sahne
• 1 Knoblauchzehe • 2 EL Olivenöl • 1 EL gehacktes
Basilikum • 20 g Pinienkerne • Pfeffer • Salz

1. Schälen und würfeln Sie die Schalotten. Mischen
Sie sie in einem Topf mit dem Weißwein, dann aufkochen
und fast vollständig reduzieren. Die Sahne dazugießen und
alles bis zur gewünschten Konsistenz einkochen lassen.

2. Die geschälte Knoblauchzehe, das Olivenöl, das Basilikum
und die Pinienkerne im Mörser fein zerreiben. Rühren Sie
die Pistou-Mischung in die Sauce ein, dann mit frisch
gemahlenem Pfeffer und Salz fein abschmecken.

FLEISCH

VOR WENIGEN JAHREN schon fast zum Auslaufmodell abgestempelt, erfreut sich das Schwäbisch-Hällische Schwein heute aufgrund seiner ausgezeichneten Fleischqualität bei Gourmets, Feinschmeckern und Köchen wieder großer Beliebtheit.

QUALITÄT IM WANDEL

Aktuelle Verbraucherwünsche spiegeln sich oft unmittelbar in den Zuchtzielen wider. Daher verwundert es kaum, dass diese sich binnen Jahrzehnten grundlegend verändert haben.

ZWAR IST DER MENSCH schon seit der Jungsteinzeit von Haustieren umgeben, eine gezielte Herauszüchtung einzelner Merkmale ist dagegen vergleichsweise jung. Erst im 18. Jahrhundert begann man in England mit einer gezielten Zucht – zunächst von Rindern. Grund dafür war die wachsende Nachfrage der städtischen Bevölkerung nach Fleisch. Zu Beginn des 19. Jahrhunderts wurden die dortigen Zuchtprinzipien auch auf dem Kontinent übernommen. Verfolgt man den Verlauf der Zuchtgeschichte, dann wird deutlich, wie sehr Verbraucherwünsche die Zuchtziele beeinflussen können. Ein gutes Beispiel dafür sind die Entwicklungen in der Schweinezucht. Zu Beginn des 20. Jahrhunderts war die Rassenvielfalt noch sehr groß. Erste Zuchterfolge führten dazu, dass einige Rassen mehr, andere dafür weniger wichtig wurden. Messbar wurden diese durch die von dem Ökonomen Wilhelm Seedorf 1919 in Deutschland eingeführte Leistungsprüfung, dem Beginn der kontrollierten und nachvollziehbaren Herdbuchzucht. Im Jahr 1925 entstand die erste deutsche Mastprüfungsanstalt. Sie lieferte die notwendigen Daten für eine systematische Zucht. Nach der Unterbrechung durch den Zweiten Weltkrieg wurden die Zuchtbemühungen dann in den 1950er-Jahren wieder aufgenommen, der Rassebestand an Schweinen war bis auf wenige Ausnahmen derselbe wie vor dem Krieg. Dann aber erfolgte innerhalb weniger Jahre eine Umorientierung der Züchter: Was war geschehen?

LIEBER FLEISCH ALS FETT

Die alten veredelten Landrassen hatten einen hohen Fettanteil. Dies war in den ersten Nachkriegsjahren kein Makel, ganz im Gegenteil: Fett war ein gefragter Energiespender. Die Menschen benötigten – wie auch in den Jahrzehnten und Jahrhunderten zuvor – aufgrund ihrer starken körperlichen Tätigkeit sehr viel mehr Kalorien als heute. Doch mit dem aufkeimenden Wohlstand stiegen gleichzeitig der Grad der Motorisierung und der Fleischverzehr. Aufgrund veränderter Lebens- und Arbeitsbedingungen verlangte der Verbraucher jetzt mageres Fleisch. Die Züchter reagierten prompt: Schon in den 1960er-Jahren war aus dem alten Fettschwein das moderne Fleischschwein geworden. Im Gegensatz zu den Schweinerassen alten Typs hatte das moderne, schlanke Schwein fast keinen Bauch mehr und nurmehr eine dünne Speckschicht auf dem Rücken. Dafür war der Anteil an wertvollen Teilstücken wie Schinken, Rücken oder Schultern jetzt deutlich höher als zuvor. Erreicht wurde dieses Zuchtziel zunächst durch die Einkreuzung von holländischen Landschweinen dänischer Zuchtrichtung – aus dem veredelten Landschwein entstand somit 1969 die Deutsche Landrasse. Das neue Handelsklassensystem entsprach in der Ausrichtung auf Schinken- und Muskelfülle exakt den Wünschen der Verbraucher. Ein Umstand, der bald dazu führte, dass auch die Deutsche Landrasse als zu wenig fleischig empfunden wurde.

Ein besseres Ergebnis versprachen sich Züchter durch die Einkreuzung der äußerst fleischigen Rassen Piétrain und Belgische Landrasse. Das nach dem belgischen Dorf Piétrain benannte Schwein erlebte eine Renaissance: In den 1950er-Jahren hatte sich die als unzeitgemäß geltende Rasse nur noch in einem einzigen Bestand erhalten. Gerade mal 15 Jahre später genoss sie ihrer enormen Fleischfülle wegen wieder höchstes Ansehen. Um 1980 waren schließlich vier der alten Rassen völlig verschwunden, dafür tauchten zwei neue, robuste Rassen aus den USA im Herdbuch auf: Hampshire und Duroc. Die einseitige Orientierung der Züchter auf Fleischfülle zulasten der Fleischbeschaffenheit und Vitalität führte jedoch dazu, dass die Tiere stressanfällig wurden und die Fleischqualität sich verschlechterte. Eine Untersuchung Anfang der 1980er-Jahre hatte ergeben, dass ein Drittel aller Schlachttiere PSE-Eigenschaften aufwies, ihr Fleisch also entweder blass (engl. *pale*), weich (engl. *soft*) und/oder wässrig (engl. *exudative*) war.

ZÜCHTERISCHE NEUORIENTIERUNG

Dies bewirkte einen erneuten Wandel: Neben der Fleischigkeit spielten nun Faktoren wie Fleischqualität und Stressresistenz bei der Züchtung eine Rolle. Untersuchungen ergaben, dass Tiere aus Kreuzungs- und Hybridzucht in der Bewertung wesentlich günstigere Ergebnisse brachten als die bisherigen Reinzuchtprogramme und Einfachkreuzungen. Züchter spezialisieren sich heute auf sogenannte Mutter- und Vaterlinien. Bei den Vaterlinien stehen Fleischigkeit und Vitalität im Vordergrund, bei den Mutterlinien Fruchtbarkeit, Fleischbeschaffenheit, Stressresistenz und Mastleistung. Außerdem wurde seit den 1980er-Jahren erkannt, dass gerade die alten, fast ausgestorbenen Rassen wie das Schwäbisch-Hällische Schwein oder das Bunte Bentheimer Schwein ausgezeichnete Fleischqualität liefern. Spezielle Züchterverbände haben sich dieser Rassen angenommen. Sie werden wieder im Herdbuch geführt, wenngleich ihr Anteil am gesamten Schweinebestand in Deutschland gering ist. Das Fleisch dieser Rassen erfreut sich zunehmender Beliebtheit, zumal etwas mehr Fett erwiesenermaßen auch mehr Geschmack bedeutet.

DIE FLEISCHSTRUKTUR

Die einseitige Orientierung auf viel und möglichst mageres Fleisch entsprach den Verbraucherwünschen der 1960er-Jahre. Heute weiß man: Marmoriertes Fleisch schmeckt besser. Daher geht der Trend hin zu stärkerer Marmorierung.

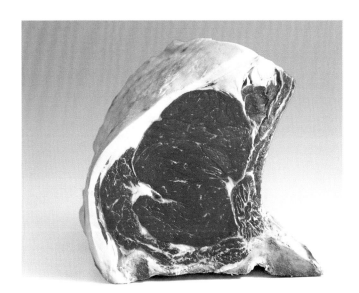

MAGERES, KAUM ODER GAR NICHT marmoriertes Fleisch – hier ein Stück von der Hochrippe vom Rind – stand lange Zeit ganz oben in der Gunst der Verbraucher. »Möglichst wenig Kalorien«, lautete die Devise. Und die Züchter trugen dieser Anforderung Rechnung, indem sie immer noch mehr und noch mageres Fleisch erzeugten.

EIN SCHÖN MARMORIERTES Stück Fleisch von der Hochrippe wäre wohl noch vor wenigen Jahren als viel zu fett abgelehnt worden – dabei ist es Fleisch der höchsten Kategorie. Gerade die feinen Fettäderchen sind es, die das Fleisch beim Garen wunderbar saftig, zart und schmackhaft machen, das aufliegende Fett wird entfernt.

REICH AN EIWEISS UND VITAMINEN

Qualitativ hochwertiges Rindfleisch ist ein wertvolles Nahrungsmittel. Bis es schön mürbe und zart wird, braucht es bei der Zubereitung jedoch seine Zeit.

BEWUSST GENIESSEN – beim maßvollen Verzehr von gutem Rindfleisch müssen Sie kein schlechtes Gewissen haben. Rindfleisch enthält viele für unsere Ernährung wichtige Bausteine – allen voran hochwertiges Eiweiß, wertvolle Vitamine, Mineralstoffe sowie Spurenelemente. Die Kritik, Fleisch enthalte zu viel Fett und Kochsalz, bezieht sich in erster Linie auf Fertigprodukte und auf Wurstwaren. Beim Fleisch selbst sieht die Bilanz hingegen ganz anders aus: Mageres Rindfleisch enthält im Schnitt lediglich 4 Prozent Fett, dafür jedoch 20 Prozent hochwertiges Eiweiß. Aus kulinarischer Sicht ist jedoch nicht dem ganz mageren, sondern dem fein durchwachsenen Fleisch der Vorzug zu geben. Fett ist ein Aromaträger, daher schmeckt marmoriertes Rindfleisch besser, ist zarter und bleibt saftiger bei der Zubereitung. Zudem enthält das Fett einen hohen Anteil an ungesättigten Fettsäuren, die der Körper mit der Nahrung aufnehmen muss. »Qualität« lautet daher auch hier die Devise: Hochwertiges, zartes und saftiges Fleisch von artgerecht aufgezogenen Tieren hat zwar seinen Preis, dafür wird der Gaumen mit einem entsprechenden kulinarischen Erlebnis belohnt.

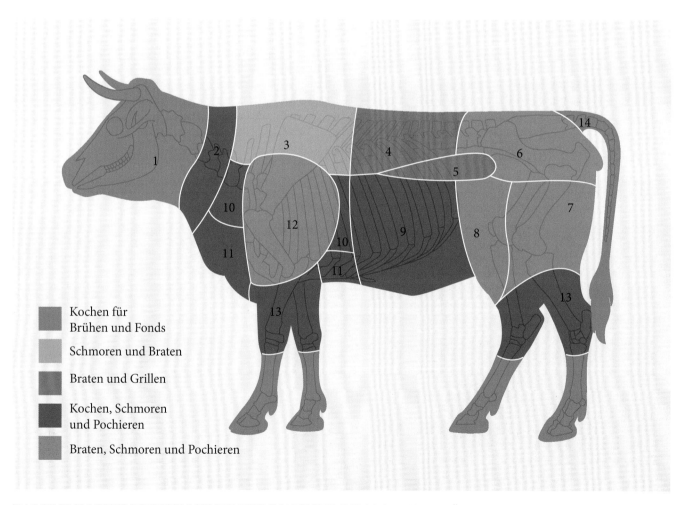

Kochen für
Brühen und Fonds

Schmoren und Braten

Braten und Grillen

Kochen, Schmoren
und Pochieren

Braten, Schmoren und Pochieren

DAS RIND IM QUERSCHNITT MIT DEN KULINARISCH WICHTIGEN TEILSTÜCKEN UND IHRER VERWENDUNG: 1 – Kopf, 2 – Kamm, Nacken, Hals; 3 – Fehlrippe, Hohe Rippe; 4 – Hochrippe, Roastbeef; 5 – Filet; 6 – Hüfte, Blume; 7 – Unter- und Oberschale; 8 – Kugel; 9 – Dünnung, Bauch; 10 – Spannrippe, Querrippe; 11 – Brust, Brustspitze, Brustkern; 12 – Bug, Schulter, Blatt; 13 – Vorder- und Hinterhesse; 14 – Schwanz

VITAMINE UND MINERALSTOFFE

Neben seinem hohen Gehalt an Eiweiß – nur zum Vergleich: bei Geflügel liegt der durchschnittliche Eiweißgehalt bei ungefähr 8 Prozent – hat Rindfleisch noch mehr zu bieten. Es versorgt den Körper mit wichtigen Vitaminen, insbesondere den B-Vitaminen (B1, B2, B6, B12 und Niacin), wobei hier dem Vitamin B12, das zur Bildung der roten Blutkörperchen gebraucht wird, eine besondere Bedeutung zukommt, da es fast ausschließlich in tierischen Lebensmitteln enthalten ist. Zudem sind die fettlöslichen Vitamine A, D und E in Rindfleisch enthalten. Vor allem die Leber des Rinds ist ein ausgezeichneter Vitamin-A-Lieferant. Außerdem finden sich im Rindfleisch noch eine ganze Reihe wichtiger Mineralstoffe und Spurenelemente, die den Stoffwechsel unterstützen, wie etwa Magnesium, Kalium, Kalzium, Phosphor sowie Eisen, Selen, Mangan, Zink, Kupfer und Jod.

ZART IST NUR GEREIFTES FLEISCH

Sehr stark wird die Qualität von Fleisch und insbesondere von Rindfleisch von biochemischen Vorgängen nach dem Schlachten beeinflusst. Unmittelbar nach dem Schlachten sind die Muskeln erst einmal weich und schlaff. nach einer Weile jedoch – die Zeit variiert je nach Tierart – werden die Muskeln zunehmend hart und fest: Die Totenstarre tritt ein. In diesem Zustand ist Fleisch nicht zur Zubereitung geeignet. Der pH-Wert sinkt stark, es kommt zu einer Muskelkontraktion, das Fleisch wird zäher und hat eine schlechte Wasserbindung. Würde man es jetzt braten, wäre das Fleisch strohtrocken. Nach Eintritt der Totenstarre setzen sich die enzymatischen Veränderungen im Muskelfleisch fort. Man spricht in diesem Zusammenhang vom »Reifen« des Fleisches. Der pH-Wert im Fleisch und damit verbunden auch die Wasserbindungsfähigkeit steigen jetzt langsam wieder an. Das Fleisch wird zunehmend mürber und zarter. Braten- und Steakfleisch vom Rind wird bei der späteren Zubereitung daher nur dann wirklich zart, wenn es in einer geeigneten hygienischen Umgebung 4–5 Wochen gereift ist. Zum Reifen oder »Abhängen« werden die Fleischteile heutzutage in der Regel vakuumverpackt, so ist das Fleisch vor unerwünschtem Bakterienbefall geschützt. Eine Rolle spielt bei diesem Prozess der postmortalen Glykolyse – wie die enzymatischen Veränderungen im Fleisch in der Fachsprache genannt werden – auch noch die Temperatur: Werden die Rinderhälften nach dem Schlachten bei einem pH-Wert unter 6,0 zu stark gekühlt, dann kann es zu einer Verkürzung der Muskulatur kommen. Man spricht in diesem

RINDFLEISCH, WIE ES SEIN SOLL: Hier ein schön marmoriertes Stück von der Hochrippe. Die aufliegende dicke weiße Fettschicht hält das zarte Fleisch beim Braten oder Grillen schön saftig, sie kann jedoch nach Belieben vor dem Essen entfernt werden.

Zusammenhang vom sogenannten »cold shortening effect«. Diese Entwicklung bewirkt, dass das Fleisch zäh wird und auch zäh bleibt.

Richtig gereiftes gutes Fleisch kann nach dem Einkauf zu Hause noch 3–4 Tage im Kühlschrank aufbewahrt werden. Am besten legt man es dafür in Öl oder auch in eine Würzmarinade ein (S. 196). Vakuumverpacktes Fleisch können Sie entsprechend länger lagern, wenn die Verpackung nicht beschädigt ist. Am Tag der Zubereitung sollte die Verpackung dann etwa 1 Stunde vorher geöffnet werden, damit das Fleisch durch die Einwirkung von Sauerstoff wieder seine schöne rote Farbe bekommt. Tiefgekühlt kann Rindfleisch je nach Fettgehalt 8–10 Monate aufbewahrt werden.

KOCHEN, SCHMOREN ODER BRATEN?

Jedes Stück aus dem Vorderviertel des Rinds erfordert eine individuelle Behandlung. Wichtig ist dabei jedoch vor allem eines: gute Qualität!

Manche Teilstücke vom Rind – vor allem jene des Vorderviertels – werden in ihrer Vielseitigkeit oft unterschätzt. Dabei sind sie im Gegensatz zu den bekannteren Stücken des Hinterviertels allesamt relativ preiswert.

SCHULTER, BUG
Gewichtsmäßig macht die Schulter einen großen Teil des Vorderviertels aus, angeboten wird sie in verschiedenen Teilstücken, wie unten und auf der rechten Seite abgebildet (1–7).
Merkmale: Alle Stücke der Schulter sind relativ mager, aufgrund ihres hohen Anteils an Bindegewebe, aber auch etwas zäher als jene der Keule. Grund dafür ist die höhere Belastung der vorderen Muskelpartien.
Verwendung: Die Teile der Schulter lassen sich schmoren, braten oder kochen. Zum Kurzbraten allerdings sind diese Stücke nicht geeignet, da Sehnen und Bindegewebe beim Kurz-

braten nicht weich werden. Betrachten wir die Schulter einmal im Einzelnen: Der Dicke Bug (1), (2) schmeckt als Braten, Sauerbraten, Gulasch oder Geschnetzeltes. Auch kleine Rouladen können daraus geschnitten werden. Der Schulterdeckel (3) eignet sich bestens zum Pochieren, ebenso wie das Mittelbug- oder Schaufelstück (4). Häufig wird das Schaufelstück auch als Sauerbraten oder Gulasch zubereitet. Das Falsche Filet (5) verdankt seinen Namen der Ähnlichkeit mit dem echten Filet. Es eignet sich zum Braten im Ganzen, kann aber auch für Sauerbraten oder Tatar verwendet werden. Aus den Beinscheiben der Vorderhaxe oder -hesse mit den innen liegenden Markknochen lässt sich eine ausgezeichnete Fleischbrühe herstellen.

KAMM, NACKEN, HALS
Vielfach wird der fleischige Hals, Nacken oder Kamm, wie er auf der rechten Seite in Abbildung (8) zu sehen ist, vom Flei-

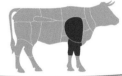

Die Teile der Schulter und die Vorderfüße liefern gutes Fleisch zum Kochen, Pochieren, Schmoren und Braten.

(1) Das DICKE BUGSTÜCK, oft auch nur DICKER BUG genannt, ist zartfaseriger als andere Teilstücke der Schulter. Er eignet sich daher sehr gut zum Braten und Schmoren sowie für Gulasch und Geschnetzeltes.

(2) DICKES BUGSTÜCK MIT DECKEL. Hier sind die Fettabdeckung und das Bindegewebe gut erkennbar.

(3) Der SCHULTERDECKEL ist von Bindegewebe überzogen und liegt auf dem Schaufelstück auf.

(4) Das MITTELBUGSTÜCK oder SCHAUFELSTÜCK ist von einer kräftigen Sehne durchzogen.

(5) Das SCHULTER- ODER FALSCHE FILET ist zartfaserig und von einer Sehne durchzogen.

(6) SCHULTERSTÜCKE sind mager und ergeben pariert und gewürfelt ideales Gulaschfleisch.

scher zu Hackfleisch oder Wurst verarbeitet. Ausgelöst findet das preiswerte Stück jedoch auch in der Küche Verwendung.

Merkmale: Die Halspartie beim Rind besteht aus kräftigem Muskelfleisch, das von zahlreichen Sehnen durchzogen und von Fett durchwachsen ist. Aufgrund seiner Struktur benötigt es generell lange Garzeiten in feuchter Hitze.

Verwendung: Rinderhals ergibt, in Würfel geschnitten, ein gutes Gulaschfleisch. Das Stück eignet sich aber auch zum Kochen oder Pochieren im Ganzen.

FEHLRIPPE, HOHE RIPPE

Die an den Kamm oder Hals anschließenden Teile der Rückenmuskulatur nennt man Fehlrippe, Hohe Rippe oder Zungenstück (9), (10).

Merkmale: Das Teilstück ähnelt in Aussehen und Struktur der Hochrippe, ist jedoch meist etwas fettärmer. Allerdings sind die Übergänge fließend, das heißt, je nach Schnittführung kann die Hohe Rippe länger oder kürzer ausfallen.

Verwendung: Die Fehlrippe oder Hohe Rippe ist zum Pochieren, Schmoren oder Braten geeignet. Auch Sauerbraten und Gulasch lässt sich daraus zubereiten.

HOCHRIPPE

Die Hochrippe (11), (12) – manche sprechen auch von Hochrücken oder Zwischenrippenstück – ist ein wertvolles Teilstück des Rückens. Es befindet sich zwischen Schulter und Keule. Je nach Schnittführung kann es am Vorder- oder Hinterviertel verbleiben.

Merkmale: Das Fleisch der Hochrippe ist zartfaserig, gut marmoriert und daher schön saftig. Aus dem mittleren Stück, dem besten Teil, wird das sogenannte Ribeye-Steak geschnitten.

Verwendung: Die Hochrippe vom Rind ist zum Pochieren, zum Braten im Ganzen und als Kotelett geeignet, aber auch zum Kurzbraten oder Grillen.

(10) Die FEHLRIPPE oder HOHE RIPPE hat einen höheren Bindegewebsanteil als die Hochrippe und ist saftig.

(11) Die HOCHRIPPE ohne Knochen mit Fettauflage, eignet sich zum Schmoren, Braten und Pochieren.

(12) HOCHRIPPE mit Knochen. Aufgrund der Marmorierung ist dieses Stück schön saftig. Als Rinderkotelett (Côte de bœuf) wird es oft mit Knochen gebraten oder gegrillt.

Das Fleisch vom Hals und die Teile des Rückens eignen sich sehr gut zum Braten, Grillen, Schmoren und Pochieren.

(7) BEINSCHEIBEN VON DER VORDERHESSE ergeben beim Kochen eine kräftige Brühe.

(8) Der AUSGELÖSTE RINDERHALS, NACKEN oder KAMM ist sehnenreich und durchwachsen.

(9) RINDERHALS UND FEHLRIPPE mit Knochen – links die Halspartie, rechts die Fehlrippe.

ROSA, MILD UND FEINFASERIG

Kalbfleisch ist in der gehobenen Gastronomie aufgrund seiner Zartheit sehr begehrt, im Geschmack jedoch deutlich zurückhaltender als Rindfleisch.

KALBFLEISCH ist deshalb so besonders zart, weil bei jungen Tieren die Muskeln noch nicht vollständig entwickelt sind und das Bindegewebe noch weich ist. Aufgrund seiner günstigen Zusammensetzung – Kalbfleisch enthält reichlich Eiweiß, aber im Vergleich zu Rindfleisch weniger Fett – empfehlen Ernährungsfachleute dieses Fleisch als bekömmlich und mager. So sind in 100 Gramm durchwachsenem Rindfleisch 31 Gramm Fett enthalten, beim Kalb sind es dagegen nur 17 Gramm.

KALB ODER JUNGRIND?

Auf dem EU-Markt wird unter der Bezeichnung »Kalb« Fleisch mit ganz unterschiedlichen Eigenschaften angeboten (an einer allgemein verbindlichen Definition wird gearbeitet). In Deutschland ist man sich dagegen einig, dass Kalbfleisch von jungen Rindern mit einem festgelegten Schlachtkörper- oder Zweihälftengewicht von bis zu 150 Kilogramm stammt, wobei hier bestimmte Körperteile wie Haut, Kopf oder Organe der Brust und Bauchhöhle nicht mitgerechnet werden. In den Richtlinien der »Handelsklassen für Rindfleisch« wird Kalbfleisch als Fleisch der »Kategorie KA« bezeichnet. Schwerere,

aber noch nicht ausgewachsene Tiere beiderlei Geschlechts mit einem Lebendgewicht unter 300 Kilogramm werden dagegen als Jungrinder bezeichnet. Über einem Lebendgewicht von 300 Kilogramm handelt es sich dann bereits um Rinder.

UNTERSCHIEDLICHE QUALITÄTEN

Unterschiede in Farbe und Konsistenz bei Kalbfleisch sind in erster Linie durch Alter und Art der Fütterung bedingt. Bei Tieren, die ausschließlich mit Muttermilch aufgezogen werden und bei der Schlachtung weniger als 150 Kilogramm Zweihälftengewicht auf die Waage bringen, spricht man von Milchkälbern. Ihr Fleisch ist äußerst mager, weich und etwas wässrig und daher aus kulinarischer Sicht meist weniger geschätzt. Mit zunehmendem Alter wird die Muskulatur ausgeprägter. Sehr helles, »weißes« Kalbfleisch erzielt man durch eisenarmes Futter in Verbindung mit einer Haltung der Tiere im Dunkeln sowie einer Einschränkung ihrer Bewegungsfreiheit. In manchen Ländern ist das sogenannte weiße Kalbfleisch nach wie vor sehr gefragt, in Deutschland wird diese Art der Kälbermast unter anderem aus Tierschutzgründen nicht mehr praktiziert. Erhalten Kälber dagegen sehr eisenhaltiges Futter, wie etwa Grünfutter auf der Weide, verfärbt sich ihr Fleisch rot.

Aus kulinarischer Sicht am höchsten bewertet wird rosafarbenes Kalbfleisch von Tieren, die mit Vollmilch und Raufutter aufgezogen wurden. Geschlachtet werden solche Kälber meist mit einem Lebendgewicht unter 220 Kilogramm und im Alter von 3–4 Monaten. Kälber, die mit Milchaustauschern und Kraftfutter gemästet werden, schlachtet man etwas später, sie kommen im Alter von 5–6 Monaten in den Verkauf.

KURZE REIFUNG, HOHER GENUSSWERT

Das zarte, feinfaserige Kalbfleisch benötigt im Gegensatz zu Rindfleisch eine sehr viel kürzere Reifezeit. Bereits 2–3 Tage nach der Schlachtung lässt es sich optimal in der Küche verarbeiten. Sein feiner Geschmack kommt besonders gut beim Braten und Schmoren zur Geltung. Da das Bindegewebe beim Kalb noch weich ist und daher keine langen Garzeiten benötigt werden, sind viele Teile vom Kalb auch ausgezeichnet zum Kurzbraten geeignet. Als Kochfleisch für Brühen oder zum Grillen wird das aufgrund der geringeren Ausbeute im Verhältnis zu Rind doch etwas teurere Kalbfleisch hingegen kaum verwendet. Dazu ist es zu schade.

HELLES KALBFLEISCH

Während früher »weißes« Kalbfleisch, erzeugt durch eine spezielle Art der Mast mit eisenarmem Futter und Aufzucht im Dunkeln, sehr gefragt war, wird heute vom Verbraucher eine natürliche Rosa- bis Hellrotfärbung des Fleisches bevorzugt.

ZUM BRATEN UND KURZBRATEN

sind Kalbskoteletts und Lendensteaks neben dem Filet erste Wahl. Die Dünnung, wie der preiswerte Bauch genannt wird, kann auch gefüllt werden.

KALBSKOTELETT UND KOTELETTSTÜCK

Das Fleisch vom Kalbsrücken ist besonders zart und zählt zum Besten, was das Kalb zu bieten hat. Das Kotelettstück (2) wird aus dem halbierten Rücken oder Sattel des Kalbs gewonnen und ist ein Teilstück des Hinterviertels.

Merkmale: Das Muskelfleisch des Rückens wird beim Kalb nur wenig beansprucht und ist daher sehr zart.

Verwendung: Kalbskoteletts mit Knochen und Fettabdeckung (1), auch Stielkoteletts genannt, eignen sich besonders gut zum Kurzbraten. Das Kotelettstück mit Knochen im Ganzen ergibt einen feinen Braten.

KALBSLENDE

Als Kalbslende (3) bezeichnet man den ausgelösten Muskelstrang vom hinteren Teil des Rückens – dieses Teilstück entspricht dem Roastbeef beim Rind.

Merkmale: Kalbslende ist ausgesprochen mager, zartfleischig und von einer leichten Fettauflage bedeckt.

Verwendung: Kalbslende kann man hervorragend im Ganzen braten. In Steaks (4) geschnitten eignet sie sich ebenfalls ganz ausgezeichnet zum Kurzbraten. Die dünne Fettauflage sollte in jedem Fall beim Braten am Fleisch verbleiben, sie hält es schön saftig.

DÜNNUNG

Als Dünnung oder Flanke (5) wird beim Kalb das preiswerte Bauchstück bezeichnet.

Merkmale: Das flache Teilstück enthält keine Knochen, jedoch relativ viel Bindegewebe.

Verwendung: Die Dünnung eignet sich für Rollbraten, kann aber auch wie die Brust gefüllt und gebraten werden, dabei benötigt sie eine längere Garzeit.

Der Kalbsrücken liefert mit dem Kotelettstück und der Lende zwei hervorragende Teilstücke zum Kurzbraten. Der Bauch dagegen benötigt eine längere Garzeit.

(1) KALBSKOTELETTS werden mit den Knochen aus dem Kotelettstück geschnitten. Durch die Fettauflage und den Knochen, der beim Braten zusätzlich Aroma abgibt, sind sie kräftig im Geschmack.

(2) Das KALBSKOTELETT-STÜCK mit Knochen wird auch als KARREE oder als KARBONADE bezeichnet.

(3) Die KALBSLENDE, wie der ausgelöste RÜCKEN genannt wird, ist beinahe so zart wie das Filet.

(4) KALBSLENDENSTEAKS mit zarter Fettauflage werden aus dem ausgelösten Rücken geschnitten.

(5) Die DÜNNUNG, FLANKE oder BAUCH, ein flaches Teilstück, dient auch zur Wurstherstellung.

ZUM BRATEN UND SCHMOREN sind die
Teilstücke der Kalbskeule und Kalbshüfte wunderbar geeignet. In Scheiben ergibt die Oberschale zarte Schnitzel zum Kurzbraten.

Die Keule (1) ist das größte und das wertvollste Teilstück des Kalbs. Nach Filet und Lendenkotelett rangieren die Teile der Keule – hierzu werden Ober- und Unterschale, Hüfte, Nuss und Haxe gerechnet – ganz oben auf der Beliebtheitsskala von Köchen und Feinschmeckern. Mit Ausnahme von Haxe und Bein ist die Muskulatur der Keule nur gering beansprucht. Alle Teilstücke sind daher deutlich weniger von Sehnen und Bindegewebe durchzogen als jene des Vorderviertels.

OBER- UND UNTERSCHALE
Das beste Teilstück der Keule ist für die meisten die Oberschale (2). Sie ist etwas teurer als die auch als Schwanzstück bezeichnete Unterschale (4), die nicht ganz so zart ist.
Merkmale: Die Oberschale vom Kalb ist sehr mager, nahezu fettfrei, und schön feinfaserig. Im Gegensatz dazu weist die Unterschale eine etwas gröbere Faserstruktur auf. Die Unterschale lässt sich entlang des Bindegewebsstrangs noch weiter in die magere Rolle oder Schwanzrolle sowie in das seitlich anliegende, etwas weniger zarte Frikandeau trennen.
Verwendung: Aus der Kalbsoberschale werden hervorragende, magere Schnitzel (3) geschnitten. Auch als großer Braten oder für Geschnetzeltes kommt dieses große Teilstück der Keule infrage. Die Unterschale eignet sich zum Schmoren im Ganzen, für Rouladen oder auch für Geschnetzeltes.

Noch saftiger wird die Unterschale beim Braten, wenn das Fleisch zuvor gespickt oder auch mit Speckscheiben umwickelt (bardiert) wurde. Die Schwanzrolle vom Kalb kann, in Scheiben geschnitten, auch zum Kurzbraten verwendet werden.

NUSS, KUGEL
Seinen Namen verdankt dieses Teilstück (5) seiner kompakten rundlichen Form.
Merkmale: Die Nuss oder Kugel hat ein zartes und feinfaseriges Fleisch. Sie ist etwas kleiner als die anderen Teilstücke der Keule.
Verwendung: Aufgrund ihrer geringeren Größe eignet sich die Kalbsnuss sehr gut als Braten im Ganzen, sie kann jedoch auch – ebenso wie die anderen Teilstücke der Keule – quer zur Faser in kleine Schnitzel geschnitten werden, etwa für die bekannte Piccata milanese oder auch für Schnitzel à la nature. Zudem findet die Nuss auch für Geschnetzeltes Verwendung.

HÜFTE
Wie die anderen Teilstücke der Keule ist die Hüfte vom Kalb, wie sie auf der rechten Seite unten zu sehen ist, sehr geschätzt (6).
Merkmale: Das Fleisch der Kalbshüfte ist mager, zart und von feiner Faserstruktur.
Verwendung: Die Hüfte bietet sich in erster Linie zum Schmoren oder für einen großen Braten an, wobei sie am besten gespickt werden sollte, damit das zarte Fleisch nicht zu sehr

(1) GANZE KALBSKEULE
mit Knochen. Ihr Anteil
am Hälftengewicht beträgt
etwa 40 Prozent.

(2) Die OBERSCHALE
VOM KALB, hier gut pariert,
hat in der Regel eine leichte
Fettabdeckung.

(3) SCHNITZEL aus der
Oberschale geschnitten,
sind das Fleisch der Wahl
für echte Wiener Schnitzel.

(4) UNTERSCHALE VOM
KALB. Deutliche zu erkennen
ist die Schwanzrolle (im
Bild links).

(5) Die KALBSNUSS oder
KUGEL ist ein erstklassiges,
saftiges und zartes Teilstück
der Keule.

austrocknet. In Scheiben geschnitten eignet sich die Hüfte vom Kalb auch als Schnitzel- oder Steakfleisch zum Kurzbraten, wobei die Qualität der Hüftsteaks in etwa jener von Kotelettsteaks entspricht. Und selbstverständlich kann das Fleisch der Hüfte auch für Geschnetzeltes verwendet werden.

HAXE, BEINSCHEIBEN

Durch ihren relativ hohen Knochenanteil – er liegt bei etwas über 30 Prozent – ist die Kalbshaxe (7) im Vergleich zu den anderen Teilstücken der Keule ein relativ preisgünstiges, dennoch aber sehr gutes Teilstück, das jedoch eine spezielle Art der Zubereitung erfordert.

Merkmale: Das Fleisch beider Haxen vom Kalb, der Vorder- und der Hinterhaxe, ist relativ mager und von vielen Sehnen durchzogen, wobei die Hinterhaxe etwas fleischiger ist. Dafür ist der Anteil an Bindegewebe bei der kleineren Vorderhaxe noch höher als bei der etwas schwereren Hinterhaxe.

Verwendung: Sowohl Vorder- als auch Hinterhaxe eignen sich hervorragend zum Schmoren. Die Hitze bei der Zubereitung sollte eher gering sein und zudem muss ausreichend Flüssigkeit vorhanden sein, damit das kollagenhaltige Bindegewebe beim Garen genug Feuchtigkeit aufnehmen und etwas aufquellen kann, denn nur so wird das Fleisch der Haxen wirklich weich. Auch beim Braten im offenen Kochgeschirr sollte man die Haxen immer wieder mit Fond oder Wasser übergießen, damit das Fleisch nicht austrocknet und schön zart wird.

Mitsamt dem Knochen quer in etwa 3 cm dicke Scheiben (8) geschnitten, hat vor allem die Hinterhaxe vom Kalb Karriere gemacht: Für Ossobuco werden diese erst angebraten und dann langsam bei geringer Hitze in Tomatensauce oder Weißwein geschmort und anschließend mit Gremolata aromatisiert. Aus den Kalbsfüßen kocht man geschmackvolle, stark gelierende Fonds. Sie sind eine ideale Grundlage für die Herstellung von aromatischer Glace oder von Gelees und Sülzen.

Die Keule vom Kalb zählt zu den besten Stücken und wird zerlegt in der Pfanne oder im Ofen gebraten oder geschmort.

ALS OSSOBUCO BEKANNT und geschätzt sind die Beinscheiben vom Kalb nicht mehr nur in Italien – auch in Deutschland werden sie immer beliebter. Aufgrund ihres hohen Anteils an Bindegewebe benötigen sie allerdings eine ausreichend lange Garzeit in feuchter Hitze.

(6) Die HÜFTE, auch BLUME genannt, ist ein wertvolles und zartes Stück aus der Kalbskeule.

(7) KALBSHAXEN mit Knochen. Links im Bild die fleischigere Hinterhaxe, rechts die Vorderhaxe.

(8) BEINSCHEIBEN VOM KALB. Im Bild gut zu erkennen sind die Knochen mit dem Mark.

FLEISCH VOM SCHWEIN ist aus ernährungs-
physiologischer Sicht besser als sein Ruf. Hier erfahren Sie, warum absolut mager nicht immer gut ist und woran Sie gutes Schweinefleisch erkennen.

Schweinebauch ist gut durchwachsen und zählt zu den etwas fetteren Teilstücken vom Schwein. In Maßen genossen, schadet Fett jedoch nicht, sondern liefert Energie, viel Aroma und Geschmack.

WAS STECKT DRIN IN SCHWEINEFLEISCH? Auf jeden Fall viel Eiweiß, Vitamine, lebensnotwendige Mineralstoffe und Spurenelemente. Zunächst einmal aber ist Schweinefleisch – wie andere Schlachtfleischarten auch – eine wichtige Eiweißquelle für den Menschen. Denn Schweinefleisch liefert ein besonders hochwertiges, in der Zusammensetzung der einzelnen Aminosäuren ausgewogenes und gut verwertbares Eiweiß. Die biologische Wertigkeit – sie ist das Maß dafür, wie viel Gramm Körpereiweiß der menschliche Organismus aus 100 Gramm Nahrungseiweiß bilden kann – liegt mit 85 bei Schweinefleisch weit vorn, sogar noch vor Rindfleisch, das eine biologische Wertigkeit von 80 hat (Hühnereiweiß wird ein Wert von 100 zugeordnet).

WIE VIEL FETT DARF'S SEIN?
Im Vergleich zu früheren Zeiten stammt Schweinefleisch heute beinahe ausschließlich von jungen Tieren. Geschlachtet werden Schweine in der Regel in einem Alter von 7–8 Monaten und mit einem Gewicht zwischen 90–120 Kilogramm. Zudem wurde in den letzten Jahrzehnten von züchterischer Seite viel dafür getan, den Fettanteil bei Schweinefleisch deutlich zu verringern: Die Schweine wurden immer fleischiger, und der Anteil an Rücken- und Bauchspeck sank. Dies hatte jedoch

auch unerwünschte Nebenwirkungen. Das nunmehr allzu magere Schweinefleisch wies deutlich schlechtere sensorische Qualitäten auf, denn es war blass, fade im Geschmack und wässrig. Die Tiere wurden zunehmend stressanfälliger und lieferten immer mehr minderwertiges PSE-Fleisch (S. 159).
Als Erkenntnis folgte daraus: Zu viel Fett ist nichts, allzu mager sollte Schweinefleisch aber auch nicht sein. Die Lösung liegt, wie so oft, wieder einmal in der Mitte. Aus heutiger Sicht kann ein bisschen Fett nicht schaden – ganz im Gegenteil. Die dünnen weißen Äderchen sorgen auch beim Schweinefleisch für mehr Saftigkeit, Zartheit und Geschmack. Untersuchungen haben außerdem ergeben, dass die Zusammensetzung des Fettes im Schweinefleisch, also das Verhältnis von einfach und mehrfach ungesättigten Fettsäuren gegenüber den gesättigten Fettsäuren, keineswegs so ungünstig ist wie zunächst angenommen. So hat Schweineschmalz eine bessere Zusammensetzung als so manches Fett pflanzlicher Herkunft, beispielsweise Palmöl oder auch Kokosfett.
Das innen liegende, intramuskuläre Fett ist demnach sogar erwünscht, während das aufliegende Fett weniger gefragt ist. Dieses wird daher heute bei der Mehrzahl der Teilstücke bereits vor dem Verkauf vom Fleischer größtenteils entfernt. Manchmal ist es jedoch ratsam – etwa bei einem Kotelett –,

den Fettrand bei der Zubereitung am Fleisch zu belassen, um es vor dem Austrocknen zu schützen. Der Fettrand kann dann nach Belieben vor dem Verzehr abgeschnitten werden.

VITAMINE UND MINERALSTOFFE

Die Bedeutung von Schweinefleisch als Vitaminlieferant wird häufig unterschätzt: Schweinefleisch ist eine der wichtigsten Quellen für Vitamin B_1 (Thiamin), das wichtige Funktionen im Energie- und Kohlenhydratstoffwechsel erfüllt und für die körperliche und geistige Leistungsfähigkeit, insbesondere für das Nervensystem, unabdingbar ist. Zudem weist es einen hohen Gehalt an Vitamin B_6 auf, das vor allem beim Eiweißstoffwechsel eine wichtige Rolle spielt. Hervorzuheben ist außerdem der relativ hohe Anteil an Vitamin B_2, Niacin sowie an Vitamin B_{12}. Daneben enthält Schweinefleisch viele lebensnotwendige Mineralstoffe und Spurenelemente, allen voran relativ viel gut verfügbares Eisen (knapp 1,0 mg/100 g), Kalium (knapp 0,4 g/100 g) und Zink (etwa 2 mg/100g). Hervorzuheben ist bei Schweinefleisch auch der vergleichsweise hohe Gehalt an wertvollem Selen. Letzterem kommt bei der Steuerung der Schilddrüse eine wichtige Rolle zu, zudem wird ihm als Antioxidans eine krebshemmende Wirkung zugeschrieben.

KURZE REIFEZEIT

Im Gegensatz zu Rindfleisch muss das feinfaserige Schweinefleisch nicht wochenlang abhängen, bevor es zart und mürbe wird. Mehr als 48 Stunden Reifezeit sind bei Schweinefleisch nicht notwendig, dann hat es den optimalen Reifegrad erreicht und kommt zum Verkauf. Es kann dann entweder gleich zubereitet oder auch noch 2–3 Tage im Kühlschrank aufbewahrt werden. Tiefgekühlt hält sich Schweinefleisch – je nach Fettgehalt des jeweiligen Teilstückes – zwischen 3 und 6 Monate.

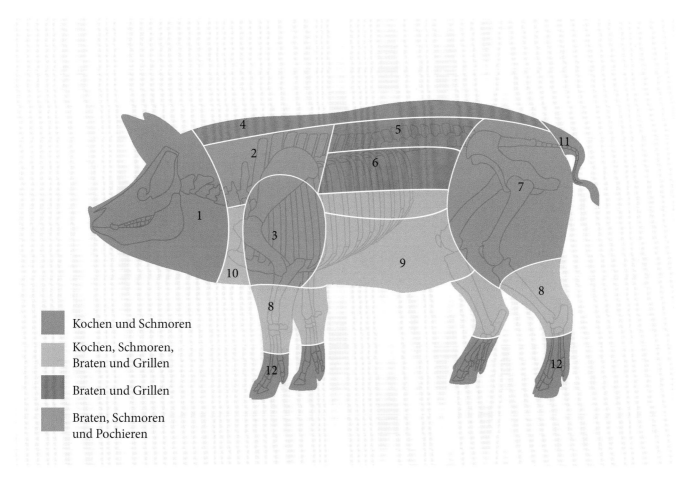

Kochen und Schmoren

Kochen, Schmoren, Braten und Grillen

Braten und Grillen

Braten, Schmoren und Pochieren

DAS SCHWEIN IM QUERSCHNITT MIT KULINARISCH WICHTIGEN TEILSTÜCKEN UND IHRER VERWENDUNG:
1 – Kopf; 2 – Nacken, Hals, Kamm; 3 – Schulter, Bug; 4 – Rückenspeck, grüner Speck; 5 – Kotelett; 6 – Filet; 7 – Schinken;
8 – Vorder- und Hintereisbein; 9 – Bauch; 10 – Dicke Rippe, Brustspitze; 11 – Schwanz; 12 – Füße

ZUM BRATEN UND KURZBRATEN

Bestens geeignet sind Nacken und Schulter vom Schwein. Letztere schmeckt zudem – wie auch das Eisbein – gepökelt und gekocht sehr gut.

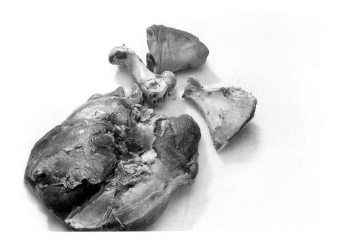

(1) SCHWEINESCHULTER oder BUG wie gewachsen, mit Vordereisbein (links), Rippchen (Mitte) und Nacken-kotelettstrang (rechts).

(2) Ausgelöste SCHWEINESCHULTER mit Oberbeinknochen (oben links), Schulterblatt (oben rechts) und Vordereisbein (oben Mitte).

Gewichtsmäßig hat der Schulter-Nacken-Bereich (1) den größten Anteil am Vorderviertel des Schweins. Aus kulinarischer Sicht zählen Schulter und Nacken zu den wertvollen Teilstücken des Schweins. Beide haben jedoch einen relativ hohen Fettgehalt, wobei dieser bei der Schulter (2) durch Entfernen des aufliegenden Fetts und einen entsprechenden Zuschnitt deutlich reduziert werden kann.

NACKEN, HALS, KAMM

Der Schweinenacken, -hals oder -kamm ist die Verlängerung des Kotelettstrangs in Richtung Kopf und wird in der Regel vor der vierten oder fünften Rippe von diesem abgetrennt.
Merkmale: Der Nacken (3) ist von zahlreichen feinen und stärkeren Fettadern durchzogen. Dementsprechend hoch ist der Fettgehalt dieses Teilstückes. Er liegt bei 10–14 Prozent.

Verwendung: Dank der ausgeprägten Marmorierung verträgt der Schweinenacken oder -hals eine starke, trockene Hitze und bleibt beim Garen saftig. Er wird gern – wie gewachsen, mit Knochen, oder ausgelöst – am Stück gebraten oder gegrillt, kann aber ebenso als Rollbraten zubereitet werden. Geeignet ist der Schweinenacken außerdem zum Schmoren und für Gulasch. Mit den Knochen in Scheiben geschnitten, ergibt er Nackenkoteletts (4). Ohne Knochen lassen sich aus dem Schweinenacken oder -hals schöne, saftige Steaks (5) schneiden, die sich ausgezeichnet zum Kurzbraten oder Grillen eignen. Eine Spezialität ist auch der gepökelte und leicht geräucherte Schweinenacken, der als »Kasseler Nacken« oder als »Kasseler Kamm« angeboten wird und rustikalen Gerichten wie Sauerkraut, Grünkohl oder Eintöpfen eine wunderbar herzhafte Note verleiht.

(3) Der ausgelöste NACKEN, auch HALS oder KAMM genannt, ist sehr fleischig und stark marmoriert.

(4) NACKENKOTELETT mit Halswirbelknochen. Letzterer gibt beim Braten oder Grillen zusätzlich Aroma ab.

(5) NACKENSTEAK ohne Knochen. Gut marmoriert, bleibt das Steak beim Braten oder Grillen schön saftig.

EISBEIN, HAXE

Über der Pfote (Spitzbein) liegt das Eisbein (6). Die Verlängerung der Schulter nennt man Vordereisbein oder -haxe. An die Keule schließt das Hintereisbein oder die Hinterhaxe an.

Merkmale: Das dunkle Fleisch der Haxen ist kräftig im Geschmack, der Anteil an Knochen und Sehnen ist allerdings hoch, wobei das Hintereisbein etwas fleischiger ist.

Verwendung: Eisbein ist frisch und gepökelt erhältlich und eignet sich zum Kochen im Ganzen. Gekochtes Eisbein mit Sauerkraut gilt mancherorts schon fast als deutsches Nationalgericht. Auch gebraten oder gegrillt schmeckt Eisbein. Ausgelöst wird das Fleisch für Gulasch verwendet.

SCHULTER, BUG, BLATT

Die Schweineschulter (8), auch Bug oder Blatt genannt, ist zwar im Handel auch wie gewachsen – mitsamt Knochen, aufliegendem Fett und Schwarte – erhältlich. Überwiegend wird die Schulter jedoch ausgelöst, pariert und in ihre Teilstücke zerlegt (7).

Als Teilstücke der Schulter werden die flache Schulter, das auch unter dem Namen »falsches Filet« angebotene Mittelstück sowie das dicke Schulterstück angeboten.

Mit Fett und Schwarte liegt der Fettgehalt der Schweineschulter bei 9–10 Prozent. Durch Parieren lässt er sich auf 5–7 Prozent reduzieren.

Nacken und Schulter vom Schwein eignen sich zum Braten und Schmoren.

DAS »KASSELER« verdankt seinen Namen nicht etwa der hessischen Stadt Kassel, wie man vermuten könnte, sondern vielmehr einem Berliner Fleischermeister namens Cassel, der wohl als Erster auf die Idee kam, das saftige Nacken- und Rippenstück vom Schwein zu pökeln und zu räuchern.

(6) Das HINTEREISBEIN (links) ist etwas fleischiger als das kleinere VORDEREISBEIN (rechts).

(7) SCHWEINESCHULTER, ausgelöst und pariert. Von links: flache Schulter, falsches Filet und dickes Schulterstück.

(8) GANZE SCHWEINESCHULTER mit Spitzbein und Vordereisbein; hier sind Rippchen und Nacken entfernt.

(1) FLACHES SCHULTERSTÜCK. Die Knochenhaut des Schulterblatts sollte als Schutz am Fleisch verbleiben.

(2) Das DICKE SCHULTERSTÜCK, hier mit Speck und Schwarte, ist grobfaserig und sehnenreich.

(3) DICKE RIPPE, BRUSTSPITZE mit Knorpeln und Knochen. Sie ist grobfaserig und stark durchwachsen.

(4) BAUCH, WAMMERL, eines der preiswertesten Teilstücke, mehr oder weniger durchwachsen, mit Knorpeln.

(5) BAUCHFLEISCH ohne Knochen, durchwachsen. Das schmale Endstück vom Bauch ist oft relativ mager.

(6) RÜCKENSPECK oder GRÜNER SPECK, frisch und unbehandelt dient er zum Spicken und Bardieren.

Die Dicke Rippe liegt unterhalb der Schulter und ist vielseitig verwendbar. Der Bauch wird gekocht, gebraten und gegrillt. Der Rückenspeck dient zum Spicken und Bardieren.

MERKMALE: Im Vergleich zur Keule ist das Fleisch der verschiedenen Teilstücke der Schweineschulter relativ grobfaserig und sehnenreich.

VERWENDUNG: Im Allgemeinen benötigen die Teile der Schulter eine längere Garzeit. Sie sind ideal zum Schmoren im Ganzen geeignet, werden aber auch – in Würfel geschnitten – für Gulasch oder Ragouts verwendet.

Das flache Schulterstück (1) kann ausgelöst auch zu einem Rollbraten gebunden werden. Beim Auslösen schabt man die Knochenhaut vorsichtig vom Schulterblatt ab und lässt sie auf dem Fleisch; durch diesen natürlichen Schutz bleibt es beim Garen schön saftig. Eine süddeutsche Spezialiät ist das sogenannte Schäufele: Hierfür wird das flache Schulterstück mit Knochen (Schulterblatt) und Schwarte entweder langsam im Ofen gebraten wie in Franken oder gepökelt und geräuchert im Sud gegart wie im Schwarzwald. Das »falsche Filet«, wie das Mittelstück der Schulter auch genannt wird, eignet sich sehr gut zum Schmoren im Ganzen oder als Ragout. Ebenso wie das dicke Schulterstück (2), das oft nur als dicke Schulter bezeichnet wird. Die dicke Schulter ergibt auch einen hervorragenden großen Braten. Ohne Speck und Schwarte wird dieses Schulterstück häufig auch in Würfel geschnitten und für Gulasch und Ragouts verwendet.

IMMER DURCHGAREN

Schweinefleisch wird – im Gegensatz zu Rind- oder Lammfleisch – aus hygienischen und kulinarischen Gründen immer gut durchgegart. Große Braten sollten unbedingt eine Kerntemperatur zwischen 65 und 70 °C haben.

ZUM GRILLEN UND BRATEN sind die

gut durchwachsenen Rippenstücke sowie der Schweinebauch ideal. Fett pur liefert der Rückenspeck. Er schützt Mageres vor dem Austrocknen.

Spareribs oder Schälrippchen sind die vom Schweinebauch abgetrennten – man spricht auch von »abgeschälten« – Rippen. Besonders gut schmecken sie in eine Barbecue- oder Honig-Marinade eingelegt und gegrillt.

DICKE RIPPE, BRUSTSPITZE

Dieses vielseitige Teilstück (3) des Schweins liegt unterhalb der Schulter auf der Bauchseite.

MERKMALE: Die dicke Rippe oder Brustspitze hat ein grobfaseriges, durchwachsenes Fleisch. Der Fettgehalt dieses Stückes ist mit 20 Prozent relativ hoch.

VERWENDUNG: Kochen, schmoren, braten oder grillen – die dicke Rippe lässt sich auf verschiedene Arten zubereiten. Zudem kann sie mit oder ohne Knochen verwendet werden. Gepökelt und geräuchert gibt sie herzhaften Eintöpfen Geschmack. Wie die Kalbsbrust kann auch die Brustspitze vom Schwein gefüllt werden.

BAUCH

Der Schweinebauch (4) wird ausgelöst oder mit den Rippenknochen verwendet. Je nach Verarbeitung kommt er auch als durchwachsener Speck, Bauchspeck, Wammerl, Frühstücksspeck oder Dörrfleisch auf den Markt.

MERKMALE: Schweinebauch ist stark durchwachsen und hat einen Fettgehalt von etwa 20 Prozent.

VERWENDUNG: In Scheiben eignet sich ausgelöster frischer Schweinebauch gut zum Grillen, ebenso wie die im Ganzen abgeschälten Rippen. Als Schälrippchen (7), (8) zählen sie neben Nackensteaks zu den beliebtesten Teilstücken zum Grillen. Auch gekocht oder gepökelt und geräuchert wird Schweinebauch gern verzehrt. Fein gewürfelt gibt er vielen Gerichten zusätzlichen Geschmack.

RÜCKENSPECK

Der weiße Rückenspeck (6) ist »grün«, das heißt unbehandelt, oder auch geräuchert erhältlich.

MERKMALE: Im Gegensatz zum Bauch ist der fette Rückenspeck nicht durchwachsen.

VERWENDUNG: Rückenspeckstreifen dienen zum Spicken großer Braten. Rückenspeckscheiben schützen Fleisch oder Pasteten vor dem Austrocknen.

(7) SCHÄLRIPPCHEN mit Knochen und Knorpel werden vom Bauch »abgeschält« und pariert.

(8) LEITERCHEN oder GETEILTE RIPPEN. Die halbierten Rippen eignen sich als Spareribs zum Grillen.

NÄHRWERT UND INHALTSSTOFFE sind
auch bei Lamm- und Schaffleisch von großer Bedeutung für den Verbraucher. Das zarte Fleisch vom Lamm ist heutzutage weniger fett als früher.

NEBEN EINEM HOHEN GENUSSWERT kann sich Lamm- und Schaffleisch auch in puncto Inhaltsstoffe sehen lassen. Es enthält, wie die übrigen Fleischarten, reichlich Eiweiß, Vitamine und Mineralstoffe. Je nach Teilstück und Alter schwankt der Anteil an Muskelfleisch und Fettgewebe der Tiere. So sind Angaben über Nährwert und Inhaltsstoffe Durchschnittswerte.

WERTVOLLE INHALTSSTOFFE
In 100 g magerem Lammfleisch stecken 70–75 g Wasser und als Hauptbestandteil des Muskelfleisches etwa 20 g wertvolles Eiweiß, das eine hohe biologische Wertigkeit hat. Im Schnitt sind in der angegebenen Menge zudem etwa 3 g Fett enthalten, bei einer fetten Hammelbrust können es aber auch schon mal weit über 30 g sein. Geht man von dem ersten Wert aus, so enthalten 100 g Lammfleisch 523 kJ oder 125 kcal. Der durchschnittliche Cholesteringehalt von Lammfleisch liegt mit 70 mg/100 g genauso hoch wie bei Rindfleisch und ähnlich hoch wie bei Geflügel, dessen Cholesteringehalt pro 100 g bei 75 mg liegt. In Lammfleisch steckt jedoch weitaus mehr: Hervorzuheben sind vor allem die Vitamine der B-Gruppe – vertreten sind vor allem B1, B2 und Niacin – sowie Vitamin A und Vitamin C. Darüber hinaus enthält Lammfleisch wichtige Mineralstoffe und Spurenelemente, wie beispielsweise Kalium (290 mg/100 g), Magnesium (23 mg/100 g), Eisen (2,5 mg/100 g) und Zink (2,9 mg/100 g). Aus ernährungsphysiologischer Sicht ist Lammfleisch daher empfehlenswert.

SKEPSIS UNBEGRÜNDET
Der Vorbehalt mancher Menschen gegenüber einem starken Eigengeschmack von Lammfleisch dürfte wohl daher rühren, dass früher vor allem das Fleisch älterer Tiere oder Hammelfleisch (Fleisch von kastrierten männlichen Schafen oder von weiblichen Schafen, die ohne Nachwuchs geblieben sind) auf den Markt kam – zartes Lammfleisch war für die breite Mehrheit schlichtweg zu teuer –, und das Fleisch, das man preisgünstig kaufen konnte, hatte einen sehr viel kräftigeren Eigengeschmack. Heute ist der Hammelgeschmack bei Lammfleisch, das als solches angeboten wird, weitgehend passé. Das ist deswegen kaum mehr der Fall, weil solches Fleisch als Schaffleisch gekennzeichnet werden muss.

Auf den Markt kommen bei uns heute überwiegend junge Lämmer aus artgerechter Koppel- oder Wanderhaltung – und zwar in einem Alter von 4–8 Monaten. Damit kann ein Auftreten des typischen und deutlich intensiveren Hammelfleischgeschmacks weitgehend ausgeschlossen werden, weil sich dieser erst ab dem 8. Monat zu entwickeln beginnt.

GANZJÄHRIG ERHÄLTLICH
Im Gegensatz zu früher, als Lammfleisch noch ein reines Saisonprodukt war, das lediglich in den Monaten Dezember bis Mai auf den Markt kam und vorwiegend zu Ostern (als Osterlamm) angeboten wurde, ist das feine mildwürzige Lammfleisch heute frisch und tiefgekühlt das ganze Jahr über im Handel erhältlich.

KÜRZERE REIFUNG ALS BEIM RIND
Nach dem Schlachten muss Lammfleisch noch 5–7 Tage bei einer Temperatur von 2–4 °C »abhängen« oder reifen, bevor es seine optimale Qualität erreicht. Dabei werden nach der Totenstarre durch enzymatische Vorgänge die Fleischstruktur und das Bindegewebe wieder gelockert: Das Fleisch wird schön zart und mürbe. Bei einer zu kurzen Reifung oder auch bei zu niedrigen Temperaturen vor Eintritt der Totenstarre bleibt das an sich zarte Lammfleisch dagegen eher zäh.

HEISS SERVIEREN
Da das Fett bereits bei 30–50 °C fest wird, sollte man Lammfleisch möglichst heiß auf den Tisch bringen. Nur magere Stücke wie die Keule oder der Rücken schmecken auch kalt.

Hochgenuss vom Lamm: Doppeltes Lendenkotelett mit aromatischen Kräutern gewürzt und zu einem Rollbraten gebunden. Dieser kann am Stück zubereitet oder, in Steaks geschnitten, zum Kurzbraten und Grillen verwendet werden.

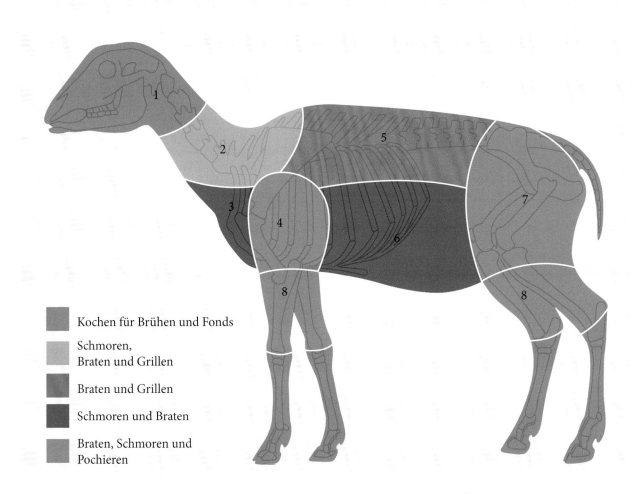

Kochen für Brühen und Fonds

Schmoren,
Braten und Grillen

Braten und Grillen

Schmoren und Braten

Braten, Schmoren und
Pochieren

EIN SCHAF IM QUERSCHNITT MIT DEN KULINARISCH WICHTIGEN TEILSTÜCKEN: 1 – Kopf; 2 – Hals, Nacken;
3 – Brust; 4 – Schulter, Bug; 5 – Rücken; 6 – Dünnung, Bauch; 7 – Keule; 8 – Vorder- und Hinterhaxe.

LAMM VERTRÄGT KRÄFTIGE GEWÜRZE

Durch seinen intensiven Eigengeschmack verträgt Lammfleisch kräftigere Gewürze als das vergleichsweise milde Kalbfleisch. Ausgezeichnet zu Lamm passen mediterrane Aromen
wie Rosmarin, Thymian und Knoblauch. Aber auch mit
Gewürzen der asiatischen Küchen wie Ingwer (S. 28, 46), Chili
(S. 46), Zitronengras (S. 46) und diversen Saucen harmoniert
Lammfleisch bestens. Sehr gut schmeckt das feinwürzige
Fleisch auch als Curry geschmort, wobei auch hier die Zusammenstellung der Gewürze ruhig etwas kräftiger sein darf.

LAMMFLEISCH AUFBEWAHREN

Frisches Lammfleisch hält sich im Kühlschrank in Folie verpackt oder auch in eine Ölmarinade gelegt 2–3 Tage. Tiefgekühlt kann es bei –18 °C je nach Fettgehalt zwischen 6 und
10 Monate aufbewahrt werden.
Insbesondere größere Teilstücke vom Lamm, wie zum Beispiel
die Keule (siehe oben unter Ziffer 7), legt man zum schonenden Auftauen am besten in den Kühlschrank. Vor der Zubereitung wird das Fleisch dann mit Küchenpapier sorgfältig trocken getupft.

ZUM BRATEN ODER GRILLEN ist das zarte Fleisch vom Lammrücken wunderbar geeignet. Der Lammrücken schmeckt im Ganzen oder als Kotelett zubereitet exzellent.

Lammfleisch ist heute frisch und tiefgekühlt das ganze Jahr über erhältlich. Zwar bevorzugen Feinschmecker nach wie vor frische Ware, wurde die Kühlkette jedoch nicht unterbrochen und das Fleisch langsam aufgetaut, dann kann auch tiefgekühltes Lammfleisch von sehr guter Qualität sein.

RÜCKEN UND FILET

Ein besonders hochwertiges Teilstück von Lamm oder Schaf ist der Rücken (1). Er besteht aus dem Kotelettstück, dem Lendenkotelett sowie den beiden innen liegenden Filets. Vom Kamm wird der Rücken zwischen dem 4. und 5. Brustwirbel abgetrennt.

MERKMALE: Das Fleisch des Lammrückens, das ausgelöst aufgrund seiner schmalen, langen Form auch als Rückenfilet bezeichnet wird, ist mager und zartfaserig. Noch zarter sind nur noch die beiden kleinen, innen liegenden Filets (1).

VERWENDUNG: Der Rücken lässt sich in der Küche überaus vielseitig einsetzen: Bei jüngeren Tieren mit entsprechend kleinem Schlachtkörper wird er meist unzerteilt als Doppelrücken oder Sattel angeboten und dann im Ganzen gebraten oder gegrillt. Bei größeren Tieren wird er dagegen meist entlang der Wirbelsäule in zwei Hälften geteilt. Ausgelöst lässt sich der Rücken sehr gut – entweder im Ganzen oder auch in Teilstücken – als Roll- oder Nierenbraten zubereiten. In Medaillons geschnitten eignet sich sein ausgelöstes Fleisch – ebenso wie die innen liegenden Filets – bestens zum Kurzbraten oder Grillen. Aufgrund ihrer geringen Größe können die Filets auch wunderbar im Ganzen rosa gebraten werden. Aufgrund ihres geringen Gewichtsanteils am gesamten Schlachtkörper sind ausgelöste Lammfilets jedoch verhältnismäßig teuer und werden aus diesem Grund auch häufig am Lendenkotelett belassen.

(1) LAMMRÜCKEN IM GANZEN. Das Fleisch des Rückens ist zart und mager. Gut zu erkennen sind hier die beiden innen liegenden Filets, die Wirbelsäule sowie die Rippenknochen. Unterteilt wird der Rücken in das Kotelettstück (links) und in das Lendenkotelett (rechts). Die beiden kleinen, sehr zarten Filets werden meist nicht vom Lendenkotelett abgetrennt, sondern mit diesem zusammen verkauft.

KOTELETTSTÜCK, LENDENKOTELETT

Das Kotelettstück (2) sowie das Lendenkotelett (3) werden am letzten Brustwirbel abgeschnitten. Von der Keule getrennt wird das Lendenkotelett nach dem Freilegen des Filetkopfes zwischen dem letzten Lenden- und dem ersten Kreuzbeinwirbel. Mit den innen liegenden Filets ist das Lendenkotelett im Vergleich zum Hälftenpreis des gesamten Schlachttieres das teuerste Teilstück.

MERKMALE: Das Fleisch des vorderen Kotelettstücks ist stärker marmoriert und saftig, jenes des Lendenkoteletts ist zartfaserig und mager.

VERWENDUNG: Das Kotelettstück kann im Ganzen mit oder ohne Fettrand gebraten oder gegrillt werden, wobei das Fett bei der Zubereitung besser am Fleisch verbleiben sollte, da es dann saftiger wird. Als Spezialität gilt das als Sattel im Ganzen im Ofen gebratene oder gegrillte doppelte Lendenkotelettstück. Etwas Besonderes ist auch die aus dem Kotelettstück gebundene und nach Belieben gefüllte Lammkrone. Dafür werden die Rippenknochen sauber abgeschabt und das ganze Stück wird so zusammengebunden, dass die Rippen eine Krone bilden. Bindet man zwei Kotelettstücke aneinander, erhält man eine doppelte Krone.

DOPPEL- UND STIELKOTELETT

Doppelkoteletts (4) werden aus dem Sattel – häufig auch aus dem doppelten Lendenkotelett – geschnitten. Stielkoteletts (5) stammen aus dem Kotelettstück.

(5) STIELKOTELETTS vom Lamm, hier mit aufliegendem Fettrand. Das Fleisch ist zart und leicht marmoriert. Um einzelne Koteletts zu erhalten, wird der Lammrücken zwischen den Rippenknochen durchtrennt, oft werden Lammkoteletts auch mit abgetrenntem Rückgrat angeboten.

MERKMALE: Stielkoteletts sind etwas stärker marmoriert und saftiger, Lendenkoteletts sind zart und mager.

VERWENDUNG: Lammkoteletts oder »chops«, wie sie im Englischen genannt werden, eignen sich ausgezeichnet zum Kurzbraten oder Grillen.

Der Rücken mit seinem mageren zarten Fleisch zählt zu den besten Teilstücken vom Lamm zum Braten und Grillen.

(2) KOTELETTSTÜCK vom Lamm, hier als »best end neck« im englischen Zuschnitt ohne die letzte Rippe.

(3) LENDENKOTELETT vom Lamm mit innen liegendem Filet, hier als »loin« im englischen Schnitt ohne letzte Rippe.

(4) DOPPELKOTELETTS vom Lamm, auch Schmetterlingskoteletts genannt, werden von jüngeren Tieren angeboten.

ZUM BRATEN BESTENS GEEIGNET ist

die Lammkeule im Ganzen. Sie kann aber auch in Scheiben geschnitten oder ausgelöst für die unterschiedlichsten Zubereitungen verwendet werden.

Die fleischige Keule gehört zu den größten und teuersten Teilstücken vom Lamm. Zusammen mit der Hinterhaxe hat sie einen Anteil von etwa 30 Prozent am gesamten Schlachtkörpergewicht. Entsprechend groß sind die Möglichkeiten des Zuschnitts, dabei spielt nicht zuletzt die Größe des Tieres eine entscheidende Rolle.

KEULE

Die Keulen (1) kleinerer Lämmer bereitet man überwiegend im Ganzen zu, größere Keulen werden häufig in ihre Einzelteile – Ober- und Unterschale sowie die Nuss – zerlegt oder halbiert (2).

MERKMALE: Das Fleisch der Lammkeule ist mager, zartfaserig und würzig. Bei jüngeren Tieren ist es hell- bis ziegelrot, das Fett ist beinahe weiß. Keulen von etwas älteren Schafen sind dunkelrot gefärbt, bei ihnen ist das Fett gelblich weiß.

VERWENDUNG: Die Keule eignet sich sehr gut zum Braten oder Grillen, entweder mit den Knochen, dann bleibt das Fleisch etwas saftiger, oder ganz oder teilweise entbeint, dann lässt sich der fertige Braten später leichter tranchieren. Beim Auslösen der Knochen darf das umliegende Gewebe nicht oder so wenig wie möglich verletzt werden. Wird nur der Röhrenknochen entfernt, bindet man das Fleisch – Filetkopf und Hüfte – mit Küchengarn zusammen. So erhält der Braten eine kompakte Form und gart gleichmäßig.

Eine komplett ausgelöste Keule kann man auch wie einen Rollbraten mit Küchengarn in Form binden. So oder so sollte das aufliegende Fett nicht vor der Zubereitung entfernt werden, da es das Fleisch vor dem Austrocknen schützt. Große Keulen lassen sich gut quer durchtrennen, so hat man zwei immer noch große Stücke zum Braten. Kleinere Teilstücke erhält man, wenn die Keule in Ober- und Unterschale sowie die Nuss zerlegt wird. Man kann sie aber auch mit oder ohne Knochen quer in Scheiben schneiden und erhält Schnitzel oder Steaks zum Kurzbraten und Grillen. Für das gleichmäßige Durchsägen von Fleisch und Knochen ist es von Vorteil, wenn die Keule tiefgekühlt ist, da die Schnittkanten dann sauberer werden.

Die Keule eignet sich im Ganzen oder zerlegt bestens zum Braten, Schmoren oder Grillen.

(1) LAMMKEULE mit Knochen. Die Keule – auch Schlegel genannt – ist ein Teilstück des Hinterviertels mit zartem, magerem Fleisch. Sie wird häufig im Ganzen zubereitet, kann aber auch weiter zerteilt werden: mit Knochen in Scheiben, ohne Knochen in Würfel.

(2) HALBIERTE LAMMKEULE. Große Keulen können in der Mitte quer durch den Röhrenknochen geteilt werden.

ZICKLEIN wird in der Küche ähnlich verwendet wie Lamm und erinnert auch im Aroma etwas an dieses. Allerdings ist das Fleisch der Ziegenlämmer heller, zarter und noch etwas feiner im Geschmack als Lamm.

Rechtzeitig zu Ostern, ab März oder April, beginnt die Saison der mittlerweile kulinarisch wieder hoch im Kurs stehenden Ziegenlämmer oder -kitze, wie sie auch genannt werden.

DIE ZIEGE – EIN SEHR ALTES HAUSTIER

Die zu den Paarhufern *(Artiodactyla)* zählende Ziege gehört zoologisch zur Unterfamilie der Ziegenartigen *(Caprinae)*, und diese wird wiederum der Familie der Hornträger *(Bovidae)* zugeordnet. Als Stammform der Hausziege *(Capra hircus)* gilt die Wild- oder Bezoarziege *(Capra aegagrus)*. Sie war einst in den Gebirgsregionen Westasiens zwischen der Türkei, dem Kaukasus und Afghanistan weit verbreitet. Heute ist die Wildziege bis auf wenige Restbestände verschwunden. Die einzige in Europa beheimatete wilde Unterart ist das Agrimi oder die Kretische Wildziege *(Capra aegagrus cretica)*. Domestiziert wurde die Wildziege vermutlich bereits im 8. Jahrtausend v.Chr. in der Gegend des heutigen Iran, etwa 1.000 Jahre später kam sie nach Südeuropa. Das deutsche Wort Ziege stammt vom germanischen »tig« oder »tik« ab und bedeutet so viel wie »kleines Tier«. Das männliche Tier ist der Ziegenbock, das Muttertier die Geiß, die Ziegenlämmer heißen auch Zicklein oder Kitz.

ZIEGEN WELTWEIT

Die genügsamen Ziegen ernähren sich von Gräsern, Kräutern sowie dem Laub und den Trieben von Bäumen und Sträuchern. Gehalten werden sie vorwiegend in kargen und bergigen Regionen wie den Alpen oder dem Mittelmeerraum. Außer in extrem kalten Gebieten sind sie heute rund um den Globus anzutreffen. Wohl auch deshalb, weil Hausziegen einst als lebender Proviant für Seeleute auf vielen Inseln entlang der großen Schifffahrtsrouten ausgesetzt wurden, wo sie dann im Lauf der Zeit verwilderten. Weltweit unterscheidet man an die 180 Ziegenrassen, in Deutschland sind jedoch nur wenige von Bedeutung. Spezielle Wollziegen sind die Angoraziegen (Türkei) und die Kaschmirziegen (Himalajagebiet). Doch während seit den 1950er-Jahren die Hausziege weltweit als Milch-, Fleisch-, Woll- und Lederlieferant insgesamt immer wichtiger wurde – vor allem in Ländern wie Indien, China, Pakistan oder in einigen afrikanischen Staaten –, war die Entwicklung in Deutschland eine andere. Hierzulande verlor die »Kuh des kleinen Mannes« im Zuge des wachsenden Wohlstandes an Bedeutung. Erst seit den 1980er-Jahren ist ein gegenläufiger Trend auszumachen: Ziegenkäse sowie das Fleisch der Ziegenlämmer – vor allem zur Osterzeit – sind wieder sehr gefragt.

ZIEGENZUCHT IN DEUTSCHLAND

Züchterische Anstrengungen gab es bei Ziegen später als bei anderen Haustieren. Erst gegen Ende des 19. Jahrhunderts wurden Zuchttiere aus der Schweiz nach Deutschland importiert; erst die langhaarigen weißen Appenzeller Ziegen, dann die milchreichen weißen Saanenziegen, die mit heimischen Hausziegen gekreuzt wurden. Heute sind vor allem zwei Rassen – die Bunte und die Weiße Deutsche Edelziege – in Deutschland anzutreffen. Weitere Rassen kommen nur regional begrenzt vor, wie die schokoladenbraune Thüringer Waldziege, die braun-graue Erzgebirgsziege oder die aus der Schweiz stammende Walliser Schwarzhalsziege, bei der die vordere Hälfte schwarz, die hintere weiß gefärbt ist. Gehalten werden Ziegen bei uns vor allem der Milch für den Käse und des Fleisches ihrer Lämmer wegen. Wolle, Leder oder das Fleisch älterer Tiere spielen eine untergeordnete Rolle. Als Fleischlieferant hält man bei uns auch die aus Südafrika stammende Burenziege.

IMMER BELIEBTER

Vor allem Tiere im Alter von wenigen Wochen sind in der gehobenen Küche zunehmend gefragt, da ihr Fleisch sehr zart und schmackhaft ist.

ERSTKLASSIGE QUALITÄT IST EIN ABSOLUTES MUSS BEI KOCHFLEISCH

Beim Kochen kommt es beim Fleisch noch mehr als sonst auf Spitzenqualität an – vor allem dann, wenn das Fleisch zum Hauptgang serviert wird, denn es soll ja nicht nur schön weich und zart, sondern auch schmackhaft sein.

Die Querrippe vom Rind ist ein klassisches Kochfleisch, vor allem der marmorierte Mittelteil wird schön zart.

EIN WENIG GEDULD BRAUCHEN SIE schon beim Kochen von Rind-, Lamm- oder Schweinefleisch und 1½–2 Stunden Kochzeit sind das Mindeste. Je nach Größe können manche Teilstücke auch länger brauchen. Das dürfte wohl mit der Grund dafür sein, warum Koch- oder Siedfleisch heute immer seltener verlangt wird. Doch das Warten lohnt sich – vorausgesetzt, Qualität und Zubereitung stimmen. Dann aber wird Rindfleisch zu einer Delikatesse. Kenner lieben seinen typischen Geschmack und schätzen gekochtes Fleisch, weil es leicht und bekömmlich ist. Kochfleisch erweist sich überdies als äußerst abwechslungsreich. Jedes Teilstück schmeckt anders. Insbesondere die Wiener Küche ist für ihr exzellentes

gekochtes Rindfleisch und die eigens entwickelte Schnittführung berühmt geworden. Wenngleich die deutschen Teilstücke auch ein wenig anders beschaffen sind, so werden doch die gleichen Partien zum Kochen verwendet.

WAS SCHMECKT AM BESTEN?
Ideal zum Kochen ist das Fleisch von Färsen oder jungen Ochsen. Geeignet sind einmal die mageren Stücke von Schulter und Hinterviertel, aber auch die stärker durchwachsenen Partien von Rücken und Brust schmecken gekocht wunderbar. Die Marmorierung ist auch hier ein Garant für Qualität. Wenn Sie das aufliegende Fett nicht mögen, dann entfernen Sie es

besser erst nach dem Kochen und entfetten dann auch die fertige Brühe, denn die Fettauflage hält das Fleisch schön saftig. Wie die einzelnen Teilstücke gekocht aussehen, sehen Sie unten in der Bildfolge.

Eine alte Streitfrage in Sachen Kochfleisch lautet: ins kalte Wasser geben – ja oder nein? Für das Herstellen einer Brühe legen Sie das Fleisch in leicht gesalzenes kaltes Wasser und erhitzen dieses langsam, damit das Fleisch möglichst viel Aroma

abgeben kann. Wenn Sie das Fleisch jedoch als Siedfleisch servieren wollen, dann kommt es in die kochende Brühe, weil sich dadurch die Fleischporen rasch schließen. Doch egal, ob so oder so – ganz wichtig ist vor allem, dass die Garflüssigkeit das Fleisch stets bedeckt und nicht sprudelnd kocht, sonst wird das Fleisch hart und faserig. Vielmehr sollte das Wasser oder die Brühe immer gerade unterhalb des Siedepunkts gehalten werden.

DIE BESTEN TEILE VOM RIND ZUM KOCHEN

(1) Die NACHBRUST stammt vom hinteren Brustteil; sie ist feinfaserig und relativ fett.

(2) BEINFLEISCH nennt man die Querrippe mit Knochen. Durch diese bleibt das Fleisch beim Kochen saftiger. Wenn sich die Knochen leicht herausziehen lassen, ist das Fleisch gar.

(3) Das MITTELBUGSTÜCK mit der Mittelsehne eignet sich bestens zum Kochen.

(4) Das BÜRGERMEISTER-STÜCK ist zart, feinfaserig und fettarm.

(5) TAFELSPITZ ist gutes Kochfleisch, feinfaserig und mager; quillt etwas auf.

(6) Die WADE enthält viel Bindegewebe, das beim Kochen geleeartig wird.

(7) OCHSENSCHWANZ braucht relativ lange, bis das Fleisch weich ist.

(8) Die QUERRIPPE ohne Knochen ist typisches Kochfleisch. Sie zählt wie die Teile der Brust zu den preiswerteren Stücken. Das aufliegende Fett wird in der Regel vor dem Essen entfernt.

(9) Das FALSCHE FILET ist ein sehr mageres und kompaktes Stück von der Schulter.

(10) Die HOCHRIPPE ist gut marmoriert, saftig und hat einen kräftigen Geschmack.

AUS DER PFANNE: AUSSEN SCHÖN GEBRÄUNT UND INNEN ROSA

Im Prinzip ist es ganz einfach: eine Pfanne, ein Steak, ein wenig Öl – und guten Appetit! Dabei kommt es gerade beim Braten in der Pfanne auf das richtige Timing an, soll das zarte Steak auch zart bleiben.

ZUM KURZBRATEN ODER SAUTIEREN eignen sich die zarten Stücke des Hinterviertels von Rind, Kalb, Schwein und Lamm – hierzu zählen neben dem Filet Roastbeef, Hochrippe und Hüfte. Fleisch mit viel Bindegewebe kommt dagegen hierfür nicht infrage, da es eine viel längere Garzeit hat. Erfolgsentscheidend ist beim Kurzbraten zum einen die große Hitze am Anfang, zum anderen die Geschwindigkeit. Denn das Anbraten muss schnell gehen, damit sich rasch eine schützende Kruste bilden kann. So bleibt der Fleischsaft im Inneren und das Fleisch zart. Dann reduziert man die Hitze und brät das Fleisch unter Wenden fertig. Wie dies genau funktioniert, sehen Sie unten (Step 1–3) am Beispiel eines Entrecôte double.

TIPPS UND TRICKS VOM PROFI

Unabdingbar für ein gutes Ergebnis ist die richtige Temperatur: Direkt aus dem Kühlschrank in die Pfanne funktioniert nicht! Das Fleisch sollte vor dem Anbraten Zimmertemperatur haben – am besten, Sie nehmen es 1 Stunde vorher aus der Kühlung. Gut braten lässt es sich aber auch dann nur, wenn es schön trocken ist. Sie können es entweder mit Küchenpapier abtupfen oder, noch besser, Sie packen das Fleisch nach dem Herausnehmen aus dem Kühlschrank in sogenannte Fleischtücher – das können saubere Küchentücher sein. Willkommener Nebeneffekt dabei: Es spritzt weniger beim Anbraten!

WELCHES FETT IST AM BESTEN?

Prinipiell sind alle hoch erhitzbaren Fette geeignet, Pflanzenöl ebenso wie Butterschmalz. Gut bewährt hat sich auch eine Mischung aus Öl und Butter: Erst wird das Fleisch scharf in Öl angebraten, dann kommt bei reduzierter Hitze ein Stück Butter hinzu – für einen besonders feinen Geschmack.

GIBT ES DIE OPTIMALE PFANNE?

Viele Profis schwören auf schwere Pfannen aus Eisen oder Gusseisen. Tatsächlich lässt sich mit ihnen ein sehr gutes Ergebnis erzielen. Aber auch Pfannen aus Edelstahl oder Aluguss eignen sich zum Kurzbraten gut. Neben dem Material spielt vor allem auch die Größe der Pfanne eine Rolle, denn das Fleisch sollte flächig auf dem Boden aufliegen. Kommt zu viel auf einmal in die Pfanne, dann kühlt das Fett schnell ab und die Poren schließen sich nicht schnell genug. Die Folge: Fleischsaft tritt aus und das Braten geht in ein Kochen über. Größere Fleischmengen sollte man daher unbedingt portionsweise anbraten. Ob die gewünschte Garstufe erreicht ist, lässt sich leicht mit den Fingern überprüfen: Ein blutiges Steak ist weich und gibt auf Finger- oder Daumendruck nach. Fühlt es sich in der Mitte noch elastisch an und wird zum Rand hin fester, ist es medium. Durchgebraten gibt ein Steak auf Druck dann kaum mehr nach.

ENTRECÔTE DOUBLE BRATEN

(1) In einer Pfanne 2 EL Öl stark erhitzen. Den Fettrand einschneiden und das Entrecôte double (350–400 g) im heißen Öl 1 Minute kräftig anbraten. Wenden und das Fleisch von der anderen Seite ebenfalls 1 Minute anbraten.

(2) Hitze reduzieren, Fleisch salzen und pfeffern, dann etwas Butter zufügen und das Fleisch ständig damit begießen.

(3) Ab und an wenden und Entrecôte fertig braten. Etwa 10 Minuten ruhen lassen; schräg zur Faser anschneiden.

Mediterrane Aromen beim Kurzbraten bringen Rosmarin, Thymian und Knoblauch. Allerdings kommen Kräuter und Gewürze wie Meersalz und Pfeffer erst nach dem Anbraten in den letzten Minuten hinzu.

DIE VERSCHIEDENEN GARSTUFEN

(1) RARE, BLEU, STARK BLUTIG. Bei dieser Garstufe ist das Filetsteak blutig, der Fleischsaft dunkelrot und die Kerntemperatur beträgt 45–47 °C.

(2) MEDIUM RARE, SAIGNANT, BLUTIG. Hier ist das Filetsteak in der Mitte blutig, der Fleischsaft rötlich und die Kerntemperatur beträgt 50–52 °C.

(3) MEDIUM, A POINT, MITTEL, HALBDURCH. Hier hat das Filetsteak einen rosa Kern, der Fleischsaft ist rosa und die Kerntemperatur beträgt 60 °C.

(4) WELL DONE, BIEN CUIT, GANZ DURCH. Hier ist das Filetsteak durchgebraten, der Fleischsaft ist hell und klar und die Kerntemperatur beträgt 70–85 °C.

DER PERFEKTE BRATEN: SAFTIG DURCH UND DURCH – UND ROSA BIS ZUM RAND

Große Fleischstücke gehören in den Backofen, aber bei welcher Temperatur? Die Übersicht rechts gibt wertvolle Anhaltspunkte, sowohl für die herkömmliche Technik als auch für das Niedertemperaturgaren.

NICHT NUR SONNTAGS, sondern auch wenn Sie eine größere Zahl Gäste erwarten, bietet sich ein großer Braten als Hauptgang an. Der Vorteil: Haben Sie das Fleisch erst einmal in den Ofen geschoben, dann verlangt der Braten nicht mehr allzu viel Aufmerksamkeit und Sie können derweil in aller Ruhe das restliche Menü vorbereiten. Als Braten eignen sich vor allem große Fleischstücke, etwa ein Stück Hochrippe vom Rind mit zwei bis drei Rippen (S. 161), eine Lammkeule (S. 178), ein Rollbraten vom Kalb (S. 192) oder Schwein oder das klassische Roastbeef. Wenn Sie ein paar Stunden mehr Zeit haben, dann können Sie Ihren Braten bei relativ niedrigen Temperaturen sanft garen. So bleibt er wunderbar saftig.

BRATEN IM OFEN

Wichtig ist in jedem Fall eine hohe Anfangstemperatur. Die ist nötig, damit sich die Poren so schnell wie möglich schließen und kein Fleischsaft austritt. Dabei kann das Anbraten in heißem Fett auf dem Herd erfolgen oder auch im Backofen. Im Ofen braten Sie das Fleisch 10 Minuten bei 200–220 °C an und reduzieren die Temperatur dann (zum Fertigbraten genügen 160–180 °C). Nicht vergessen sollten Sie dabei das Fett, Öl oder bei geringeren Temperaturen auch die Butter, womit das Fleisch vor dem Anbraten und während des Bratens wiederholt übergossen wird. Und noch ein Tipp: Kleinere Fleischstücke legen Sie zum Braten am besten in einen passenden

Bratentopf, damit das Bratfett und der entstehende Jus nicht vorzeitig verbrennen. Größere Teile wie eine Keule kommen in einen Bräter oder in die Fettpfanne. Und: gewürzt werden große Braten immer erst kurz bevor sie in den Ofen kommen.

FLEISCH MUSS ENTSPANNEN

Soll der Braten saftig bleiben, ist es unerlässlich, ihm nach dem Herausnehmen aus dem Ofen mindestens 10 Minuten Ruhe zu gönnen. In dieser Zeit kann sich der Fleischsaft aus dem Inneren wieder im ganzen Stück verteilen. Schneidet man den Braten sofort an, läuft der Saft aus und das Fleisch wird trocken.

NIEDERTEMPERATURGAREN

Bei dieser schonenden Garmethode wird das Fleisch ebenfalls erst heiß – aber auch nicht zu heiß – angebraten, bevor es dann bei 70 °C (ideal für kleinere Stücke) oder bei 80 °C (ideal für größere Braten) im Ofen weitergart. Auch das Roastbeef auf der linken Seite wurde auf diese Weise zubereitet, mit dem Resultat, dass es wunderbar rosa und zart ist. Kein Wunder, denn auch hier schließen sich beim Anbraten die Poren und der Fleischsaft zieht sich ins Innere zurück. Bleibt die Temperatur dann konstant über 56 °C, jedoch unter 90 °C, dann kann sich das Fleisch langsam wieder entspannen. Der Fleischsaft zirkuliert dann und verteilt sich nach und nach wieder im ganzen Stück. Dabei gart der Braten leicht weiter, allerdings sehr viel langsamer als bei der sonst üblichen Hitze. So ein Roastbeef braucht gut und gern 3 ½–4 ½ Stunden. Da die Garzeit jedoch auch davon abhängt, wie gut das Fleischstück zuvor abgehangen war, sollten Sie nach 2 Stunden mit einem Fleischthermometer die Kerntemperatur überprüfen. An ihr können Sie den Gargrad genau ablesen. Die Vergleichswerte entnehmen Sie der unten stehenden Tabelle.

WIE LANGE BRAUCHT WELCHES FLEISCHSTÜCK BEI WELCHER TEMPERATUR?

Braten	Zubereitung	Elektroherd		Umluftherd		Gasherd		Niedertemperatur		Kerntemperatur
		Grad	Zeit	Grad	Zeit	Grad	Zeit	Grad	Zeit	
Hackbraten, 1 kg		190 °C	50–60 Min.	170 °C	50–60 Min.	Stufe 3	50–60 Min.	–	–	80 °C
Rinderfilet medium, 1 kg	anbraten:	220 °C	10 Min.	200 °C	10 Min.	Stufe 5	10 Min.	auf dem Herd	6–8 Min.	57–60 °C
	fertig garen:	160–180 °C	20 Min.	180 °C	15 Min.	Stufe 3	5 Min.	80 °C	2 ¼ Std.	
Roastbeef medium, 1 kg	anbraten:	220 °C	10 Min.	200 °C	15 Min.	Stufe 6	15 Min.	220 °C	10 Min.	57–60 °C
	fertig garen:	160–180 °C	20–25 Min.	180 °C	15 Min.	Stufe 3	15 Min.	70 °C	etwa 4 ½ Std	
Kalbsnuss, 1 kg	anbraten:	200 °C	10 Min.	–	–	–	–	auf dem Herd	8–10 Min.	65–70 °C
	fertig garen:	180 °C	60 Min.	180 °C	70 Min.	Stufe 3	70 Min.	80 °C	2 ½–3 Std.	
Schweinefilet, 600 g	anbraten:	220 °C	5 Min.	–	–	–	–	auf dem Herd	5 Min.	65–70 °C
	fertig garen:	180 °C	10 Min.	180 °C	20 Min.	Stufe 3	20 Min.	80 °C	1 ½–1 ¾ Std.	
Schweinerücken, ausgelöst, 1 kg	anbraten:	–	–	–	–	–	–	auf dem Herd	8–10 Min.	70 °C
	fertig garen:	200 °C	35–40 Min.	180 °C	35–40 Min.	Stufe 3	35–40 Min.	80 °C	2–2 ½ Std.	
Lammkeule, 2 kg	anbraten:	–	–	–	–	–	–	auf dem Herd	8–10 Min.	60 °C
	fertig garen:	190–200 °C	50–60 Min.	180 °C	50–60 Min.	Stufe 3	50–60 Min.	80 °C	3–4 Std.	
Lammrücken, ausgelöst und gerollt, 1 kg	anbraten:	220 °C	5 Min.	210 °C	5 Min.	Stufe 5	5 Min.	auf dem Herd	3–4 Min.	60 °C
	fertig garen:	180 °C	20–25 Min.	160 °C	20–25 Min.	Stufe 2–3	20–25 Min.	80 °C	60–80 Min.	

ETWAS VORBEREITUNG MUSS SEIN,

wenn gutes Fleisch perfekt auf den Teller kommen soll. Fachgerecht pariert und optimal geschnitten wird ein Steak zu einem wahren Hochgenuss.

AUF HÄUTEN UND SEHNEN kaut schließlich niemand gern herum. Darum wird das zähe Bindegewebe vor dem Kurzbraten grundsätzlich vom Fleisch entfernt. Das Fleisch wird pariert, wie der Fachmann sagt.

FLEISCH PARIEREN

Achten Sie beim Abtrennen der weißen Häutchen jedoch unbedingt darauf, das schiere Muskelfleisch nicht zu verletzen, damit nicht unnötig Fleischsaft verloren geht. Dabei wird das aufliegende Fett in der Regel nicht entfernt, denn die Fettschicht schützt große Bratenstücke vor dem Austrocknen, das Fleisch bleibt saftiger. Und auch bei Steaks sollten Sie das Fett nicht vor dem Braten entfernen. Ist ein Fettrand vorhanden, wie bei dem unten in Step 3 gezeigten, aus dem Roastbeef geschnittenen Steak, dann schneiden Sie das Fett mehrmals schräg ein, damit es beim Braten auf dem Boden der Pfanne liegen bleibt und sich nicht aufwölbt. Ob Sie das Fett dann anschließend mitessen oder nicht, das bleibt ganz allein Ihnen überlassen.

FLEISCH PLATTIEREN

Wichtig beim Kurzbraten ist außerdem noch, dass die Fleischscheiben überall gleich dick sind. Daher sollten Sie bereits beim Schneiden – übrigens immer quer zur Faser –, darauf achten, möglichst gleichmäßig starke Scheiben abzutrennen. Leichte Unterschiede werden bei Steaks vom Rinderfilet oder gut abgehangenen Roastbeef durch leichten Druck mit dem Handballen ausgeglichen. Steaks und Schnitzel klopfen Sie zwischen Frischhaltefolie mit einem Plattiereisen leicht flach, bis sie überall gleich stark sind.

VERSCHIEDENE STEAKS QUER ZUR FASER SCHNEIDEN

(1) Gut pariertes Rinderfilet schneidet man quer zur Faser in 2 ½–3 cm dicke Scheiben.
(2) Steaks aus der Hochrippe werden quer zur Faser in 2–2 ½ cm dicke Scheiben geschnitten.
(3) Roastbeef schneidet man mit der Fettauflage quer zur Faser in etwa 2 cm dicke Scheiben.
(4) Schweinehals wird quer zur Faser in etwa knapp 2 cm dicke Scheiben geschnitten.

RINDERFILET RICHTIG VORBEREITEN

Das begehrte Filet macht nur rund 2 Prozent der gesamten Schlachtausbeute beim Rind aus, entsprechend hoch ist auch sein Preis. Der lang gestreckte Muskel liegt an der Innenseite des Roastbeefs, der Filetkopf wird aus der Keule geschnitten. Wenn Sie ein ganzes Filet beim Fleischer bestellen, ist es in der Regel sauber pariert. Falls nicht, dann entfernen Sie zunächst das anhaftende Nierenfett von Hand und trennen Sie dann das aufliegende Fett sowie alle Häutchen und Sehnen

vorsichtig ab, wie unten gezeigt (Step 1–3). Wichtig ist es, dabei das eigentliche Muskelfleisch nicht zu verletzen. Klassisch teilt man das sauber parierte Filet in 3 Stücke, wie in Step 4 und 5 gezeigt, bevor man es dann je nach Verwendung weiter portioniert (Step 6–8) zu sehen.

Am wertvollsten vom Rinderfilet ist das Mittelstück. Aus ihm gewinnt man die 200–250 g schweren Filetsteaks sowie das Chateaubriand (ca. 400 g). Tournedos sind meist etwas kleiner, dafür aber 3 cm hoch.

RINDERFILET PARIEREN UND ZERTEILEN

(1) Zum Parieren eines Rinderfilets zunächst mit einem scharfen Messer die sogenannte Kette (im Bild links) mit wenigen Schnitten vom Muskelfleisch abtrennen. Das Fleisch der Kette kann etwa für Gulasch in Würfel geschnitten werden.

(2) Das Filet umdrehen und das auf der Unterseite vorhandene Fett dünn abschneiden, ohne das Fleisch zu verletzen.

(3) Dann die Sehne auf der Oberseite des Filets vorsichtig abtrennen. Dabei das Messer möglichst flach führen.

(4) Das parierte Filet in drei Teile schneiden: Zuerst wird der dicke Filetkopf quer zur Faser abgetrennt.

(5) Mit einem geraden Schnitt dann das Herz- oder Mittelstück von der schmal zulaufenden Spitze abschneiden.

(6) Aus dem Mittelstück das Filetsteaks, Tournedos und das berühmte Chateaubriand schneiden.

(7) Den Filetkopf entweder entlang des Muskelstrangs halbieren oder aber quer zur Faser in Steaks schneiden.

(8) Aus der Filetspitze werden quer zur Faser 2 Steaks und 1 Tournedo geschnitten, das restliche Stück wird in Würfel für Filetgulasch, in Streifen für Geschnetzeltes oder in dünne Scheibchen geschnitten.

MIT KNOW-HOW GEHT'S LEICHTER

Die einen sehen darin seit jeher eine Delikatesse, andere wenden sich mit Grausen ab: Innereien polarisieren wie kaum ein anderes kulinarisches Thema und stehen doch auf der Einkaufsliste großer Köche ganz oben.

ALS PREISWERTES ESSEN gefragt waren Innereien früher quer durch ganz Europa. Vor allem bei den ärmeren Bevölkerungsschichten standen sie regelmäßig auf dem Speiseplan. Hieraus haben sich zahlreiche Spezialitäten entwickelt, von denen viele, vor allem in Ländern wie Italien, Frankreich und Spanien, bis heute bekannt sind. In Deutschland überlässt man die Zubereitung dieser geschätzten Delikatessen meist den Profis. Dabei ist der Umgang mit Innereien nicht besonders schwierig. Auf dieser Seite zeigen wir Ihnen, wie Sie Leber, Niere, Zunge und auch Kalbsbries richtig vorbereiten.

LEBER, NIERE UND HERZ

Die Leber wird zunächst gewaschen und gehäutet, wie auf der rechten Seite gezeigt. Vor der Zubereitung müssen dann noch alle Röhren und eventuell vorhandene Sehnen entfernt werden. Braten sollten Sie Leber nur kurz, da sie leicht hart wird. Gesalzen wird sie erst nach dem Braten.

Um den intensiven Geschmack von Rinderleber ein wenig abzumildern, können Sie sie vor der Zubereitung 1 Stunde in Milch legen. Nieren werden gesäubert und vom Fett befreit, wie unten am Beispiel von Kalbs- und Schweineniere gezeigt. Bei Schweinenieren ist ein mindestens 2-stündiges Wässern vor der Zubereitung unabdingbar. Es empfiehlt sich nicht, Nieren in sehr dünne Scheiben zu schneiden, da sie leicht hart werden. Das Herz schneidet man längs auf und befreit es von allen Röhren und Sehnen, dann wird es abgespült und bis zu 1 Stunde gewässert.

ZUNGE, BRIES UND HIRN

Die Zunge, egal von welchem Tier, wird zunächst in Salzwasser mit Gemüse und Gewürzen gegart, wie auf der rechten Seite gezeigt. Eine Rinderzunge benötigt 2–3 Stunden Garzeit, eine Schweinszunge etwa 1 Stunde, bis sie gar ist. Bries muss so lange gewässert werden, bis kein Blut mehr austritt.

KALBSNIERE VORBEREITEN

(1) Sofern noch nicht vom Fleischer entfernt, das weiße Nierenfett von Hand von der dunklen Niere abziehen, dabei auch die dünne Außenhaut entfernen.

(2) Niere umdrehen und mit einem Messer das restliche Fett aus der Mitte herausschneiden.

(3) Niere halbieren; innen liegende Nierenstränge sowie Fettablagerungen entfernen.

SCHWEINENIERE

(1) Von der Schweineniere die dünne Außenhaut abziehen und die Niere mit einem scharfen Messer längs halbieren.
(2) Alle innen liegenden Röhren sowie die Fettablagerungen mit dem Messer vorsichtig abtrennen und die Niere dann je nach Rezept in Scheiben oder in Würfel schneiden.

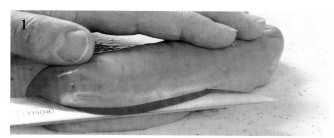

Das anschließende Blanchieren erleichtert das Häuten und Zerteilen, wie unten gezeigt. Und auch Hirn, das aufgrund der BSE-Problematik heute kaum mehr zubereitet wird, erfordert ein ausgiebiges Wässern, bis es weiß ist, bevor man es dann in Salzwasser kocht.

KUTTELN, MILZ UND LUNGE

Kutteln werden in der Regel vorgegart angeboten, falls nicht, säubert man sie zunächst und kocht sie dann 5–6 Stunden in Salzwasser. Die Milz wird erst gewaschen und dann gehäutet. Dafür schneiden Sie sie auf einer Seite ein und schaben das Gewebe von der Haut ab, das je nach Rezept weiterverarbeitet werden kann. Die Lunge wird zuerst von der Luftröhre befreit, bevor man sie gründlich abspült, 1 Stunde wässert und danach etwa 1 Stunde lang im Sud weich gart.

KALBSZUNGE HÄUTEN

(1) Zunge in einem Sud mit Wurzelgemüse bei schwacher Hitze 1 ½–2 Stunden garen, dann herausnehmen.
(2) Zunge sofort kalt abschrecken und die Haut von der Spitze her abziehen.

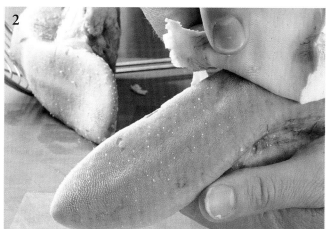

KALBSLEBER VORBEREITEN

(1) Die dünne Außenhaut mit den Fingern von der Oberfläche der Leber abziehen.

(2) Leber umdrehen; auf der Unterseite mit einem Messer Röhren und Häute entfernen.

KALBSBRIES VORBEREITEN

(1) Kalbsbries unter fließendem kaltem Wasser 2 Stunden wässern, dann in kochendem Wasser blanchieren.

(2) Kalbsbries häuten, in Röschen teilen und alle anhaftenden Haut- und Blutreste entfernen.

FRISCH DURCH DEN WOLF GEDREHT

Ob für Frikadellen, Bällchen, Burger oder Buletten: Hackfleisch ist vielseitig wie kaum ein anderes Lebensmittel. Auch in Füllungen und Farcen spielt Gehacktes häufig eine bestimmende Rolle.

BELIEBT WIE EH UND JE: Viele Rezepte mit Gehacktem entstanden aus ökonomischer Notwendigkeit, ließ sich doch durch die Zugabe von Würz- und Lockerungsmitteln wie Brot, Eier oder Zwiebeln das knappe Fleisch etwas strecken. Zudem war und ist Faschiertes – wie man in Österreich zu Gehacktem sagt – eine ideale Form der Resteverwertung: Die beim Zerteilen größerer Fleischstücke anfallenden Abschnitte können so gut weiterverarbeitet werden. Doch leider entspricht die Qualität abgepackter Billigware nicht immer den Erwartungen der Kunden. Daher kauft, wer in Sachen Hack auf Nummer sicher gehen will, das gewünschte Teilstück beim Fleischer seines Vertrauens und dreht es dann zu Hause selbst durch den Wolf.

ROHES HACKFLEISCH IST EMPFINDLICH
Durch das starke Zerkleinern wird die Faserstruktur so weit aufgelockert, dass Hackfleisch schneller gar wird und sogar roh – als Mett oder Tatar – verzehrt werden kann. Darin liegt aber auch seine Empfindlichkeit begründet. Nicht von ungefähr ist die deutsche Hackfleischverordnung sehr streng, denn rohes Hackfleisch ist sehr anfällig für Mikroorganismen und Bakterien. So schreibt die Verordnung beispielsweise vor, aus welchen Fleischarten der Fleischer überhaupt Gehacktes herstellen darf, nämlich nur aus Rind, Kalb, Schwein, Schaf und Ziege – Wild- und Geflügelfleisch sind tabu. Und auch wer Lammhack bei seinem Fleischer kaufen will, tut gut daran, ihn entweder frühmorgens oder spätabends danach zu fragen, denn die Maschine muss anschließend wieder vorschriftsmäßig gereinigt werden. Hackfleisch darf bis auf wenige Ausnahmen ausschließlich am Tag seiner Herstellung verkauft werden. Dieser Grundsatz gilt ebenso für die Aufbewahrung von rohem Hack im Kühlschrank: Hackfleisch sollten Sie also nach Möglichkeit immer gleich am Tag des Kaufes verarbeiten oder aber – und das ist im Zweifel die bessere Lösung – so rasch wie möglich tiefkühlen.

HACKFLEISCH SELBST GEMACHT

Besser aufbewahren lässt sich hingegen Fleisch am Stück, das dann bei Bedarf frisch durchgedreht werden kann. Dabei sollten Sie das Fleisch nicht zu fest in die Einfüllöffnung pressen, da es sonst leicht schmierig wird. Es sollte vielmehr in lockeren Strängen aus der Lochscheibe kommen. Welche Scheibe des Fleischwolfs für welche Art der Zubereitung am besten geeignet ist, können Sie der kleinen Übersicht unten in der Bildfolge (Step 1–8) entnehmen.

HACKFLEISCH TIEFKÜHLEN

Tiefgekühltes Hackfleisch muss aus frischem und darf keinesfalls aus aufgetautem Fleisch hergestellt sein. Idealerweise wird es unmittelbar nach dem Hacken flach gedrückt auf mindestens −18 °C tiefgekühlt. Bei dieser niedrigen Temperatur kann es dann bis zu 6 Monaten aufbewahrt werden. Bei gekauften Tiefkühlprodukten mit Hackfleisch muss das maximale Mindesthaltbarkeitsdatum (Tag, Monat, Jahr) unbedingt exakt angegeben sein.

VIELSEITIG WIE NIE

Gerichte mit Hackfleisch kennen fast alle Küchen der Welt, mal wird es als Füllung raffiniert gewürzt, mal zu Bällchen geformt und in Öl gebraten. Mageres Lamm- oder Rinderhack nimmt man gern pur. In Deutschland fast noch beliebter ist jedoch eine Mischung aus halb Rind-, halb Schweinefleisch, weil daraus hergestellte Frikadellen schön saftig sind. Schreibt das Rezept eingeweichte Brötchen vor, sollten Sie darauf achten, diese auch wieder gut auszudrücken, sonst wird der Fleischteig zu weich und die Frikadellen reißen beim Braten.

VERSCHIEDENE HACKFLEISCHSORTEN

(1) Mageres Rindfleisch, durch die gröbste Scheibe des Fleischwolfs gedreht, kommt 1 cm dick aus der Lochscheibe.

(2) Die gröbste Scheibe des Fleischwolfs kommt bei Klärfleisch zum Einsatz oder auch für grobe Bratwürste.

(3) Mageres Schweinefleisch, durch die grobe Scheibe gedreht, ergibt Stränge von etwa 5 mm Durchmesser.

(4) Die grobe Scheibe des Fleischwolfs benötigt man für normales Hackfleisch, wie für Frikadellen oder Hackbraten.

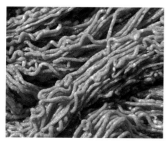

(5) Mageres Lammfleisch, durch die feine Scheibe des Fleischwolfs gedreht, hat etwa 3 mm Durchmesser.

(6) Die feine Scheibe des Fleischwolfs ergibt ein feines Hack für Füllungen und Fleischbällchen.

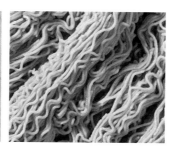

(7) Mageres Kalbfleisch, durch die feinste Scheibe des Fleischwolfs gedreht, hat etwa 1 ½ mm Durchmesser.

(8) Die feinste Scheibe des Fleischwolfs kommt zum Einsatz für Farcen. Auch Tatar lässt sich damit herstellen.

GEFÜLLT UND GEROLLT werden häufig flache

Stücke, wie die Kalbsbrust: Solo eher unspektakulär, wird sie mit einer guten Füllung, die gleichzeitig Beilage ist, zum großartigen Festtagsbraten.

MIT ODER OHNE KNOCHEN? Eine Frage, die sich immer wieder stellt, auch bei der gefüllten Kalbsbrust. Schiebt man sie mitsamt den Rippen in den Ofen, wird das Fleisch noch saftiger. Wenig elegant erweist sich der Braten dann aber beim Tranchieren: Knochen stören die Bahn des Messers und die Scheiben fallen zwangsläufig etwas unterschiedlich aus. Bei der ausgelösten Kalbsbrust ist das Tranchieren dagegen kein Problem. Wie Sie sich hier entscheiden, bleibt ganz allein Ihnen überlassen, wobei dem einfacheren Tranchieren häufig der Vorzug gegeben wird. Entscheiden können Sie sich außerdem, ob Sie eine ganze mit einer Tasche versehene Kalbsbrust füllen, wie auf der rechten Seite gezeigt, oder ob Sie – für eine kleinere Anzahl Gäste – nur einen Teil der Brust verwenden wollen. In diesem Fall legen Sie die Brust auf die Hautseite und bestreichen sie mit einer Füllung. Dann wird die Brust aufgerollt und zum Rollbraten gebunden, wie unten gezeigt.

ROLLBRATEN BINDEN

Vor die Qual der Wahl stellt Sie auch der Rollbraten, denn ihn kann man auf zwei verschiedene Arten binden: Bei der sogenannten Schlingtechnik, wie unten links (Step 1–3) gezeigt, sind insgesamt nur zwei Knoten erforderlich, weil das Garn jeweils durch die Garnschlaufe gezogen und erst ganz zum Schluss verknotet wird. Diese Bindetechnik eignet sich auch ausgezeichnet zum Binden von Rouladen, wobei hier meist 3 bis 4 Schlingen genügen.

Etwas aufwendiger ist die zweite, links unten in Step 4 gezeigte Technik, bei der das Garn im Abstand von etwa 1 cm ständig aufs Neue verknotet wird. Der Vorteil bei dieser Technik: Die Scheiben lassen sich mit dem Garn portionieren. Wenn Sie also einen Teil des Bratens aufbewahren wollen und dieser in Form bleiben soll, ist die zweite, etwas aufwendigere Technik eher zu empfehlen.

ROLLBRATEN BINDEN AUF ZWEIERLEI ART
(1) Bei der Schlingtechnik wird das Garn am Anfang des Bratens gut verknotet, dabei etwas Garn übrig lassen.
(2) Dann im Abstand von etwa 1 cm Schlaufen legen, das Garn durchziehen und festzurren.
(3) Den Braten bis zum Schluss binden, dann das Garn längs durchziehen und mit dem Garnanfang verknoten.
(4) Bei der Knüpftechnik wird jede einzelne Schlinge sogleich verknotet, die Garnenden werden abgeschnitten.

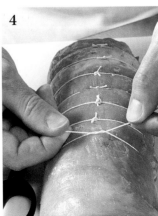

KALBSBRUST VORBEREITEN UND FÜLLEN

Wie Sie eine Kalbsbrust selbst von den Knochen lösen und zum Füllen vorbereiten können, sehen Sie unten in Step 1 bis 3. Sie können jedoch auch Ihren Fleischer darum bitten, Ihnen diese Aufgabe abzunehmen. Wichtig ist dabei in jedem Fall, dass die eingeschnittene Tasche beim Füllen nicht zu prall gestopft wird, damit die Füllung während des Bratens im Ofen nicht austritt. Zum Verschließen der Brust besorgen Sie sich eine Teppich- oder Ledernadel und Küchengarn. Für derartige

Zwecke sind im Fleischerfachhandel auch Spezialnadeln erhältlich. Achten Sie beim Zunähen der Fleischtasche darauf, die Stiche nicht zu dicht an den Rand des Fleisches zu setzen, damit die Fleischränder beim Garen nicht ausreißen.

Wenn Sie gerade keine Nadel zur Verfügung haben, können Sie die Tasche auch mit Holzspießchen, etwa Schaschlikspießen oder Zahnstochern, feststecken. Vor dem Aufschneiden und Servieren werden diese dann ebenso wie das Küchengarn wieder entfernt.

KALBSBRUST AUSLÖSEN UND FÜLLEN

(1) Zum Auslösen der Kalbsbrust das Fleisch möglichst flach von den Rippenknochen schneiden.

(2) Den bereits abgetrennten Teil der Brust nach hinten wegklappen und das Fleisch weiter abtrennen.

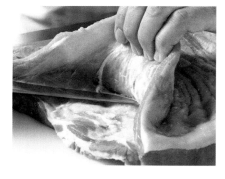

(3) Tasche in die ausgelöste Kalbsbrust schneiden und Bindegewebe zwischen den Hauptschichten durchtrennen.

(4) Die Tasche von innen würzen und die vorbereitete Masse mit einem Löffel oder Spritzbeutel einfüllen.

(5) Beim Einfüllen der Masse darauf achten, dass die Tasche schön locker und nicht zu fest gefüllt wird.

(6) Nach dem Füllen die gefüllte Kalbsbrust mit Nadel und Garn zunähen.

TRADITIONELLE METHODEN DER HALTBARMACHUNG VON FLEISCH

Die Techniken des Pökelns, Trocknens und Räucherns dienen heutzutage vor allem der Geschmacksverbesserung. Probieren Sie es doch einmal aus.

EINE URALTE KONSERVIERUNGSTECHNIK ist das Einlegen in Salz. Heute versteht man unter Pökeln die Behandlung eines Fleischstücks mit speziellem Pökelsalz – meist einer Mischung aus Kochsalz und Nitrit, manchmal auch Salpeter. Dieses verringert die Feuchtigkeit im Fleisch. Typisch für Gepökeltes ist, dass das Fleisch beim Garen seine rote Farbe behält – das Nitrit verbindet sich mit dem roten Muskelfarbstoff und macht ihn unempfindlich gegenüber Hitze und Sauerstoff. Der Fachmann spricht hier von »Umröten«. Zudem entwickelt sich dabei das geschätzte Pökelaroma. Leider gehen bei diesem Prozess auch wertvolle Eiweiß- und Mineralstoffe verloren: Gepökeltes sollte also nicht allzu oft verzehrt werden. Prinzipiell unterscheidet man beim Pökeln zwei ganz unterschiedliche Verfahren.

NASSPÖKELN

Beim Nasspökeln, wie unten links in Step 1 und 2 gezeigt, reibt man das Fleisch zuerst mit einer Würzmischung ein, die hier aus 20 g Pökelsalz und 15 g grob zerstoßenen Gewürzen wie schwarzen und weißen Pfefferkörnern, Wacholder, Gewürznelken, Kümmel, getrocknetem Majoran und 1 getrocknetem Lorbeerblatt besteht. Danach wird das Fleischstück mit einer 7½- bis 10-prozentigen Pökellake übergossen. Je nach Größe lässt man das Fleisch etwa 2 Wochen in der Pökellage im Kühlschrank ziehen – pro Tag dringt die Lake etwa 1 cm tief in das Fleisch ein. Das Fleisch sollte man während des Pökelns alle 3 bis 4 Tage wenden. Nach dem Pökeln Fleisch herausnehmen, lauwarm abspülen und 12 Stunden an der Luft oder im Kühlschrank trocknen lassen. Das gepökelte Fleisch anschließend kalträuchern.

TROCKENPÖKELN

Beim Trockenpökeln reiben Sie 1 kg Fleisch mit einer Mischung aus 50 g Pökelsalz, ½ TL Zucker und je 1 TL edelsüßem Paprikapulver, zerstoßenen weißen Pfefferkörnern, mildem Currypulver, getrocknetem Thymian und Rosmarin ein und lassen es ziehen, wie unten in Step 3 und 4 gezeigt. Hierbei dringt Salz ins Fleisch ein, zugleich tritt Fleischsaft aus. Den Saft abgießen, das Fleisch 12 Stunden an der Luft trocknen lassen und dann in kaltem Wasser 12 Stunden wässern. Anschließend das Fleisch trocken tupfen und vor dem Heißräuchern erneut 2 Tage an der Luft trocknen.

TROCKNEN

Dem Trocknen an der Luft geht meist eine Trockensalzung voraus. Durch den Entzug von Feuchtigkeit wird Bakterien der Nährboden entzogen und die Haltbarkeit des Produkts verbessert. Zum Lufttrocknen benötigt man geeignete klimatische Verhältnisse, wie sie etwa in den Alpentälern anzutreffen sind, oder eine Klimaanlage. Konstant gewährleistet sein müssen 10–12 °C und 75 Prozent Luftfeuchtigkeit.

KALT-, WARM- UND HEISSRÄUCHERN

Beim Kalträuchern muss die Rauchtemperatur permanent 12–22 °C betragen. Warmgeräuchert wird zwischen 25–40 °C und von Heißräuchern spricht man, wenn der Rauch zwischen 50 und 80 °C heiß ist. Der durch das unvollständige Verbrennen von Holz oder Sägemehl entstehende Rauch verleiht Fleisch oder Fleischwaren ein würziges Raucharoma. Heißräuchern können Sie auch ohne Räucherofen, dafür genügt ein Wok. Wie das geht, zeigt die Bildfolge auf der rechten Seite.

AUF ZWEI ARTEN PÖKELN

(1) Beim NASSPÖKELN wird das Fleisch – hier ein Schweinerücken (1,4 kg) mit einer Mischung aus Salz und Gewürzen eingerieben.

(2) Das gewürzte Fleisch in ein Gefäß legen und mit einer Lake aus 1 l Wasser, 80 g Pökelsalz und 1 TL Zucker bedecken.

(3) Beim TROCKENPÖKELN wird das Fleisch, hier zwei Schweinefilets mit insgesamt 1 kg Gewicht, kräftig mit dem Würzsalz eingerieben.

(4) Die Schweinefilets in ein Gefäß legen und 8 Tage darin kühl ziehen lassen, dabei das Fleisch alle 2–3 Tage wenden.

Luftgetrocknet und würzig sind die getrockneten Spezialitäten von Rind und Schwein. Im Uhrzeigersinn: Bündner Fleisch, Bresaola, getrockneter Schinken, Coppa, Lomo und Pastirma (Mitte).

HEISSRÄUCHERN IM WOK

(1) Einen Wok mit Alufolie auslegen. 2–3 EL Räuchermehl auf die Folie geben und eventuell 1 Zweig Rosmarin zugeben.

(2) Ein rundes Gitter für den Wok mit Alufolie überziehen und Löcher einstechen. Das Gitter in den Wok legen.

(3) Das Fleisch – hier die gepökelten Filets – auf das Gitter legen, die Hitzequelle einschalten und den Deckel auflegen.

(4) Die Filets etwa 20 Minuten im Wok heißräuchern, dann noch 5 Minuten im Rauch ziehen lassen.

EINLEGEN IN WEIN, ESSIG ODER ÖL

Eingelegt in Marinaden oder Beizen, bleibt Fleisch länger haltbar und wird dabei noch zarter und mürber. Während des Bratens aufgepinselt, geben würzige Glasuren der Kruste zusätzlichen Geschmack und Glanz.

GLEICH MEHRERE ZWECKE AUF EINMAL erfüllen säurehaltige Marinaden oder Beizen. Sie können einerseits Fleisch einige Tage lang konservieren. Andererseits dringt die Säure, meist Essig, Wein oder Zitronensaft, dabei tief ins Fleisch ein, beschleunigt die enzymatische Reifung und macht es schön mürbe. Werden Marinaden vorher gekocht, wie etwa beim Sauerbraten der Fall, trägt dies außerdem zu einer noch längeren Haltbarkeit bei. Achten sollten Sie dabei darauf, dass das Fleischstück immer vollständig von der Marinade bedeckt ist. Kräuterwürzige, kalt angerührte Marinaden auf Ölbasis dienen hingegen in erster Linie dem Aromatisieren. Dabei genügen bereits ein paar Stunden Marinierzeit, um dem Fleisch den gewünschten Geschmack zu geben – mehr als 24 Stunden sollten es bei einer Ölmarinade jedoch nicht sein.

ROTWEINBEIZE
- 100 g Zwiebeln, 80 g Möhre, 60 g Knollensellerie
- 60 g Petersilienwurzel, 60 g Staudensellerie
- 1 Knoblauchzehe, 1 Lorbeerblatt
- 10 schwarze Pfefferkörner, 1 Zweig Rosmarin
- 3 Zweige Thymian, ½ l kräftiger Rotwein

Das Gemüse für die Rotweinbeize schälen oder putzen und klein schneiden. Legen Sie das Fleisch in die Beize, wie auf der rechten Seite in Step 1 und 2 gezeigt. Das Fleisch herausnehmen, trocken tupfen, salzen und pfeffern. Die Beize durch ein Sieb gießen und auffangen. Braten Sie dann das Fleisch in einem Bräter in Öl an und geben Sie das abgetropfte Gemüse zu. Das Fleisch mit der Beize aufgießen und bei 180 °C im Ofen 1 ½–2 Stunden zugedeckt schmoren.

MEDITERRANE MARINADE
- 100 g Schalotten
- 4 junge Knoblauchzehen
- grob gemahlener schwarzer Pfeffer
- Zesten von 1 unbehandelten Zitrone
- 3 EL Kräuterblättchen (etwa Oregano, Rosmarin, Thymian und Salbei)
- 100 ml Olivenöl, etwas grobes Meersalz

Die Schalotten schälen und in dünne Ringe schneiden. Die Knoblauchzehen, falls nötig, abziehen und halbieren. Vermischen Sie Schalotten und Knoblauch in einer flachen Form mit den restlichen Zutaten für die Marinade. Legen Sie das

Fleisch – etwa 4 Rinderhüftsteaks von je 180 g – darin ein. Mit der Marinade bedecken, leicht salzen und das Fleisch zugedeckt über Nacht im Kühlschrank durchziehen lassen. Am nächsten Tag herausnehmen und braten oder grillen.

ASIATISCHE MARINADE

- 1 Stängel Zitronengras (10 cm)
- 1 Chilischote, geputzt
- 50 g Frühlingszwiebeln, geputzt
- 3 Knoblauchzehen, in dünnen Scheiben
- 5 g frische Ingwerwurzel, fein gewürfelt
- 3 Kaffirlimettenblätter
- Zesten von 1 Limette
- 100 ml Erdnussöl
- 4 EL helle Sojasauce

Zitronengras und Chilischote in feine Ringe schneiden. Die Frühlingszwiebeln in Scheiben schneiden. Vermischen Sie die vorbereiteten Gewürze in einer flachen Form mit den übrigen Würzzutaten sowie dem Öl und der Sojasauce.

Das Fleisch, beispielsweise 4 Schweinehalssteaks von je 200 g, einlegen und mit der Marinade bedecken. Lassen Sie dann das Fleisch zugedeckt 3–4 Stunden im Kühlschrank durchziehen. Herausnehmen, salzen und das Fleisch braten oder grillen.

DREI VERSCHIEDENE HONIGGLASUREN

In der einfachsten Variante der Honigglasur verrühren Sie einfach 4 EL Waldhonig mit 3 EL Weißwein. Durch den Honig, der beim Braten schön karamellisiert, wird eine Kruste – etwa beim Schweinebraten – noch viel besser.

Asiatisch inspiriert ist die folgende Honigglasur: Sie vermischen dazu einfach 4 EL Blütenhonig, 2 EL helle Sojasauce und 2 EL Reiswein.

Wenn Sie es gern etwas schärfer mögen, dann sollten Sie eine Honigglasur aus 1 fein gehackten Chilischote, 50 g Akazienhonig, je 2 EL Reiswein und heller Sojasauce, 2 EL frisch gepresstem Orangensaft sowie grob gemahlenem Pfeffer probieren. Sie passt wunderbar zu gepökeltem Schweinefleisch, etwa zu einem Kasseler.

FLEISCH IN EINE ROTWEINBEIZE EINLEGEN

(1) Das Fleisch – hier eine Schwanzrolle von 1,2 kg – in ein entsprechend großes Gefäß mit Deckel legen. Das zerkleinerte Gemüse auf dem Fleisch verteilen und den Knoblauch, das Lorbeerblatt, die Pfefferkörner sowie die Kräuter zufügen.
(2) Das Fleisch mit dem Rotwein übergießen, das Gefäß mit dem Deckel verschließen und das Fleisch 2–3 Tage im Kühlschrank durchziehen lassen.

AROMATISCH: BRÜHE UND FOND

Bei einer Rinderbrühe köcheln Knochen und Fleisch im Topf mit. Für einen dunklen Rinderfond werden nur die Knochen geröstet und ausgekocht.

Bei einer Brühe ist das Verhältnis von Wasser und Fleisch, Knochen und Würzzutaten geschmacksentscheidend. Deshalb lohnt es sich, gleich größere Mengen davon auf einmal vorzubereiten. Brühen und Fonds lassen sich nämlich tiefgekühlt sehr gut aufbewahren.

RINDERBRÜHE MIT BEINSCHEIBEN
- 2 Beinscheiben vom Rind, je etwa 300 g
- 600 g Rinderknochen, klein gehackt
- 60 g Knollensellerie, 60 g Möhre, 80 g Lauch
- 4 Schalotten, halbiert und gebräunt
- 1 Bouquet garni (S. 43) mit 1 Lorbeerblatt, Gewürznelken, einigen zerdrückten Pfefferkörnern, 1 Zweig Thymian, 4 Stängeln Petersilie
- etwa ¼ Muskatnuss, Salz

Beinscheiben und Knochen 3–4 Minuten blanchieren und kalt abbrausen. Die Knochen mit 2 l kaltem Wasser aufkochen, abschäumen und die Brühe entfetten. Die Beinscheiben zufügen und 2 Stunden köcheln lassen. Dann das zerkleinerte Gemüse

sowie das Gewürzsäckchen zugeben und alles weitere 30 Minuten köcheln lassen, dabei wiederholt abschäumen. Die Petersilie und die grob gehackte Muskatnuss in ein mit einem Tuch ausgelegtes Sieb geben und die Brühe darübergießen, auf 1 l reduzieren und salzen.

RINDERBRÜHE MIT QUERRIPPE
- 1,2 kg Rinderknochen mit Fleisch (vom Hals)
- 2 kg Querrippe vom Rind, 30–40 g Meersalz
- 200 g Möhren
- 100 g Petersilienwurzeln
- 120 g Knollensellerie, 80 g Lauch
- 1 große Zwiebel (150 g)
- 1 Bouquet garni (S. 43) aus 5 Zweigen Thymian, 5 Stängeln Petersilie, 1 Stängel Liebstöckel
- 1 Staudensellerieherz, 100 g Lauch

Hacken Sie die Knochen in Stücke und bereiten Sie die Brühe zu, wie unten (Step 1–6) gezeigt. Die fertige Rinderbrühe durch ein Sieb abgießen.

RINDERBRÜHE MIT QUERRIPPE

(1) In einem großen Topf Wasser zum Kochen bringen und die Knochen sowie das Fleisch darin blanchieren.

(2) Abgießen, Knochen und Fleisch in einem Sieb kalt abbrausen und in einem Topf mit 5–6 l Wasser bedecken.

(3) Das Salz zufügen und das Wasser langsam zum Kochen bringen. Sobald es kocht, die Hitze reduzieren.

(4) Alles 1 Stunde köcheln lassen, dabei gelegentlich abschäumen. Das Gemüse putzen oder schälen und grob würfeln.

(5) Die Zwiebel quer halbieren und auf der Grillplatte oder in einer Pfanne auf der Schnittfläche ohne Fett bräunen.

(6) Das geputzte Gemüse, die gebräunte Zwiebel und das Bouquet garni zufügen und die Brühe 2 Stunden köcheln lassen.

DUNKLER RINDERFOND

- 500 g Markknochen, 2 kg Rinderknochen
- 4 EL Öl
- je 80 g Möhre und Petersilienwurzel, geschält
- 80 g Knollensellerie, geschält
- 80 g Lauch, geputzt
- 1 Lorbeerblatt, ½ Knoblauchzehe, abgezogen
- 1 ungeschälte Zwiebel, halbiert und gebräunt
- 2 Gewürznelken, 6–8 weiße Pfefferkörner

Lösen Sie das Mark aus den Knochen, wie in der Bildfolge unten in Step 1 gezeigt. Das Mark wird für den Fond nicht benötigt, Sie können es anderweitig verwenden, etwa für Markklößchen. Anschließend die Knochen vorbereiten, wie unten (Step 2–3) gezeigt. Den Backofen auf 180 °C vorheizen. Stellen Sie aus den Knochen und den restlichen Zutaten einen dunklen Rinderfond her, wie unten (Step 4–9) gezeigt. Lassen Sie den Fond im Topf erkalten und entfernen Sie das Fett, wie unten in Step 10 gezeigt.

DUNKLER RINDERFOND

(1) Den Markknochen halten und mit beiden Daumen vorsichtig das Mark herausdrücken.

(2) Die Rinderknochen auf einem Hackblock oder -brett mit einem großen Küchenbeil in kleine Stücke hacken.

(3) Die vorbereiteten Knochen unter kaltem Wasser gründlich abbrausen und abtropfen lassen.

(4) Das Öl in einen Bräter gießen und die Knochen darin verteilen.

(5) Knochen 40 Minuten im Ofen rösten, wiederholt rühren. Bratansatz lösen.
Knochen in einen Topf umfüllen; Fett vom Boden abgießen.

(6) Die Knochen mit Wasser bedecken. Alles zum Kochen bringen und wiederholt abschäumen.

(7) Das vorbereitete Gemüse mit dem Lorbeerblatt und Knoblauch zu einem Bouquet garni (S. 43) binden.

(8) Würzzutaten und Zwiebel zufügen, alles 1 ½ Stunden köcheln lassen.

(9) Den Fond langsam durch ein mit einem doppelt gefalteten Tuch ausgelegtes Sieb laufen lassen.

(10) Mit einem Schaumlöffel die erstarrte Fettschicht an der Oberfläche vorsichtig abheben.

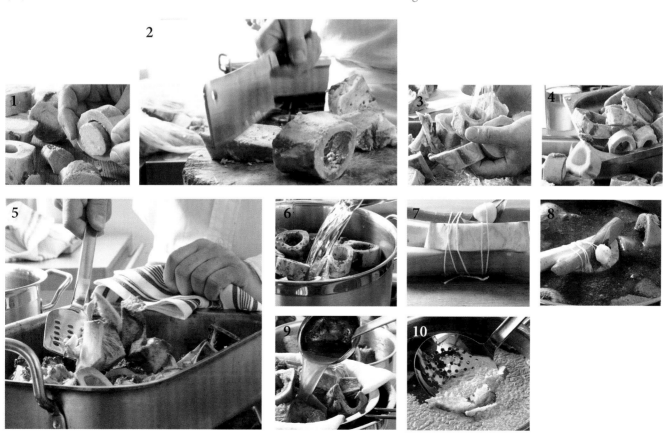

FLEISCHAROMA PUR

Kalbsjus und -glace haben einen intensiven Geschmack. Nach dem gleichen Prinzip können Sie aus Knochen und Fond von Rind oder Lamm einen Jus herstellen oder eine Glace.

KALBSJUS

- 2 kg Kalbsknochen
- 500 g Kalbsschwanz
- 200 g Möhren, 100 g Schalotten
- 200 g Zwiebeln, 150 g Staudensellerie
- 300 g Tomaten, 100 g Champignons
- 4 EL Olivenöl, 3 Knoblauchzehen
- 2 Lorbeerblätter, 4–5 Zweige Thymian
- 80 g Tomatenmark
- ¼ l Weißwein
- 3 l dunkler Kalbsfond, 10 Stängel Petersilie

Die Knochen bei Bedarf klein hacken, den Kalbsschwanz in Stücke teilen, beides gut waschen und abtropfen lassen. Die Möhren, Schalotten und Zwiebeln schälen, den Staudensellerie putzen. Die Tomaten vom Stielansatz befreien und vierteln. Die Pilze putzen und ebenfalls vierteln. Den Backofen auf 200 °C vorheizen. Bereiten Sie den Jus zu, wie auf der rechten Seite (Step 1–9) gezeigt.

Stellen Sie zum Einfüllen der kochend heißen Flüssigkeit einen langstieligen Metalllöffel ins Glas. Er bewahrt das Glas vor dem Springen. Beim Abkühlen geliert der Jus dann und wird fest. Gut verschlossen hält sich Kalbsjus 3 Wochen im Kühlschrank, Sie können ihn aber auch portionsweise tiefkühlen.

KALBSGLACE

- 2 ½ kg Kalbsknochen
- 1 kg Kalbsfüße
- 250 g Möhren
- 100 g Knollensellerie
- 100 g Petersilienwurzeln
- 500 g Zwiebeln
- 1 kleine Knoblauchzehe
- 8 EL Öl, 8 weiße Pfefferkörner
- 1 Lorbeerblatt, 2 Gewürznelken, 2 Pimentkörner
- 1 Zweig Thymian, 4 Stängel Petersilie

Den Backofen auf 180 °C vorheizen. Die Kalbsknochen und Kalbsfüße in etwa gleich große Stücke hacken. Schälen Sie das Gemüse und schneiden Sie es in grobe Stücke.

Das Öl in einem Bräter erhitzen, die Knochen und Füße darin verteilen und im heißen Ofen 30 Minuten rösten, dabei mehrmals wenden. Fügen Sie Gewürze, Kräuter und das vorbereitete Gemüse zu und rösten Sie es mit an, bis es leicht gebräunt ist. Den Bräter herausnehmen, das Fett abgießen und weiterarbeiten, wie unten in Step 1 gezeigt. Füllen Sie alles in einen großen Topf um. Aufkochen und die Mischung 1½ Stunden bei schwacher Hitze köcheln lassen, dabei wiederholt abschäumen. Danach weiterarbeiten, wie unten (Step 2–4) gezeigt.

KALBSGLACE AUS KNOCHEN UND FÜSSEN ZUBEREITEN

(1) Die Knochen mit kaltem Wasser bedecken und unter Rühren den Bratensatz vom Boden vollständig lösen.

(2) Den Topfinhalt durch ein mit einem Passiertuch doppelt ausgelegtes Spitzsieb gießen, aber nicht ausdrücken.

(3) Den Fond bei schwacher Hitze dickflüssig einkochen lassen, dabei mehrmals entfetten.

(4) Die Glace in einer Schüssel erkalten und gelieren lassen.

KALBSJUS ZUBEREITEN

(2) Möhren, Schalotten, Zwiebeln und Sellerie in Stücke schneiden. Den Knoblauch andrücken.

(1) Das Olivenöl in einem großen Topf erhitzen und die abgetropften Kalbsknochen mit den Schwanzstücken darin kurz hell anbraten. Den Topf vom Herd nehmen und die Knochen im heißen Ofen etwa 30 Minuten rösten.

(3) Den Topf herausnehmen und das Gemüse bis auf die Tomaten, Lorbeer und Thymian zufügen.

(4) Gemüse und Knochen unter Rühren im offenen Topf auf dem Herd kurz braten.

(5) Die Tomaten und das Tomatenmark unterrühren; alles weitere etwa 30 Minuten im Ofen rösten.

(6) Herausnehmen, den Wein zugießen und einkochen lassen. Nach und nach den Fond angießen und reduzieren.

(7) Diese Mischung bei schwacher Hitze 3–4 Stunden köcheln lassen, dabei wiederholt entfetten.

(8) Den Inhalt des Topfes durch ein Spitzsieb in einen zweiten Topf gießen und die Petersilienstängel zufügen.

(9) Kalbsjus erneut 10 Minuten köcheln, dann durch ein Sieb in saubere, gut verschließbare Gläser gießen.

RINDERSCHERZL
MIT LÖWENZAHN

S. 162
MITTELBUG/SCHAUFELSTÜCK

S. 181
KOCHFLEISCH

ZUBEREITUNGSZEIT: 1 Std. 10 Min.

FÜR DAS RINDFLEISCH: 600 g Rinderscherzl (Mittelbug-, Schaufelstück) • 200 g Rinderknochen
• Salz • 1 mittelgroße Möhre, gewaschen, geschält und in Rauten geschnitten • ½ Knollensellerie,
gewaschen, geschält und in Rauten geschnitten • 1 Stange Lauch, gewaschen, geputzt und in Ringe
geschnitten • 1 festkochende Kartoffel, gewaschen, geschält und in Rauten geschnitten • 1 mittelgroße
weiße Zwiebel, halbiert und in der Pfanne ohne Fett gebräunt • 1 Bund Petersilie • 1 Bund Schnittlauch
FÜR DEN SALAT: 2 Rote Beten • Meersalz • 1 TL Kümmel • 2 Bund Löwenzahn (Ersatz: 2 Bund Rucola
oder 1 großer Kopf Frisée-Salat) • 100 ml Traubenkernöl • 1 TL Kürbiskernöl • 50 ml Champagner-
oder Weißweinessig • Salz • Zucker • schwarzer Pfeffer • 1 Stück frischer Meerrettich, geschält

1. Blanchieren Sie das Fleisch und die Knochen und spülen
Sie sie ab. Die Knochen mit kaltem Wasser bedecken, leicht
salzen und aufkochen. Das Fleisch zufügen und 1 Stunde gar
ziehen lassen. Dann geben Sie das Gemüse und die Zwiebel
zu und garen beides 20 Minuten in der Brühe mit.

2. Die Roten Beten waschen, trocknen, mit Meersalz und
Kümmel würzen und ungeschält auf einem Salzbett (100 g
Meersalz) in Alufolie bei 160 °C im vorgeheizten Ofen etwa
1 Stunde garen.

3. Die Roten Beten herausnehmen, abkühlen lassen,
schälen und in Rauten schneiden. Den Löwenzahn putzen,
waschen und trocken schleudern. Beide Öle, Essig und
50 ml Brühe vom Fleisch gut verrühren und abschmecken.
Das Fleisch herausnehmen und quer zur Faser in 5 mm
dicke Scheiben schneiden.

4. Gemüse und Rote Beten anrichten, Löwenzahn darauf
verteilen und mit der Vinaigrette beträufeln. Mit Petersilienblättchen und Schnittlauchhalmen bestreuen und den Meerrettich
darüberraspeln. Das Fleisch daneben anrichten, mit etwas
Brühe übergießen und mit grobem Meersalz bestreuen.

FEINER SALAT
MIT SCHWEINEFLEISCH

ZUBEREITUNGSZEIT: 1 Std. 50 Min.

FÜR DEN SALAT: 300–350 g Schweinerücken oder -filet • 8 kleine Salzwassergarnelen von je
20–30 g • Salz • frisch gemahlener Pfeffer • 1 EL Öl • 1 Chilischote • 25 g Ingwer, geschält und
gehackt • 25 g geröstete, ungesalzene Erdnüsse, im Mörser grob zerstoßen • Saft von ½ Limette
• 20 g Kokosraspel, geröstet • 10 g süß-scharfe Chilipaste (aus gerösteten Schalotten und
Chilis; aus dem Asialaden) • 20 ml Geflügelfond • etwas Limettensaft • Fischsauce • Zucker
• 3 Kaffirlimettenblätter, in sehr feinen Streifen • 50 g Möhre, geputzt, geschält und in feinen
Streifen (Julienne) • 50 g Gurke, geschält und entkernt, in feinen Streifen (Julienne) • 1 grüne
Mango, in feinen Streifen (Julienne) • 150 g Papayafruchtfleisch, in feinen Streifen (Julienne)
FÜR DIE GARNITUR: 2 Kopfsalatherzen • je 2 Stängel Pfefferminze und Koriandergrün
• 2 EL feine Knoblauchscheiben, in Öl frittiert

1. Das Fleisch mit Küchenpapier trocken tupfen und in
etwa 1 x 4 cm große Streifen schneiden. Die Garnelen
schälen und wie die Fleischstreifen salzen und pfeffern.
Das Öl im Wok stark erhitzen, Fleisch und Garnelen darin
unter ständigem Rühren etwa 2 Minuten braten – das
Fleisch soll gerade durchgebraten sein – herausnehmen
und beides beiseitestellen.

2. Die Chilischote längs halbieren, Samen und Scheidewände
entfernen und das Fruchtfleisch fein hacken. Verrühren Sie in
einer Schüssel Chiliwürfel, Ingwer, Erdnüsse, Limettensaft,
Kokosraspel, Chilipaste und den Geflügelfond gut miteinander
und schmecken Sie die Chili-Erdnuss-Paste nach Belieben mit
etwas Limettensaft, Fischsauce und Zucker ab.

3. Die Fleischstreifen und Garnelen mit den Limettenblättern,
Möhren-, Gurken-, Mango- und Papayastreifen vermischen.
Rühren Sie die Chili-Erdnuss-Paste unter und lassen Sie alles
kurz durchziehen.

4. Den Kopfsalat waschen, putzen und trocken schleudern.
Legen Sie pro Portion jeweils 3 bis 4 innere Salatblätter in
einer Schale zusammen und richten Sie den Schweine-
fleischsalat darin an. Minze und Koriander waschen, trocken
schütteln und die Blättchen abzupfen. Streuen Sie die Kräuter
und die Knoblauchchips vor dem Servieren über den Salat.

S. 172
SCHWEINERÜCKEN

SCHWEINEFLEISCH-PATÉ

ZUBEREITUNGSZEIT: 3 Std. 40 Min. / MARINIERZEIT: 12 Std. / KÜHLZEIT: 24 Std. / FÜR 10–12 Portionen

FÜR DIE FARCE: 500 g Schweinenacken ohne Schwarte • 500 g Schweinebauch ohne Schwarte • 150 g Rückenspeck (grüner Speck) • 300 g Kalbsleber, pariert • 8 Wacholderbeeren • 5 Pimentkörner • 25 g Pökelsalz • 2 cl Gin • 4 cl Cognac • 2 Brötchen vom Vortag • ⅛ l Milch • 150 g Zwiebeln • 2 Knoblauchzehen • 30 g Butter • 1 EL gehackter Majoran • 1 TL gehackter Thymian • 2 EL gehackte glatte Petersilie • frisch gemahlener Pfeffer • frisch geriebene Muskatnuss FÜR DIE EINLAGE: 1 EL grüne Pfefferkörner, aus dem Glas • 80 g geschälte Pistazien • 100 g gekochter Schinken, in Würfeln • 80 g frische Morcheln, geputzt, in 1 EL Butter angeschwitzt (Ersatz: Egerlinge)
AUSSERDEM: 1 Terrinenform mit Deckel (1,6 l Inhalt) • 8 breite Scheiben Rückenspeck

S. 172, 173
SCHWEINERÜCKEN
UND -BAUCH

S. 190
HACKFLEISCH

1. Schneiden Sie das Fleisch, den Speck und die Leber in etwa 2 cm große Würfel. Die Wacholderbeeren und Pimentkörner im Mörser zerstoßen. Alles mit dem Pökelsalz (Achtung: nicht mehr als 25 g verwenden, da die Paté sonst zu salzig wird), Gin und Cognac etwa 12 Stunden im Kühlschrank marinieren.

2. Am nächsten Tag die Brötchen 2 cm groß würfeln und in der Milch einweichen. Zwiebeln und Knoblauch schälen und beides in dünne Scheiben schneiden. Braten Sie die Zwiebeln in der Butter langsam hellbraun an, den Knoblauch kurz mitbraten und die Mischung abkühlen lassen.

3. Den Backofen auf 175 °C vorheizen. Drehen Sie das marinierte Fleisch mit den Brötchen und der Zwiebelmischung durch die feine Scheibe des Fleischwolfs

und mischen Sie die gehackten Kräuter unter. Die Farce mit Pfeffer und Muskat würzen und gut durchkneten. Alle Zutaten für die Einlage unter die Farce heben und gut durchmischen.

4. Legen Sie die Terrinenform leicht überlappend mit den Speckscheiben aus und füllen Sie die Farce ein. Den Deckel auflegen, die Form in eine zu zwei Dritteln mit kochendem Wasser gefüllte ofenfeste Form stellen und die Paté im Wasserbad etwa 2 ¼ Stunden pochieren – sie ist gar, wenn sie im Inneren eine Kerntemperatur von mindestens 65 °C erreicht hat.

5. Nehmen Sie die Schweinefleisch-Paté aus dem Ofen und stellen Sie sie vor dem Servieren mindestens 12 Stunden, besser noch 24 Stunden kühl.

LEBERWURST IM GLAS

ZUBEREITUNGSZEIT: 5 Std. / MARINIERZEIT: 4 Tage
FÜR 4 Gläser von je 250 ml Inhalt

FÜR DIE LEBERWURST: 1 Spanferkelkopf (etwa
1½ kg) oder ½ Jungschweinekopf (etwa 2 ½ kg)
• 300 g Kalbsleber • 5 g Pökelsalz • 1 l Milch
• 1 Bouquet garni (S. 43) aus 1 Möhre, 1 Stange
Staudensellerie, 1 kleines Stück Knollensellerie,
1 Stück Lauch und ½ Gemüsezwiebel • Salz
• 100 g roher, durchwachsener Bauchspeck
• 100 g Rückenspeck (grüner Speck) • 1 Apfel
• 1 kleine weiße Zwiebel • 1 Knoblauchzehe
• 1–2 EL Öl • 2 TL Honig • 2 TL Fünf-Gewürze-Pulver
(S. 51) • Pfeffer • 1 kleines Bund Majoran
FÜR DIE PÖKELLAKE: 500 g Pökelsalz • 4 Zweige
Rosmarin • 4 Zweige Thymian • 20 Wacholderbeeren
• 2 EL schwarze Pfefferkörner • 3 Lorbeerblätter

S. 172, 189
GRÜNER SPECK/KALBSLEBER

S. 190, 194
HACKFLEISCH/PÖKELN

S. 43
BOUQUET GARNI

1. Kochen Sie alle Zutaten für die Pökellake mit 5 l Wasser
auf und lassen Sie diese abkühlen. Den Spanferkelkopf
gründlich unter fließendem kaltem Wasser waschen und in der
Pökellake zugedeckt 4 Tage im Kühlschrank durchziehen
lassen. Am dritten Tag die Leber von Häutchen und Röhren
befreien, mit 5 g Pökelsalz einreiben und 24 Stunden im
Kühlschrank in der Milch einlegen.

2. Bringen Sie den Spanferkelkopf mit dem Bouquet garni
in leicht gesalzenem Wasser zum Kochen und garen Sie ihn
2–2½ Stunden. Den Kopf herausnehmen und leicht abkühlen
lassen. Vom Kochfond 100 ml abmessen und beiseitestellen.
Lösen Sie das Kopffleisch aus, es sollten 600–700 g Fleisch
und Bindegewebe übrig bleiben. Die beiden Specksorten,
das Apfelfruchtfleisch, die geschälte Zwiebel sowie den
Knoblauch grob würfeln und alles ringsum kräftig anbraten.
Den Backofen auf 140 °C vorheizen.

3. Die Leber herausnehmen, abtropfen lassen und grob
würfeln. 100 g Leber im Blitzhacker fein pürieren. Die restlichen Leberwürfel kurz in Öl anbraten und etwas abkühlen
lassen. Drehen Sie alle Zutaten durch die mittlere Scheibe
des Fleischwolfs und fügen Sie die pürierte Leber zu.

4. Die Masse mit Honig, Fünf-Gewürze-Pulver, 1½ TL Salz,
Pfeffer sowie etwas Spanferkel-Kochfond abschmecken
und den gehackten Majoran zufügen.

5. Füllen Sie die Lebermasse in die vorbereiteten Gläser und
verschließen Sie diese fest. Garen Sie die Leberwurst im Glas
etwa 1 Stunde auf einem Gitter im heißen Ofen. Oder stellen
Sie die Gläser in eine mit heißem Wasser gefüllte ofenfeste
Form, dabei sollte das Wasser bis zur halben Höhe der Gläser
reichen. Aus dem Ofen nehmen und die Leberwurst abkühlen
lassen. Sie hält sich im Kühlschrank etwa 3 Wochen.

LAMMFILET IN CONSOMMÉ

ZUBEREITUNGSZEIT: 3 Std. 45 Min.

FÜR DEN FOND: 300 g Lammknochen • 1–2 EL Öl • 80 g gemischtes Gemüse (Möhren,
Sellerie, Lauch und Zwiebel), gewürfelt • ½ EL Tomatenmark • 1 Tomate, gewürfelt
• 100 ml Weißwein • je 1 Zweig Rosmarin und Thymian • ½ gebräunte Zwiebel mit Schale
ZUM KLÄREN: 100 g Rinderwade, durch die grobe Scheibe des Fleischwolfs gedreht
• 1 Eiweiß, leicht verquirlt • 1 TL Fenchelsamen • Salz • zerstoßenes Eis
FÜR DIE EINLAGE: 2 mittelgroße Fenchelknollen, halbiert • 1 Schalotte, fein gewürfelt
• 2 EL Olivenöl • 1 TL Korianderkörner • Salz • frisch gemahlener Pfeffer • 4 Lammfilets
FÜR DAS PISTOU: 1 großes Bund Basilikum (etwa 50 Blätter) • 1 ½ EL Pinienkerne, geröstet
• ½ Knoblauchzehe, fein gehackt • Salz • 1–2 EL Parmesan • Olivenöl

S. 176
LAMMFILET

S. 190
HACKFLEISCH

1. Für den Fond rösten Sie die Knochen langsam in Öl an.
Das gewürfelte Gemüse zugeben und mit anbraten. Das
Tomatenmark kurz mitrösten, dann die Tomatenwürfel
zufügen und kurz mitdünsten. Alles mit dem Wein ablöschen
und diesen reduzieren. Bedecken Sie die Knochen mit kaltem
Wasser, fügen Sie die Kräuter hinzu und lassen Sie den
Fond 2 Stunden bei schwacher Hitze köcheln, dabei immer
wieder entfetten. Anschließend den Fond durch ein feines
Sieb gießen (Rückstände nicht ausdrücken!) und kalt stellen.

2. Verrühren Sie sämtliche Klärzutaten gut miteinander.
Den erkalteten Lammfond entfetten und mit der Klärmi-
schung unter ständigem Rühren zum Kochen bringen.
Dann die Hitze reduzieren, die Zwiebel zufügen und die
Consommé 1 Stunde bei schwacher Hitze ziehen lassen.
Die Consommé durch ein mit einem Tuch ausgelegtes
Sieb gießen und abschmecken.

3. Den Backofen auf 160 °C vorheizen. Für die Einlage
den Fenchel mit Strunk in etwa 2 cm dicke Scheiben schneiden. Dünsten Sie die Schalotte in Öl an, Fenchel und Korianderkörner zugeben, salzen, pfeffern, etwas Wasser angießen
und den Fenchel zugedeckt im Ofen in etwa 30 Minuten
weich schmoren. Herausnehmen und den Fenchel mit
Küchenpapier abtupfen.

4. Für das Pistou Basilikum, Pinienkerne, Knoblauch,
Salz, Parmesan und Öl im Mörser oder Mixer zu einer
homogenen Paste verarbeiten. Die Lammfilets in sehr
dünne Scheiben schneiden. Richten Sie die Fleischscheiben
mit dem Fenchel und je 1 TL Pistou in vorgewärmten tiefen
Tellern an und gießen Sie die Consommé kochend heiß
darüber. Sofort servieren.

FRUCHTIGE GULASCHSUPPE

ZUBEREITUNGSZEIT: 1 Std. 40 Min.

FÜR DIE GULASCHSUPPE: 800 g Rindfleisch aus der Oberschale • 3–4 EL Öl • 4 rote Zwiebeln, in Streifen • 2 Möhren, gewürfelt • ¼ kleiner Knollensellerie (100–150 g), gewürfelt • 1 TL Meersalz • 1 TL Currypulver • 1 TL gemahlener Kreuzkümmel • 1 TL Tandoori-Pulver • 1 TL Zucker • 2 EL Tomatenmark • ½ l Rinderbrühe • ½ l Maracujasaft • 1 Mango, in Streifen geschnitten • 2 Eigelbe • 8 Blätter Frühlingsrollenteig (Kühlregal) • 2 EL fein geschnittenes Koriandergrün

1. Das Rindfleisch 2 cm groß würfeln. Braten Sie das Fleisch in Öl portionsweise kräftig an. Herausnehmen und das vorbereitete Gemüse ebenfalls anbraten. Das Fleisch wieder einlegen und mit Salz, Curry, Kreuzkümmel, Tandoori-Pulver und Zucker würzen.

2. Rösten Sie das Tomatenmark 2 Minuten mit an und löschen Sie dann alles mit der Brühe und dem Maracujasaft ab. Die Suppe offen etwa 50 Minuten leicht köcheln lassen.

3. Das Fleisch ausstechen. Die Mangostreifen in die Suppe geben. Verteilen Sie das Fleisch auf den am Rand mit Eigelb bepinselten Frühlingsrollenteigblättern und rollen Sie diese fest auf. Die Rollen in Öl ringsum goldgelb anbraten.

4. Verteilen Sie die Suppe in tiefe Teller. In die Mitte je eine schräg aufgeschnittene Fleischrolle setzen und mit Koriandergrün bestreut servieren.

S. 198
RINDERBRÜHE HERSTELLEN

S. 160
OBERSCHALE

»GULASCHSUPPE KLASSISCH«

Paprika spielt in der ungarischen Küche eine zentrale Rolle, ebenso der Kessel der Rinderhirten, der heute noch bei der traditionellen Zubereitung von Gulaschsuppe und Kesselgulasch aus Rindfleisch über offenem Feuer gebräuchlich ist. Das ungarische Wort *gulyás* (deutsch Rinderhirte) bezeichnet übrigens die Suppe und nicht das Fleischgericht (ungar. *pörkölt*). Für die klassische Gulaschsuppe dünsten Sie 200 g Zwiebeln in 30 g Butter glasig an, fügen je 1 EL Paprikapulver und Tomatenmark hinzu und löschen mit 1 EL Rotweinessig ab. Nun kommen 600 g klein gewürfelte Rinderschulter, 1 gehackte Knoblauchzehe, 1 gute Prise gemahlener Kümmel und ½ TL Majoran dazu. Gießen Sie das Fleisch mit wenig kaltem Wasser auf und lassen es etwas einkochen, dann das Fleisch noch 20 Minuten zugedeckt schmoren. Zuletzt geben Sie 200 g geschälte, mehligkochende Kartoffeln in Würfeln mit reichlich Wasser dazu und garen Sie sie weich. Danach kommt die Suppe in den 150 °C heißen Backofen, wo sie einige Stunden offen köchelt, bis sie die richtige Konsistenz hat. *Ingrid Schindler*

PICHELSTEINER EINTOPF

ZUBEREITUNGSZEIT: 1 Std. 40 Min. / FÜR 4–6 Portionen

FÜR DEN EINTOPF: 300 g Rinderschulter • 300 g Schweineschulter • 300 g Lammschulter
• Salz • frisch gemahlener Pfeffer • 4 EL Öl • 250 g Möhren • 250 g Knollensellerie • 200 g
Zwiebeln • 250 g festkochende Kartoffeln • 250 g Weißkohl • 200 g Lauch • 4 TL frische
Majoranblättchen • 1 l Kalbsfond oder Rinderbrühe • 1 Bund glatte Petersilie, gehackt

S. 198, 200
KALBSFOND/RINDERBRÜHE

S. 186, 187
FLEISCH PARIEREN

1. Alle Fleischsorten parieren und mit Küchenpapier sorg-
fältig trocken tupfen. Das Fleisch jeweils in 3–4 cm große
Würfel schneiden und mit Salz und Pfeffer würzen. Braten
Sie das Fleisch portionsweise in einem großen schweren
Schmortopf in Öl von allen Seiten kräftig an. Dann aus
dem Topf nehmen und das Fleisch beiseitestellen.

2. Die Möhren, den Sellerie, die Zwiebeln sowie die Kartoffeln schälen und waschen. Den Weißkohl putzen, den Strunk
sowie die dicken Blattrippen entfernen, die Blätter waschen
und abtropfen lassen. Den Lauch putzen, halbieren und
gründlich waschen. Schneiden Sie das Gemüse in Würfel
von etwa 3 cm und vermischen Sie es gut miteinander.

3. Den Backofen auf 150 °C vorheizen. Schichten Sie
abwechselnd jeweils eine Lage Fleisch und eine Lage
gemischtes Gemüse in den Topf und würzen Sie jede
Schicht mit Salz, Pfeffer und Majoran.

4. Gießen Sie den Fond seitlich an und bringen Sie alles
langsam zum Kochen. Dann den Topf zugedeckt in den Ofen
stellen und den Pichelsteiner Eintopf darin 45–60 Minuten
garen, dabei jedoch keinesfalls umrühren. Wenn das Fleisch
gar ist, den Eintopf mit Petersilie bestreuen, in vorgewärmte
Suppenschalen verteilen und servieren.

DAS ORIGINAL
Beim Originalrezept kommen außer Fleisch und Gemüse
auch noch Rindermarkscheiben mit in den Topf. Diese
werden nach dem Wässern kurz angebraten und dann mit
eingeschichtet. Oder Sie probieren einmal eine Variante
mit mediterranem Gemüse, Knoblauch und Olivenöl.

BORSCHTSCH

ZUBEREITUNGSZEIT: 2 Std. 45 Min. / FÜR 4–6 Portionen

FÜR DIE BRÜHE: 800 g Rindfleisch zum Kochen (Schulterstück) • 1 kg Rinderknochen • 1 TL weiße
Pfefferkörner • 1 TL Pimentkörner • 5 Wacholderbeeren • 2 Lorbeerblätter • 10 Stängel Petersilie
• 2 Stängel Liebstöckel • Salz • 2 Zwiebeln • 2 Möhren • ½ Knollensellerie (200–250 g) • ½ Stange Lauch
FÜR DIE EINLAGE: 2 Rote Beten (insgesamt 300–400 g) • 250 g Weißkohl, geputzt • 1 Zwiebel, geschält
• 30 g Schweineschmalz oder 3 EL Öl • 1 TL Zucker • Salz • 1–2 TL Kümmel • frisch gemahlener Pfeffer
• 2 EL Rotweinessig
FÜR DIE GARNITUR: 200 g Sauerrahm, glatt gerührt • 4 EL gehackter Dill

S. 162
RINDERSCHULTER

S. 186, 187
FLEISCH PARIEREN

1. Das Rindfleisch parieren und die Knochen kalt abspülen.
Bedecken Sie die Knochen in einem Topf mit kaltem Wasser
und bringen Sie sie langsam zum Kochen. Anschließend
das Rindfleisch, die Gewürze und Kräuter zufügen und
leicht salzen. Alles erneut aufkochen, dabei immer wieder
den entstandenen Schaum abschöpfen.

2. Die Zwiebeln mit der Schale halbieren und in einer Pfanne
ohne Fett auf der Schnittfläche kräftig bräunen. Die Möhren
und den Sellerie schälen, den Lauch putzen, alles waschen,
in große Stücke schneiden und in die Suppe geben. Nehmen
Sie nach 15–20 Minuten Garzeit die Möhren heraus, lassen
Sie sie kurz abkühlen und schneiden Sie sie als Suppenein-
lage in Streifen.

3. Lassen Sie die Suppe 1½–2 Stunden köcheln, bis das
Fleisch gar ist. Dann herausnehmen, das Fleisch in Würfel
schneiden und die Suppe durch ein mit einem Tuch ausgelegtes Sieb gießen.

4. Für die Einlage die Roten Beten schälen und in Streifen
schneiden. Den Weißkohl und die Zwiebel ebenfalls in Streifen
schneiden. Braten Sie das Gemüse in einem großen Topf in
Schweineschmalz kurz an, bis es leicht gebräunt ist. Alles
mit Zucker, Salz und Kümmel würzen und mit der Suppe
aufgießen. Lassen Sie alles bei schwacher Hitze köcheln,
bis das Gemüse weich ist.

5. Die Möhrenstreifen sowie die Fleischwürfel zufügen,
kurz erwärmen und den Borschtsch mit Salz, Pfeffer und Essig
kräftig abschmecken. Verteilen Sie den Eintopf in tiefe Teller
und garnieren Sie ihn jeweils mit etwas Sauerrahm und Dill.

LAMMRÜCKEN, POCHIERT

ZUBEREITUNGSZEIT: 2 Std.

FÜR DEN LAMMRÜCKEN: 600 g parierter Lammrücken • Salz • Pfeffer • 2 EL Olivenöl
• je 1 Zweig Rosmarin und Thymian • 2 Basilikumblätter, in dünne Streifen geschnitten
FÜR DEN FOND: 300 g Lammknochen, klein gehackt • Olivenöl • 100 g gemischtes Gemüse
(Möhren, Sellerie, Lauch und Zwiebel), gewürfelt • 2 Knoblauchzehen, angedrückt • 5 vollreife
Tomaten, das Fruchtfleisch gewürfelt • 1 TL Fenchelsamen • ½ EL Tomatenmark
• 200 ml Weißwein • Salz • frisch gemahlener Pfeffer
FÜR DIE GEMÜSEEINLAGE: 2 Navetten • 1 Möhre • 1 Stange Staudensellerie
• 1 mehligkochende Kartoffel • 1 Zucchino, alles geputzt und in gleich große Stücke geschnitten
• Salz • 2 Tomaten, gehäutet, geviertelt und entkernt • 4 schwarze Oliven, entsteint
und fein gehackt • 1 Stück getrocknete Tomate, fein gehackt

S. 176, 177
LAMMRÜCKEN

1. Für den Fond rösten Sie die Knochen in Olivenöl an. Dann das gewürfelte Gemüse, Knoblauch, Tomaten und Fenchelsamen kurz mit anbraten. Das Tomatenmark einrühren, alles mit dem Weißwein ablöschen und diesen reduzieren.

2. Bedecken Sie die Knochen mit kaltem Wasser und lassen Sie sie 2 Stunden köcheln, dabei abschäumen und gelegentlich etwas Wasser zugießen. Fond durch ein feines Sieb gießen, reduzieren, etwas Öl einrühren, salzen und pfeffern.

3. Navetten und die anderen Gemüsearten nacheinander in Salzwasser blanchieren. Danach noch 10 Minuten in der Sauce ziehen lassen. Zuletzt die Tomatenviertel, die Oliven und die getrocknete Tomate zugeben.

4. Würzen Sie den Lammrücken mit Salz und Pfeffer und braten Sie ihn in Olivenöl ringsum an. Herausnehmen, trocken tupfen und mit den Kräutern vakuumieren und in 70–80 °C heißen Wasser 10 Minuten pochieren. (Wenn Sie kein Vakuumiergerät besitzen, können Sie das Fleisch mit den Kräutern auch im Fond gar ziehen lassen.)

5. Lammrücken aus der Folie nehmen und 10 Minuten ruhen lassen. Tranchieren Sie dann das Fleisch und richten Sie es mit dem Gemüse und der Sauce auf Tellern an. Mit Basilikum und nach Belieben mit Rosmarin garnieren und servieren.

KALBSBLANQUETTE MIT KOKOSMILCH

ZUBEREITUNGSZEIT: 2 Std.

FÜR DIE BLANQUETTE: 800 g Kalbsschulter • 2 rote Zwiebeln • 2 Möhren • 2 Pastinaken oder Petersilienwurzeln (200 g) • 60 g Staudensellerie • 2 EL Öl • 1 TL Salz • 2 TL Zucker • 2 ganze Sternanis • 2 Lorbeerblätter • 2 Kaffirlimettenblätter (Asialaden) • 1–2 EL fein gehackter Ingwer • 1 Zweig Majoran • 2 Dosen ungesüßte Kokosmilch (800–900 ml, aus dem Asialaden) • ½ Granatapfel • 2 EL fein gehackter Dill • 2 EL Pinienkerne, geröstet • etwas Dill und Majoran für die Garnitur • 3–4 EL Ziegenkäse, nach Belieben (Ziegenrolle, Ziegenfeta oder ein anderer Ziegenfrischkäse mit fester Konsistenz)

1. Die Kalbsschulter mit Küchenpapier abtupfen. Schneiden Sie das Fleisch in Würfel von etwa 2 cm Kantenlänge. Die Zwiebeln schälen, halbieren und in feine Streifen schneiden. Die Möhren und Pastinaken schälen und fein würfeln. Den Staudensellerie putzen und in dünne Scheiben schneiden.

2. Braten Sie die Fleischwürfel mit den Zwiebeln, Möhren und Pastinaken in Öl kräftig an. Dann das Fleisch mit Salz und Zucker würzen, den Sternanis, die Lorbeer- und Limettenblätter, den gehackten Ingwer sowie den Majoran dazugeben und noch 2 Minuten mit anbraten. Löschen Sie alles mit der Kokosmilch ab und lassen Sie das Fleisch 45–60 Minuten offen bei schwacher Hitze köcheln.

3. Inzwischen die Granatapfelkerne auslösen. Wenn das Fleisch noch Biss hat, aber nicht zerfällt, den Staudensellerie sowie den Dill zufügen und kurz mitköcheln.

4. Richten Sie die Kalbsblanquette in vorgewärmten Tellern an und verteilen Sie die gerösteten Pinienkerne, die Granatapfelkerne und die Kräuter darüber. Etwas Ziegenkäse, über die Blanquette gestreut, verleiht ihr eine besondere Würze. Und als Beilage dazu passt Basmatireis oder auch eine Tomatenfocaccia sehr gut.

»KALBSBLANQUETTE KLASSISCH«

Für die klassische Blanquette de veau werden die Kalbfleischwürfel in reichlich kochendem Gemüsesud aus grob gewürfeltem Gemüse (möglich sind Möhren, Petersilienwurzel, Knollen- oder Staudensellerie), etwas Weißwein, Zwiebeln, Lorbeer, Gewürznelken, Thymian und Wacholderbeeren, Salz und Pfeffer etwa 1 Stunde bei schwacher Hitze weich gekocht. Für die Sauce den Kochsud durch ein Sieb gießen, 1 l abmessen, aufkochen und etwas Mehlbutter einrühren. Die Kalbfleischwürfel einlegen und mit Salz und Pfeffer würzen. Am Schluss mit etwas Sahne sowie 1 Schuss Weißwein vollenden. Fertig ist die Blanquette! Verfeinert werden kann sie mit frischen Morcheln und weißem Spargel, der mitgegart wird.
Margarethe Brunner

IN ROTWEIN POCHIERTES RINDERFILET

ZUBEREITUNGSZEIT: 1 Std. 10 Min.

FÜR DAS RINDERFILET: 800 g pariertes Rinderfilet aus dem Mittelstück • 2 Schalotten,
in Scheiben geschnitten • 4 Knoblauchzehen, abgezogen und halbiert • 2 Lorbeerblätter
• 2 Gewürznelken • 8 Pfefferkörner, zerdrückt • 1 l kräftige Rinderbrühe • 1,2–1,6 l Burgunder
(je nach Topfgröße) • 100 ml Rotweinessig • Salz
FÜR DAS GEMÜSE: 10 mittelgroße festkochende Kartoffeln (700 g) • 3 große Tomaten • 2–3 EL Olivenöl
zum Braten • Salz • frisch gemahlener Pfeffer • 1 Knoblauchzehe, fein gewürfelt • 1 Zweig Thymian
FÜR DIE SAUCE DIVINE: 1 Schalotte, fein gewürfelt • 5 weiße Pfefferkörner • 1 TL Weißweinessig
• 1 TL Sherry oder Marsala • 50 ml Rinderbrühe • 1 Knoblauchzehe, abgezogen und halbiert • 2 Eigelbe
• 150 ml mildes Olivenöl, auf knapp 50 °C erwärmt • 1 EL Kalbsglace (Ersatz: Kalbsjus) • 1 EL gehackte
schwarze Oliven • 1 EL geschlagene Sahne • Zitronensaft • Salz • frisch gemahlener Pfeffer
AUSSERDEM: einige Zweige Thymian

1. Das Rinderfilet gut trocken tupfen und in Form binden,
wie auf der rechten Seite in Step 1 gezeigt. Schalotten,
Knoblauch, Gewürze, Brühe, Rotwein, Essig sowie ein
wenig Salz in einem Topf aufkochen. Das Rinderfilet zum
Pochieren in den Fond hängen, wie in Step 2 gezeigt.

2. Kartoffeln waschen, schälen und in 5 mm große Würfel
schneiden. Die Tomaten blanchieren, häuten, entkernen und
das Fruchtfleisch ebenfalls 5 mm groß würfeln. Erhitzen Sie

das Olivenöl in einer Pfanne und braten Sie die Kartoffel-
würfel darin an. Wenn sie ringsum leicht gebräunt sind,
mit Salz und Pfeffer würzen. Dann die Hitze reduzieren
und die Kartoffeln noch 5–7 Minuten weiterbraten.
Kurz vor Ende der Garzeit Knoblauch, Thymian und
Tomatenwürfel untermischen und abschmecken.

3. Das Filet herausnehmen, in Alufolie wickeln und bei
80 °C im vorgeheizten Ofen noch 10 Minuten ruhen lassen.

4. Für die Sauce Schalotte, Pfeffer, Essig, Sherry sowie 40 ml Wasser auf etwa 1 EL reduzieren. Die Brühe zugeben und alles durch ein Sieb gießen.

5. Eine Metallschüssel mit Knoblauch ausreiben, die Reduktion darin mit den Eigelben auf einem Wasserbad (80 °C) cremig aufschlagen. Vom Wasserbad nehmen und das erwärmte Olivenöl erst tropfenweise, dann in dünnem Strahl unterschlagen. Rinderglace erwärmen und mit den

Oliven unterrühren, dann die geschlagene Sahne vorsichtig unterheben und die Sauce mit Zitronensaft, Salz und Pfeffer abschmecken.

6. Das Gemüse abtropfen lassen, dann auf einer vorgewärmten Platte verteilen. Tranchieren Sie das Filet, richten Sie die Scheiben auf dem Gemüse an und servieren Sie es mit Thymian garniert. Die Sauce Divine separat zum pochierten Rinderfilet reichen.

S. 192, 193
ROLLBRATEN BINDEN

S. 198, 200
RINDERBRÜHE/KALBSGLACE

RINDERFILET IN FORM BINDEN UND POCHIEREN

(1) Das Rinderfilet mit Küchengarn wie einen Rollbraten binden, dabei an beiden Enden jeweils eine Schlaufe anbringen. (2) Einen stabilen, langen Kochlöffel durch die Schlaufen stecken und auf den Topfrand legen. Die Länge der Schlaufen muss so bemessen sein, dass das Filet den Topfboden nicht berührt, aber vollständig von dem Fond bedeckt ist, bei Bedarf noch etwas Rotwein nachgießen. Lassen Sie dann das Fleisch je nach Dicke in 25–30 Minuten knapp unter dem Siedepunkt gar ziehen.

1
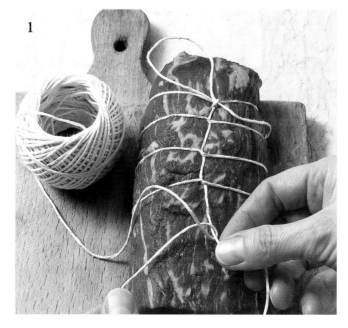

2

MIT HACKFLEISCH
GEFÜLLTES MINI-GEMÜSE

ZUBEREITUNGSZEIT: 1 Std. 40 Min.

FÜR DIE HACKFLEISCHFÜLLUNG: 250 g Hackfleisch vom Lamm (durch die mittlere Scheibe des Fleischwolfs gedreht; Ersatz: Rinderhack, Kalbshack) • 20 ml Olivenöl • Salz • frisch gemahlener Pfeffer • 60 g Schalottenwürfel • 2 Knoblauchzehen, fein gehackt • 70 g doppelt konzentriertes Tomatenmark • 200 ml Tomatensaft • 40 g schwarze Oliven, fein gewürfelt • 2 Tomaten, gehäutet, entkernt und gewürfelt • 40 g Pecorino, grob gerieben • 5 Zweige Oregano, Blätter abgezupft und fein geschnitten, die Stiele aufbewahren • etwas Zucker zum Abschmecken
FÜR DAS GEMÜSE: je 4 kleine Zucchini und Auberginen • 4 Minipaprika, rot oder gelb • 2 Minifenchel • 4 kleine Flaschentomaten • Salz • frisch gemahlener Pfeffer • 60 g rote Zwiebel, in Streifen geschnitten • 50 ml Olivenöl • 30 g grüne Oliven, halbiert • 2 Knoblauchzehen, angedrückt • 150 ml Tomatensaft • 150 ml Geflügelfond
FÜR DAS LAUCHÖL: 40 g Lauchgrün • 30 ml Olivenöl • Salz

1. Für das Lauchöl den Lauch in grobe Stücke schneiden und in Salzwasser blanchieren. Den Lauch abschrecken, trocken tupfen, mit Öl und etwas Salz mixen, durch ein Sieb streichen und beiseite stellen.

2. Für die Füllung das Lammhack im Öl braun anbraten, salzen und pfeffern. Schalotten und Knoblauch zufügen und glasig anschwitzen. Das Tomatenmark 2 Minuten mitrösten, dann den Tomatensaft und die Oliven einrühren. Alles kurz

aufkochen lassen und vom Herd nehmen. Wenn die Masse abgekühlt ist, mischen Sie die Tomatenwürfel, den Pecorino und die Oreganoblättchen unter und schmecken sie mit Salz, Pfeffer und 1 Prise Zucker ab.

3. Das Gemüse vorbereiten, wie auf der rechten Seite in Step 1 gezeigt. Innen wie außen salzen, pfeffern und das Gemüse mit Ausnahme der Tomaten in Öl ringsum anbraten. Herausnehmen und auf Küchenpapier abtropfen lassen.

4. Den Backofen auf 160 °C vorheizen. Die roten Zwiebel-streifen in Olivenöl anschwitzen, grüne Oliven, Knoblauch und Oreganostiele zufügen. Den Tomatensaft und den Geflügel-fond zugießen und die Sauce in eine ofenfeste Form füllen.

5. Das Minigemüse füllen, wie unten in Step 2 gezeigt. Setzen Sie zuerst den Fenchel und den Paprika in die Form und garen Sie beides 5–10 Minuten im Ofen. Dann das übrige Gemüse zufügen und 6–10 Minuten mitgaren, bei Bedarf noch etwas Geflügelfond angießen. Herausnehmen, das Gemüse, die Oreganostiele sowie den Knoblauch herausneh-men. Die Sauce aufkochen, abschmecken, auf Teller verteilen und mit dem Lauchöl beträufeln. Richten Sie das gefüllte Mini-Gemüse auf der Sauce an.

MIT OREGANOGEBÄCK
Gut zum Mini-Gemüse schmeckt knuspriges Oregano-gebäck. Dafür verrühren Sie 2 EL Mehl und 5 EL Wasser zu einem dünnen Teig und würzen ihn mit Salz und 1 TL fein geschnittenen Oreganoblättchen. Den Teig sehr dünn auf ein mit Backpapier belegtes Blech gießen und bei 160 °C im vorgeheizten Ofen in 30–35 Minuten knusprig braun backen.

S. 190
HACKFLEISCH

MINIGEMÜSE VORBEREITEN UND FÜLLEN

(1) Die Zucchini und Auberginen waschen, jeweils längs einen Deckel abschneiden und mit einem kleinen Kugelausstecher die Kerne entfernen. Die Paprikaschoten waschen, längs halbieren, Samen und Scheidewände entfernen. Den Fenchel waschen, putzen, längs halbieren und die Herzen etwas herausschneiden. Die Tomaten vom Stielansatz befreien, häuten, einen Deckel abschneiden und die Tomaten aushöhlen.
(2) Mit einem Esslöffel etwas von der Hackfleischmasse abnehmen und löffelweise in das vorbereitete Gemüse einfüllen.

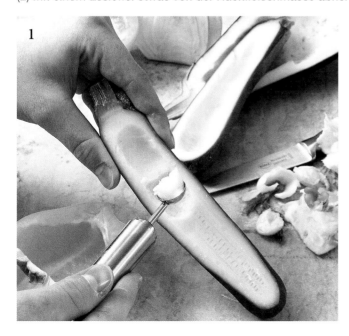

LAMMCURRY MIT THAI-AUBERGINEN

ZUBEREITUNGSZEIT: 1 Std. 10 Min.

FÜR DAS CURRY: **1 kg Lammfleisch aus der Keule,** ohne Knochen • **20 g Tamarindenmark** (Asialaden) • **2 Schalotten** • **1 Knoblauchzehe** • **4 große getrocknete rote Chilischoten** • **4 EL Öl** • **60 g geschälte, ungesalzene Erdnüsse** • **4 EL Massaman-Currypaste** (gelbe Currypaste; aus dem Asialaden) • **3 Stängel Zitronengras** • **800 ml Kokosmilch** • **8 Thai-Auberginen** (Mini-Auberginen; Asialaden), halbiert • **brauner Zucker** • **Limettensaft** • **Fischsauce** • **Salz**

S. 178
LAMMKEULE

S. 186
FLEISCH PARIEREN

S. 46
ZITRONENGRAS

1. Das Lammfleisch parieren und mit Küchenpapier sorgfältig trocken tupfen. Schneiden Sie das Fleisch in etwa 3 x 3 cm große Würfel.

2. Das Tamarindenmark in 100 ml Wasser aufkochen und 30–40 Minuten köcheln lassen, anschließend durch ein Sieb abgießen. Schälen Sie die Schalotten und schneiden Sie sie in feine Streifen. Den Knoblauch abziehen und fein hacken.

3. Braten Sie nacheinander die Schalotten, die Chilis und den Knoblauch in 2 EL Öl an und verarbeiten Sie die Mischung anschließend im Mixer oder in einem Mörser zu einer homogenen Paste. Die Erdnüsse ohne Fett goldgelb rösten.

4. Braten Sie das Lammfleisch im restlichen Öl an. Die Massaman-Currypaste zugeben und etwa 2 Minuten unter Rühren mit anbraten. Das Zitronengras etwas flach klopfen und zufügen. Löschen Sie alles mit der Kokosmilch ab und lassen Sie das Curry etwa 30 Minuten köcheln.

5. Fügen Sie etwa 10 Minuten vor Ende der Garzeit die Auberginen und das Tamarindenwasser zu. Das Curry mit Zucker, Limettensaft und Fischsauce würzen.

6. Die Paste aus gerösteten Chilis, Knoblauch und Schalotten sowie die Erdnüsse unterrühren und das Curry mit Salz abschmecken.

TAMARINDENMARK
Das Mark des immergrünen Tamarindenbaumes ist ein beliebtes Säuerungsmittel der asiatischen Küchen. Sie können stattdessen auch 1–2 EL Zitronensaft verwenden.

KALBSROULADEN
MIT SPROSSEN UND INGWER

ZUBEREITUNGSZEIT: 50 Min.

FÜR DIE ROULADEN: 4 Kalbsschnitzel, je 150 g • 1 rote Paprikaschote • 80 g Zuckerschoten
• 80 g Lauch • 50 g Shiitake-Pilze • 10 g Ingwer, geschält • 2 TL Koriandergrün • 80 g Sojasprossen,
gewaschen und abgetropft • 1 EL Sesamöl (aus ungeröstetem Sesam) • Salz • frisch gemahlener
Pfeffer • 2–3 Prisen gemahlener Koriander • 2 EL helle Sojasauce • 2–3 EL Mehl • 1 EL Butterschmalz
FÜR DIE SAUCE: 1 EL Butter • 3 Schalotten, in Streifen geschnitten • ⅛ l trockener Sherry
• ¼ l Geflügelfond • Salz • Pfeffer • Saft von ½ Zitrone • 1–2 TL Maisstärke, nach Bedarf
• 1 EL gehackte Petersilie • 1 TL gehacktes Koriandergrün

S. 166
OBERSCHALE VOM KALB

S. 186
FLEISCH PLATTIEREN

S. 28
INGWER

1. Die Kalbsschnitzel kalt abspülen, trocken tupfen und
zwischen Frischhaltefolie gleichmäßig dünn plattieren.
Schälen Sie die Paprikaschote mit einem Sparschäler,
entfernen Sie die Samen und Scheidewände und schneiden
Sie das Fruchtfleisch in feine Streifen. Die Zuckerschoten,
den Lauch und die Pilze putzen, waschen und ebenfalls in
feine Streifen schneiden. Den Ingwer und das Koriandergrün
in sehr feine Streifen schneiden.

2. Braten Sie das Gemüse mit den Sojasprossen in Sesamöl
kurz an und würzen Sie die Mischung mit Salz, Pfeffer und
gemahlenem Koriander. Alles mit der Sojasauce ablöschen,
den Ingwer sowie das Koriandergrün untermischen und
die Masse kalt stellen.

3. Schnitzel mit der Gemüsemischung bedecken, aufrollen
und mit Küchengarn fixieren. Die Rouladen mit Salz und
Pfeffer würzen, in Mehl wenden und in einem Schmortopf
in Butterschmalz ringsum kräftig anbraten. Herausnehmen.

4. Für die Sauce die Butter in den Topf geben und die
Schalotten darin anschwitzen. Löschen Sie sie mit dem
Sherry ab und gießen Sie den Geflügelfond zu. Die Rouladen
wieder einlegen und zugedeckt bei schwacher Hitze etwa
15 Minuten schmoren. Die Rouladen herausnehmen.
Schmecken Sie die Sauce mit Salz, Pfeffer und Zitronensaft
ab und binden Sie sie bei Bedarf noch mit etwas Maisstärke.
Die Kräuter unterrühren und die Rouladen mit der Sauce
beträufeln. Nach Belieben Basmatireis dazureichen.

RHEINISCHER
SAUERBRATEN

S. 162
RINDERSCHULTER

ZUBEREITUNGSZEIT: 2 Std. / **MARINIERZEIT:** 3–4 Tage / **FÜR** 4–6 Portionen

FÜR DAS FLEISCH: 1 ½ kg Rinderschulter (Mittelbugstück) • ½ – ¾ l dunkler Kalbsfond
• Salz • frisch gemahlener Pfeffer • 2 EL Mehl • 30 g Schweineschmalz • 80 g Pumpernickel,
klein gewürfelt • 1 Handvoll Rosinen
FÜR DIE MARINADE: 2 l trockener Rotwein mit kräftiger Farbe • 200 ml Rotwein- oder
Estragonessig • 2 Möhren • ¼ Knollensellerie • 2 Zwiebeln • ½ TL Pfefferkörner
• 6 Pimentkörner • 10 Wacholderbeeren • 2 Lorbeerblätter

1. Für die Marinade Rotwein und Essig in eine Schüssel gießen. Die Möhren und den Sellerie schälen, waschen und klein schneiden, die Zwiebeln schälen und grob würfeln. Geben Sie das Gemüse mit den Gewürzen in die Wein-Essig-Mischung. Das Fleisch in die Marinade legen und vollständig bedeckt 3–4 Tage im Kühlschrank marinieren.

2. Am Tag der Zubereitung das Fleisch aus der Marinade nehmen, diese durch ein Sieb gießen und ½ l abmessen. Das Gemüse gut abtropfen lassen. Vermischen Sie die Marinade mit dem Kalbsfond. Das Fleisch trocken tupfen, würzen und mehlieren.

3. Den Backofen auf 180 °C vorheizen. Braten Sie das Fleisch im heißen Schmalz ringsum kräftig an. Das Gemüse kurz mitbraten und mit etwas Marinade ablöschen. Den Braten im Ofen zugedeckt 1 Stunde schmoren, dabei wiederholt mit der Marinade begießen.

4. Das Fleisch wenden. Pumpernickel im Blitzhacker zerkleinern und zufügen. Lassen Sie das Fleisch weitere 1½–2 Stunden schmoren und übergießen Sie es dabei immer wieder mit dem Schmorfond.

5. Das Fleisch herausnehmen und warm halten. Die Sauce durch ein feines Sieb gießen, die Rosinen zufügen und die Sauce kurz aufkochen lassen. Den Braten in Scheiben schneiden, auf vorgewärmten Tellern anrichten und die Sauce separat dazu reichen.

EINE SÜSS-PIKANTE VARIANTE
Statt mit Pumpernickel und Rosinen können Sie den Sauerbraten mit frischen, halbierten und entkernten Weintrauben und 20 g Bitterschokolade verfeinern. Zum Marinieren füllen Sie Fleisch und Marinade in einen großen Gefrierbeutel, pressen die Luft heraus und verschweißen den Beutel oder, noch besser, Sie vakuumieren ihn.

»MÜRB UND ZART – DER SAUERBRATEN«

Rheinischer Sauerbraten wurde traditionell mit Pferdefleisch zubereitet, heute verwendet man aber meist Rindfleisch dafür. Eigentlich müsste er »Süßsauer-Braten« heißen, denn der Säure der Beize wirkt die Süße der Sauce entgegen – eine einzigartige Kombination, die weit über das Rheinland hinaus Nachahmung fand. Die Marinade macht das Fleisch mürbe und zart. Während ich in meinem relativ klassischen Rezept Rotwein und Essig verwende, bescheiden sich Schwaben und Münchner mit einer Beize aus Wasser und Weinessig, die Thurgauer legen den »Suuren Mocken«, wie Sauerbraten in der Ost-schweiz heißt, in Apfelwein und -essig ein. Und die Hugenotten, denen wir diesen Braten angeblich verdanken, sollen ihn in Bieressig und Bier mariniert haben. Für die Süße und die Bindung der Sauce sind Rosinen, Printen, Lebkuchen, Pumpernickel, Mandeln oder Rübenkraut verantwortlich. Apfelmus, Johannisbeergelee, Dörrpflaumen, Preiselbeeren, Senffrüchte oder, wie in meiner Rezeptvariante, Trauben und Bitterschokolade, bringen das süß-pikante Aroma noch besser zur Geltung. Dazu serviere ich gern Kartoffelklöße aus gekochten Kartoffeln und Apfelkompott.

Markus Bischoff

WIENER SCHNITZEL

ZUBEREITUNGSZEIT: 20 Min.

FÜR DIE SCHNITZEL: 4 Kalbsschnitzel aus der Oberschale,
je etwa 120 g • Salz • frisch gemahlener Pfeffer • 3 EL Öl • 30 g Butter
FÜR DIE PANADE: 30 g Mehl • 2 Eier • 150 g Semmelbrösel
AUSSERDEM: 1 unbehandelte Zitrone, in Achteln, nach Belieben
• etwas Schnittlauch und Petersilie

1. Die Kalbsschnitzel mit Küchenpapier sorgfältig trocken
tupfen. Legen Sie die Schnitzel zum Plattieren jeweils einzeln
zwischen zwei Lagen Frischhaltefolie und klopfen Sie sie
dann mit dem Plattiereisen gleichmäßig flach, sodass die
Schnitzel überall gleich dick sind. Nur so ist gewährleistet,
dass sie dann auch überall gleichzeitig gar werden.

2. Die Schnitzel aus der Folie nehmen und von beiden
Seiten mit Salz und Pfeffer würzen. Panieren Sie die
Schnitzel, wie unten (Step 1–3) gezeigt.

3. Erhitzen Sie das Öl und die Butter in einer entsprechend
großen Pfanne und braten Sie die panierten Schnitzel darin
auf jeder Seite 2–3 Minuten schön goldbraun.

4. Die Schnitzel aus der Pfanne nehmen, kurz auf Küchenpapier abtropfen lassen und auf vorgewärmten Tellern
anrichten. Nach Belieben mit Zitronenschnitzen, Schnittlauch
und Petersilie garnieren. Als Beilage zum Wiener Schnitzel
schmeckt ein Kartoffelsalat oder Petersilienkartoffeln.

GUTE SEMMELBRÖSEL
Das Braten eines Wiener Schnitzels ist einfach, aber
es kommt dabei ganz auf die Qualität der Zutaten an.
Kalbfleisch ist ein Muss, klassisch wird es aus der
Oberschale geschnitten, dem Kaiserteil, wie die Öster-
reicher sagen. Aber auch Nuss oder Hüfte liefern gutes
Schnitzelfleisch (S. 167). Und während man für eine
Piccata alla milanese Parmesan für die Panade verwen-
det, sind es beim Wiener Original Semmelbrösel. Am
besten, Sie reiben ein Brötchen vom Vortag selbst.

S. 166
OBERSCHALE VOM KALB

S. 182
FLEISCH BRATEN

KALBSSCHNITZEL MIT SEMMELBRÖSELN PANIEREN

(1) Das Mehl auf eine Platte oder in
einen tiefen Teller sieben; die Schnitzel
darin wenden. Überschüssiges Mehl
vom Fleisch gut abklopfen.

(2) Die Eier in einem tiefen Teller
verquirlen. Die Schnitzel auf beiden
Seiten durch das Ei ziehen, so
dass sie ringsum gut umhüllt sind.

(3) Semmelbrösel auf eine Platte
oder in einen tiefen Teller schütten
und die Schnitzel einzeln darin
wenden; die Brösel leicht andrücken.

»MEINE PANADE-VARIATIONEN«

Die eigentliche Heimat des Wiener Schnitzels liegt in der Gegend um Mailand, von wo es im 18. Jahrhundert an den königlich-kaiserlichen Hof in Wien expediert und für gut befunden wurde. Für meine Variation des Wiener Schnitzels wende ich 4 Kalbsschnitzel in Mehl und Ei und zum Schluss – das ist der Clou – in 150 g gemahlenen Wasabi-Erbsen (Asialaden) oder in gemahlenen BBQ–Tortillachips. Wer es gern scharf mag, gibt zudem noch 1 oder 2 im Mörser zerstoßene getrocknete Chilischoten in die Panade. Ein Aroma-Plus bekommen Sie, wenn Sie die fertig gebratenen Schnitzel noch 2 Minuten zusammen mit 2 Rosmarinzweigen und 2 angedrückten Knoblauchzehen in Butter schwenken. *Bernd Arold*

S. 186
FLEISCH SCHNEIDEN

KALBSMEDAILLONS MIT STEINPILZEN

ZUBEREITUNGSZEIT: 30 Min.

FÜR DIE KALBSMEDAILLONS: 8 Kalbsmedaillons aus dem Filet geschnitten, je etwa 80 g
• 100 g frische Steinpilze, geputzt und in 1 cm große Würfel geschnitten (Ersatz: Kräuter-
seitlinge, auch Cardoncello genannt, Austernpilze oder 15 g getrocknete Steinpilze, 30 Minuten
eingeweicht, ausgedrückt und fein gehackt) • 20 g Butterschmalz • 1 Knoblauchzehe, angedrückt
• 1 EL fein gewürfelte Schalotten • Salz • frisch gemahlener Pfeffer • 1 EL fein geschnittene
glatte Petersilie • 70 g Butter • 1 Eigelb • 1 EL Weißbrotbrösel (Mie de pain) • 1 Zweig
Thymian oder Rosmarin

1. Bereiten Sie die Kalbsmedaillons zum Füllen vor, wie unten in Step 1 gezeigt. Die Steinpilze in der Hälfte des Butterschmalzes scharf anbraten und die Knoblauchzehe zugeben. Geben Sie die Schalotten zu und braten Sie sie ebenfalls kurz mit an. Dann die Pilze salzen, pfeffern, aus der Pfanne nehmen und die Petersilie untermischen. Die Knoblauchzehe entfernen.

2. Schlagen Sie 50 g Butter schaumig und geben Sie das Eigelb, die Weißbrotbrösel und die Steinpilzmischung zu. Alles gut vermengen, die Masse in einen Spritzbeutel mit Lochtülle (1 cm Durchmesser) füllen und weiterarbeiten, wie unten in Step 2 gezeigt.

3. Den Backofen auf 180 °C vorheizen. Die gefüllten Medaillons kurz anbraten, wie unten in Step 3 gezeigt. Vom Herd nehmen und die Medaillons im heißen Ofen noch etwa 5 Minuten garen. Nehmen Sie sie dann heraus und lassen Sie die Medaillons an einem warmen Ort etwa 3 Minuten ruhen.

4. Die restliche Butter in einer Pfanne aufschäumen lassen und den Thymian zugeben. Die Medaillons darin auf beiden Seiten noch einmal etwa 20 Sekunden anbraten und dabei mit der Bratbutter übergießen. Zum Servieren die Medaillons nach Belieben einmal quer halbieren und mit der Schnittfläche nach oben anrichten. Als Beilage passen Petersiliennudeln oder ein Kartoffelgratin.

KALBSMEDAILLONS VORBEREITEN UND FÜLLEN

(1) Die Kalbsmedaillons hochkant halten und mit einem Wetzstahl durch die Mitte der Medaillons parallel zur Faser ein Loch stechen.

(2) Die Medaillons mit dem Loch nach oben auf ein Brett legen. Vorsichtig jeweils etwas Füllung aus dem Spritzbeutel hineindrücken, dabei nicht zu sehr pressen, da die Füllung sonst wieder herausquillt.

(3) Erhitzen Sie das restliche Butterschmalz in einer ofenfesten Pfanne; braten Sie die gefüllten Medaillons darin auf der Schnittfläche von beiden Seiten kurz an.

LAMMFRIKADELLEN, WÜRZIG GEFÜLLT MIT SCHAFKÄSE

ZUBEREITUNGSZEIT: 50 Min.

FÜR DIE FRIKADELLEN: 100 g Lammfleisch • 200 g Schweinefleisch • 80 g Brötchen vom Vortag
• 100 ml Milch • 10 g Butter • 80 g Zwiebeln, fein gewürfelt • 1 Knoblauchzehe, fein gehackt • 2 EL fein
geschnittene glatte Petersilie • 2–3 TL fein geschnittener frischer Majoran • 2 kleine Eier • 1 TL mittelscharfer Senf • Salz • frisch gemahlener Pfeffer • 2 EL Semmelbrösel, nach Bedarf • Öl zum Braten
FÜR DIE FÜLLUNG: 50 g würziger Schafkäse, etwa Feta • 25 g schwarze Oliven, entsteint • 25 g in
Olivenöl eingelegte getrocknete Tomaten, gut abgetropft • Salz • frisch gemahlener Pfeffer

1. Drehen Sie das Lamm- und Schweinefleisch durch die
mittlere Scheibe des Fleischwolfs. Die Brötchen in Scheiben
schneiden und in eine Schüssel geben. Die Milch erwärmen,
über die Brötchen gießen und diese kurz quellen lassen.

2. Die Butter aufschäumen lassen und die Zwiebelwürfel
und den Knoblauch darin glasig anschwitzen. Nehmen
Sie die Zwiebel-Knoblauch-Mischung wieder heraus
und lassen Sie sie auf Küchenpapier abkühlen.

3. Vermengen Sie das Hackfleisch in einer Schüssel mit den
ausgedrückten Brötchen, der abgekühlten Zwiebel-Knoblauch-Mischung, der Petersilie, dem Majoran und den Eiern.

4. Die Masse mit Senf, Salz und Pfeffer abschmecken.
Sollte sie etwas zu weich sein, mischen Sie noch 2 EL
Semmelbrösel unter. Anschließend die Fleischmasse
mithilfe einer Saucenkelle oder eines Eisportionierers
in Portionen von je 80 g teilen.

FRIKADELLEN-VIELFALT

Bei Frikadellen können Sie – was das verwendete Fleisch angeht – nach Belieben variieren. Wer es etwas feiner mag, ersetzt beispielsweise den Lammfleischanteil im linken Rezept durch Kalbfleisch. Sie können stattdessen aber auch Rindfleisch nehmen. Wenn Sie die Frikadellen ohne Füllung zubereiten wollen, dann müssen Sie den Fleischanteil etwas erhöhen, in diesem Fall rechnet man für 4 Portionen insgesamt 400 g Fleisch.

5. Für die Füllung würfeln Sie den Schafkäse, die Oliven und die getrockneten Tomaten fein. Danach die Mischung mit Salz und Pfeffer würzen und zu kirschgroßen Kugeln formen.

6. Geben Sie beim Formen des portionierten Fleischteiges jeweils eine Käse-Kugel in die Mitte und umschließen Sie diese mit dem Fleischteig. Die Frikadellen in heißem Öl unter Wenden bei mittlerer Hitze etwa 10 Minuten braten – sie müssen vollständig gar sein. Richten Sie dann die Frikadellen auf vorgewärmten Tellern an und reichen Sie nach Belieben dazu knusprige Bratkartoffeln oder einen Kartoffel-Speck-Salat.

S. 174, 175
LAMMFLEISCH

S. 190
HACKFLEISCH

»FRIKADELLEN UND HAMBURGER«

»Frikadelle« (Hamburg), »Bulette« (Berlin) oder »Fleischpflanzerl« (Bayern) – zu wem gehören diese Küchlein aus Fleischteig eigentlich? Die Hackfleischküchlein sind zuerst in Berlin angekommen – im Gepäck der Hugenotten, die ihre *boulettes* mit in die neue Heimat brachten. Heute gibt es zahlreiche Varianten. Zwischen die Hälften eines weichen Brötchens geklemmt, ist die Bulette als Hamburger bekannt, der als schneller Imbiss kaum zu schlagen ist. Sie brauchen dafür: 1 Hamburger-Brötchen, 1 Scheibe Schmelzkäse, 1 dünne heiße Rinderfrikadelle sowie 1 Tomatenscheibe, etwas Essiggurke, Eissalat, Ketchup und Senf. Zutaten zwischen die getoasteten Brötchenhälften schichten und genießen. *Margarethe Brunner*

KRUSTENBRATEN MIT ALTBIER

ZUBEREITUNGSZEIT: 2 Std. 15 Min. FÜR 6–8 Portionen

FÜR DEN KRUSTENBRATEN: 1 ½ kg Schweineschulter mit Schwarte • Salz • 4 Zwiebeln
• 1 Möhre • ¼ Knollensellerie (100–150 g) • 2 Petersilienwurzeln • frisch gemahlener Pfeffer
• 750 g Schweineknochen • 1–2 EL Kümmelsamen • ½ l dunkles Bier oder auch Weißbier
FÜR DAS GLASIERTE KRAUT: 1 Weißkohl (etwa 1,2 kg) • 1 EL Zucker • 20 ml Estragon- oder
Weißweinessig • 2 EL Butter • Salz • frisch gemahlener Pfeffer
FÜR DIE KARTOFFELKNÖDEL: 1 kg mehligkochende Kartoffeln (etwa 800 g geschälte
Kartoffeln) • 2 Eier • 1 Eigelb • 50 g Kartoffelstärke • 50 g Nockerl- oder Hartweizengrieß
• Salz • frisch geriebene Muskatnuss • 3 EL geröstete Weißbrotwürfel, nach Belieben

S. 170
SCHWEINESCHULTER

1. Den Backofen auf 180 °C vorheizen. Blanchieren Sie die Schweineschulter 2–3 Minuten in kochendem Salzwasser. Dann herausnehmen und die Schwarte mit einem scharfen Messer rautenförmig einschneiden. Die Zwiebeln, die Möhre, den Sellerie sowie die Petersilienwurzeln schälen, waschen und das Gemüse klein würfeln.

2. Das Fleisch salzen und pfeffern. Verteilen Sie das gewürfelte Gemüse und die Schweineknochen in einem Bräter und setzen Sie die gewürzte Schweineschulter darauf. Das Gemüse mit dem Kümmel bestreuen und etwas Wasser angießen.

3. Schieben Sie den Bräter in den vorgeheizten Backofen und braten Sie die Schweineschulter darin 1 ¾ Stunden. Den Braten dabei von Zeit zu Zeit mit dem Bier übergießen.

4. Für das Kraut von dem Weißkohl den Strunk und die dicken Blattrippen entfernen, dann die Blätter in Rauten schneiden. Karamellisieren Sie den Zucker in einem Topf und löschen Sie ihn mit dem Essig ab. Butter und Weißkohl zufügen, salzen und pfeffern und das Kraut bei schwacher Hitze kurz dünsten. Zum Schluss den Deckel abnehmen, die Flüssigkeit einkochen lassen und den Kohl glasieren.

5. Für die Knödel die Kartoffeln schälen, waschen und weich kochen oder dämpfen.

6. Lassen Sie die Kartoffeln ausdampfen und drücken Sie sie noch warm durch die Kartoffelpresse. Dann rasch mit den Eiern, Eigelb, Stärke, Grieß, Salz und Muskat vermengen und aus der Masse kleine Knödel formen. Wenn Sie wollen, können Sie in die Mitte jeweils noch ein paar geröstete Brotwürfel drücken. Dann die Kartoffelknödel in Salzwasser in 10–15 Minuten gar ziehen lassen.

7. Nehmen Sie den Braten aus dem Ofen und stellen Sie ihn warm. Das Gemüse mit der Flüssigkeit in einen Topf umfüllen, aufkochen und bei Bedarf noch etwas Fond oder Wasser angießen. Die Sauce durch ein Sieb gießen und entfetten. Den Braten tranchieren und mit dem Kraut, den Knödeln und der Sauce anrichten.

BESONDERS KNUSPRIG

Die Kruste des Schweinebratens gelingt bei Umlufthitze ganz besonders gut. In diesem Fall heizen Sie den Ofen auf 165 °C vor und behalten diese Temperatur auch während des Bratens bei.

»SCHWEINEBRATEN-VARIATIONEN«

Unvorstellbar für »gstandene« Bayern, aber wahr: es gibt auch andere Zubereitungsarten von Schweinebraten, die schmecken. Zumindest Thailändern, Balinesen, Chinesen, Italienern, Preußen oder sogar – welch Verrat! – manch einem südlich des Weißwurstäquators. Schon bei den Eidgenossen fängt die Misere an: Sie essen Schweinebraten ohne Schwarte und verpassen damit das Beste, die »resche Kruste«. Da wählen wir lieber die italienische Spielart des bayerischen Nationalgerichts: »Arista alla fiorentina«. Dieser wird aus einem ausgelösten Kotelettstück mit Schwarte oder aus Halsgrat zubereitet. Lösen Sie die Schwarte ein Stück weit und würzen Sie das Fleisch rundum, auch unter der Schwarte, mit im Mörser zerstoßenem Salbei, Rosmarin, Salz, Pfeffer, Knoblauch, Fenchelsamen und abgeriebener Zitronenschale. Dann drücken Sie die Schwarte wieder an, rollen das Fleisch mit einigen Salbei- und Rosmarinzweigen auf und verschnüren es mit Küchengarn. Dann wird es mit Olivenöl bestrichen und auf dem Spieß gegrillt oder auf Zwiebeln, Lauch, Pfeffer und Lorbeer mit wenig Wasser oder Weißwein 2 Stunden im Ofen bei 180 °C gebraten. Gießen Sie hin und wieder zu, um den Bratensatz zu lösen und wenden Sie das Fleisch. Serviert wird der Braten mit Polenta und Chianti classico. Doch nicht nur die mediterrane Version des Schweinebratens, auch asiatische Varianten, wie etwa Babi Guling – gegrilltes Spanferkel auf indonesische Art – oder thailändischer Schweinehals mit Chilisauce und Parfümreis, sind allemal einen Versuch wert. *Ingrid Schindler*

BŒUF TALLEYRAND

ZUBEREITUNGSZEIT: 35 Min.   MARINIERZEIT: 12 Std.

FÜR DAS FILET: 650 g Rinderfilet aus dem Mittelstück (mit einem Durchmesser von etwa 8 cm)
• 30 g schwarze Trüffelscheiben • 40 g Butter • 40 ml Madeira oder Marsala • 1 cl Cognac
• Salz • 2–3 EL Olivenöl • frisch gemahlener Pfeffer
FÜR DIE SAUCE: 20 g Trüffelwürfel • 40 g Butter • Salz • 40 ml Madeira • ¼l Kalbsjus

1. Das Rinderfilet parieren und trocken tupfen. Schneiden Sie das Fleisch längs ein, aber nicht durch und klopfen Sie es leicht flach.

2. Die Trüffelscheiben nur leicht in 20 g Butter anschwitzen, dann mit Madeira und Cognac ablöschen. Würzen Sie die Trüffelscheiben mit wenig Salz und lassen Sie die Flüssigkeit beinahe vollständig einkochen. Dann die Trüffelscheiben vom Herd nehmen und auf Zimmertemperatur abkühlen lassen.

3. Belegen Sie das leicht plattierte Rinderfilet mit den Trüffelscheiben und rollen Sie es dann je nach Dicke ein oder klappen Sie das Fleisch zusammen und binden Sie es mit Küchengarn wie einen Rollbraten in Form.

4. Das Filet mit Olivenöl bestreichen, in Klarsichtfolie wickeln und 12 Stunden im Kühlschrank durchziehen lassen.

5. Den Backofen auf 200 °C vorheizen. Das Fleisch mit Salz und Pfeffer würzen. Braten Sie das Filet in Olivenöl an, geben Sie die restliche Butter zu und braten Sie das Fleisch im Ofen unter ständigem Begießen mit der Bratbutter etwa 15 Minuten. Anschließend die Hitze reduzieren und das Filet bei 80 °C auf einem Gitter im Ofen warm halten.

6. Für die Sauce die Trüffelwürfel in 10 g aufgeschäumter Butter anschwitzen, leicht salzen, mit Madeira ablöschen und mit dem Kalbsjus auffüllen. Mischung 2 Minuten bei schwacher Hitze köcheln lassen. Die restliche Butter unterschlagen.

7. Das Rinderfilet aus dem Ofen nehmen und in Scheiben schneiden. Richten Sie es auf vorgewärmten Tellern an, umgießen Sie es mit der Sauce und servieren Sie das Filet nach Belieben mit Blattspinat und Kartoffelgratin oder gebratenen Kartoffelschnitzen.

S. 200
KALBSJUS

S. 186
FLEISCH PARIEREN

S. 192
ROLLBRATEN BINDEN

»Berühmtheit erlangt hat auch ein
anderer Klassiker mit Rinderfilet:
Für »Tournedos Rossini« braten Sie pro Person zwei
kleine Tournedos an und belegen diese mit je einer Scheibe
gebratener Gänsestopfleber und einer Scheibe Trüffel.
Serviert wird der exquisite Leckerbissen
dann in Kalbsjus mit Madeira.«

HACKBRATEN VON SCHWEIN UND RIND

ZUBEREITUNGSZEIT: 1 Std. 50 Min.

FÜR DEN HACKBRATEN: 500 g Schweinefleisch vom Bauch • 500 g Rindfleisch von der Schulter
• 2 Zwiebeln, geschält • 40 g Butter • 2 Knoblauchzehen, abgezogen • 1 Bund glatte Petersilie
• 2 Brötchen vom Vortag • ⅛ l Milch • 2 Eier • gemahlener Kümmel • 1 TL Paprikapulver
• 1 EL scharfer oder mittelscharfer Senf • 2–4 TL gehackter Majoran • Salz • frisch gemahlener Pfeffer

S. 190
HACKFLEISCH

1. Schweinefleisch und Rindfleisch mit Küchenpapier trocken tupfen, in Würfel schneiden und beiseite stellen.

2. Die Zwiebeln in dünne Scheiben schneiden. Zerlassen Sie die Butter und braten Sie die Zwiebeln darin langsam goldgelb an. Den Knoblauch fein würfeln. Die Petersilie waschen, trocken schütteln und die Blättchen abzupfen. Geben Sie den Knoblauch und die Petersilienblättchen zu den Zwiebeln und braten Sie alles weitere 2 Minuten, dann abkühlen lassen.

3. Den Backofen auf 170 °C vorheizen. Die Brötchen in Scheiben schneiden und in der Milch einweichen.

4. Das Fleisch zusammen mit der Zwiebelmischung und den gut ausgedrückten Brötchen durch die mittlere Scheibe des Fleischwolfes drehen.

5. Die Masse mit den Eiern, den Gewürzen, dem Senf sowie dem Majoran vermengen und mit Salz und Pfeffer würzen. Aus dem Fleischteig einen Laib formen (siehe links unten), auf ein gefettetes Blech setzen und im heißen Ofen 1 Stunde braten.

6. Herausnehmen, den Hackbraten in Scheiben schneiden, und nach Belieben mit Gemüse oder Blattsalaten der Saison und einer pikanten Sauce servieren.

GLACIERTE KALBSHAXE MIT GREMOLATA

S. 167
KALBSHAXE

ZUBEREITUNGSZEIT: 2 Std. 20 Min.

FÜR DIE KALBSHAXE: 1 Kalbshaxe mit Knochen (1,2–1,4 kg) • Salz • frisch gemahlener weißer Pfeffer
• 1 EL Mehl • 30 g Butterschmalz • 150 g Kalbsknochen mit etwas Fleisch, klein gehackt • 60 g Butter
• 4 Schalotten, geschält, geviertelt • ⅛ l Weißwein • Zitronensaft • 35 g kalte Butterstücke
FÜR DIE GREMOLATA: 30–40 g Butter • 20 g gehackte glatte Petersilie • Schale von ½ unbehandelten
Zitrone, gehackt oder in Streifen geschnitten • ½ Knoblauchzehe, fein gehackt

1. Heizen Sie den Backofen auf 180 °C vor. Die Haxe trocken tupfen und von den gröbsten Häuten und Sehnen befreien, die gesamte Muskelhaut muss jedoch intakt bleiben. Die Haxe salzen, pfeffern und mit Mehl bestäuben. Braten Sie die Haxe in Butterschmalz in einem tiefen Fleischtopf oder in einem Bräter rundherum an.

2. Die Kalbshaxe herausnehmen und die Knochen mit den Parüren in 30 g Butter langsam hellbraun braten. Die Schalotten zufügen und alles mit dem Weißwein ablöschen. Gießen Sie vorsichtig seitlich ein wenig Wasser an, legen Sie die Haxe auf die Knochen und bestreichen Sie sie mit der übrigen Butter. Die Haxe in den Ofen schieben.

BEILAGEN
Zu der köstlichen Kalbshaxe aus dem Ofen schmeckt selbst gemachtes Kartoffelpüree, ein mit Kräutern verfeinertes Lauchpüree oder junges glasiertes Gemüse. Wenn Sie ein Freund von Zitronenaroma sind, können Sie für die Gremolata auch die Schale 1 ganzen Zitrone verwenden.

3. Übergießen Sie die Haxe alle 15 Minuten mit Bratfond und etwas Wasser. Dabei nicht zu viel auf einmal angießen. Erst wenn alles fast vollständig verdampft ist, wieder etwas Wasser nachgießen.Prüfen Sie nach 1 ¾ Stunde, ob das Fleisch weich ist und sich vom Knochen zu lösen beginnt, dann die Haxe herausnehmen und warm stellen.

4. Knochen und Parüren 10 Minuten mit etwas Wasser aufkochen, dann durch ein feines Sieb gießen. Schmecken Sie die Sauce mit Salz, Pfeffer und Zitronensaft ab und binden Sie sie mit der kalten Butter.

5. Für die Gremolata die Butter in einer Pfanne aufschäumen lassen. Schwenken Sie die übrigen Zutaten kurz darin und gießen Sie die Gremolata über die Haxe. Dazu passen gebratene Pilze und Blattspinat.

SPIESSE UND LAMMHALS VOM GRILL

ZUBEREITUNGSZEIT: 30 Min. / FÜR 4–5 Spiesse

FÜR DIE SCHWEINEFLEISCH-SPIESSE: 300 g Schweinefilet • 1 rote Zwiebel
• 2 junge Kohlrabi • 8 Physalis • 4–5 große, möglichst verholzte Zweige Rosmarin
zum Aufstecken, die meisten Nadeln entfernt • 1 TL Currypulver • 1 TL Salz
FÜR DAS GRILLÖL: 150 ml Öl • 2 Knoblauchzehen, durchgedrückt

S. 186
FLEISCH SCHNEIDEN

1. Schneiden Sie das Schweinefilet in 2 cm große Würfel. Die Zwiebel und die Kohlrabi schälen und jeweils in 12 Spalten teilen, alle Zutaten sollten etwa gleich groß sein.

2. Die Fleischwürfel jeweils abwechselnd mit den Zwiebelspalten, Physalis und Kohlrabispalten auf einen Rosmarinzweig stecken. Die Spieße mit Currypulver und Salz würzen.

3. Vermischen Sie die Zutaten für das Grillöl miteinander in einer Schüssel und bepinseln Sie die Spieße gleichmäßig damit.

4. Die Spieße in einer Grillpfanne oder auf dem vorgeheizten Grill etwa 15 Minuten unter mehrmaligem Wenden braten oder grillen.

LAMMHALS VOM GRILL

ZUBEREITUNGSZEIT: 1 Std. / MARINIERZEIT: 8–12 Std.
FÜR 6 Portionen

FÜR DEN LAMMHALS: etwa 1 kg Lammhals ohne Knochen • 1 EL schwarze Pfefferkörner • 2 ganze Sternanis • 1 EL Fünf-Gewürze-Pulver (S. 51) • 1 EL geriebener frischer Ingwer • 1 EL grobkörniger scharfer Senf • 1 kleine Knoblauchzehe, abgezogen • 2 getrocknete Shiitake-Pilze • ¼ l Hoisin-Sauce • 125 g Frühlingszwiebeln, geputzt • 2 EL helle Sojasauce • ¼ l trockener Sherry • Salz • 3 EL Olivenöl

1. Den Lammhals waschen und trocken tupfen. Rösten Sie den Pfeffer mit dem Sternanis ohne Fett kurz an und zerreiben Sie beides im Mörser.

2. Dann das Fünf-Gewürze-Pulver, den Ingwer, den Senf sowie den Knoblauch untermischen und den Lammhals gut mit der Würzpaste einreiben.

3. Bringen Sie die Pilze mit der Hoisin-Sauce, den Frühlingszwiebeln, der Sojasauce und dem Sherry zum Kochen. Die Flüssigkeit um ein Drittel einkochen und abkühlen lassen. Den Lammhals darin 8–12 Stunden marinieren. Den Backofen auf 200 °C vorheizen. Das Fleisch aus der Marinade nehmen, abtupfen, salzen und mit Öl bepinseln.

4. Braten Sie den Lammhals im Ofen auf einem Rost über einem mit Wasser gefüllten Blech oder legen Sie ihn auf den vorgeheizten Grill. Nach 30–35 Minuten (65 °C Kerntemperatur) herausnehmen und das Fleisch vor dem Servieren 10 Minuten ruhen lassen.

LAMMFLEISCH-SPIESSE

ZUBEREITUNGSZEIT: 35 Min. / FÜR 4–5 Spieße

ZUTATEN: 300 g Lammnuss • 1 rote Zwiebel, geschält • 1 gelbe Paprikaschote, geputzt • ½ Ananas • 4–5 dünne Stängel Zitronengras oder 2–3 dicke Stängel, der Länge nach halbiert • 1 TL Tandoori-Pulver (Asialaden) • 1 TL Salz

1. Schneiden Sie das Fleisch in etwa 2 cm große Würfel. Die Zwiebel in 12 Spalten schneiden. Das Paprikafruchtfleisch waschen und in 16 Stücke teilen. Die Ananas schälen, Augen und Strunk entfernen und das Fruchtfleisch in Stücke schneiden. Achten Sie darauf, dass alle Zutaten in etwa die gleiche Größe haben.

2. Stecken Sie das Fleisch abwechselnd mit den Zwiebel- und Paprikaspalten sowie den Ananaswürfeln auf die Zitronengrasstängel. Mit Tandoori-Pulver und Salz würzen, mit Öl oder Grillöl bepinseln und die Spieße in der Grillpfanne etwa 15 Minuten braten oder auf dem vorgeheizten Grill unter mehrmaligem Wenden grillen.

FANTASIEVOLL

Die Zutaten für die Spieße können Sie ganz nach Belieben auswählen. Der Fantasie sind hier keine Grenzen gesetzt. Wichtig ist, dass alle Stücke in etwa gleich groß sind.

GERÄUCHERTE KALBSBÄCKCHEN MIT BRUNNENKRESSE-RISOTTO

ZUBEREITUNGSZEIT: 3 Std. / PÖKELZEIT: 2–3 Tage / KÜHLZEIT: 2 Std.

FÜR DIE KALBSBÄCKCHEN: 4 Kalbsbäckchen, pariert, je 200 g (Ersatz: Schweinebäckchen) • 100 ml Weißwein
• 50 ml Weißweinessig • 1 Bouquet garni aus Möhre, Knollensellerie, Lauch, Petersilie und Thymian • frisch gemahlener
Pfeffer • 150 ml Kalbsjus
FÜR DIE PÖKELLAKE: 40 g grobes Meersalz • 25 g Pökelsalz • 2 Lorbeerblätter • 1 Knoblauchzehe • 2 TL Pfefferkörner
• ½ TL Wacholderbeeren • je 1 Zweig Rosmarin und Thymian
ZUM RÄUCHERN: 1–2 EL Buchenräuchermehl (aus dem Anglerbedarf) • 5 Wacholderbeeren • ½ frisches Lorbeerblatt
(Ersatz: ½ getrocknetes Lorbeerblatt) • je 1 kleiner Zweig Rosmarin und Thymian
FÜR DEN RISOTTO: 1 Bund Brunnenkresse • 400 ml Geflügelfond oder Gemüsefond • 2 Schalotten, fein gewürfelt
• 60 g Butter • 160 g Risottoreis, etwa Arborio oder Carnaroli • Salz • 200 ml Weißwein • 60 g Parmesan, frisch gerieben

1. Die Kalbsbäckchen sorgfältig trocken tupfen. Kochen Sie in einem großen Topf alle Zutaten für die Pökellake mit 2 ½ l Wasser auf und lassen Sie die Lake abkühlen. Die Kalbsbäckchen einlegen und 2–3 Tage in der Pökellake – je nach Dicke der Bäckchen, pro Tag dringt die Lake 1 cm weiter in das Fleisch ein – zugedeckt im Kühlschrank aufbewahren.

2. Bringen Sie am Tag der Zubereitung 1 ½–2 l Wasser in einem Topf zusammen mit dem Wein und dem Essig zum Kochen und legen Sie das Bouquet garni ein. Die Bäckchen aus der Lake nehmen, gut abtropfen lassen und im Weißwein-Essig-Sud bei mittlerer Hitze in 35–45 Minuten weich kochen.

3. Herausnehmen, die Bäckchen mit Küchenpapier trocken tupfen und im Räucherofen oder im Wok leicht räuchern, wie unten in Step 1 bis 3 gezeigt.

4. Für den Risotto die Brunnenkresse gut waschen, trocken schleudern und die Blättchen von den Stielen zupfen. Den Geflügelfond aufkochen und die Brunnenkressestiele einlegen. Nehmen Sie den Topf vom Herd und lassen Sie alles zugedeckt etwa 30 Minuten ziehen. Anschließend den Fond durch ein Sieb gießen und warm halten.

5. Die Schalottenwürfel in 20 g Butter glasig anschwitzen, den Reis zufügen, leicht salzen und die Körner glasig werden lassen. Löschen Sie den Reis mit dem Weißwein ab und lassen Sie ihn fast vollständig einkochen. Nach und nach den heißen Fond zugießen und den Risotto unter häufigem Rühren köcheln, bis der Reis gar, im Kern jedoch noch bissfest ist. Anschließend rühren Sie die restliche Butter sowie den Parmesan unter und lassen den Risotto einige Minuten auf der ausgeschalteten Herdplatte stehen.

6. Inzwischen den Kalbsjus in einer Pfanne aufkochen, die Bäckchen pfeffern, einlegen und den Jus langsam reduzieren, dabei das Fleisch ständig übergießen.

7. Heben Sie die Brunnenkresse unter den Risotto, verteilen Sie diesen auf vorgewärmte Teller und richten Sie die glacierten Kalbsbäckchen darauf an.

S. 194
PÖKELN, HEISSRÄUCHERN

S. 200
KALBSJUS

S. 43
BOUQUET GARNI

KALBSBÄCKCHEN IM WOK RÄUCHERN

(1) Einen Wok mit Alufolie auskleiden. Das Räuchermehl einfüllen, die Gewürze zufügen und die Kräuter auf dem Räuchermehl verteilen.
(2) Ein rundes Gitter in den Wok setzen, die gepökelten und gekochten Kalbsbäckchen darauflegen, den Wok mit dem Deckel verschließen und die Hitzequelle einschalten.
(3) Wenn das Räuchermehl zu glimmen beginnt, den Wok vom Herd nehmen – nach Möglichkeit ins Freie stellen – und die Kalbsbäckchen noch 10–12 Minuten leicht räuchern, dann herausnehmen.

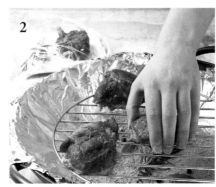

KALBSLEBER MIT GRENADINE-SIRUP

ZUBEREITUNGSZEIT: 35 Min.

FÜR DIE KALBSLEBER: 750 g Kalbsleber am Stück, kalt abgespült, gehäutet und alle Röhren auf der Unterseite entfernt • 2 EL Butterschmalz • 40 g Butter • 1 Zweig Rosmarin • 2–3 Salbeiblätter • 1 Knoblauchzehe, angedrückt • Meersalz • frisch gemahlener Pfeffer
FÜR DEN GRENADINE-SIRUP: 2 Granatäpfel • 40 ml Grenadine • Salz • 1 Msp. Szechuanpfeffer, geröstet und im Mörser zerstoßen

1. Heizen Sie den Backofen auf 180 °C vor. Die Kalbsleber bei mittlerer Hitze in einer ofenfesten Pfanne von allen Seiten in Butterschmalz anbraten, anschließend im heißen Ofen in etwa 7 Minuten fertig braten. Herausnehmen und die Kalbsleber an einem warmen Ort bei 30–50 °C noch etwa 5 Minuten ruhen lassen, dabei nicht in Alufolie wickeln.

2. Für den Sirup die Granatäpfel halbieren und die Kerne jeweils durch Verdrehen der beiden Hälften gegeneinander lockern und herauslösen, dabei alle weißen Innenhäutchen entfernen. Die Hälfte der Granatapfelkerne mit einer Kartoffelpresse oder mit der »Flotten Lotte« entsaften. Den Saft in einer Kasserolle mit der Grenadine auf die Hälfte einkochen.

3. Die Butter in der Bratpfanne aufschäumen lassen, Kräuter und Knoblauch zufügen. Braten Sie die Leber auf jeder Seite noch ½–1 Minute nach und übergießen Sie sie dabei ständig mit der Butter.

4. Die Kalbsleber mit Salz und Pfeffer würzen und in etwa 5 mm dicke Scheiben schneiden. Rühren Sie die restlichen Granatapfelkerne unter den Sirup und würzen Sie diesen mit 1 Prise Salz sowie etwas geröstetem Szechuanpfeffer. Die Leberscheiben mit dem Grenadine-Sirup auf vorgewärmten Tellern anrichten, mit etwas Meersalz bestreuen und nach Belieben mit Chili-Polenta servieren.

S. 189
KALBSLEBER ZUBEREITEN

KALBSLEBER »SALTIMBOCCA«
8 Scheiben Kalbsleber (½–1 cm dick) jeweils mit 1 Salbeiblatt und 1 Scheibe Parmaschinken belegen und beides mit einem Zahnstocher fixieren. Die Leber bei mittlerer Hitze mit dem Belag nach unten in heißem Butterschmalz knusprig anbraten. Leber nach 1–2 Minuten wenden und auf der anderen Seite fertig braten. Etwas Butter aufschäumen lassen, Leber damit übergießen, salzen und pfeffern.

IN SOJA MARINIERTE KALBSZUNGE

ZUBEREITUNGSZEIT: 1 Std. 10 Min. / FÜR 4–6 Portionen

FÜR DIE KALBSZUNGE: 1 ungepökelte Kalbszunge, etwa 600 g • 1 Lorbeerblatt
• 1 Bouqet garni (S. 43) • 1 kleine Zwiebel • 2 Gewürznelken • 5 weiße Pfefferkörner • Salz
FÜR DIE MARINADE: 80 ml Sojasauce • ½ TL Honig • 20 ml Ketjap Manis (Asialaden)
• 100 ml Kalbs- oder Geflügelfond • je 60 ml Erdnuss- und Maiskeimöl • 30 ml Reisessig
• 1–2 TL Fischsauce (Nam Pla) • Salz • frisch gemahlener Pfeffer • brauner Zucker

S. 43
BOUQUET GARNI

S. 189
KALBSZUNGE VORBEREITEN

1. Die Kalbszunge kalt waschen und in einem Topf mit kaltem Wasser bedecken. Geben Sie das Lorbeerblatt, das Bouquet garni, die Zwiebel, die Nelken, die Pfefferkörner und etwas Salz dazu. Alles zum Kochen bringen und die Kalbszunge bei schwacher Hitze etwa 50 Minuten köcheln lassen. Wenn Sie mit einem spitzen Messer leicht durch die Zungenspitze stechen können, ist sie gar.

2. Stellen Sie in der Zwischenzeit die Marinade her: Dafür die Sojasauce in einer Kasserolle langsam auf die Hälfte einkochen lassen und den Honig darin auflösen. Etwas abkühlen lassen und die Sojasauce mit dem Ketjap Manis und dem Kalbsfond verrühren. Die beiden Ölsorten in dünnem Strahl einlaufen lassen und mit dem Pürierstab untermixen. Rühren Sie den Reisessig und die Fischsauce unter und schmecken Sie die Marinade mit Salz, Pfeffer und etwas Zucker ab.

3. Die gekochte Zunge aus der Brühe nehmen, eiskalt abschrecken und die Haut abziehen. Schneiden Sie die Zunge dann in 2–3 mm dicke Scheiben.

4. Bestreichen Sie die Zungenscheiben dick mit der Marinade und lassen Sie sie vor dem Servieren mindestens 10 Minuten durchziehen. Richten Sie die marinierten Zungenscheiben nach Belieben mit marinierten Keniabohnen oder Pak Choi an.

WENIGER SALZ

Sie können für dieses Rezept auch eine gepökelte Kalbszunge verwenden. Dann müssen Sie allerdings mit dem Salz beim Würzen vorsichtig sein. Zum Marinieren der Bohnen oder des Kohls können Sie dieselbe Marinade verwenden. Gut machen sich außerdem feine, nicht zu scharfe rote Chilistreifen.

DESSERTS

ZITRUSFRÜCHTE bereichern mit ihrem Aroma und der feinen Säure zahlreiche Desserts, mal als Filets, mal als Saft, als Kompott oder in Form von Zesten, wenn nur das Aroma und nicht die Säure gefragt ist.

Die Bandbreite an Zitrusarten, die zur Familie der Rautengewächse zählen, ist enorm. Über 150 Gattungen sind bekannt, doch lediglich zwei werden im Ertragsanbau kultiviert: die Gattung *Citrus*, zu der sämtliche Orangen, Mandarinen, Grapefruits, Zitronen und Limetten gehören und die Gattung *Fortunella*, zu der die Kumquats zählen.

ORANGEN UND MANDARINEN

Orangen (1), (2), auch Apfelsinen genannt, gelangten einst mit den Portugiesen von China in den Mittelmeerraum und zählen heute weltweit zu den meistangebauten Früchten überhaupt. Mandarinen (4), (5) sind kleinere, durch Kreuzungen und Mutationen entstandene Arten.

Merkmale: Blondorangen (1) haben ein goldgelbes, saftig-süßes Fruchtfleisch. Blutorangen (2) weisen eine rote Pigmentierung auf, sind saftig und haben ein kräftiges Aroma. Bitterorangen (3) sind kleiner und bitterer. Mandarinen (4), (5) sind kleiner und süßer als Orangen.

Verwendung: Orangen (1), (2) schmecken frisch als fruchtiger Salat und Kuchenbelag, gegart als Ragout, als Sauce und als Marmelade. Die in feinen Streifen abgezogene Schale (Zesten) dient zum Aromatisieren. Bitterorangen oder Pomeranzen (3) sind wegen der enthaltenen Bitterstoffe nicht für den Frischverzehr geeignet. Sie werden jedoch zu Marmelade und Likör, die Schale zu Orangeat verarbeitet. Mandarinen wie Clementinen (4) oder Tangerinen (5) eignen sich für Salate, als Kuchenbelag, Ragout oder Saft.

POMELOS UND GRAPEFRUITS

Pomelos oder Pampelmusen (6) stammen aus Südostasien. Grapefruits (7), (8), sind wohl aus einer Kreuzung von Orange und Pampelmuse entstanden.

Merkmale: Die runden oder eiförmigen Pomelos (6) sind die größten unter den Zitrusfrüchten. Sie haben eine grünlich gelbe bis gelbe, dicke, wattige Schale und schmecken süß-säuerlich bis sauer oder bitter. Grapefruits (7), (8) sind kleiner, aber größer als Orangen, fest, meist sehr saftig und säuerlich bis süß-säuerlich, oft mit einer leicht bitteren Note; rosafarbene Grapefruits (8) sind etwas milder.

Verwendung: Pomelos und Grapefruits eignen sich für den Frischverzehr, etwa für Salate, schmecken als Saft und Marmelade, aber auch in Kombination mit anderen Zitrusfrüchten. Die dicke Schale der Pomelos wird auch kandiert und dient zudem der Pektingewinnung.

ZITRONEN, LIMETTEN & KUMQUATS

Die aus Asien stammende Zitrone (9) blüht und fruchtet im Gegensatz zu anderen Zitrusarten das ganze Jahr über. Limetten (10) werden in Mittel- und Südamerika sowie in Asien angebaut. Kumquats (12) oder Limequats sind eng mit den anderen Zitrusarten verwandt und stammen auch aus Asien.

Merkmale: Zitronen sind gelb, saftig und mehr oder weniger sauer. Limetten sind reich an Saft und Aroma. Kumquats (12) schmecken fruchtig-herb und enthalten viele Kerne, die weiche Schale kann mitgegessen werden.

- Orangen, Mandarinen: saftig und süß- oder fein-säuerlich.
- Pomelos, Grapefruits: saftig und süß-säuerlich bis bitter.
- Zitronen, Limetten: sauer bis fruchtig-säuerlich
- Kumquats: fruchtig-herb.

(1) ORANGEN der Sorte 'Valencia' zählen zu den Blondorangen: Sie sind süß-säuerlich, saftig und aromatisch.

(2) BLUTORANGEN der Sorte 'Tarocco' aus Sizilien schmecken saftig, süß-säuerlich; ausgeprägt aromatisch.

(3) BITTERORANGEN oder Pomeranzen haben viele Kerne. Sie eignen sich nicht zum Rohverzehr.

Verwendung: Zitronen- oder Limettensaft säuert Obstsalate und verhindert das Verfärben von Früchten. Zitronen und Limetten eignen sich zum Aromatisieren von Cremes, Eis oder Kuchen sowie zur Herstellung von Sirup und Likör.

Aus der Schale von Zitronatzitronen (11) wird Zitronat gewonnen. Kumquats (12) schmecken mariniert oder als Ragout und werden wegen ihrer kleinen Größe und appetitlichen Farbe oft auch als Garnitur verwendet.

(4) CLEMENTINEN werden häufig angebaut. Sie sind sehr saftig, süß und aromatisch.

(5) TANGERINEN zählen ebenfalls zu den Mandarinen, sind klein, saftig-süß und aromatisch.

(6) POMELOS haben eine dicke, wattige Schale und ein festes Fleisch; süß-säuerlich bis sauer oder bitter.

(7) GELBE GRAPEFRUITS sind saftig, säuerlich bis süß-säuerlich mit leichter Bitternote.

(8) ROSA GRAPEFRUITS mit leicht gefärbter Schale. Sie sind saftig und schmcken milder als gelbe Sorten.

(9) ZITRONEN der Sorte 'Verna' sind spitz zulaufend, fruchtig-säuerlich und haben wenig Kerne.

(10) LIMETTEN, hier Tahiti- oder Persische Limetten, sind mittelgroß, fein-säuerlich und sehr saftig.

(11) ZITRONATZITRONEN sind süß-säuerlich bis sauer und haben nur wenig Fruchtfleisch.

(12) KUMQUATS oder Zwergorangen sind klein und haben einen herb-süßlichen Geschmack.

SÜDFRÜCHTE und Exoten ergeben fruchtige Salate und Saucen und parfümieren Cremes und Eis. Gelegentlich, wenn auch seltener, setzt auch Fruchtgemüse interessante geschmackliche Kontrapunkte.

Welche Frucht wann und für was am besten geeignet ist, entscheiden Aroma und Konsistenz des Fruchtfleisches. Frische Kiwis, Feigen, Ananas oder Papayas enthalten ein Enzym, welches das Festwerden von Gelatine verhindert. Daher können diese Früchte nicht roh, sondern nur blanchiert für Zubereitungen mit Gelatine verwendet werden.

SÜDFRÜCHTE

Zu den Südfrüchten werden ganz unterschiedliche, vorwiegend im mediterranen Klima kultivierte Obstsorten gerechnet, beispielsweise Melonen, Granatäpfel und Feigen, aber auch Kiwis und Kakifrüchte.

Merkmale: Melonen (1) sind saftig-süß. Granatäpfel (2) haben zahlreiche saftig umhüllte, säuerlich süße bis herbe Fruchtkerne. Frische Feigen (3) sind reich an Zucker, getrocknete sehr süß. Kiwis schmecken reif angenehm süß-säuerlich, unreif sauer. Vollreife Kaki sind mild-süß im Geschmack.

Verwendung: Saftige Früchte mit festem Fruchtfleisch eignen sich gut für Salate und als Kuchenbelag, solche mit weichem Fleisch für Fruchtsuppen, Saucen, Püree und Sirup.

- Südfrüchte schmecken süß bis fein-säuerlich.
- Exotische Früchte haben oft ein eigenes Aroma, süß bis leicht säuerlich.
- Fruchtgemüse ist säuerlich bis mild-süß.

EXOTISCHE FRÜCHTE

Zu den Exoten werden Früchte aus Übersee gerechnet, etwa Ananas, Mango, Passionsfrucht und Papaya.

Merkmale: Ananas haben ein festes und saftig-aromatisches Fleisch. Bananen und Guaven sind weichfleischig, Erstere eher trocken und süß, Zweitere saftig und süßsauer. Mangos sind ausgesprochen saftig, aromatisch und schmecken reif süß, genauso wie Papayas. Granadillas, oft als Passionsfrüchte bezeichnet, bestechen durch ihre komplexen Fruchtaromen. Karambolen haben ein festes, säuerliches, Pitahayas ein weiches fein-säuerliches Fleisch. Litschis sind festfleischig und im Aroma angenehm süß-säuerlich. Physalis sind fest und angenehm süß-säuerlich.

Verwendung: Exoten ergeben wunderbar aromatische Fruchtsalate, Saucen und Fruchtmark. Festfleischige Arten eignen sich auch als Kompott und Kuchenbelag.

FRUCHTGEMÜSE

Vor allem Rhabarber findet in der Dessertküche vermehrt Verwendung, seltener auch Kürbis oder sogar Paprika.

Merkmale: Rhababer ist säuerlich bis sauer. Kürbis schmeckt mild, reife rote Paprikaschoten leicht süß.

Verwendung: Rhabarber schmeckt zu Erdbeeren und findet als Kompott und im Kuchen Verwendung. Kürbis eignet sich für Cremes und Kuchen, Paprika für Saucen und Gelee.

(1) MELONEN sind saftig und süß. Zuckermelonen besitzen gelbgrünes oder orangenes Fleisch, das von Wassermelonen ist rötlich und lockerer.

(2) GRANATÄPFEL haben zahlreiche rosafarbene bis dunkelrote saftige Samenkerne, die süß-säuerlich herb schmecken.

(3) FEIGEN sind süß und haben direkt unter der etwas ledrig-weichen Haut ein weißes, im Inneren rotes Fruchtfleisch.

BEERENOBST spielt in der Dessertküche eine große Rolle,
vor allem zur Saison im Sommer. Viele Beeren stehen jedoch auch als TK-Ware in guter Qualität zur Verfügung, etwa für Saucen, Eis oder Grützen.

Botanisch sind nicht alle Beerenfrüchte auch echte Beeren, lediglich Heidel- und Preiselbeeren, Johannisbeeren, Stachelbeeren und Trauben zählen dazu.

HIMBEEREN UND ERDBEEREN

Himbeeren kommen wild in Europa, Asien und Nordamerika vor. Erdbeeren in ihrer heutigen Form sind durch Kreuzung von Wildformen vor rund 250 Jahren entstanden. Inzwischen sind über 1.000 Sorten bekannt, doch nur wenige und leider nicht die aromatischsten werden großflächig kultiviert. Himbeeren zählen zu den Sammelstein-, Erdbeeren zu den Sammelnussfrüchten.

Merkmale: Himbeeren sind meist rot, aber auch gelb oder schwarz, saftig-süß und weichfleischig. Erdbeeren sind rot, mittel- bis festfleischig, fein-säuerlich bis süß und aromatisch.

Verwendung: Himbeeren und Erdbeeren schmecken in Salaten und eignen sich als Kuchenbelag, Sauce, Eis, Sorbet und Grütze.

BROMBEEREN UND HEIDELBEEREN

Brombeeren (1) sind Sammelsteinfrüchte und wie die Heidelbeeren (2) auf der Nordhalbkugel heimisch.

Merkmale: Schwarze Brombeeren sind fein-säuerlich bis süß, weichfleischig und druckempfindlich. Wildheidelbeeren sind klein, dunkelblau, mehr oder weniger bereift und aromatisch.

Verwendung: Brombeeren und Heidelbeeren sind am besten frisch, schmecken aber auch als Grütze, Kuchenbelag, Konfitüre, Saft oder Kompott.

PREISELBEEREN UND HOLUNDER

Kulturpreiselbeeren(3), auch Cranberry genannt, sind keine Preiselbeeren, sondern Großfrüchtige Moosbeeren. Bei Holunder (4) handelt es sich botanisch um Steinfrüchte.

Merkmale: Preiselbeeren sind mäßig saftig und herb-säuerlich, Holunder saftig und süß-säuerlich.

Verwendung: Preiselbeeren und Holunder sind nicht zum Rohessen geeignet, jedoch für Kompott und Saft.

JOHANNIS- UND STACHELBEEREN (5), (6) kommen wild
in Nordosteuropa und Eurasien vor, Schwarze Johannisbeeren auch im Himalaja und Kaukasus, Stachelbeeren (6) in Eurasien sowie im Mittelmeerraum.

Merkmale: Johannisbeeren sind saftig und säuerlich, Stachelbeeren weich, saftig und süß-säuerlich.

Verwendung: Rote und Weiße Johannisbeeren sowie Stachelbeeren eignen sich zum Rohessen, als Grütze, Kompott, Konfitüre, Kuchenbelag oder Saft. Schwarze Johannisbeeren werden zu Saft, Konfitüre und Likör verarbeitet.

TAFEL- ODER WEINTRAUBEN

Trauben stammen aus Mittelasien und wurden bereits vor 5.000 Jahren in Ägypten kultiviert.

Merkmale: Traubenbeeren sind festfleischig und saftig; reif schmecken sie aromatisch süß bis sehr süß.

Verwendung: Schmecken frisch ausgezeichnet, ebenso als Kuchenbelag, Saft und Schnaps, aber auch getrocknet.

(1) BROMBEEREN der alten Sorte 'Theodor Reimers'; sehr aromatisch.

(2) WALDHEIDELBEEREN haben besonders viel Aroma.

(3) KULTURPREISELBEEREN sind rot, herb und saftig.

(4) SCHWARZER HOLUNDER ist zum Rohverzehr nicht geeignet!

(5) ROTE JOHANNISBEEREN sind saftig und säuerlich aromatisch.

(6) GRÜNE STACHELBEEREN sind weichfleischig und süß bis fein-säuerlich.

NÜSSE UND ESSKASTANIEN sind wichtige
Zutaten der süßen Küche und spielen eine große Rolle für Gebäck und Cremes.
Geröstet aromatisieren Nüsse auch Eis, Saucen und Soufflés.

Nüsse werden unter dem Oberbegriff Schalenobst zusammengefasst, der unterschiedliche Fruchttypen wie echte Nüsse (Haselnuss, Edelkastanie), Steinfrüchte (Mandel, Kokosnuss), Walnüsse oder Pistazien umfasst.

NÜSSE

Die Haselnuss ist in Europa und Kleinasien heimisch, der größte Teil der Welternte stammt aus der Türkei. Die Heimat der Mandeln liegt in Vorder- und Zentralasien, europäischer Anbauschwerpunkt ist der Mittelmeerraum, Hauptlieferant sind die USA. Walnüsse stammen ursprünglich aus Mittel- und Zentralasien und kommen in Europa wild vor. Die verwandten Pekannüsse (1) sind in Nordamerika heimisch und werden im Süden der USA kultiviert. Erdnüsse zählen zu den Leguminosen, werden wegen der geschlossenen Hülsen aber auch zu den Nüssen gerechnet. Cashewkerne (2) oder -nüsse stammen aus Südamerika, Macadamianüsse (3) aus Australien. Pistazien (4), die Früchte eines Sumachgewächses, stammen aus Zentralasien, Anbauschwerpunkte liegen im Iran, in Kalifornien und in der Türkei. Pinienkerne (5) werden im Mittelmeerraum, aber auch in China und Korea kultiviert.
Merkmale: Pekannüsse sind mild und haben ein feines, Erdnüsse ein kräftiges Aroma. Cashewkerne und Macadamianüsse schmecken angenehm mild, Pistazien leicht süß und mild-würzig, Pinienkerne mild und leicht harzig. Aufgrund ihres hohen Fettgehaltes werden Nüsse rasch ranzig und sind nur begrenzt haltbar. Luftdicht verpackt und tiefgekühlt, können sie etwas länger aufbewahrt werden.
Verwendung: Fein gehackt oder gemahlen eignen sich Nüsse als Backzutat und zum Aromatisieren von Cremes, Mousses, Eis, Parfaits oder Puddings. Im Ganzen karamellisiert ergeben sie attraktive Dekorationen. Gehackt karamellisiert, ausgestrichen und zerkleinert, verwandeln sie sich in Krokant. Das Aroma von Nüssen lässt sich durch Rösten (etwa 10 Minuten bei 180 °C) intensivieren.

EDELKASTANIEN (6) sind nicht mit den heimischen Rosskastanien verwandt, sondern gehören zu den Buchengewächsen. Sie sind in verschiedenen Arten in den wärmeren Zonen Europas, aber auch in Asien und Amerika verbreitet.
Merkmale: Edelkastanien besitzen ein gelblich weißes, von einer holzig-ledrigen Schale und einer dünnen Haut umhülltes Fruchtfleisch. Sie enthalten mehr Wasser als andere Nüsse.
Verwendung: Zum Schälen schneidet man die Schalen an der Spitze kreuzweise ein und röstet die Früchte bei 200 °C knapp 15 Minuten im Ofen. Dabei wandelt sich die enthaltene Stärke in Zucker um. Edelkastanien schmecken karamellisiert, meist werden sie zu Creme und Mousse weiterverarbeitet.

(1) PEKANNÜSSE sind länglich, spitz zulaufend und haben eine glatte Schale.

(2) CASHEWNÜSSE sind geschält erhältlich; die Schale ist giftig.

(3) MACADAMIANÜSSE haben eine harte Schale; werden geschält verkauft.

(4) PISTAZIEN sind von einer braunen Haut umhüllt; der Kern ist grün.

(5) PINIENKERNE sind hell und länglich walzenförmig.

(6) EDELKASTANIEN sind reif, wenn die stacheligen Hüllen aufspringen.

KANDIERTE SCHALEN & MARZIPAN

Marzipan zählt zu den ältesten Zutaten der süßen Küche und verfeinert in erster Linie Gebäck, aber auch Cremes, Eis, Kompott und diverse Mehlspeisen.

Ob kandiert, wie Zitronat oder Orangeat, oder langsam an der Luft oder im Dörrapparat getrocknet: Auch in konservierter Form können Früchte mit ihrem intensiven Aroma und der enthaltenen Süße Desserts wunderbar bereichern. Das gilt auch für das aus gemahlenen Mandeln gewonnene Marzipan.

KANDIERTE ZITRUSSCHALEN

Orangeat (1), in Österreich auch Aranzini genannt, wird aus den dicken Schalen von Bitterorangen (S. 240) gewonnen. Sie werden von der weißen Innenhaut befreit und anschließend kandiert. Auch zur Herstellung von Zitronat (2) wird eine spezielle Zitrusart benötigt, und zwar die dickschalige grüne bis gelbgrüne Zitronatzitrone (S. 241). Die Früchte des Zedratbaumes können bis zu 3 Kilogramm schwer werden und kommen wie die Bitterorangen meist aus dem Mittelmeerraum.

Merkmale: Orangeat und Zitronat sind in der Regel fein gewürfelt, seltener auch am Stück erhältlich. Zum arteigenen Aroma kommt die Süße, ihr Zuckergehalt beträgt jeweils mindestens 65 Prozent.

Verwendung: Orangeat und Zitronat dienen häufig als Backzutat, vor allem für die Weihnachtsbäckerei, aromatisieren aber auch Florentiner und Cremes.

MARZIPANROHMASSE

Marzipanrohmasse (3) wird aus blanchierten, geschälten, fein gemahlenen Mandeln und Zucker hergestellt. Die vermutlich aus Persien stammende süße Erfindung gelangte mit den Arabern im Mittelalter nach Europa und war dort beim Adel bereits im 14./15. Jahrhundert als Konfekt und Modelliermasse sehr gefragt.

Merkmale: Marzipanrohmasse darf bis zu 17 Prozent Feuchtigkeit und nicht über 35 Prozent Zucker enthalten. Der Anteil an natürlichen Bittermandeln kann bis zu 12 Prozent betragen.

Verwendung: Für Marzipan wird die Rohmasse mit Zucker angewirkt – maximal im Verhältnis 1:1 (je geringer der Zuckeranteil, je höher die Qualität). In der Dessertküche findet die Rohmasse als Backzutat sowie zum Aromatisieren von Cremes, Sabayons, Soufflés und Saucen Verwendung. Angewirkt dient Marzipan zur Herstellung von Konfekt sowie von kunstvollen Dekorationen.

- Orangeat und Zitronat sind aromatisch-süß und dienen meist als Backzutat.
- Marzipanrohmasse wird als Backzutat, Marzipan für Konfekt und Garnituren benötigt.

(1) ORANGEAT UND ZITRONAT (2) werden aus den Schalen bestimmter Zitrusfrüchte hergestellt. Durch das Kandieren erhalten die durchscheinenden orangefarbenen oder gelblich grünen Würfel ihre besondere Konsistenz.

(3) MARZIPANROHMASSE ist als Block für die Weiterverarbeitung in Teigen und Füllungen erhältlich. Gebrauchsfertig sind die runden Marzipanplatten, die als Auflage für Kuchen, Torten oder Petits Fours dienen.

FRUCHTZUCKER UND HONIG

Dessertküche und Lebensmittelindustrie nutzen neben Rohr- und Rübenzucker die Eigenschaften weiterer Süßungsmittel und setzen sie nach Bedarf ein.

Es gibt neben dem bekannten Kristall- oder Haushaltszucker (Saccharose) verschiedene andere süß schmeckende Einfach- und Doppelzucker, die in der Patisserie eine Rolle spielen.

ANDERE ZUCKER

Fruchtzucker und Traubenzucker sind Einfachzucker (Monosaccharide), die in gebundener Form in Haushaltszucker vorliegen. Ungebunden kommt Fruchtzucker (Fruktose) in Früchten und Honig (1) vor.

Invertzucker besteht zum größten Teil aus Fruktose und Glukose. Zu seiner Herstellung wird in heißem Wasser gelöste Saccharose durch etwas Säure oder ein Enzym (Invertase) in Einfachzucker zerlegt.

Glukosesirup wird aus Stärke gewonnen und besteht aus Zuckern wie Glukose und Maltose.

Merkmale: Um die Süßkraft zu vergleichen, wird Haushaltszucker mit einem Wert von 100 angesetzt. Im Vergleich liegt Fruchtzucker (Fruktose) bei 120, Glukose bei 70, Invertzucker bei 110 bis 125 und Maltose bei 40.

Verwendung: Fruchtzucker (Fruktose) süßt Fruchtiges, Glukose wird wie Invertzucker zum Süßen von Massen verwendet, die leicht austrocknen. Glukosesirup kommt beim Backen und in der Eisherstellung zum Einsatz.

SÜSSE VON PALMEN UND AHORN

Begehrte Süße liefern auch Palmen in Asien oder auf den Kanaren, Ahorn in Kanada und den USA und Agaven in Mexiko.

Merkmale: Palmzucker ist weniger süß als Haushaltszucker und schmeckt karamellartig. Ahornsirup ist in Qualitäten von hell und mild bis dunkel und kräftig erhältlich. Ahornzucker unterscheidet sich im Geschmack kaum von weißem Zucker.

Verwendung: Die verschiedenen Zucker können in der süßen Küche nach Belieben eingesetzt werden, Palmzucker etwa zum Süßen asiatischer Desserts, Ahornsirup bei Eis und Waffeln.

HONIG

Honig (1) wird von Bienen erzeugt, indem sie Blütennektar oder andere süße Sekrete (Honigtau) aufnehmen, diese mit körpereigenen Enzymen anreichern und in Waben speichern. Für den Menschen war er lange oft das einzige Süßungsmittel.

Merkmale: Honig enthält vornehmlich Glukose und Fruktose und schmeckt häufig sehr süß. Näher bezeichneter Honig wie Akazien-, Lindenblüten- oder Lavendelhonig muss mindestens zu 50 Prozent aus den Nektaren dieser Pflanzen stammen.

Verwendung: In der Dessertküche wird Honig vielfältig eingesetzt, allerdings sollte er außer beim Backen nicht über 40 °C erhitzt und das jeweilige Aroma mitberücksichtigt werden.

- Andere Zucker unterscheiden sich in ihrer Süßkraft oft von Raffinade und werden entsprechend dosiert.
- Honig ist das älteste Süßungsmittel und bis heute sehr beliebt.

HONIG ist das älteste Süßungsmittel und in zahlreichen Geschmacksrichtungen im Handel. Er ist naturbelassen, zäh- bis dickflüssig oder cremig, kann aber auch auskristallisieren.

JOGHURT UND FRISCHKÄSE sind alltägliche, leicht erhältliche Produkte, die bei der Zubereitung von Cremes und Eis dennoch von bester Qualität sein müssen.

Beim Einkauf von fermentierten Milchprodukten wie Joghurt, Quark und anderem Frischkäse sollte man vor allem auf den Fettgehalt achten.

JOGHURT

Wird Milch erwärmt und mit speziellen Milchsäurebakterien geimpft, dann entsteht nach einigen Stunden Ruhezeit Naturjoghurt (1). Im Handel sind unzählige Sorten erhältlich, als Zutat für die süße Küche sollte Joghurt jedoch naturbelassen sein.

Merkmale: Leicht säuerlicher und erfrischend schmeckender Naturjoghurt ist in verschiedenen Fettstufen erhältlich: Magermilchjoghurt aus entrahmter Milch enthält maximal 0,5 Prozent Fett, fettarmer Joghurt 1,5–1,8 Prozent. Ohne weitere Bezeichnung enthält Joghurt 3,5 Prozent Fett. Rahmjoghurt wiederum hat einen Fettgehalt von mindestens 10 Prozent. Je höher der Fettgehalt, desto cremiger ist der Joghurt.

Verwendung: Joghurt wird als leichte Basis für Eis, Cremes und Mousses verwendet und passt wunderbar zu Früchten. Für ein angenehm cremiges Mundgefühl empfehlen sich vor allem die fetthaltigeren Sorten.

QUARK UND ANDERER FRISCHKÄSE

Bei der Herstellung von Frischkäse werden der Milch Lab und Milchsäurebakterien zugesetzt.

Merkmale: Quark (2) und anderer Frischkäse sind von der Mager- bis zur Sahnestufe im Handel. Doppelrahmfrischkäse (3) enthält rund 70 Prozent Fett i. Tr., bei cremigem Mascarpone sind es 80 Prozent, besonders fettarm ist Ricotta.

Verwendung: Frischkäse ist die Grundlage für Füllungen, Eis, Cremes und Mousses und eignet sich als Backzutat. Auch hier gilt: je höher der Fettgehalt, desto cremiger.

- Naturjoghurt ist vielfältig einsetzbar, etwa als leichte Cremebasis.
- Frischkäse dient vor allem als Basis für Füllungen, Eis und Cremes.

(1) NATURJOGHURT ist in verschiedenen Fettstufen erhältlich und schmeckt leicht säuerlich und erfrischend.

(2) QUARK ist ein Frischkäse. Je nach Fettgehalt kann er krümelig oder cremig sein.

(3) Cremiger DOPPEL-RAHMFRISCHKÄSE; mild süß oder säuerlich.

SCHOKOLADE UND KUVERTÜRE sind
wichtige Geschmacksgeber für Cremes, Mousses, Eis, Puddinge und Gebäck sowie häufig Hauptbestandteil von Pralinen und Konfekt.

Ausgangsprodukt für Schokoladenprodukte ist Kakao. Ursprünglich wohl in Südamerika beheimatet, wird die Tropenpflanze Kakao heute rund um die Welt in einem Gürtel etwa 20 Grad nördlich und südlich des Äquators angebaut. Haupterzeugerländer sind die Elfenbeinküste, Indonesien, Ghana, Nigeria, Brasilien, Kamerun und Ecuador. Für den Weltmarkt von Bedeutung sind zwei Typen: aromatischer Edelkakao wie Criollo, Trinitario oder Nacional und robuster Konsumkakao (Forastero), der mit über 80 Prozent den Hauptteil der Weltproduktion ausmacht.

SCHOKOLADE UND KUVERTÜRE

Die Früchte des Kakaobaums, die direkt aus dem Stamm oder Ast wachsen und von Hand geerntet werden müssen, enthalten zwischen 25 und 50 Samen. Nach der Ernte werden die mitsamt der Fruchtpulpe ausgelösten Kakaobohnen zuerst fermentiert, das heißt, sie gären bis zu 10 Tagen an der Luft, und danach getrocknet. Importeure beziehen den Rohkakao und verarbeiten ihn vor Ort zu Kakaomasse weiter. Dafür wird der Kakao gereinigt, geröstet und anschließend mittels Walzen zerkleinert, wobei die Schalenanteile entfernt werden. Das Ergebnis ist Kakaokernbruch, der zu einem geringen Teil als Kakaonibs in den Handel kommt. Für die Herstellung von Schokolade (1) wird der Kernbruch zu zähflüssiger Kakaomasse vermahlen und gepresst. Dabei fallen Kakaobutter und -presskuchen an, aus dem Kakaopulver hergestellt wird.

Merkmale: Schokolade (1) enthält neben einem unterschiedlich hohen Teil an Kakao zusätzlich Kakaobutter und Zucker, helle Schokolade zudem noch Sahne oder Milchpulver. Je dunkler und härter Schokolade ist, desto höher ist der Kakao-

anteil. Je nach Sorte und zusätzlichen Gewürzen schmeckt sie aromatisch, mehr oder weniger bitter oder mild und süß. Ihren zarten Schmelz verdankt hochwertige Schokolade dem stundenlangen Rühren der erwärmten Masse, dem sogenannten Conchieren. Kakaonibs schmecken bitter und aromatisch. Reines Kakaopulver ist relativ hell, hat ein intensives Kakaoaroma und ist schwach oder stark entölt erhältlich. Kuvertüre (2) gibt es ebenfalls mit unterschiedlich hohem Kakaoanteil und in verschiedenen Geschmacksrichtungen, wobei weiße Kuvertüre wie auch weiße Schokolade lediglich Kakaobutter, aber keine dunklen Kakaobestandteile enthält. Im Vergleich zu Schokolade hat Kuvertüre einen höheren Fettgehalt und ist in geschmolzener Form dünnflüssiger.

Verwendung: Schokolade (1) ist in der Dessertküche überaus vielseitig verwendbar. Sie aromatisiert fast alles, von Cremes über Eis bis Gebäck, und harmoniert auch mit verschiedenen Früchten gut, wie etwa mit Orangen oder Kirschen. Kakaonibs werden gelegentlich unter Teige und Massen gemischt oder dienen wie vieles aus Schokolade auch als Garnitur. Kuvertüre (2) dient im Gegensatz zu Schokolade nicht zum direkten Verzehr, sondern, in flüssiger Form und temperiert, als Überzug für Pralinen, Petits Fours, Kuchen oder Gebäck. In kleineren Einheiten wie Callets oder Linsen lassen sie sich sehr gut portionieren, in Blockform sind sie aufgrund der geringeren Oberfläche länger haltbar.

- Schokolade bereichert mit ihrem kräftigen Aroma zahlreiche Desserts.
- Kuvertüre eignet sich zum Überziehen von Konfekt und auch zum Aromatisieren.

(1) VERSCHIEDENE SCHOKOLADE: dunkle Bitterschokolade, weiße Schokolade und Milchschokolade. Helle und dunkle Schokolade unterscheiden sich im Kakaoanteil, weiße Schokolade enthält keinen Kakao.

(2) HOCHWERTIGE KUVERTÜREN, etwa von Valrhona (Frankreich) oder Callebaut (Belgien), sind in verschiedenen Formen im Handel – als Block, Tafel, Plättchen, Callets oder auch als kleine Linsen.

AROMEN VON ANIS BIS ZIMT sind in

der Dessertküche unverzichtbar, denn auch Anis, Gewürznelken, Kardamom, Mohn, Muskatblüte oder Tonkabohnen bereichern Süßes mit ihrem Aroma.

GEWÜRZE VON A BIS Z

Die Basis der klassischen, nicht synthetisch hergestellten Gewürze sind frische oder getrocknete aromatische Pflanzen oder Teile davon, etwa Früchte, Knospen, Rinden oder Wurzeln, wie wir sie zum Teil auf den Seiten 26 bis 33 vorstellen. In der Dessertküche werden sie gezielt eingesetzt, um Süßspeisen zu verfeinern. Manchmal bestimmt ein Gewürz allein den Geschmack von Cremes, Mousses, Eis und Saucen, wie dies häufig bei Vanille oder Zimt der Fall ist. Oft werden Gewürze jedoch auch im Verbund eingesetzt, um Desserts und Gebäck einen ausgewogenen runden Geschmack zu verleihen.

Merkmale: Die Palette der Geschmacksrichtungen reicht von mild und aromatisch-süß bis pikant-würzig und scharf. Verantwortlich dafür sind die enthaltenen, leicht flüchtigen ätherischen Öle. In großen Mengen können Gewürze toxisch wirken, daher sollten sie immer vernünftig dosiert werden.

Verwendung: Akaziensamen würzen Gebäck, Cremes und Eis, Anis (1) aromatisiert zudem Kompotte, süße Aufläufe und anderes, auch in Form von mit Anisöl versetzten Spirituosen. Bittermandeln verstärken den Mandelgeschmack und harmonieren mit Steinobst. Chilipulver und Pfeffer setzen mit ihrer Schärfe Kontraste zu Süßem, etwa bei Schokolade. Fenchelsamen dienen zur Abrundung von Gewürzmischungen. Muskatblüte (S. 27) und Gewürznelken (2) aromatisieren Kompotte, Cremes und Saucen. Grüner Kardamom (S. 29) passt zu Desserts mit Kaffeearoma. Er harmoniert mit Zimt (S. 33) und Gewürznelken. Ingwer (S. 28, 46) verleiht Desserts frisch eine leichte Schärfe, getrocknet oder kandiert und in Sirup eingelegt ist er milder. Koriander (S. 30) wird für Kompotte und zum Backen verwendet, Mohn (3) für Gebäck, Parfaits und anderes. Safran (S. 48) aromatisiert und färbt Backwaren, Cremes und Saucen. Sesam (S. 32) verfeinert Gebäck und ist Basis für süßes Halva. Sternanis (S. 32) aromatisiert Kompotte, Ragouts, Marinaden und Gebäck, passt aber auch gut zu Schokolade.

Wohldosiert verleiht Szechuan-Pfeffer Cremes, Mousses oder Sabayons eine aromatische Schärfe. Tonkabohnen (4) geben Cremes und Gebäck ein vanilleartiges Aroma, sollten aufgrund des enthaltenen Cumarins aber nur sparsam verwendet werden. Da die Bohnen in der Regel nur im Ganzen erhältlich sind, werden sie auf einer Muskatreibe gerieben oder in Milch, Sahne oder Rum eingelegt. Das besondere, für viele Dessertzubereitungen unverzichtbare echte Vanillearoma steckt vor allem im Mark der länglichen Vanilleschoten (S. 48); so wird die ölige Flüssigkeit genannt, in welche die zahlreichen kleinen schwarzen Samenkörner eingebettet sind. Zum Aromatisieren von Cremes, Eis, Puddings und Saucen auf Basis von Milchprodukten halbiert man die Schoten daher zunächst der Länge nach, kocht sie in Flüssigkeit auf und streicht dann das ausgekratzte Mark in die heiße Flüssigkeit zurück. Zudem verfeinert Vanille Fruchtiges wie Kompotte und Ragouts sowie Schokolade. Die leeren Vanilleschoten können getrocknet und zum Aromatisieren von Zucker verwendet werden. Auch Zimt (S. 33) wird in der süßen Küche viel verwendet, wobei der Ceylon-Zimt oder Echte Zimt von besserer Qualität ist und deutlich weniger Cumarin enthält als der gröbere Chinesische Zimt (Kassie). Leider ist Ceylon-Zimt im Supermarkt kaum mehr erhältlich, dort überwiegt Chinesischer Zimt, der zumeist gemahlen angeboten wird. Zimt verfeinert in Verbindung mit Zucker Gebäck und Mehlspeisen, aromatisiert Teige und Massen, Cremes, Eis und Parfaits, aber auch Kompotte und Glühwein.

Da sich die aromagebenden ätherischen Öle leicht verflüchtigen, sollten Gewürze immer im Ganzen gekauft und erst kurz vor ihrer Verwendung gemahlen oder zerstoßen werden. Überlagerte Gewürze oder mindere Qualitäten können den Geschmack eines Desserts stark beeinträchtigen, daher empfiehlt sich, hier auf Qualität und Frische zu achten und Gewürze dunkel, kühl und trocken zu lagern.

(1) ANIS. Die bräunlichen Spaltfrüchte sind etwa 3 mm groß; süß, mit intensivem, eigenen Aroma.

(2) GEWÜRZNELKEN. Die getrockneten Knospen des Nelkenbaumes schmecken süß-würzig und scharf.

(3) MOHN. Die blaugrauen kleinen Samen sind stark ölhaltig und schmecken nussig-süß.

(4) TONKABOHNEN sind mandelförmig, braun bis schwarz und haben ein vanilleähnliches Aroma.

WEIN UND SCHAUMWEINE überraschen
in vielen Desserts mit ihrem Aroma. Gelegentlich geben sie jedoch auch
den Ton an wie bei Weißwein-Sabayons oder Champagner-Granités.

Sie werden zwar alle aus Trauben gewonnen, doch unterscheiden sich manche Weinarten in puncto Alkoholgehalt und Charakter erheblich voneinander.

WEIN

Nur hochwertige Weiß-, Rosé- und Rotweine (1) eignen sich für die süße Küche. Billigangebote sollte man meiden, denn ein schlechter oder korkender Wein kann ein Dessert gründlich verderben. Zu welchem Wein man bei welcher Süßspeise greift, hängt ganz davon ab, ob der Wein Aromen abrunden, sie verstärken oder selbst im Mittelpunkt stehen soll.

Merkmale: Weine können, je nach Öchslegrad der Trauben und abhängig davon, ob sie trocken, halbtrocken oder lieblich ausgebaut sind, mehr oder weniger viel Zucker enthalten. Säurebetonte Weißweine verstärken Fruchtaromen, kräftige Rotweine haben zudem färbende Eigenschaften.

Verwendung: Trockene oder halbtrockene, oftmals sehr fruchtige Weine geben Kompotten, Cremes und Saucen Geschmack. Bei Sabayons und Weinschaumcreme dominieren sie.

SCHAUMWEIN

Kohlensäurehaltige Weiß-, Rosé- und Rotweine werden als Schaumweine bezeichnet. Sie entstehen durch eine zweite Gärung, die in Edelstahltanks oder in der Flasche stattfindet.

Merkmale: Champagner (2) darf sich nur nach der Flaschengärungsmethode hergestellter moussierender Wein aus dem gleichnamigen französischen Département nennen. Er zeichnet sich durch besonders kleine Perlen und ein feines Aroma aus. Hochwertiger Winzersekt wird oft ebenfalls nach der aufwendigen »méthode champenoise« hergestellt, ist jedoch meist preiswerter und für Desserts eine gute Alternative.

Verwendung: Champagner und hochwertiger Sekt sind gute Begleiter für Früchte, Sorbets, Granités und Eiscreme. Auch zur Herstellung von Sabayons sind sie geeignet. Zudem bietet sich ein Champagner als Getränk zu einem gelungenen Dessert an.

EDELSÜSSE WEINE

Edelsüße Weinraritäten (3) erfordern neben dem geeigneten Klima viel Aufmerksamkeit bei der Lese und Pflege im Keller. Beeren- oder Trockenbeerenauslesen, Eisweine oder regionale Spezialitäten erzielen daher hohe Preise.

Merkmale: Laut EU-Richtlinien müssen edelsüße Weine 40 g Zucker oder mehr pro Liter enthalten. Berühmte Vertreter zählen zu den teuersten Weinen mit enormer Aromenfülle.

Verwendung: Edelsüße Weine aromatisieren Cremes, Saucen und Sabayons. Sie können Fruchtaromen wie Orange und Mango oder Gebäck und Schokolade ergänzen und eignen sich als Getränk zum jeweiligen Dessert.

- Wein und Schaumwein werden oft zum Aromatisieren von Cremes und Saucen verwendet.
- Edelsüße Weine haben ein komplexes Aroma, aber auch einen gehobenen Preis.

(1) WEISS- UND ROTWEINE reichen im Geschmack von trocken bis lieblich und weisen je nach Rebsorte und Anbaugebiet ein eigenes Aroma auf. In der Dessertküche werden vornehmlich fruchtige Weißweine verarbeitet.

(2) CHAMPAGNER ist ein hochwertiger, speziell hergestellter Schaumwein aus der Champagne.

(3) EDELSÜSSE WEINE wie Vin Santo verdanken ihre Aromen dem langsamen Trocknen der Beeren.

LIKÖR, OBSTBRAND, BRANNTWEIN

Sie verfeinern viele köstliche Desserts mit ihrem ausgeprägten Aroma, allen voran fruchtige Liköre, Weinbrände und weißer oder brauner Rum.

Als Spirituosen bezeichnet man trinkbare Flüssigkeiten mit einem Alkoholgehalt von mindestens 15 Volumenprozent. Lediglich bei Eierlikör genügen 14 Volumenprozent. Gewonnen werden Spirituosen in der Regel durch Destillation vergorener Maische. Ausgangsprodukte sind Obst, Getreide, Kartoffeln, Zuckerrohr, Wein oder Trester. Viele Destillate haben ein intensives Aroma, manche klaren Brände werden zusätzlich mit Kräutern und Gewürzen, etwa Anis, aromatisiert. Oft entsteht das typische Aroma erst während der Lagerung in Holzfässern. Dank der vielfältigen, unterschiedlichen Aromen sind Spirituosen wichtige Zutaten der Patisserie.

LIKÖRE

Ursprünglich waren Liköre (1) Heilmittel, die oft in Klöstern hergestellt und, wie einst Zucker, in Apotheken verkauft wurden. Mönche kreierten viele berühmte Kräuterliköre, deren Zusammensetzung bis heute ein Geheimnis ist. So vereint der Bénédictine die Aromen von 27 Kräutern und Gewürzen, für die Produktion von Chartreuse werden sogar an die 130 Pflanzen benötigt. Gewonnen werden Liköre entweder durch Destillation oder Mazeration (Kaltauszug). Dabei lösen sich Aroma- und manchmal auch Farbstoffe von Kräutern und Gewürzen, Früchten oder Wurzeln in Alkohol und/oder Wasser. Liköre gibt es in unendlich vielen Geschmacksrichtungen, selbst Exotisches wie Rosen- und Apfelstrudellikör ist im Handel.

Merkmale: Liköre sind aromatisch und süß. Sie enthalten pro Liter mindestens 100 g Zucker und haben einen Alkoholgehalt von 15–40 Volumenprozent. Sehr süße Liköre bezeichnet man als Crèmes (Zuckergehalt mindestens 250 g). Die Geschmackspalette reicht von bitter (Bitterliköre) über herb-würzig (Kräuterliköre), fruchtig (Fruchtaromaliköre, Fruchtbrandys) bis zu sahnig-mild (Emulsionsliköre). Es gibt Kaffee- und Kakaoliköre und aus Whiskys und Obstbränden hergestellte Destillatliköre.
Verwendung: Liköre bringen leichte Süße, Farbe, vor allem aber Aroma in Cremes, Mousses, Eis, Sorbets, Sabayons und Saucen. Fruchtliköre mit eindeutigem Grundaroma passen zur jeweiligen Fruchtart und harmonieren oft mit Vanille und Schokolade.

OBSTBRÄNDE UND BRANNTWEINE

Weil »Brennen« den Herstellungsprozess dieser hochprozentigen Spirituosen unzutreffend charakterisiert, spricht man auch von Destillaten. Nach Gärung der Maische entzieht man ihr durch Destillation Wasser und erhöht so den Alkoholgehalt.
Merkmale: Tragen Obstbrände (2) eine Frucht im Namen, werden sie aus vergorener Fruchtmaische oder -most hergestellt, wie Calvados aus Cidre. Der Begriff Obstler weist darauf hin, dass zwei oder mehr Fruchtarten zusammen destilliert wurden. Weinbrände (3) wie Armagnac, Cognac oder Brandy werden zu 100 Prozent aus Wein destilliert. Grappa wird aus Trester hergestellt, Rum aus Melasse oder Zuckerrohrsaft.

- Liköre sind aufgrund ihrer Süße und Aromen in der Dessertküche unverzichtbar.
- Obstbrände sind aromatisch und ergänzen Fruchtaromen.

(1) LIKÖRE (von links gegen den Uhrzeigersinn): Mandellikör (Amaretto), Likör aus Schwarzen Johannisbeeren (Crème de Cassis), Orangenlikör (Cointreau), Eierlikör. Viele Kräuterliköre verdanken ihr komplexes Aroma verschiedenen Substanzen.

(2) OBSTBRÄNDE (von links nach rechts): Williams, ein Birnenbrand, Calvados, klares Kirschwasser.

(3) BRANNTWEINE (von vorn gegen den Uhrzeigersinn): Armagnac, Cognac, brauner Rum, Grappa.

CREMES, SAUCEN UND GELEES

Je nachdem, wie fest oder cremig das Ergebnis werden soll, kommen Binde-mittel wie Eigelb, Speisestärke, Gelatine oder Agar-Agar zum Einsatz.

DIE KONSISTENZ von Cremes und Gelees ist für ein perfek-tes Geschmackserlebnis ebenso entscheidend wie das Aroma. Um diese zu verbessern, werden Flüssigkeiten oft angedickt, wobei sich ihre Textur verändert. Cremes beispielsweise las-sen sich, je nach gewünschter Festigkeit, mit allen vorgestell-ten Mitteln binden. Für Gelees benötigt man hingegen Gela-tine oder pflanzliche Gelierstoffe.

CREMES ANDICKEN MIT EIGELB
Cremes verdanken ihre angenehme Konsistenz oft einer leich-ten Eigelbbindung. Beim Erhitzen denaturieren die Eigelb-Pro-teine und bilden erst Ketten, dann netzwerkartige Strukturen aus. Zu heiß darf die Mischung nicht werden, denn ab Tempe-raturen über 80 °C beginnen die Moleküle zu verklumpen. Si-cherheitshalber werden Cremes dieser Art, etwa eine Vanille-grundcreme (S. 264) oder Cremeeismasse (S. 274) daher über einem heißen Wasserbad aufgeschlagen und passiert. Mit et-was Erfahrung können sie auch direkt im Topf erhitzt werden, wie in der Bildfolge auf der rechten Seite oben links zu sehen.

BINDEN MIT SPEISESTÄRKE
Fruchtgrützen und Cremes, wie die Konditorcreme (S. 268), erhalten ihre Bindung durch Speisestärke, die ihre Bindungs-kraft jedoch erst unter Hitzeeinwirkung entfaltet. Daher wird sie mit etwas kalter Flüssigkeit angerührt, danach in eine ko-chende Flüssigkeit gegossen und etwa 2 Minuten mitgekocht, wie auf der rechten Seite oben rechts gezeigt.

GELEES HERSTELLEN
Eine weitere Möglichkeit, einer Creme Standfestigkeit zu ver-leihen, ist das Binden mit Gelatine, wie auf der rechten Seite unten am Beispiel einer Bayerischen Creme erklärt wird. Wäh-rend sich herkömmliche Gelatine nur bei Wärme auflöst, sind mittlerweile Gelatineprodukte erhältlich, die in kalten Flüssig-keiten gelieren. Alternativen für feste Gele sind pflanzliche Bin-deprodukte, meist Algenextrakte wie Agar-Agar (E 406) oder Carrageen (E 407), wie auf der rechten Seite unten zu sehen. Sie binden heiße Flüssigkeiten beim Abkühlen. Da ihre Gelierkraft unterschiedlich ist, achten Sie auf die Packungsangabe.

ANDICKEN MIT EIGELB

(1) Erst werden Eigelbe mit Zucker cremig gerührt, dann kommt nach und nach unter Rühren die heiße, aromatisierte Milch oder Sahne dazu.

(2) Alles unter Rühren erhitzen (nicht aufkochen). Die richtige Konsistenz ist erreicht, wenn die Creme auf dem Löffel liegen bleibt.

BINDEN MIT SPEISESTÄRKE

(1) Stärke pur (oder vermischt mit Mehl und Zucker) mit kalter Milch, Wasser oder Fruchtsaft anrühren und in die heiße Flüssigkeit gießen.

(2) Alles unter Rühren noch etwa 2 Minuten kochen, dann die deutlich angedickte Creme (oder Grütze) sofort vom Herd nehmen.

BINDEN MIT GELATINE

(1) Blattgelatine in kaltem Wasser oder einer anderen Flüssigkeit einweichen, ausdrücken; in der warmen Grundcreme auflösen.

(2) Cremes erhalten durch Gelatine (7 Blatt oder 15 g auf ½ l Flüssigkeit und 4 Eigelbe) ausreichend Stabilität zum Stürzen.

PFLANZLICH GELIEREN

(1) Carrageen (z. B. Iotazoon) mit kalter Flüssigkeit gut verrühren (5 g auf 100 ml); in einen Topf geben und unter Rühren kurz aufkochen.

(2) Mischung in eine hitzebeständige Form gießen, kurz abkühlen und im Kühlschrank fest werden lassen. Es entsteht ein schnittfestes Gelee.

ZUCKER KOCHEN UND KARAMELLISIEREN

In der Dessertküche ist flüssiger oder goldgelb gebräunter Zucker zum Süßen und Aromatisieren unverzichtbar. Mit etwas Know-how ist das Kochen und Schmelzen der weißen Kristalle gar nicht so schwer.

ZUCKER UND WASSER sind die Basis für leichten und mittleren Sirup sowie für dichtere Zuckerlösungen. Beim Karamellisieren ist Wasser dagegen nicht unbedingt notwendig, es kann, muss aber nicht zugefügt werden. Voraussetzung zum Arbeiten mit Zucker sind saubere, absolut fettfreie Kasserollen oder Töpfe mit dickem, glattem Boden, idealerweise aus Edelstahl oder unverzinntem Kupfer. Zudem wird ein Zuckerthermometer benötigt, mit dem sich die Temperatur beim Kochen gut überwachen lässt (seine Skala reicht von 0–200 °C), sowie ein Pinsel zum Säubern der Topfwand.

ZUCKERSIRUP/LÄUTERZUCKER

Überall dort, wo das Auflösen der Zuckerkristalle zu lange dauern würde, insbesondere bei kalten Zubereitungen, ist flüssiger Zucker zum Süßen ideal. Der gelöste Zucker lässt sich leicht dosieren und direkt in Saucen und kalte Flüssigkeiten rühren. Zuckersirup oder Läuterzucker gibt es in verschiedenen Konzentrationen: Für leichten Sirup werden 500 g Zucker mit 1 l Wasser 1 Minute gekocht. Etwas mehr süßt der mittlere Sirup, bei dem der Wasseranteil auf 700 ml reduziert wird. Im Verhältnis 1:1, wie unten links gezeigt, ergibt die Mischung

LÄUTERZUCKER HERSTELLEN

(1) In einer Kasserolle 500 g Zucker mit ½ l Wasser aufkochen und etwa 1 Minute köcheln lassen. Dabei die Topfinnenwand mit einem Pinsel sauber halten.

ZUCKER KARAMELLISIEREN OHNE WASSER

(1) Etwa ein Drittel der Zuckermenge in eine Kasserolle geben; bei mittlerer Hitze schmelzen.

(2) Sobald der Zucker leicht gebräunt ist, restlichen Zucker löffelweise unterrühren.

(2) Den fertigen Zuckersirup/Läuterzucker in saubere Flaschen abfüllen; er hält sich im Kühlschrank mehrere Monate.

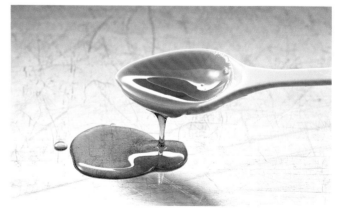

(3) Den Zucker weiterbräunen, bis er eine goldgelbe Farbe angenommen, dabei aber darauf achten, dass der Karamell nicht zu dunkel wird, sondern bernsteinfarben bleibt.

einen klaren, konzentrierten Sirup, der gut auf Vorrat hergestellt werden kann. Läuterzucker, der Name verweist darauf, dass Zuckersirup einst durch Abschäumen gereinigt, also geläutert werden musste, ist ideal zum Süßen von Fruchtsalaten, Eis, Sorbets und Saucen sowie für Drinks.

ZUCKER KARAMELLISIEREN

Zucker kann trocken, also ohne Zugabe von Wasser, karamellisiert werden, wie auf der linken Seite unten rechts in Step 1 bis 3 gezeigt. Der Zucker wird nach und nach zugegeben und untergerührt, damit er nicht anbrennt. Bei der zweiten Methode kocht Zuckersirup so lange, bis er eine goldgelbe Farbe hat. Ist der gewünschte Bräunungsgrad erreicht, den Topf sofort in kaltes Wasser tauchen, um den Garprozess zu stoppen und zu verhindern, dass der Karamell zu dunkel wird.

ZUCKERLÖSUNG KOCHEN

Beim Kochen des Zuckers verdampft Wasser und die Dichte des gelösten Zuckers steigt. Verschieden stark konzentrierte Zuckerlösungen werden für spezielle Zubereitungen wie Marzipan, Gelees, Glasuren, Fondant, Nougat, italienische Meringue, Karamellbonbons oder glasierte Früchte benötigt. Zucker und Wasser, die Menge richtet sich ganz nach dem gewünschten Ergebnis, werden hierfür unter gelegentlichem Rühren erhitzt. Sobald die Zuckerlösung kocht, darf nicht mehr gerührt werden, sonst steigt das Risiko des Kristallisierens oder »Absterbens« des Zuckers. Vielmehr müssen Zuckerspritzer an der Topfinnenwand immer wieder mit einem feuchten Pinsel aufgeweicht und sofort entfernt werden, um dies zu verhindern. Auch die Zugabe von Glukose (10–15 Prozent des Zuckergewichts) oder 3–4 Tropfen Säure (Weinsäure, Zitronensaft) pro Kilogramm Zucker vermindert dieses Risiko. Der jeweilige Kochgrad lässt sich gut mit einem Zuckerthermometer oder per Fingerprobe feststellen, wie rechts gezeigt. Dafür die Finger erst in Eiswasser tauchen, etwas Sirup auftragen, die Finger erneut in kaltes Wasser tauchen und die Konsistenz des Zuckersirups überprüfen.

DIE VERSCHIEDENEN KOCHGRADE VON ZUCKER

(1) SCHWACHER FADEN: 500 g Zucker mit ¼ l Wasser kochen, bis eine Temperatur von 104 °C erreicht ist.

(2) Der Zuckersirup lässt sich zwischen Daumen und Zeigefinger zu einem Faden ziehen – etwa für Marzipan.

(1) FLUG: 500 g Zucker mit ¼ l Wasser auf 112 bis 114 °C erhitzen und die Temperatur dabei überprüfen.

(2) Eine Rouladennadel in den Sirup tauchen und daraufblasen; es entstehen Blasen – etwa für Meringue.

(1) BRUCH: 500 g Zucker mit ⅛ l Wasser auf 140 °C bringen; bei 153–155 °C spricht man vom großen Bruch.

(2) Etwas Sirup in Eiswasser gießen, er erstarrt, klebt aber; ab 155 °C bricht er und klebt nicht mehr (für Bonbons).

(1) KARAMELL: 500 g Zucker mit 80 ml Wasser auf 160– 180 °C erhitzen; ab 160 °C beginnt der Zucker zu bräunen.

(2) Sirup ausgießen und erkalten lassen; der Karamell lässt sich brechen – etwa für Karamellcreme und zum Aromatisieren.

SCHOKOLADE SCHMELZEN UND NÜSSE RÖSTEN

Schokolade und Kuvertüre sind empfindliche Produkte und erfordern im Umgang etwas Sorgfalt und Know-how. Nüsse werden in der Dessertküche häufig geröstet, um ihr feines Aroma zu intensivieren.

EN BLOC FINDET SCHOKOLADE IN DER DESSERTKÜCHE selten Verwendung. Meist wird sie grob oder fein zerkleinert unter Teige und Massen oder Cremes gemischt. Sie kann in Stücke gehackt werden, wie unten in Step 1 und 2 gezeigt, sie lässt sich aber auch raspeln oder grob gehackt in der Küchenmaschine zerkleinern. Dies muss jedoch zügig erfolgen, zudem sollte die Schokolade vorgekühlt sein, da sie sonst rasch schmilzt und verklumpt. Bei der Zubereitung einiger Cremes schmilzt die zerkleinerte Schokolade direkt in der warmen Umgebung. Um eine homogene Konsistenz bei kalten Zubereitungen zu erzielen, wird die Schokolade vorab separat geschmolzen, dabei sollte sie jedoch nie direkt mit der Hitzequelle in Berührung kommen, da Schokolade schnell verbrennt. Das Schmelzen erfolgt daher am besten im Backofen, in der Mikrowelle oder auch über einem Wasserbad, wie auf der rechten Seite unten links (Step 1–4) gezeigt.

KUVERTÜRE TEMPERIEREN

Für Dekorationen oder zum Überziehen von Gebäck oder Pralinen genügt es nicht, Kuvertüre einfach nur zu schmelzen. Damit sich alle Komponenten beim späteren Erstarren wieder optimal verbinden und die Oberfläche seidig glänzt, muss die Kuvertüre temperiert werden, das heißt, zunächst geschmolzen, dann etwas abgekühlt und zum Schluss wieder auf 30 bis 32 °C erwärmt werden. Je nach verwendeter Kuverüre (dunkel, hell oder weiß) weichen die Werte leicht ab. Profis haben hierfür teure Spezialgeräte. Doch mit der unten gezeigten Tabliermethode lassen sich ebenfalls gute Ergebnisse erzielen. Für kleine Mengen bietet sich die Impfmethode an. Dabei wird so viel fein gehackte Kuvertüre portionsweise unter die geschmolzene Masse gerührt, bis die Kuvertüre dickflüssig wird und sich die Stückchen nur noch langsam auflösen. Die Mischung anschließend wieder vorsichtig auf 32 °C erwärmen.

SCHOKOLADE ZERKLEINERN

(1) Die gekühlte Schokolade auf ein großes trockenes Schneidbrett legen und mit einem großen Messer in Stücke hacken.

(2) Grob zerkleinert ist Schokolade zum Schmelzen genau richtig. Fein gehackt oder geraspelt wird sie unter Teige und Massen gemischt.

NÜSSE IM OFEN RÖSTEN

(1) Die Nüsse, hier Haselnüsse mit Innenhaut, zum Rösten auf einem Backblech verteilen. Den Backofen auf 170 °C vorheizen und die Nüsse 8–10 Minuten rösten. Mit Umluft fällt das Ergebnis besonders gleichmäßig aus.

(2) Das Blech mit den gerösteten Haselnüssen aus dem Ofen nehmen; Nüsse in ein grobes Tuch einschlagen.

(3) Die Nüsse im Tuch aneinanderreiben, dadurch löst sich die braune Innenhaut ab.

SCHOKOLADE/KUVERTÜRE SCHMELZEN

KUVERTÜRE TEMPERIEREN (TABLIERMETHODE)

(1) Die grob zerkleinerte Schokolade oder Kuvertüre in einen Metallrührkessel in Topfgröße geben.

(2) Kessel auf den Topf mit heißem (nicht kochendem!) Wasser setzen; er darf den Topfboden nicht berühren.

(1) Kuvertürestücke über dem Wasserbad schmelzen. Dunkle und Milchkuvertüre nicht über 50 °C erhitzen.

(2) Mindestens die Hälfte der Kuvertüre auf eine Marmorplatte gießen; mit einer Palette hin und her bewegen.

(3) Schokolade oder Kuvertüre unter gelegentlichem Rühren bei 40 °C schmelzen, dabei dürfen weder Wasser ...

(4) ... noch Dampf in die Schokolade gelangen. Ist sie geschmolzen, kann sie nach Rezept verarbeitet werden.

(3) Sobald sie anzieht, die tablierte Kuvertüre sofort zurück zur flüssigen geben und gut unterrühren.

(4) Die auf 28 °C abgekühlte Kuvertüre vorsichtig wieder auf 32 °C erwärmen; sie kann weiterverarbeitet werden.

FRÜCHTE RICHTIG SCHÄLEN, SCHNEIDEN UND FILETIEREN

Mit ein paar kleinen Tricks lassen sich Exoten und Südfrüchte ebenso wie heimisches Obst oder Zitrusfrüchte im Handumdrehen vorbereiten.

SCHARFE MESSER, LÖFFEL UND SCHNEIDBRETT, mehr braucht es in der Regel nicht, um an das aromatische Fruchtfleisch zu gelangen. Dieses lässt sich in dünne Scheiben oder auch in Würfel schneiden und nach Belieben als Ergänzung oder Hauptzutat eines Desserts verarbeiten. Die folgenden Tipps zum Umgang mit einigen der beliebtesten Früchte der modernen Dessertküche erleichtern das Arbeiten und machen den Erfolg gewiss.

MANGO UND ANANAS

Das Auslösen des gelben Fruchtfleischs ist bei beiden Früchten etwas aufwendig. Mangos müssen grundsätzlich geschält und vom Stein befreit werden. Bei festen Früchten lässt sich die ledrige Schale mit einem Sparschäler entfernen. Die Vorbereitung einer Ananas kann auf unterschiedliche Weise erfolgen. In der Regel wird zuerst die grüne Blattkrone entfernt, es sei denn, sie soll als Garnitur dienen (Babyananas). Dann von der Ananas oben und unten einen »Deckel« abschneiden und die Schale sowie den holzigen Strunk entfernen, wie unten (Step 1–4) zu sehen. Oder aber die Ananas dünn schälen und mit keilförmigen, diagonalen Schnitten von den »Augen« befreien. Mit einem handelsüblichen Ananasschneider lässt sich die Frucht schälen und zu Scheiben verarbeiten. Eine mittelgroße Frucht reicht für etwa 6 Portionen. Das Auslösen reifer Mangos erfolgt am besten wie auf der rechten Seite oben in Step 1 und 2 gezeigt. Leicht nach außen gewölbt, wie in Step 3, lassen sich die Mangowürfel mit einem Löffel direkt von der Schale nehmen.

PFIRSICHE, APRIKOSEN UND QUITTEN

Gelegentlich ist das Häuten von Pfirsichen oder Aprikosen erforderlich. Dafür werden die Früchte blanchiert und anschließend geschält. Hierzu taucht man die Früchte einzeln mit einem Schaumlöffel einige Sekunden in kochendes Wasser, schreckt die Pfirsiche dann kalt ab und zieht die Haut mit einem Obstmesserchen ab. Quitten können längs geviertelt und wie Äpfel oder Birnen vom Kerngehäuse befreit werden, was aufgrund der harten Steinzellen jedoch recht mühsam ist. Leichter geht es, wenn man das Fruchtfleisch von allen vier Seiten neben dem Kerngehäuse mit dem Messer abtrennt.

ZITRUSFRÜCHTE FILETIEREN

Vor allem im Winter spielen Zitrusfrüchte in der Dessertküche eine wichtige Rolle. Weil die zähen Häute der Segmente jedoch Genuss und Optik stören, werden die Früchte oft filetiert, wie auf der rechten Seite unten (Step 1–3) am Beispiel von Orangen gezeigt wird. Beim Schälen muss man darauf achten, dass kein Rest der weißen Innenhaut an den Filets verbleibt. Die Trennwände nach dem Auslösen gut ausdrücken, um den Saft zu gewinnen.

ANANAS VORBEREITEN

(1) Die Ananas mit einem großen scharfen Messer längs halbieren, dann die Hälften jeweils dritteln.

(2) Von den Ananasstücken großzügig den holzigen Strunk in der Mitte abtrennen.

(3) Dann mit dem Messer nicht zu knapp an der Schale entlangfahren und das Fruchtfleisch ablösen.

(4) Ananasstücke nach Belieben quer in Scheiben schneiden; gegeneinander versetzt anrichten.

MANGO AUFSCHNEIDEN UND VERARBEITEN

(1) Die Mango längs in 3 Teile schneiden, dabei mit dem Messer dicht am Stein entlangfahren. Fruchtfleisch mit einem Löffel aus beiden Backen lösen.

(2) Anschließend die beiden fleischigen Mangobacken auf einem Brett mit einem scharfen Messer längs in dünne Scheiben schneiden.

(3) Alternativ kann man das Fruchtfleisch in der Schale längs und quer einschneiden; dann die Mangohälfte umstülpen und das Fleisch ablösen.

ORANGEN FILETIEREN

(1) Von den Orangen jeweils oben und unten mit einem scharfen Messer einen dünnen »Deckel« abschneiden.

(2) Die Orangen anschließend hochkant auf ein Schneidbrett stellen und die Schale von oben nach unten gleichmäßig abtrennen.

(3) Nun die Segmente entlang der Trennwände mit einem scharfen Messer einschneiden und die Filets einzeln auslösen.

FRÜCHTE ENTSAFTEN UND FRUCHTPÜREES HERSTELLEN

Geschmack und Vitamine bleiben bei der kalten Verarbeitung roher Früchte weitgehend erhalten. Auch heißes Entsaften macht den Fruchtsaft haltbar.

DER SAFT ODER DAS MARK VON FRÜCHTEN kommt in der Dessertküche dann zum Einsatz, wenn das konzentrierte Fruchtaroma erwünscht ist. Beide sind unentbehrliche Grundzutaten für die Herstellung von fruchtigen Saucen und Gelees, Eis und Sorbets, ebenso für Cremes, Mousses und Sabayons. Ausgangsprodukt sind reife frische, gelegentlich auch tiefgekühlte Früchte. Zur Gewinnung von Saft wird das Obst ausgepresst, zentrifugiert oder dampfentsaftet. Fruchtmark besteht zu 100 Prozent aus pürierten und passierten Früchten.

FRÜCHTE KALT ENTSAFTEN

Am einfachsten lässt sich der Saft von Zitrusfrüchten gewinnen. Hierfür genügt eine mechanische oder elektrische Zitruspresse. Damit lassen sich auch halbierte Granatäpfel entsaften. Für festfleischiges Obst wie Äpfel, Birnen, Pfirsiche, Kiwis, Melonen oder Ananas bietet sich ein Zentrifugenentsafter an. Dafür das Obst vorbereiten und entsaften, wie auf der rechten Seite am Beispiel von Äpfeln gezeigt. Je nach Größe und Leistung des Geräts passen auch ganze Äpfel in die Einfüllöffnung. Den gewonnenen Saft frisch verarbeiten.

FRÜCHTE IM DAMPF ENTSAFTEN

Für diese Art der Saftgewinnung wird ein Spezialtopf, ein sogenannter Dampfentsafter, benötigt. Dazu 3–4 kg Früchte, beispielsweise Johannisbeeren, Holunder, Äpfel oder Quitten, in den Siebeinsatz geben, Wasser einfüllen und die Früchte 1 bis 2 Stunden garen. Der Dampf lockert die Zellstruktur, und es tritt heißer Saft aus.

FRUCHTPÜREE-/MARK HERSTELLEN

Zur Gewinnung von Fruchtmark gibt es verschiedene Möglichkeiten. Welche Methode jeweils die beste ist, entscheiden in erster Linie Reifegrad, Struktur, Form und Festigkeit der Früchte. Beeren und sehr weiche Früchte lassen sich ungegart durch ein Sieb drücken, wie unten links in Step 1 und 2 am Beispiel von Himbeeren und Passionsfrüchten gezeigt. Man kann das Innere der halbierten Passionsfrüchte mit einem Löffel auslösen, in einen Mixbecher geben und mit einem Pürierstab kurz mixen, ohne die Kerne zu zerkleinern. Das Fruchtmark dann durch ein feines Sieb passieren, um alle Kerne und faserigen Rückstände zu entfernen. Weiche Obstarten wie Bananen (Step 3) sowie Beeren, Kiwi, Kaki oder Papaya püriert der Pürierstab im Handumdrehen. Härtere Früchte mit festem Fleisch wie Mango, Ananas oder Litschis werden zuerst geschält, in Stücke geschnitten und dann im Standmixer püriert, wie unten in Step 4 gezeigt. Das Passieren der pürierten Früchte empfiehlt sich, sofern eine homogene Konsistenz erwünscht ist. Das fertige Fruchtmark wird nach Bedarf gesüßt und nach Belieben mit Zitronen- oder Limettensaft und Likör oder Gewürzen verfeinert.

(1) Verlesene reife Himbeeren in ein Sieb geben, über eine Schüssel setzen und mit einem großen Löffel gut ausdrücken.

(2) Passionsfrüchte (Maracuja) halbieren, das Innere mitsamt Kernen auslösen, in ein Sieb geben und durchdrücken.

(3) Bananen schälen, in grobe Stücke schneiden, in einen Mixbecher geben und mit einem Pürierstab fein pürieren.

(4) Die Mango vom Stein befreien und schälen. Das Fruchtfleisch grob zerkleinern, dann im Standmixer fein pürieren.

GRÜNE ÄPFEL KALT ENTSAFTEN MIT HILFE EINES ZENTRIFUGENENTSAFTERS

(1) Die Äpfel waschen, trocknen und vierteln, dann jeweils das Kerngehäuse entfernen.
(2) Die Viertel in den Füllschacht des Entsafters geben und mit dem Stempel nach unten schieben.
(3) Ein passendes Gefäß unter den Saftausguss stellen und den abfließenden Saft auffangen.
(4) Den Saft sofort genießen oder für ein Sorbet verwenden, aber nicht stehen lassen, sonst verfärbt er sich.

FRÜCHTE EINKOCHEN UND HALTBAR MACHEN

Gut verschlossen sowie dunkel und kühl gelagert, können die aromatischen Schätze auf Vorrat die Zeit bis zur nächsten Ernte wunderbar überbrücken.

DIE MEISTEN FRÜCHTE LASSEN SICH GUT TIEFKÜHLEN, dabei bleiben die Inhaltsstoffe weitgehend erhalten, nicht aber die Konsistenz des Fruchtfleisches. Darum bietet sich die Konservierungstechnik des Tiefkühlens vor allem für Pürees und Fruchtmark an. Ähnlich sieht es beim Trocknen aus. Hier verändert der Wasserentzug die Konsistenz der Früchte, darum werden sie in der Dessertküche vor der Verwendung meist eingeweicht. Eingekochtes Obst lässt sich dagegen direkt aus dem Glas auftischen, was bei der Zubereitung aufwendiger Desserts durchaus von Vorteil sein kann. Das Einkochen erfolgt entweder im Ofen, wie im Rezept rechts zu lesen, oder aber in einem Spezialtopf mit Einlegegitter. Die Einkochgläser aus hitzebeständigem Glas mit Deckel, Gummiring und Drahtbügel dürfen nie direkt auf den Topfboden gestellt werden. Dann so viel Wasser einfüllen, bis die Gläser zu drei Vierteln umgeben sind und die Früchte zwischen 15–30 Minuten sterilisieren. Wird das Obst vor dem Einfüllen kurz vorgekocht, dann verringert sich die Garzeit im Topf oder Ofen.

Weitere Methoden der Haltbarmachung sind das Einkochen von Früchten zu Konfitüre oder das Einlegen in hochprozentigen Alkohol, etwa in Rum.

APRIKOSEN IM OFEN EINKOCHEN
- 1½ kg reife Aprikosen
- ¾ l fruchtiger Weißwein, 250 g Zucker
- 1 Vanilleschote, quer in 9 Stücke geschnitten
- 9 Stücke dünn abgeschälte Schale von 1 Bio-Zitrone
- 9 Einmachgläser mit je ¼ l Inhalt

Die Aprikosen vorbereiten, wie auf der rechten Seite (Step 1–3) gezeigt. Den Backofen auf 175 °C vorheizen. Die Einmachgläser heiß ausspülen und die Aprikosen einfüllen (Step 4–6). Den Bräter oder die Fettpfanne auf der unteren Schiene in den vorgeheizten Ofen schieben. Sobald Luftbläschen in den Gläsern aufsteigen, den Backofen ausschalten und weiterarbeiten, wie in Step 7 beschrieben.

Selbst gemachte Konfitüre bewahrt die herrlich fruchtigen Aromen des Sommers. Auf Biskuit oder Crêpes gestrichen oder als Grundlage für Glasuren (Aprikosenglasur) sind sie das ganze Jahr über ein Genuss.

Früchte aus dem Rumtopf sind im Winter eine willkommene und geschmacklich interessante Bereicherung. Sie passen gut zu Eis, Quark- und anderen Cremes. Beim Einfüllen sollte man sorgfältig auf Hygiene achten.

KONFITÜRE (GRUNDREZEPT)

Geben Sie 1 kg gewaschene, zerkleinerte Früchte mit 1 kg Gelierzucker im Verhältnis 1 : 1 oder 500 g Gelierzucker im Verhältnis 1 : 2 in einen Topf. Bei säurearmen Früchten wie Erdbeeren, Birnen, Aprikosen und Holunder fügen Sie zusätzlich 5 g Zitronensäure oder den Saft von 1 Zitrone (80 ml) zu und lassen die Mischung etwa 3 Stunden oder über Nacht stehen. Alles aufkochen, dann noch 4–5 Minuten kochen lassen. Konfitüre heiß in saubere Gläser füllen und diese gut verschließen.

RUMTOPF ANSETZEN

- 100 g Erdbeeren
- 100 g Farinzucker
- 1 Stange Zimt, 1 Gewürznelke
- 1 Vanilleschote, ½ l Rum (54 Vol.-%)
- je 50 g Früchte, gewaschen, etwa Kirschen, Aprikosen, Pfirsiche, Beeren, Äpfel, Birnen, Zwetschgen oder Ananas
- etwa 300 g Zucker

Die Erdbeeren waschen, Kelchblätter abzupfen, Früchte halbieren, einzuckern und über Nacht stehen lassen. Die Mischung am nächsten Tag zusammen mit den Gewürzen in einen sauberen Steinguttopf geben und vollständig mit Rum bedecken. Topf mit Klarsichtfolie abdecken, alles mit einem Teller beschweren und die eingelegten Früchte einmal pro Woche mit einem sauberen Holzlöffel umrühren.

Im Laufe des Sommers kann man dann immer wieder reife aromatische Früchte zugeben. Dabei die Aprikosen blanchieren, häuten und entsteinen, wie unten in Step 1 und 2 gezeigt. Kirschen und Zwetschgen entsteinen, die Zwetschgen halbieren, die Kirschen ganz lassen. Ananas schälen, vom Strunk befreien und in Stücke schneiden (S. 258). Die verschiedenen Fruchtarten jeweils mit 60 g Zucker bestreut zugedeckt über Nacht ziehen lassen, dann erst in das Gefäß geben und mit Rum übergießen – die Früchte müssen immer damit bedeckt sein. Den Rumtopf bis Dezember an einem dunklen, kühlen Ort durchziehen lassen.

APRIKOSEN EINKOCHEN

(1) Die Aprikosen waschen und mit einem Schaumlöffel kurz in kochendes Wasser tauchen, dann mit einem kleinen spitzen Messer die Schale abziehen.

(2) Die gehäuteten Aprikosen halbieren, entsteinen und in einen weiten Topf geben.

(3) Alle Zutaten zufügen; Aprikosen aufkochen und 4–5 Minuten köcheln lassen.

(4) Aprikosenhälften aus dem Sud nehmen und bis 1 cm unter den Rand in die vorbereiteten Gläser füllen.

(5) Aprikosen mit dem Sud übergießen und jeweils 1 Stück Vanilleschote und Zitronenschale zufügen.

(6) Die Gläser in einen Bräter oder in die Fettpfanne stellen und alles 2 cm hoch mit heißem Wasser auffüllen.

(7) Aprikosen im ausgeschalteten Ofen 30 Minuten garen, herausnehmen und auf einem Gitter abkühlen lassen.

CREMES: GRUNDZUTATEN UND GRUNDZUBEREITUNGEN

Milch oder Sahne, Gewürze, Eier und Zucker – auf Basis dieser Zutaten entstehen immer neue Kreationen wie feine Cremes, Ganache und Buttercreme, Flammeris, Fruchtmousses, Sabayons und Eiscreme.

ENGLISCHE CREME, EINE VANILLEGRUNDCREME von angenehm dickflüssiger Konsistenz, ist das Ausgangsprodukt für viele Zubereitungen. Dafür werden zunächst Eigelbe und Zucker verrührt, dann kommt nach und nach heiße aromatisierte Milch, Sahne oder eine Mischung aus beidem hinzu, bevor die Vanillecreme vorsichtig auf etwa 80 °C erhitzt wird. Viel weiter darf das Thermometer jedoch nicht steigen, sonst verklumpen die Eigelbmoleküle und die Creme gerinnt. Aus diesem Grund wird die Creme meist über einem Wasserbad erhitzt.

Pur, als Vanillesauce serviert, schmeckt Englische Creme wunderbar zu Buchteln, Strudel und zahlreichen anderen Mehlspeisen. Mit Gelatine gebunden und mit Sahne aufgelockert wird die Vanillegrundcreme dann zur Bayerischen Creme. Diese lässt sich nach Belieben mit Kaffee, Schokolade, Nüssen oder Früchten variieren. Reichert man die Vanillegrundcreme zusätzlich mit weiteren Aromen an, dient sie als Grundlage für zahlreiche Eisspezialitäten.

ENGLISCHE CREME/VANILLEGRUNDCREME
- ½ l Milch, 1 Vanilleschote, längs aufgeschlitzt
- 6 Eigelbe
- 100 g Zucker

ENGLISCHE CREME HERSTELLEN UND ZUR »ROSE« ABZIEHEN

(1) Den Rührkessel auf einen passenden Ring stellen. Eigelbe und Zucker mit dem Schneebesen cremig, aber nicht schaumig rühren.

(2) Anschließend die heiße Vanillemilch schöpflöffelweise zu der Eigelb-Zucker-Masse geben und gut unterrühren.

(4) und (5): Englische Creme hat dann genau die richtige Konsistenz, wenn sie leicht angedickt auf dem Kochlöffel oder dem Silikonspatel liegen bleibt und sich beim Daraufblasen ringförmige Linien abzeichnen, wie oben im Bild zu sehen. Diesen Vorgang bezeichnet der Fachmann als zur »Rose« abziehen. Im Anschluss daran passiert man die Creme noch durch ein feines Sieb, wie oben rechts gezeigt.

(3) Den Rührkessel auf ein heißes Wasserbad setzen oder die Creme in einen Topf umfüllen und unter Rühren auf etwa 80 °C erhitzen.

Die Milch mit der Vanilleschote in einem Topf aufkochen, anschließend die Vanilleschote wieder herausnehmen, das Mark auskratzen und in die heiße Milch zurückstreifen. Die Eigelbe mit dem Zucker in einen Metallrührkessel geben und weiter verfahren, wie links in Step 1 bis 5 gezeigt.

BAYERISCHE CREME

- 7 Blatt Gelatine (Ersatz: 15 g Gelatinepulver)
- ½ l Milch
- 1 Vanilleschote, längs aufgeschlitzt
- 4 Eigelbe
- 100 g Zucker
- 500 g Sahne, steif geschlagen

Für die Bayerische Creme zuerst die Gelatine in kaltem Wasser einweichen. Dann aus der Vanilleschote das Mark auskratzen (S. 48) und anschließend aus der Milch, dem Vanillemark, den Eigelben und dem Zucker eine Vanillegrundcreme herstellen, wie in der Bildfolge auf der linken Seite (Step 1–4) gezeigt. Danach stellen Sie die Bayerische Creme fertig, wie unten (Step 1–5) erklärt. Dabei die Förmchen während des Einfüllens einige Male auf ein feuchtes Tuch klopfen, damit eventuell vorhandene Luftblasen aus der Creme entweichen können. Die Förmchen dann in den Kühlschrank stellen und gut durchkühlen lassen. Förmchen kurz vor dem Servieren aus dem Kühlschrank nehmen und die Bayerische Creme, wie unten in Step 6 beschrieben, stürzen.

BAYERISCHE CREME ZUBEREITEN

(1) Die eingeweichte und gut ausgedrückte Gelatine in der noch warmen Vanillegrundcreme auflösen; alles gut vermengen. Eine zweite Schüssel mit Wasser und Eiswürfeln bereitstellen.

(2) Die Vanillegrundcreme anschließend schöpflöffelweise durch ein feines Sieb in eine weitere Schüssel passieren, um eventuelle Klümpchen zu entfernen.

(3) Die Schüssel mit der passierten Vanillereme nun auf das bereitgestellte Eiswasser setzen und dann die Creme mit einem Schneebesen langsam kalt rühren.

(4) Anschließend die geschlagene Sahne nach und nach vorsichtig unter die nicht zu warme, aber auch noch nicht ganz ausgekühlte Creme heben.

(5) Die Bayerische Creme – sie hat dann die ideale Konsistenz, wenn sie dickflüssig vom Löffel fällt – in kleine Puddingformen füllen und kühl stellen.

(6) Die Förmchen vor dem Servieren aus dem Kühlschrank nehmen und kurz in heißes Wasser halten; die erstarrte Creme auf Teller stürzen; Förmchen abziehen.

CRÈME CARAMEL UND CRÈME BRÛLÉE

Zwei klassische Cremedesserts mit zartem Schmelz, die – perfekt zubereitet – einen der Spitzenplätze auf der Rangliste der beliebtesten Desserts einnehmen.

AUF DEN ERSTEN BLICK sind die Zutaten hier fast dieselben wie bei der Englischen Creme (S. 264), mit zwei entscheidenden Unterschieden: Beide Cremes auf dieser Seite enthalten Eiweiß, das ihnen Stabilität verleiht, und beide werden im Ofen im Wasserbad gegart. Dabei entscheidet der Eiweißanteil über die Konsistenz: Je höher dieser ist, desto fester wird die Creme. Aus diesem Grund enthält eine Crème caramel, die nach dem Stocken gestürzt wird, mehr Eiweiß als eine Crème brûlee oder eine Crema catalana, die beide im Förmchen auf den Tisch kommen. Um den Garzustand beim Stocken zu überprüfen, vorsichtig (immer Handschuhe tragen!) an die Form oder Fettpfanne tippen, schwappt die Creme darin noch, dann muss sie noch kurze Zeit weitergaren.

CRÈME BRÛLÉE
- 2 Eier, 3 Eigelbe, Mark von 1 Vanilleschote
- 90 g Zucker, 500 g Sahne
- 4 flache ofenfeste Förmchen
- etwa 50 g grober brauner Rohrzucker

Den Backofen auf 150 °C vorheizen. Die Eier und Eigelbe, das Vanillemark und den Zucker in eine Schüssel geben und weiterarbeiten, wie unten in Step 1 und 2 gezeigt. Die Förmchen in eine Fettpfanne mit etwas heißem Wasser stellen und die Creme im vorgeheizten Ofen 30–40 Minuten stocken lassen. Anschließend die Förmchen herausnehmen und weiterverfahren, wie unten in Step 3 und 4 gezeigt.

CRÈME CARAMEL
- 190 g Zucker, 4–6 Portionsförmchen (Metall)
- etwas Öl für die Förmchen
- ½ l Milch
- ½ Vanilleschote, längs aufgeschlitzt
- 3 Eier, 2 Eigelbe

Für den Karamell in einer Kasserolle 100 g Zucker erhitzen und erst, wenn der Zucker am Rand zu schmelzen beginnt, langsam, aber ständig rühren. Danach weiter verfahren, wie in der Bildfolge auf der rechten Seite in Step 1 und 2 gezeigt. Den Backofen auf 200 °C vorheizen. Die Milch mit der Vanilleschote aufkochen, die Schote herausnehmen, das Mark in die heiße Milch zurückstreifen und weiterarbeiten, wie in Step 3 bis 7 gezeigt. Die Form oder Fettpfanne in den vorgeheizten Ofen schieben und die Creme 20 Minuten im Wasserbad stocken lassen. Crème caramel herausnehmen, abkühlen lassen und kühl stellen, dann stürzen, wie in Step 8 und 9 beschrieben.

CRÈME BRÛLÉE HERSTELLEN UND KARAMELLISIEREN

(1) Die Sahne zu Eiern, Zucker und Vanille gießen. Alles mit dem Schneebesen verrühren, aber nicht schaumig schlagen.
(2) Die Sahne-Eier-Mischung mit dem Schöpflöffel gleichmäßig auf die Förmchen verteilen.
(3) Die gestockte Creme etwa 30 Minuten abkühlen, dann etwa 4 Stunden im Kühlschrank durchkühlen lassen.
(4) Die Oberfläche der Creme mit braunem Zucker bestreuen und diesen mit einem Gasbrenner karamellisieren.

CRÈME CARAMEL ZUBEREITEN

(1) Wenn der Zucker vollig geschmolzen und goldgelb karamellisiert ist, 20 ml Wasser auf einmal dazuschütten; alles mit einem Holzlöffel vermengen und den Karamell kochen, bis sich die Klümpchen gelöst haben.

(2) Die Förmchen leicht ölen und den flüssigen Karamell etwa 3 mm hoch eingießen.

(3) Eier, Eigelbe und übrigen Zucker kräftig verrühren, aber nicht schaumig schlagen.

(4) Schöpflöffelweise die heiße Vanillemilch zufügen und mit dem Schneebesen unterrühren.

(5) Anschließend die Vanillecreme durch ein feines Sieb in eine Schüssel passieren.

(6) Die Creme bis etwa 1 cm unter den Rand in die mit Karamell ausgegossenen Förmchen füllen.

(7) Die Förmchen in eine ofenfeste Form oder in die Fettpfanne stellen und heißes Wasser 2 cm hoch eingießen.

(8) Die gut gekühlte Creme am Rand mit einem spitzen Messer jeweils vorsichtig von den Förmchen lösen.

(9) Die Crème caramel auf Dessertteller stürzen – die Karamellschicht haftet an der Oberfläche – und servieren.

KONDITORCREME, GANACHE UND BUTTERCREME

Konditorcreme eignet sich zum Füllen von Brandteig- und Blätterteiggebäck, Ganache für Pralinen oder Petit Fours und Buttercreme für Törtchen.

ZUM FÜLLEN IDEAL IST KONDITORCREME, auch Crème pâtissière genannt. Sie lässt sich unterschiedlich aromatisieren und lockern. Die Hauptzutaten, Milch und Zucker, werden für die Creme mit Stärke gebunden und aufgekocht, wie unten (Step 1–4) gezeigt. In ein Gefäß gefüllt und nach dem Erkalten gestürzt, wird die Creme zum »Pudding« im landläufigen Sinn. Kalt gerührt behält sie ihre cremige Konsistenz. Eine Schicht Puderzucker auf der Oberfläche verhindert die Bildung einer Haut. Einmal fest geworden, kann sie aber auch wieder cremig gerührt und passiert werden, so wird die Creme zur Unterlage für Obsttörtchen. Untergehobene geschlagene Sahne macht sie angenehm leicht, cremig weich und so zur idealen Füllcreme für Profiteroles und Eclairs. Mit Eischnee gelockert und kurz aufgekocht, wie unten gezeigt, wird die

Creme beim Abkühlen fest und bietet sich zum Füllen von Schnitten an. Ganache, auch Canache oder Pariser Creme genannt, besteht aus Kuvertüre und Sahne. Je höher der Kuvertüreanteil, desto fester das Ergebnis. Durch Zugabe von Butter wird sie noch zarter. Ihre Herstellung ist einfach: Entweder wird die Schokolade in der heißen Sahne geschmolzen, wie in der Bildfolge auf der rechten Seite gezeigt, oder die gekochte Sahne wird unter die geschmolzene Schokolade gerührt. Für Tortenfüllungen bietet sich ein Sahne-Schokolade-Verhältnis von 1 : 1 oder weniger (Schokolade) an, zum Füllen von Pralinen 1 : 2 und zum Überziehen 1 : 3.

Buttercremes gibt es verschiedene, wobei die Lockerung der Grundzutaten – Butter und Zucker – entweder durch Eier, Eiweiß oder Konditorcreme erfolgen kann.

KONDITORCREME MIT EIWEISS ZUBEREITEN

(1) Die Speisestärke mit 50 g Zucker und den sorgfältig getrennten Eigelben (ohne Eiweißreste) in eine Schüssel geben. Anschließend etwa ⅛ l Milch zugießen.

(2) Alles mit dem Schneebesen verrühren, bis sich alle Zutaten gut vermischt haben.

(3) Angerührte Stärke zur kochenden Milch mit Vanille geben; unter Rühren binden.

(4) Die Creme aufkochen, dabei mit dem Schneebesen durchrühren und unter Rühren aufwallen lassen.

(5) Dann ein Drittel des Eischnees mit dem Schneebesen unter die warme Creme rühren.

(6) Den übrigen Eischnee unterrühren und die Creme erneut einige Male aufkochen lassen.

(7) Creme rasch weiterverarbeiten, da sie beim Abkühlen fest wird. Sie behält ihre Luftigkeit 4–6 Stunden.

GANACHE HERSTELLEN

(1) Die Sahne in einer Kasserolle aufkochen lassen. In der Zwischenzeit die Kuvertüre fein hacken und in eine Schüssel geben.

(2) Die zerkleinerte Kuvertüre nach und nach in die Sahne geben und unter Rühren mit dem Schneebesen in der heißen Sahne schmelzen.

(3) Anschließend die heiße Schokoladen-Sahne-Masse mit dem Pürierstab homogenisieren, dabei in der Mitte beginnen und nach außen fortfahren.

(4) Die Ganache ist nach dem Aufschlagen spritzfähig. Eine Ganache im Verhältnis 1 : 3 ist, warm in eine Form gegossen, nach dem Erkalten schnittfest.

KONDITORCREME MIT EIWEISS

- 40 g Speisestärke
- 160 g Zucker
- 4 Eigelbe
- ½ l Milch
- ½ Vanilleschote, längs aufgeschlitzt
- 3 Eiweiße

Zuerst die Stärke anrühren, wie auf der linken Seite in Step 1 und 2 gezeigt. Danach die restliche Milch mit 50 g Zucker und der Vanilleschote aufkochen. Die Schote nach dem Aufkochen herausnehmen, das Mark auskratzen und in die heiße Milch zurückstreifen. Anschließend weiter verfahren, wie links in Step 3 und 4 gezeigt. Die Eiweiße mit dem restlichen Zucker steif schlagen und die Konditorcreme fertigstellen, wie auf der linken Seite (Step 5–7) gezeigt.

GANACHE

- 250 g dunkle Kuvertüre
- 175 g Sahne

Die Sahne aufkochen und weiterarbeiten, wie oben in Step 1 bis 4 gezeigt.

VANILLE-BUTTERCREME

- 40 g Stärke,
- 140 g Zucker
- 3 Eigelbe
- ½ l Milch
- 1 Vanilleschote, 350 g weiche Butter

Zuerst eine Konditorcreme herstellen, wie auf der linken Seite (Step 1–4) gezeigt. Dann die Butter cremig schlagen und mit der passierten, nicht zu kalten Creme vermengen.

LUFTIGE FRUCHTMOUSSES

Hergestellt auf der Grundlage von Saft oder Mark, kommen die komplexen Aromen von Früchten in Schaumcremes hervorragend zur Geltung.

Geschlagene Sahne enthält viel Luft und eignet sich daher gut zum Lockern von gelatinegebundener Fruchtmousse.

DIE LUFTBLÄSCHEN gelangen manuell in die Masse. Dies ist die klassische Methode, bei der Milch, Sahne oder Joghurt mit Fruchtmark oder -saft aromatisiert und mit Gelatine oder Agar-Agar gebunden wird. Kurz vor dem Gelieren kommt dann noch geschlagene Sahne hinzu. Bei einer anderen Methode gelangt die Luft durch Gasdruck mithilfe einer speziellen Sahne-Siphon-Flasche in die Masse.

SCHÄUME AUS DEM SAHNE-SIPHON

Schäume mit Geliermitteln lassen sich nur mit einem besonderen Sahne-Siphon, der auch als »Espuma-Spender« bezeichnet wird, herstellen. Haushaltsübliche Sahnespender sind dafür nicht geeignet. Die Herstellung dieser süßen Schäume ist einfach. Alle vorbereiteten Zutaten kommen in die Flasche, nach einer gewissen Kühlzeit wird gut geschüttelt und der fertige

Schaum lässt sich kopfüber auf Fruchtsalate oder Cremes spritzen. Seine Konsistenz kann allerdings – je nach verwendetem Geliermittel und der Menge – recht unterschiedlich ausfallen – von weich bis standfest. Das im Folgenden angegebene Verhältnis gibt lediglich einen Anhaltspunkt: Auf 300 ml Fruchtsaft kommen je nach Süße etwa 30 g Zucker und 2 Blatt aufgelöste Gelatine oder 2 g Xanthan sowie 0,5 g Guarkernmehl.

ERDBEERSCHAUM

- 250 g Erdbeeren, 30 ml Läuterzucker (S. 254)
- ½ TL Vanillemark
- ½ TL abgeriebene Bio-Orangenschale
- 2 EL Orangenlikör, etwa Cointreau
- 2 Blatt Gelatine, kalt eingeweicht
- 150 g Sahne

Die Erdbeeren waschen, abzupfen, mit dem Puderzucker fein pürieren, dann Vanillemark und Orangenschale unterrühren. Den Likör erwärmen, die gut ausgedrückte Gelatine darin auflösen und unter das Erdbeerpüree rühren. Die Sahne zufügen und weiterarbeiten, wie unten (Step 1–4) gezeigt.

ANANASSCHAUM

- 270 ml ungesüßter Ananassaft
- 30–40 ml Läuterzucker (S. 254)
- 2 cl brauner Rum
- 2 Blatt Gelatine, kalt eingeweicht

Ananassaft und Läuterzucker verrühren, passieren und den Rum unterrühren. Etwas Ananassaft erwärmen und die gut ausgedrückte Gelatine darin auflösen. Die Mischung unter den übrigen Saft rühren, abkühlen lassen, in den Sahne-Siphon oder »Espuma-Spender« füllen und zu Schaum verarbeiten, wie unten (Step 2–4) gezeigt.

ERDBEERSCHAUM HERSTELLEN

(1) Erdbeer-Sahne-Mischung durch ein Sieb passieren, dann in die spezielle Sahne-Siphon-Flasche füllen.

(2) Den Deckel aufschrauben und Gaspatronen eindrehen (bei ½-l-Flaschen maximal 2, bei 1-l-Flaschen 3 Patronen).

(3) Siphon-Flasche schütteln und in den Kühlschrank stellen. Nach dem Herausnehmen erneut gut schütteln.

(4) Siphon-Flasche kopfüber (Öffnung nach unten) halten und den Schaum rosettenförmig in Gläser spritzen.

FLAMMERIS

Was ein Flammeri ist, darüber gehen die Meinungen auseinander. Als sicher gilt, dass es sich dabei um eine kalte, mit Stärke gebundene Süßspeise handelt.

Die Verwirrung rührt daher, dass ein Flammeri, also eine gekochte oder pochierte und mit Stärke gebundene Dessertcreme, heute umgangssprachlich als Pudding bezeichnet wird. Unter Pudding jedoch versteht man in der Küchenfachsprache etwas anderes. Das war nicht immer so. Noch im 19. Jahrhundert sprach man bei Pudding im heutigen Sinn von »Stärkemus«, dann von »Stärkepudding« – bis die Stärke schließlich wegfiel. Zur Bindung der jeweiligen Flüssigkeit, das kann Milch, Fruchtsaft oder Wein sein, wird bei Flammeris häufig Speisestärke in Pulverform verwendet, aber auch andere stärkehaltige Produkte wie Sago, Reis oder Grieß können diese Aufgabe übernehmen. Wichtig ist in jedem Fall, dass die Masse ausreichend erhitzt und 1–2 Minuten durchgekocht wird, da die Stärke ihre Wirkung sonst nicht entfalten kann. Die mit Schokolade, Vanille, Zitrusschale oder Gewürzen aromatisierte Grundmasse kann zusätzlich noch mit Eigelb verfeinert oder mit Eiweiß gelockert werden, wie bei dem Schokoladen-Flammeri unten der Fall.

SCHOKOLADEN-FLAMMERI

- 35 g dunkle Kuvertüre (70 %)
- 180 ml Milch, 120 g Sahne
- 2 Eigelbe, 20 g Speisestärke
- 2 Eiweiße, 55 g Zucker

Die Kuvertüre fein hacken. Die Milch mit der Sahne in einen Topf geben und aufkochen. Die Eigelbe mit der Speisestärke verrühren. Zuerst einige Löffel heiße Sahnemilch unterrühren, um die Temperatur anzugleichen, danach die restliche Sahnemilch dazugeben und die Mischung zurück in den Topf füllen. Die Eiweiße mit dem Zucker zu cremigem Schnee aufschlagen. Die Milchmischung erneut aufkochen und 1 Minute köcheln lassen, dann die Kuvertüre unter die heiße Masse rühren und darin schmelzen. Ein Drittel des Eischnees kräftig unterrühren, alles nochmals aufkochen lassen und weiter verfahren, wie unten in Step 1 und 2 gezeigt. Zum Servieren die Förmchen aus dem Kühlschrank nehmen und den Flammeri auf Teller stürzen.

SCHOKOLADEN-FLAMMERI ZUBEREITEN UND STÜRZEN

(1) Flammeri-Masse vom Herd nehmen und zügig den restlichen Eischnee unterziehen. Topf erneut erhitzen und mit einem Gummischaber nicht zu viel rühren, bis die Masse heiß ist und sich ein leichter Belag am Topfboden gebildet hat.

(2) Die heiße Flammeri-Masse sofort in mit kaltem Wasser ausgespülte Förmchen einfüllen und zugedeckt etwas abkühlen lassen. Danach im Kühlschrank auskühlen lassen und vor dem Servieren stürzen.

SABAYONS – LEICHT UND VIELFACH VARIIERBAR

Die luftigen Schaummassen schmecken als Creme zu Früchten und Gebackenem, können aber auch gut als Sauce serviert werden.

EIER, ZUCKER UND FLÜSSIGKEIT – das sind die Grundzutaten eines Sabayon. Auch an Gerätschaften braucht es nicht viel. Ein Metallrührkessel und ein Schneebesen genügen. Zuerst werden die Eigelbe mit dem Zucker cremig gerührt, dann kommt eine aromatische Flüssigkeit hinzu und alles wird über einem Wasserbad schaumig aufgeschlagen. Dabei gelangen viele Luftbläschen hinzu, zugleich entfalten sich die Eigelbproteine durch die Hitzeeinwirkung: Die Schaumcreme oder Schaumsauce erhält Stand und ihr Volumen vergrößert sich auf etwa das Doppelte. Der Geschmack eines Sabayons wird vor allem von der verwendeten Flüssigkeit bestimmt. Klassisch ist das Aufschlagen mit Weiß- oder Rotwein. Sabayons lassen sich aber auch mit Champagner, Kaffee, Fruchtsäften oder einer Mischung aus Wein und Saft zubereiten. Der Fantasie sind hier keine Grenzen gesetzt. Als Anhaltspunkt gilt die Faustregel: 3 Eigelbe, 100 g Zucker und ⅛ l Flüssigkeit. Wird das Sabayon als Creme gereicht, verdoppeln Sie die Zutatenmenge einfach. Warm servierte Sabayons sind besonders luftig, sie lassen sich aber auch auf Eiswasser kalt schlagen, ziehen dabei allerdings etwas an und erhalten eine festere Konsistenz. Für die Festigkeit ist auch das Verhältnis der Ei-Zucker-Masse zur Flüssigkeitsmenge von Bedeutung: Je weniger Flüssigkeit hinzukommt, desto kompakter das Ergebnis.

WEISSWEIN-SABAYON (GRUNDREZEPT)

- 6 Eigelbe, 200 g Zucker
- ¼ l trockener Weißwein

Die Eigelbe mit dem Zucker verrühren und weiterarbeiten, wie in der Bildfolge auf der rechten Seite (Step 1–5) gezeigt. Das fertige Sabayon warm servieren oder den Rührkessel auf eine Schüssel mit Eiswasser setzen und die Schaumcreme kalt schlagen.

CHAMPAGNER-SABAYON

- 4 Eigelbe, 150 g Zucker, 1 Prise Salz
- Mark von ½ Vanilleschote
- ¼ l Champagner

Die Eigelbe mit Zucker, Salz und Vanillemark in einem Metallrührkessel cremig rühren, dann auf ein heißes Wasserbad setzen. Den Champagner unter Rühren mit dem Schneebesen zugießen und das Sabayon schaumig aufschlagen.

KAFFEE-SABAYON

- 3 Eigelbe, 80 g Zucker
- ⅛ l Kaffee

Eigelbe und Zucker cremig rühren. Weiterarbeiten, wie am Beispiel des Weißwein-Sabayons auf der rechten Seite gezeigt.

Schaumig-luftig sollte ein Weißwein-Sabayon (Weißweinschaumsauce) vom Löffel fallen, dann hat es exakt die richtige Konsistenz, die eine solche Schaumcreme haben muss.

SCHOKOLADEN-SABAYON

- 4 Eigelbe, 80 g Zucker
- 50 g Vollmilch-Kuvertüre, geschmolzen
- ⅛ l Milch, 4 cl Kakaolikör, etwa Crème de Cacao

Eigelbe und Zucker in einem Metallrührkessel cremig rühren, auf ein Wasserbad setzen und unter Rühren die Kuvertüre und die Milch zufügen. Alles schaumig aufschlagen, den Likör vorsichtig unterrühren und das Sabayon auf Eiswasser kalt schlagen.

ÖSTERREICHISCHES WEINCHADEAU

- 2 Eigelbe, 1 Ei, 120 g Zucker
- ¼ l trockener Weißwein

Eigelbe, Ei, Zucker und Weißwein in einen Metallrührkessel geben und alles zusammen über einem heißen Wasserbad schaumig aufschlagen.

ZABAIONE

- 3 Eigelbe, 1 Ei, 120 g Zucker
- 8 cl Marsala (Ersatz: Cream Sherry)

Eigelbe, Ei und Zucker cremig rühren, dann weiter verfahren, wie am Beispiel rechts gezeigt.

WEISSWEIN-SABAYON AUFSCHLAGEN

(1) Eigelbe in einen Metallrührkessel geben; Zucker zufügen. Eigelb-Zucker-Mischung mit dem Schneebesen cremig rühren.

(2) Den Rührkessel über ein Wasserbad setzen, dabei ständig rühren. Das Wasser sollte nicht mehr kochen, sondern sieden.

(3) Nach und nach unter Rühren den Wein zugießen und die Masse mit dem Schneebesen aufschlagen.

(4) Die Mischung mit dem Schneebesen kräftig aufschlagen, bis sie in etwa das Doppelte an Volumen erreicht hat.

(5) Das fertige Sabayon, auch Weinschaumsauce genannt, soll schaumig vom Löffel fallen.

EIS SELBST HERSTELLEN: CREMIGES VANILLEEIS

Mit handelsüblichen Eismaschinen für den Haushalt lassen sich erstaunlich gute Ergebnisse erzielen – die Qualität der verwendeten Zutaten macht's.

EINEN TAG IM VORAUS, GENAUER GESAGT 24 STUNDEN, muss der Eisbehälter bei Eismaschinen ohne Kompressor tiefgekühlt werden. Die Eismasse selbst sollte am besten über Nacht kühlen. Bei Geräten mit Kompressor entfällt das Tiefkühlen des Behälters, doch empfiehlt sich das Vorkühlen der Eismasse auch hier, allein schon aus Energiespargründen.

VANILLEEIS (GRUNDREZEPT)
- ¼ l Milch, 250 g Sahne
- 100 g Zucker
- 1 Prise Salz
- 2 Vanilleschoten, längs aufgeschlitzt
- 4 Eigelbe, 2 Eier
- 20 g Glukosesirup

Milch, Sahne, Zucker, Salz und Vanilleschoten aufkochen, wie auf der rechten Seite in Step 1 gezeigt. Dann die Eigelbe, die ganzen Eier und den übrigen Zucker in einem Metallkessel cremig rühren. Die heiße Vanillemilch zufügen und alles zur »Rose« abziehen (S. 264, Step 4). Basiscreme wie auf der rechten Seite (Step 1–5) zubereiten und in der Eismaschine frieren.

KAFFEE-SCHOKOLADEN-EIS
- ¼ l Milch
- 125 g Sahne
- 20 g Kaffeebohnen, zerstoßen
- 4 Eigelbe
- 100 g Zucker
- 1 Prise Salz
- 60 g dunkle Kuvertüre, gehackt

Milch, Sahne und Kaffeebohnen aufkochen, 20 Minuten ziehen lassen und durch ein Sieb passieren, dann weiterarbeiten, wie auf der rechten Seite in Step 2 bis 4 gezeigt. Die Kuvertüre darin schmelzen. Die Creme auf Eiswasser kalt schlagen, abkühlen lassen und cremig frieren.

Verschiedene Eissorten (von links nach rechts gegen den Uhrzeigersinn): Pistazieneis, Haselnusseis, Vanille- und Schokoladeneis.

PISTAZIENEIS

- 4 Eigelbe,
- 100 g Zucker
- ¼ l Milch
- 125 g Sahne
- ½ Vanilleschote, längs aufgeschlitzt
- 75 g Pistazienkerne, geschält und fein gemahlen
- 1 cl Mandellikör, etwa Amaretto

Zuerst aus den Zutaten eine Vanillecreme herstellen, wie unten (Step 1–5) gezeigt. Dann die gemahlenen Pistazien einrühren.Alles mit dem Likör verfeinern und cremig gefrieren.

HASELNUSSEIS

- 120 g Haselnusskerne, geschält und gehackt
- 30 g Puderzucker, ¼ l Milch
- 250 g Sahne
- 4 Eigelbe, 60 g Zucker

Haselnüsse und Puderzucker in einer beschichteten Pfanne karamellisieren, 20 g abmessen und beiseitestellen. Die übrigen Nüsse mit der Milch und der Sahne 10 Minuten köcheln lassen, kurz durchmixen und passieren, dann weiterarbeiten, wie unten (Step 1–6) gezeigt und die Masse cremig frieren. Das fertige Eis mit den karamellisierten Nüssen bestreuen.

VANILLEEIS HERSTELLEN

(1) Milch, Sahne, 50 g Zucker, Salz und Vanilleschoten unter Rühren aufkochen. Vanilleschoten entnehmen und Mark in die Milch zurückstreifen.

(2) Die Eigelbe, die ganzen Eier sowie den übrigen Zucker in einen Metallrührkessel geben und mit einem Handrührgerät cremig rühren.

(3) Nach und nach die heiße Vanillemilch zugießen und mit einem Schneebesen gründlich unter die Creme rühren.

(4) Basiscreme über einem Wasserbad unter Rühren auf etwa 80 °C erhitzen, bis sie leicht angedickt ist (zur »Rose« abziehen; S. 264, Step 4).

(5) Dann den Glukosesirup einrühren, die Creme vom Wasserbad nehmen und auf Eiswasser kalt rühren.

(6) Die Vanillecreme in den Behälter der Eismaschine füllen und im Kühlschrank 2–3 Stunden abkühlen lassen.

(7) Die vorgekühlte Masse in der Eismaschine 30–40 Minuten zu cremigem Vanilleeis gefrieren. Das Eis entweder gleich servieren oder gut verschlossen in einem Behälter im Tiefkühlgerät aufbewahren.

PARFAITS HERSTELLEN

Im Gegensatz zu Speiseeis wird Parfait nicht unter Rühren gefroren, sondern einfach in eine Form gegossen und stehend tiefgekühlt.

Parfait – hier ein Vanilleparfait mit Beeren – serviert man nach dem Stürzen in Scheiben und in fruchtiger Begleitung.

DAS PRINZIP IST DENKBAR EINFACH: Bei einem Parfait werden Eigelbe und Zucker cremig gerührt, bevor geschmacksgebende Zutaten und zum Schluss geschlagene Sahne hinzukommen. Dank der mit der Sahne eingebrachten Luftbläschen sowie dem hohen Eigelb- und Fettanteil wird die Masse beim Gefrieren nicht zu fest und es bilden sich nur kleinere Eiskristalle, weshalb sie nicht gerührt werden muss. Nach dem Einfüllen muss das Parfait in der Form mehrere Stunden oder über Nacht tiefkühlen. Kurz vor dem Servieren die Form in heißes Wasser tauchen, das Parfait stürzen und in Scheiben schneiden. Parfaitmassen können entweder direkt zum Dessert gereicht oder weiterverwendet werden, etwa für Eissoufflés oder Eisbomben. Für Erstere werden eine große oder mehrere kleine Souffléformen mit beschichtetem Papier ausgekleidet und die Masse wird so eingefüllt, dass sie mehrere Zentimeter über die Form hinausragt. Für Eisbomben, dafür sind im Handel Spezialformen erhältlich, werden gern auch verschiedenfarbige Sorten Parfait, Eis oder Mousse eingeschichtet.

WALNUSSPARFAIT
- 160 g Zucker
- 120 g Walnusskerne, grob gehackt
- 1 EL Öl, 200 ml Milch
- ½ Vanilleschote, längs aufgeschlitzt
- 4 Eigelbe
- 50 g Honig
- 300 g Sahne, steif geschlagen

In einer Kasserolle 80 g Zucker schmelzen. Die gehackten Walnüsse zugeben und goldgelb karamellisieren. Ein Backblech leicht ölen, die Krokantmasse darauf verstreichen und erkalten lassen. Den Walnusskrokant zerkleinern und weiterverfahren, wie auf der rechten Seite (Step 1–8) gezeigt.

MOKKAPARFAIT
- 6 Eigelbe, 220 g Zucker, ⅛ l heißer Mokka
- 125 g Sahne, 2 cl Cognac
- 350 g Sahne, steif geschlagen

Die Eigelbe mit dem Zucker cremig rühren. Den Mokka sowie die flüssige Sahne in die Eigelbmasse rühren. Alles in einen Topf füllen und die Creme zur »Rose« abziehen, wie auf der rechten Seite (Step 2–4) gezeigt. Anschließend den Cognac einrühren und die Creme unter gelegentlichem Rühren abkühlen lassen. Zum Schluss die geschlagene Sahne unterheben. Die Masse in eine mit Pergamentpapier ausgelegte gekühlte Form füllen und über Nacht tiefkühlen.

BROMBEERPARFAIT
- 180 g Brombeeren
- 20 ml Zitronensaft
- 4 Eigelbe, 120 g Zucker
- 150 ml Milch
- ½ Vanilleschote, längs aufgeschlitzt
- 150 g Sahne, steif geschlagen

Die Brombeeren waschen und verlesen, dann mit dem Zitronensaft pürieren und durch ein feines Sieb passieren. Aus Eigelben, Zucker, Milch und Vanilleschote eine Creme herstellen, zur »Rose« abziehen und kalt rühren, wie rechts in Step 2 bis 5 gezeigt. Zum Schluss die geschlagene Sahne unterziehen, die Masse in eine mit Pergamentpapier ausgelegte gekühlte Form füllen und über Nacht ins Tiefkühlgerät stellen.

KASTANIENPARFAIT
- 600 g Esskastanien (S. 244), 1 Prise Salz
- 220 g dunkle Kuvertüre (halbbitter), gehackt
- 85 g Butter, 125 g feiner Zucker
- Mark von ½ Vanilleschote
- 2 cl Cognac

Für das Parfait die Kastanien oben kreuzweise einritzen und bei 220 °C im vorgeheizten Ofen 10 Minuten backen. Herausnehmen, die Schale sowie die braune Innenhaut entfernen, die Kastanien in einem Topf mit Wasser bedecken und mit dem Salz in etwa 40 Minuten weich garen. Dann herausnehmen, durch ein Sieb streichen und 375 g Kastanienpüree abmessen. Die Kuvertüre über einem Wasserbad schmelzen, mit 65 ml Wasser verrühren und auf Handwärme abkühlen lassen. Die Butter mit dem Zucker sowie dem Vanillemark schaumig rühren und die geschmolzene Kuvertüre untermischen. Anschließend das Kastanienpüree sowie den Cognac einrühren und alles gut vermengen. Die Masse in eine mit Folie ausgelegte gekühlte Dachrinnenform füllen und über Nacht tiefkühlen.

WALNUSSPARFAIT ZUBEREITEN

(1) Den Walnusskrokant in grobe Stücke brechen und mit einem Messer nicht zu fein hacken. Dann die Milch mit der Vanilleschote aufkochen, vom Herd nehmen, die Schote herausnehmen. Das Mark in die heiße Milch zurückstreifen.

(2) Eigelbe, restlicher Zucker und Honig in einem Metall-rührkessel über einem heißen Wasserbad cremig rühren.

(3) Die heiße Vanillemilch unter ständigem Rühren mit dem Schneebesen schöpf-löffelweise zugießen.

(4) Die Creme unter stän-digem Rühren erhitzen (zur »Rose« abziehen), bis sie angedickt auf dem Löffel liegen bleibt.

(5) Die Creme passieren und auf Eiswasser mit dem Handrührgerät (mittlere Drehzahl) etwa 15 Minuten kalt rühren.

(6) Die geschlagene Sahne unterheben, dann den Wal-nusskrokant zufügen und unter die Creme ziehen.

(7) Eine gekühlte Form mit Pergamentpapier auslegen; Masse einfüllen und mindes-tens 5 Stunden tiefkühlen ...

(8) ... oder, besser noch: Das Parfait über Nacht ins Tiefkühlgerät stellen, dann auf eine Platte stürzen. Das Papier entfernen und das Walnussparfait vor dem Servieren in Scheiben schneiden.

SORBETS – CREMIGE, FRUCHTIG-LEICHTE VARIANTEN

Je nach Zuckergehalt, Gefrierdauer und Art des Rührens bei der Herstellung kann die Konsistenz eines Sorbets von halbflüssig bis fest reichen.

FRUCHTSAFT ODER -MARK, Zucker, Wein, Champagner oder Likör sind oft mit von der Partie bei der Herstellung eines Sorbets, gelegentlich kommt noch gesüßter Eischnee vor oder nach dem Gefrieren hinzu, wie bei den wunderbar cremigen Spoons. Der verwendete Zucker sollte möglichst fein oder besser noch flüssig sein, damit er sich mit den übrigen Zutaten verbindet. Läuterzucker (S. 254) und Puderzucker eignen sich daher für Sorbets besonders. Wird zu viel Zucker zugegeben, bleibt das Sorbet weich, ein zu geringer Zuckeranteil jedoch bedingt eine raue Struktur. Auch das Zerkleinern der Eiskristalle während des Gefrierens spielt eine Rolle: In einer Eismaschine werden Sorbets cremig. Man kann sie aber auch manuell rühren, wie die Bildfolge unten zeigt. Dafür die Masse abkühlen lassen, in ein flaches Gefäß füllen und tiefkühlen. Haben sich nach etwa 1 Stunde die ersten Kristalle gebildet, die Masse mit dem Schneebesen gut durchrühren. Den Vorgang nach jeweils 30 Minuten noch 2- bis 3-mal wiederholen. Sorbets kann man auf Vorrat herstellen. Sie halten tiefgekühlt mehrere Wochen.

APFELSORBET
- 150 g Äpfel
- ½ l Cidre
- 180 g Zucker
- 2 cl Calvados

Die Äpfel schälen, vierteln, vom Kerngehäuse befreien und in Stücke schneiden. Cidre und Zucker aufkochen, Äpfel 5 Minuten mitgaren, pürieren und erkalten lassen. Dann den Calvados unterrühren und die Masse cremig gefrieren.

NEKTARINENSORBET
- 200 g Zucker, ½ Stange Zimt
- 2 Bittermandeln
- Saft von 1 Limette
- 500 g Nektarinenpüree

Zucker, Zimt und Mandeln mit 300 ml Wasser aufkochen, erkalten lassen und passieren. Dann den Limettensaft sowie das Nektarinenpüree unterrühren und alles cremig gefrieren.

SAUERKIRSCHSORBET
- 500 g frische Sauerkirschen
- 180 g Zucker
- 1 Stück Zimtstange, etwa 5 cm
- Saft von ½ Zitrone

Die Kirschen waschen, abtropfen lassen und entsteinen. Den Zucker mit 300 ml Wasser und der Zimtstange aufkochen, vom Herd nehmen und auskühlen lassen. Den Zimt entfernen, die Masse fein pürieren und den Zitronensaft und Zuckersirup unterrühren. Püree in ein flaches Gefäß füllen und 1 Stunde tiefkühlen. Weiterarbeiten, wie unten (Step 1–3).

SAUERKIRSCHSORBET MANUELL OHNE EISMASCHINE HERSTELLEN

(1) Form aus dem Tiefkühlgerät nehmen, die Masse mit dem Schneebesen durchrühren und danach wieder ins Tiefkühlgerät stellen.

(2) Die Sorbetmasse in kurzen Abständen immer wieder durchrühren und kühl stellen – je öfter, desto cremiger wird das Sorbet.

(3) Hat das Kirschsorbet die gewünschte Konsistenz, formt man die Masse mit dem Eisportionierer zu Kugeln.

GRANITÉS – GROBKÖRNIG UND EISKALT SERVIERT

Granités können Cremes oder Früchte ergänzen und, mit Champagner oder Sekt aufgegossen, auch zum Aperitif gereicht werden.

WIE FEIN ODER GROB EIN GRANITÉ WIRD, hängt ganz von der Häufigkeit des Rührens während des Gefrierens ab. Die Flüssigkeit (mit Zucker versetzter Fruchtsaft, Wein oder Champagner oder Mischungen aus beidem) gefriert am Rand zuerst. Die sich bildenden Kristalle werden mit einem Löffel oder einer Gabel immer wieder abgeschabt, bis alles gut durchgefroren ist. Der enthaltene Alkohol sowie der Zucker verhindern, dass das Granité zu hart wird.

PFEFFERMINZ-GRANITÉ
- 2 EL fein gehackte Minze
- ⅛ l trockener Weißwein, 60 g Puderzucker
- Saft von 1 Zitrone, ½ l Champagner

In einer flachen Form Minze, Weißwein und Puderzucker gut vermischen und 2 Stunden durchziehen lassen. Den Zitronensaft durch ein feines Sieb passieren, unterrühren und weiterarbeiten, wie unten (Step 1–4) gezeigt. Je nachdem, wie die Körnung ausfallen soll, das Granité mehr oder weniger oft durchrühren, dabei dazwischen immer wieder anfrieren lassen. Je öfter es gerührt wird, desto feiner fällt die Körnung aus.

CHAMPAGNER-GRANITÉ
- 70 g Puderzucker, Saft von 1 Limette
- 0,7 l Champagner

Puderzucker mit Limettensaft verrühren und anschließend den Champagner untermischen. Alles in ein flaches Gefäß füllen und körnig gefrieren, wie unten gezeigt.

SAUTERNES-GRANITÉ
- 180 g Zucker
- Saft von je 1 Limette und 1 Orange
- 5 Minzeblättchen, 0,7 l Sauternes (Süßwein)

Zucker mit 200 ml Wasser, dem Limetten- und Orangensaft aufkochen und alles 2–3 Minuten köcheln lassen. Minze entfernen, den Sauternes zugießen und alles zu Granité gefrieren.

ORANGEN-CAMPARI-GRANITÉ
- ¼ l frisch gepresster Orangensaft, passiert
- 100 g Puderzucker, 550 ml Weißwein, 6 cl Campari

Orangensaft mit Puderzucker verrühren, Weißwein und Campari zufügen und alles zu einem Granité gefrieren.

(1) Champagner zugießen und Form ins Eisfach stellen, bis die Flüssigkeit zu gefrieren beginnt.

(2) Kristalle am Rand abschaben; mit dem noch flüssigen Teil in der Mitte verrühren; alles durchmischen.

(3) Nach 30–40 Minuten erneut durchrühren. Vorgang 2- bis 3-mal wiederholen.

(4) Das Pfefferminz-Granité zum Servieren in gekühlte Gläser oder Schalen füllen.

BAISER UND BRANDTEIG

Gespritzt und gebacken ergeben beide eine gute Unterlage für feine Füllungen, aber auch als Dekoration machen sie eine gute Figur.

MERINGUE, wie die locker-schaumige Baisermasse auch genannt wird, besteht im Grunde lediglich aus Eiweiß und Zucker. Im Gegensatz zur italienischen Meringue, die mit heißem Zuckersirup zubereitet und für Cremes und Sorbets benötigt wird, bleibt der Herd bei der Herstellung der französischen Meringuenmasse kalt. Das Grundrezept ist denkbar einfach: Eiweiß wird zu festem Schnee geschlagen, dann kommt nach und nach die doppelte Menge an feinem Zucker hinzu. Wichtig ist dabei, dass alle Geräte absolut fettfrei sind und dass das Eiweiß sauber vom Eigelb getrennt wurde. Die schaumige Baisermasse lässt sich in beliebigen Formen aufspritzen und bei 100–120 °C eher trocknen als backen. Nach Wunsch kann man die Baisermasse auch weiter aromatisieren, etwa mit Kaffee, Schokolade, Vanille oder Nüssen. Sollen Baisers länger aufbewahrt werden, empfiehlt es sich, etwas Speisestärke zuzugeben; so bleiben die Baisers trocken. Baiser für Dekorationen, auch als Schweizer Meringue bezeichnet, ist etwas cremiger, fester und wird über einem heißen Wasserbad aufgeschlagen.

GEBACKENE BAISER-ROSETTEN
- 8 Eiweiße (250 g), 250 feiner Zucker, 200 g Puderzucker
- 30 g Speisestärke

Die Baisermasse herstellen, wie unten (Step 1–5) gezeigt. Den Backofen auf 120 °C vorheizen und ein Blech mit Backpapier belegen. Die Rosetten aufspritzen, wie unten in Step 6 gezeigt, und im vorgeheizten Ofen etwa 3 Stunden trocknen lassen, dabei die Ofentür einen Spalt offen lassen. Rosetten über Nacht im ausgeschalteten Ofen trocknen lassen.

BAISER FÜR DEKORATIONEN (SCHWEIZER MERINGUE)
- 5 Eiweiße (150 g)
- 200 g Puderzucker

Eiweiße und Puderzucker im Metallrührkessel verrühren und über einem heißen Wasserbad cremig aufschlagen (45–50 °C). Vom Wasserbad nehmen und kalt schlagen. Beliebige Dekorationen auf ein mit Backpapier belegtes Blech spritzen und bei 100 °C im Ofen trocknen, wie unten beschrieben.

BAISER HERSTELLEN

(1) Die Eiweiße in eine Schüssel geben und mit einem Schneebesen locker aufschlagen. Wird ein Handrührgerät verwendet, mit der niedrigsten Stufe beginnen. Wichtig: Die Geräte müssen absolut fettfrei sein.

(2) Ist der Eischnee locker und weiß, nach und nach 200 g Zucker einrieseln lassen, dabei weiterschlagen.

(3) Den Eischnee gleichmäßig weiterschlagen, bis der Zucker sich gelöst hat und die Spitzen stehen bleiben.

(4) Puderzucker und Speisestärke auf ein Stück Backpapier sieben und mit den übrigen 50 g Zucker vermischen.

(5) Die Zucker-Stärke-Mischung auf den Eischnee geben und dann mit einem Holzlöffel vorsichtig unterziehen.

(6) Die Masse in einen Spritzbeutel mit Sterntülle füllen und mit ausreichend Abstand Rosetten auf das Blech spritzen.

BRANDTEIG HERSTELLEN

(1) Das Mehl auf Papier sieben und auf einmal in die Kasserolle schütten, dabei mit dem Holzlöffel rühren.

(2) Masse weiterrühren, bis sich der Teig als Kloß vom Topfrand löst und eine Haut den Topfboden überzieht.

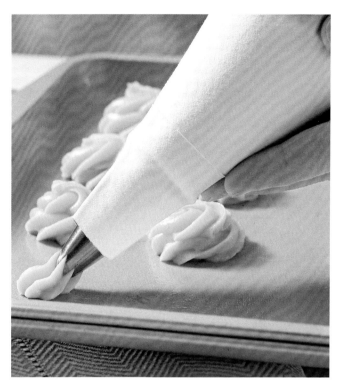

(3) Zuerst 1 Ei zufügen und mit dem Holzlöffel gründlich einarbeiten, bis es sich völlig mit der Masse verbunden hat.

(4) Die restlichen Eier nacheinander einarbeiten, bis der Teig glatt und glänzend vom Löffel fällt.

(5) Die Brandteigmasse in einen Spritzbeutel mit Sterntülle (Nr. 11) füllen und kleine Windbeutel auf ein leicht gefettetes Blech aufspritzen.

BRANDTEIG

Luftiges Brandteiggebäck, zum Beispiel Windbeutel, Eclairs oder Profiteroles, eignet sich ausgesprochen gut zum Füllen mit Cremes. Einmal gebacken, lässt sich das Brandteiggebäck gut tiefkühlen.

Wie aus Baisermasse, insbesondere Schweizer Meringue, können auch aus Brandteig beliebige Dekorationen gespritzt werden, wie oben in der Bildfolge gezeigt. In diesem Fall muss der Teig allerdings ein wenig fester sein. Dafür reduzieren Sie einfach die für den Teig verwendeten Eier.

BRANDTEIG (GRUNDREZEPT)

- ¼ l Milch, 125 g Butter
- 1 Prise Salz, 1 TL Zucker, 200 g Mehl, 5–6 Eier

In einer Kasserolle Milch, Butter, Salz und Zucker aufkochen und weiterarbeiten, wie oben in Step 1 und 2 zu sehen. Den Backofen auf 220°C vorheizen und ein Blech leicht fetten. Die Masse nach Belieben in eine Schüssel umfüllen, etwas abkühlen lassen und die Eier einarbeiten (Step 3–5). Das Blech in den vorgeheizten Ofen schieben, 1 Tasse Wasser auf den Boden gießen. Windbeutel 15–20 Minuten backen.

ERDBEER-RHABARBER-RAGOUT MIT SESAMKROKANT-PARFAIT

ZUBEREITUNGSZEIT: 1 Std. / KÜHLZEIT: 12 Std. / FÜR 6–8 Portionen

FÜR DEN KROKANT: 50 g Zucker • Saft von ½ Zitrone • 50 g weiße Sesamsamen
FÜR DAS PARFAIT: 4 Eigelbe • 125 Zucker • 1 cl Orangenlikör, z. B. Cointreau
• 10 g geschälter, frisch geriebener Ingwer • 250 g Sahne • 2 Eiweiße
FÜR DAS ERDBEER-RHABARBER-RAGOUT: 150 g Zucker • Mark von 1 Vanilleschote
• 3 Stangen Rhabarber • 150 g frische Erdbeeren • 100 g Erdbeeren (TK)
AUSSERDEM: Öl für die Marmorplatte, Backpapier • 6–8 Portionsförmchen oder 1 Terrinenform
mit 1 l Fassungsvermögen • Frischhaltefolie für die Form • etwas Zitronenmelisse

1. Für den Krokant Zucker und Zitronensaft in einer Kasserolle hellbraun karamellisieren lassen. Fügen Sie die Sesamsamen hinzu und kochen Sie alles bei mittlerer Hitze unter Rühren mit einem Holzlöffel etwa 2 Minuten. Die Krokantmasse auf eine leicht geölte Marmorplatte oder auf ein mit Backpapier ausgelegtes Backblech geben und sofort mit einem zweiten Stück Backpapier bedecken. Den Krokant mit einem Nudelholz dünn ausrollen, zwischen dem Backpapier erkalten lassen und anschließend fein hacken.

2. Für das Parfait die Eigelbe mit der Hälfte des Zuckers und dem Likör in einer Metallschüssel über einem heißen Wasserbad cremig aufschlagen. Die Eigelbmasse kalt rühren und den Ingwer zufügen. Schlagen Sie die Sahne steif. Dann schlagen Sie die Eiweiße mit dem übrigen Zucker zu Eischnee. Erst die Sahne, dann den Eischnee sowie den Sesamkrokant unter die Eigelbmasse heben. Alles in Portionsförmchen oder in eine mit Frischhaltefolie ausgelegte Terrinenform füllen. Das Parfait 12 Stunden im Tiefkühlgerät gefrieren lassen.

3. Für das Ragout den Zucker mit 150 ml Wasser in einem kleinen Topf zu Läuterzucker kochen, dann das Vanillemark unterrühren. Den Backofen auf 140 °C vorheizen. Rhabarber waschen, putzen, schälen und schräg in 3 cm große Stücke schneiden. Die frischen Erdbeeren waschen, von den Stielen befreien und vierteln. Geben Sie den Rhabarber mit den tiefgekühlten Erdbeeren in eine flache Form und übergießen Sie alles mit dem aromatisierten Läuterzucker. Das Ragout mit Alufolie bedecken. Im vorgeheizten Ofen 15–20 Minuten garen. Herausnehmen, die TK-Erdbeeren entfernen und durch die frischen Erdbeeren ersetzen. Alles auf Eiswasser abkühlen, damit das Ragout seine Farbe nicht verliert.

4. Die Zitronenmelisse waschen, trocknen und 4 Blätter in feine Streifen schneiden. Verteilen Sie das Erdbeer-Rhabarber-Ragout auf Teller und bestreuen Sie es mit Melissestreifen und -blättchen. Die Förmchen oder die Form kurz in warmes Wasser tauchen und das Parfait mittig auf die Teller oder auf eine Platte stürzen und in Scheiben schneiden. Das Dessert sofort servieren.

S. 254
LÄUTERZUCKER HERSTELLEN

S. 276
PARFAIT HERSTELLEN

»Zu diesem fruchtigen Erdbeer-Rhabarber-Ragout können Sie auch ein cremiges Vanilleeis servieren und es mit erfrischender Minze herrlich aromatisieren.«

WACHAUER ZWETSCHGEN-KOMPOTT »AIGRE-DOUX« MIT GEWÜRZROTWEINKUCHEN

ZUBEREITUNGSZEIT: 1 Std. 25 Min. / RUHEZEIT: 6 Wochen / FÜR 10 Portionen

FÜR DAS ZWETSCHGEN-AIGRE-DOUX: 500 g Zwetschgen • ⅛ l Rotwein • ⅛ l Essigwasser (Wasser und Reisessig im Verhältnis 2:1) • je 2 TL gemahlener Zimt, Kardamom, Gewürznelken, Fenchelsamen und Szechuan-Pfeffer • 100 g Kandiszucker • 20 g Sultaninen • abgeriebene Schale von je ½ Bio-Zitrone und Bio-Orange

FÜR DEN GEWÜRZROTWEINKUCHEN: 200 g Butter • 200 g Zucker • 4 Eier • 250 g Mehl • 1 EL Kakaopulver • 1 EL Backpulver • ¼ l Rotwein • 1 TL Gewürzmischung (Zimt, Sternanis, Gewürznelke, Kardamom, Vanillemark und schwarzer Pfeffer, alles gemahlen) • 100 g Zartbitter-Kuvertüre, fein gehackt

AUSSERDEM: 4 Schraubdeckelgläser à ¼ l Inhalt • 1 Tortenring (26 cm Ø) • Backpapier • Puderzucker

S. 262
FRÜCHTE EINKOCHEN

1. Für das »aigre-doux« die Zwetschgen waschen, entsteinen und vierteln. Den Rotwein mit dem Essigwasser, den Gewürzen, dem Kandiszucker, den Sultaninen sowie der abgeriebenen Zitrusschale aufkochen und 3–4 Minuten simmern lassen. Dann vom Herd ziehen, erkalten lassen und passieren.

2. Verteilen Sie die Zwetschgen in Gläser und bedecken Sie die Früchte mit dem Würzsud. Die Gläser in einem Sterilisiertopf im Wasserbad 15–20 Minuten erhitzen. Herausnehmen, mit einem Tuch bedecken, auskühlen und 6 Wochen kühl und dunkel ziehen lassen.

3. Für den Rotweinkuchen den Backofen auf 180 °C vorheizen. Für den Kuchen Butter und Zucker cremig schlagen. Nach und nach die Eier einarbeiten. Das gesiebte Mehl mit Kakao- und Backpulver vermischen und unterheben. Den Wein mit den Gewürzen auf knapp die Hälfte (110 ml) reduzieren und alles durch ein Sieb passieren. Die Kuvertüre und die Rotweinreduktion unter die Kuchenmasse rühren.

4. Den Tortenring mit Backpapier auskleiden. Die Masse einfüllen und im vorgeheizten Ofen 35–40 Minuten backen. Herausnehmen und abkühlen lassen. Kuchen stürzen, mit Puderzucker bestreuen und in Stücke schneiden. Mit Zwetschgen-»aigre-doux« anrichten.

EXOTISCHE GELBE GRÜTZE MIT VANILLESCHAUM

ZUBEREITUNGSZEIT: 1 Std. 30 Min. **KÜHLZEIT:** 3–12 Std. **FÜR 4–6 Portionen**

FÜR DIE GELBE GRÜTZE: ¼ l frisch gepresster Orangensaft • 25 g Zucker • 60 g Passions-
fruchtpüree (fertig, z. B. von Boiron oder selbst gemacht aus 8–10 Passionsfrüchten)
• 60 g Mangopüree • ¼ Vanilleschote, aufgeschlitzt • 15 ml Aceto balsamico bianco
• 40–50 g Perlsago • 1 Guave (Ersatz: 1 Sharonfrucht) • 100 g reife Thai-Mango oder andere
Mango • 100 g Pitahaya • 70 g Ananasfruchtfleisch • 100 g Physalis • 4 Passionsfrüchte
FÜR DEN VANILLESCHAUM: ½ l Milch • 100 g Zucker • 4 Vanilleschoten • 6 Blatt Gelatine,
kalt eingeweicht

S. 242
EXOTISCHE FRÜCHTE

S. 260
FRUCHTPÜREE HERSTELLEN

S. 270
SCHÄUME HERSTELLEN

1. In einem Topf den Orangensaft mit Zucker, Passions-
frucht- und Mangopüree, Vanilleschote und Aceto balsamico
zum Kochen bringen. Streuen Sie dann den Perlsago unter
Rühren ein. Alles erneut aufkochen und 30–40 Minuten
bei geringer Hitze unter gelegentlichem Rühren zugedeckt
köcheln lassen, bis die Sagoperlen klar sind.

2. Inzwischen die Früchte waschen, putzen oder schälen
und in mundgerechte, nicht zu kleine Würfel schneiden.
Die Passionsfrüchte halbieren und die Kerne mit dem

OHNE SAHNE-SIPHON
Vanilleschaum lässt sich auch mit dem Handrührgerät
herstellen. Dafür die Milch bis kurz vor dem Gelierpunkt abkühlen lassen. Dann auf höchster Stufe luftig aufschlagen.

Mark auslösen. Die Früchte und das Passionsfruchtmark
1–2 Minuten in der heißen Flüssigkeit mitköcheln. Füllen
Sie die Grütze anschließend in Gläser und stellen Sie diese
mindestens 3 Stunden, besser über Nacht, kalt.

3. Für den Vanilleschaum ¼ l Milch mit Zucker und Vanilleschoten aufkochen. Lösen Sie die gut ausgedrückte Gelatine
in der heißen Milch auf. Dann die restliche Milch zugießen
und alles gut durchrühren. Die Vanillemilch durch ein feines
Sieb passieren, in einen Sahne-Siphon füllen, diesen mit
2 Gaspatronen laden und kühl stellen.

4. Nehmen Sie die gut gekühlten Gläser aus dem Kühlschrank. Die gelbe Grütze mit Vanilleschaum bedecken
und sofort servieren.

GLÜHWEIN-CRÈME-CARAMEL

ZUBEREITUNGSZEIT: 1 Std. 40 Min. / **KÜHLZEIT:** 12 Std. / **FÜR 10 Portionen**

FÜR DIE CREME: 375 g Zucker • 200 ml trockener Rotwein • 375 g Sahne • 375 ml Milch
• 1 Zimtstange, zerbrochen (S. 33) • 1 ganzer Sternanis, zerdrückt (S. 32) • 3 Gewürznelken,
leicht zerstoßen • 5 Eier • 3 Eigelbe
FÜR DIE MARINIERTEN ORANGEN: 4 Bio-Orangen • 100 ml Portwein • 40 g Zucker
• 10 g Honig • 1 Kapsel Kardamom, zerstoßen (S. 29)
AUSSERDEM: 10 Portionsförmchen mit 150 ml Inhalt

1. Für die Creme 250 g Zucker in einer Kasserolle karamellisieren lassen. Dafür erst eine dünne Schicht Zucker bei
starker Hitze schmelzen. Sobald er braun ist, 1 EL Zucker
zufügen und mit einem hitzebeständigen Silikonschaber
unterrühren. So weiter verfahren, bis die gesamte Menge
karamellisiert ist. Löschen Sie den Zucker dann mit dem
Rotwein ab. Alles reduzieren, bis der Karamell Blasen wirft.

Dann den Topf kurz in heißes Wasser stellen und den heißen,
noch flüssigen Karamell sofort in die Förmchen verteilen.

2. Den Backofen auf 140 °C vorheizen. Kochen Sie die
Sahne mit der Milch und den Gewürzen auf und lassen
Sie die Mischung 20–30 Minuten zugedeckt ziehen. In der
Zwischenzeit die Eier und Eigelbe mit dem restlichen Zucker
gut verrühren, aber nicht schaumig schlagen. Die heiße Milch
unterrühren und die Creme durch ein feines Sieb passieren.

3. Eine Fettpfanne mit 1 Lage Küchenpapier auslegen und
die Förmchen daraufstellen. Füllen Sie die heiße Creme ein
und schieben Sie die Fettpfanne in das untere Drittel des
Ofens. Dann das Blech bis zur halben Höhe der Förmchen
mit kochendem Wasser auffüllen und die Creme im vorgeheizten Ofen 45–50 Minuten stocken lassen. Herausnehmen,
abkühlen lassen und die Cremes über Nacht kühl stellen.

4. Für die marinierten Orangen 1 Orange heiß waschen,
trocknen und lange Zesten abziehen. Alle Orangen schälen
und in etwa 5 mm dicke Scheiben schneiden. Kochen Sie
die Orangenzesten mit dem Portwein, Zucker, Honig und
Kardamom auf und lassen Sie alles 5 Minuten abkühlen. Die
Orangenscheiben in ein flaches Gefäß legen, mit dem Sud
übergießen und zugedeckt über Nacht durchziehen lassen.

5. Lösen Sie am nächsten Tag die Glühwein-Crème-caramel
vorsichtig mit einem spitzen Messer aus den Förmchen. Die
Cremes auf tiefe Teller stürzen und mit den zimmerwarmen
marinierten Orangen servieren.

VIELFACH ABWANDELBAR
Eine Crème caramel können Sie wunderbar und schnell
abwandeln, vor allem mit Gewürzen. Dazu etwa Vanille
oder Ingwer in der heißen Milch-Sahne-Mischung ziehen
lassen, bis sie das gewünschte Aroma hat. Gut eignet sich
auch die abgeriebene Schale von Bio-Zitrusfrüchten.

S. 266
CRÈME CARAMEL HERSTELLEN

S. 249
AROMEN VON ANIS BIS ZIMT

S. 250
ROTWEIN

CRÈME BRÛLÉE
MIT PASSIONSFRUCHT

S. 242
EXOTISCHE FRÜCHTE

S. 266
CRÈME BRÛLÉE HERSTELLEN

ZUBEREITUNGSZEIT: 1 Std.   KÜHLZEIT: 3–4 Std.

FÜR DIE CREME: 1 Vanilleschote • ¼ l Milch • 150 g Sahne • 90 g Zucker • abgeriebene
Schale von ½ Bio-Zitrone • 5 Eigelbe • 200 g Passionsfruchtmark (etwa 8 Früchte)
• 1 EL Maisstärke
AUSSERDEM: 4 Portionsförmchen mit 12 cm Ø • 4 TL brauner Zucker

1. Für die Creme die Vanilleschote aufschlitzen und quer halbieren. Kochen Sie in einer Kasserolle die Milch mit der Sahne, 50 g Zucker, der Vanilleschote und der abgeriebenen Zitronenschale auf. Die Mischung 10 Minuten ziehen lassen, dann durch ein feines Sieb passieren und auskühlen lassen. Anschließend die Eigelbe unterrühren.

2. Den Backofen auf 150 °C vorheizen. Rühren Sie die Stärke mit etwas kaltem Wasser glatt. Das Passionsfruchtmark mit den restlichen 40 g Zucker aufkochen und mit der angerührten Stärke binden.

3. Das gebundene Passionsfruchtmark in die Förmchen füllen und die Creme vorsichtig auf das Passionsfruchtmark gießen. Die Förmchen in eine Fettpfanne oder in eine Auflaufform stellen. Diese bis zur halben Höhe der Förmchen mit heißem Wasser füllen.

4. Creme 30–35 Minuten im vorgeheizten Ofen pochieren, bis sie eine puddingähnliche Konsistenz hat. Aus dem Ofen nehmen, etwas abkühlen und im Kühlschrank gut durchkühlen lassen. Förmchen kurz vor dem Servieren aus dem Kühlschrank nehmen. Sie Oberfläche der Cremes gleichmäßig mit 1 TL braunem Zucker bestreuen. Zucker mit einem Gasbrenner abflämmen, bis er karamellisiert, und Crèmes brûlées sofort servieren.

AROMEN VARIIEREN
Statt mit Passionsfrucht können Sie die Creme mit geriebener Tonkabohne, frischer Zitronenverbene oder der abgeriebenen Schale von Bio-Orangen aromatisieren. Je nach Jahreszeit schmeckt Crème brûlée auch mit Erdbeeren, marinierten Feigen oder einem Ragout von Zitrusfrüchten.

KAFFEE-MOUSSE MIT BANANENEIS UND IRISH-COFFEE-GELEE

ZUBEREITUNGSZEIT: 40 Min. KÜHLZEIT: 2–3 Std., FÜR 6–8 Portionen

FÜR DAS BANANENEIS: 500 g vollreife Bananen oder Babybananen • 120 ml Milch, 3,5 % Fett
• 230 g Sahne • 1 Prise Salz • ½ TL Ascorbinsäure (Apotheke) • 1 ½ cl weißer Rum, z. B. Bacardi
• 1 ½ cl Eierlikör • 60 ml Läuterzucker • 1 EL Bananensirup, z. B. Monin • nach Belieben 3 cl Bananen-
likör • Saft von ½ Zitrone • Mark von ½ Tahiti-Vanilleschote
FÜR DIE KAFFEE-MOUSSE: 1 EL löslicher Kaffee, z. B. Nescafé • 120 g weiße Kuvertüre, in Stücken
• 2 Eigelbe • 1 TL Puderzucker • 1 cl Whiskey • 1 Blatt Gelatine, kalt eingeweicht • 250 g Sahne
FÜR DAS IRISH-COFFEE-GELEE: 35 g brauner Zucker • 3 ½ cl Whiskey • 150 ml Espresso
• 1 EL Akazienhonig • ½ TL Kaffeesirup, z. B. Monin • 2 Blatt Gelatine, kalt eingeweicht
AUSSERDEM: nach Belieben Schokoladenblätter und Kakaopulver für die Garnitur

1. Für das Eis die Bananen schälen, in kleine Stücke schneiden und mit allen weiteren Eis-Zutaten im Mixer pürieren. Die Masse durch ein feines Sieb streichen, kühl stellen und in der Eismaschine cremig gefrieren.

2. Für die Kaffee-Mousse den Kaffee in 2 EL heißem Wasser auflösen. Die Kuvertüre in einer Metallschüssel über einem heißen Wasserbad schmelzen. Verrühren Sie die Eigelbe mit dem Puderzucker in einem Metallrührkessel. Den Kaffee zufügen und die Mischung über einem heißen Wasserbad unter Rühren zur »Rose« abziehen. Die geschmolzene Kuvertüre kräftig einarbeiten. Den Whiskey erwärmen, die ausgedrückte Gelatine darin auflösen, die Mischung unter die Creme rühren. Alles auf 35–40 °C abkühlen lassen.

3. Schlagen Sie in der Zwischenzeit die Sahne steif. Die Hälfte davon vorsichtig unter die Creme mischen, dann die zweite Hälfte unterheben. Kaffee-Mousse in vorgekühlte Gläser oder Tassen füllen und für mindestens 2 Stunden kalt stellen. Nach dem Auskühlen der Mousse für das Irish-Coffee-Gelee in einer Kasserolle den Zucker mit 2 ½ cl Whiskey erwärmen. Flambieren und kurz brennen lassen, dann mit dem Espresso ablöschen. Den Honig und den Kaffeesirup hinzugeben und die Mischung kurz aufkochen lassen. Die gut ausgedrückte Gelatine im heißen Irish Coffee auflösen. Restlichen Whiskey unterrühren. Alles abkühlen lassen.

4. Tragen Sie das gerade noch flüssige Irish-Coffee-Gelee unmittelbar vor dem Gelieren löffelweise dünn auf die Mousse auf. Dann die Kaffee-Mousse erneut kühl stellen.

5. Stellen Sie die Gläser oder Tassen mit der gut gekühlten Mousse auf Dessertteller. Nach Belieben ein Schokoblatt danebenlegen, 1 oder 2 Nocken Bananeneis darauf anrichten und den Teller mit Kakaopulver verziert servieren.

ZUM STÜRZEN
Aufgrund des geringen Gelatineanteils lässt sich die Kaffee-Mousse nach diesem Rezept nicht stürzen, sie kann nur in einem Gefäß serviert werden. Will man sie stürzen, muss der Gelatineanteil auf 2 oder 3 Blatt erhöht werden.

S. 251
LIKÖRE

S. 256
KUVERTÜRE SCHMELZEN

S. 264
ZUR »ROSE« ABZIEHEN

INGWEREIS MIT KARAMELLISIERTEN BIRNEN

ZUBEREITUNGSZEIT: 45 Min. / KÜHLZEIT (EISMASSE): 5–12 Std. / FÜR 4–6 Portionen

FÜR DAS INGWEREIS: 20 g frischer Ingwer • 300 ml Milch • 200 g Sahne • 100 g Zucker
• 30 g Ingwersirup (Fond von kandiertem Ingwer) • ¼ Stange Zimt • 5 Eigelbe
• 15 g Milchschokolade, grob gehackt
FÜR DIE KARAMELLISIERTEN BIRNEN: 2–3 reife Birnen, je nach Größe • 80 g Zucker
• 100 ml Weißwein • 1 EL Aceto balsamico bianco (10 ml) • ¼ Vanilleschote • ½ Stange Zimt

S. 46
INGWER

S. 274
CREMIGES EIS HERSTELLEN

1. Für das Eis den Ingwer schälen und in dünne Scheiben schneiden. Kochen Sie die Milch mit der Sahne und 50 g Zucker auf. Den Ingwer, Ingwersirup sowie die Zimtstange zufügen und alles zugedeckt 15 Minuten ziehen lassen. Probieren Sie – lässt man die Ingwermilch noch etwas länger ziehen, bekommt sie noch etwas mehr Schärfe.

2. Die Ingwermilch erneut erwärmen. Verrühren Sie die Eigelbe mit den restlichen 50 g Zucker in einem Metallrührkessel. Die heiße Ingwermilch unter Rühren dazupassieren. Die Masse über einem heißen Wasserbad unter ständigem Rühren zur »Rose« abziehen, zu der Schokolade gießen und diese darin schmelzen. Alles gut verrühren und für 5–12 Stunden kühl stellen, dann die Masse in einer Eismaschine cremig gefrieren.

3. Für die karamellisierten Birnen die Früchte schälen, jeweils vom Kerngehäuse befreien und in Spalten oder Scheiben schneiden. Lassen Sie den Zucker in einem Topf goldgelb karamellisieren und löschen Sie ihn mit Weißwein und Essig ab. Die Mischung kochen lassen, bis sich der Karamell komplett gelöst hat, bei Bedarf noch etwas Wasser zugießen. Birnen und Gewürze zufügen, alles nochmals kurz aufkochen, dann zugedeckt lauwarm abkühlen lassen. Die Birnen herausnehmen und den Karamellfond nach Belieben noch etwas reduzieren, bis er dicke Blasen wirft, dann ebenfalls lauwarm abkühlen lassen.

4. Richten Sie die karamellisierten Birnen mit 1 Kugel Ingwereis auf Desserttellern an. Alles mit Karamellfond beträufeln und sofort servieren.

SAMBUCA-EIS
MIT KAFFEESCHAUM

ZUBEREITUNGSZEIT: 35 Min. / KÜHLZEIT: 12 Std.

S. 274
CREMIGES EIS
HERSTELLEN

S. 264
ZUR »ROSE« ABZIEHEN

S. 270
SCHÄUME
HERSTELLEN

FÜR DAS SAMBUCAEIS: ⅛ l Milch • 125 g Sahne • 25 g Zucker • 4 cl Sambuca (italienischer Anislikör) • 3 Eigelbe • 70 g weiße Kuvertüre, z. B. von Valrhona, grob gehackt
FÜR DEN KAFFEESCHAUM: 200 g Sahne • 20 g Zucker • 50 g Kaffeebohnen • 2 cl Kaffeelikör, z. B. Kahlua
AUSSERDEM: Kakaopulver zum Bestreuen • Kaffeebohnen für die Garnitur

1. Für das Sambuca-Eis die Milch in einer Kasserolle mit der Sahne, dem Zucker und dem Sambuca aufkochen. Verrühren Sie die Eigelbe in einem Metallrührkessel. Dann die heiße Sambucamilch unter Rühren zugießen, den Rührkessel auf ein heißes Wasserbad setzen und die Creme unter ständigem Rühren zur »Rose« abziehen.

2. Setzen Sie den Rührkessel kurz auf Eiswasser, um ein Überhitzen der Masse zu verhindern. Die Kuvertüre zufügen und in der noch warmen Sambucamasse auflösen. Alles kurz mit dem Pürierstab durchmixen, durch ein feines Sieb passieren und mindestens 3 Stunden oder über Nacht abkühlen lassen, dann in der Eismaschine cremig gefrieren.

3. Für den Kaffeeschaum die Sahne mit Zucker und Kaffeebohnen aufkochen, abkühlen und über Nacht im Kühlschrank durchziehen lassen.

4. Passieren Sie die Kaffeesahne durch ein Haarsieb und fügen Sie den Kaffeelikör zu. Anschließend alles in eine ¼-l-Sahne-Siphon-Flasche füllen, diese verschließen, mit 1 Gaspatrone füllen und bis zur Verwendung kühl stellen.

5. Füllen Sie eine Cappuccinotasse zur Hälfte mit dem Sambuca-Eis. Dann mit dem Kaffeeschaum auffüllen. Alles mit Kakaopulver bestreuen, mit Kaffeebohnen garnieren und servieren.

CHAMPAGNER-BUTTER-EIS MIT BLUTORANGEN

ZUBEREITUNGSZEIT: 45 Min. / TROCKENZEIT: 8 Std. / KÜHLZEIT: 3–12 Std.

FÜR DAS CHAMPAGNER-BUTTER-EIS: 5 Eigelbe • 120 g Zucker • ½ l Champagner (Ersatz: Sekt) • 110 g kalte Butter, klein gewürfelt • 2 EL Zitronensaft (20 ml)
FÜR DIE BLUTORANGE: 3 Blutorangen • 50 ml Läuterzucker • 30 g Zucker • 1 Messerspitze Xanthan (Apotheke)
AUSSERDEM: Silikonbackmatte oder Dauerbackfolie • Minzeblättchen für die Garnitur

S.254
LÄUTERZUCKER HERSTELLEN

S. 264
ZUR »ROSE« ABZIEHEN

S. 274
CREMIGES EIS HERSTELLEN

1. Für das Eis die Eigelbe in einem Metallrührkessel mit dem Zucker verrühren. Lassen Sie den Champagner in einem Topf um die Hälfte einkochen, damit sich der Geschmack verstärkt und der Alkohol auskocht. Dann die Champagner-Reduktion unter ständigem Rühren zu der Eigelbmasse geben und über einem heißen Wasserbad zur »Rose« abziehen. Rührkessel kurz auf Eiswasser setzen, damit die Temperatur nicht weiter ansteigt.

2. Füllen Sie die noch warme Masse in den Becher des Standmixers. Die kalte Butter zufügen und alles homogen aufmixen. Die Masse mit Zitronensaft abschmecken. Abkühlen lassen und in der Eismaschine cremig gefrieren.

3. Den Backofen auf 80 °C vorheizen. In der Zwischenzeit 1 Blutorange halbieren und aus der Mitte 4 schöne hauchdünne Scheiben schneiden. Die Orangenscheiben durch den Läuterzucker ziehen, auf eine Silikonbackmatte legen und im vorgeheizten Ofen etwa 8 Stunden trocknen lassen.

4. Die restliche Frucht auspressen, die beiden anderen Blutorangen schälen und die Filets auslösen, dabei den austretenden Saft auffangen. Den Zucker in einem Topf karamellisieren, mit dem Orangensaft ablöschen. Alles bei reduzierter Hitze köcheln lassen, bis sich der Zucker komplett gelöst hat. Anschließend den Fond auskühlen lassen, das Xanthan zugeben und mit einem Schneebesen unterrühren, bis es sich komplett aufgelöst hat. Dann den Fond durch ein feines Sieb passieren und die Blutorangenfilets einlegen.

5. Die Blutorangenfilets mit etwas Fond auf Dessertteller oder in Schalen verteilen. Legen Sie jeweils 1 schöne Nocke Champagner-Butter-Eis daneben. Das Dessert mit Blutorangenchips und Minzeblättchen garnieren und servieren.

»Ein raffiniertes Eis, das durch seinen fein ausgewogenen Geschmack besticht. Statt der Blutorangen können Sie je nach Saison auch Erdbeeren oder ein leicht säuerliches Fruchtkompott dazu reichen. Als knusprige Komponente ergänzen gebackene, mit Puderzucker bestreute und bei Oberhitze karamellisierte Blätterteigschnitten das Ganze vorzüglich.«

ORANGEN-GRAND-MARNIER-GRANITÉ

S. 240
ZITRUSFRÜCHTE

S. 279
GRANITÉ
HERSTELLEN

ZUBEREITUNGSZEIT: 25 Min. / **KÜHLZEIT:** 4 Std.

FÜR DAS GRANITÉ: 6–8 EL Zucker • ¾ l frisch gepresster Orangensaft mit Fruchtfleischanteil (etwa 12 Orangen) • 6 cl Orangenlikör, z. B. Grand Marnier
AUSSERDEM: Orangenzesten, in Grenadine gekocht • nach Belieben ausgelöste Filets von ½ Orange und Minzeblättchen

1. Für das Orangen-Grand-Marnier-Granité 2 EL Zucker in einem heißen Topf hellbraun karamellisieren. Löschen Sie den Karamell mit ¼ l Orangensaft ab. Anschließend alles auf etwas mehr als die Hälfte einkochen lassen, bis sich der Karamell wieder gelöst hat.

2. Den Topf vom Herd nehmen und je nach Geschmack die restlichen 4–6 EL Zucker in der heißen Flüssigkeit auflösen. Gießen Sie den übrigen Orangensaft hinzu und schmecken Sie alles mit Grand Marnier ab. Die Mischung in eine flache Form geben und tiefkühlen. Dabei alle

20–30 Minuten die Eiskristalle vom Rand mit einer Gabel oder einem Löffel abschaben. Diesen Vorgang während des Gefrierens mehrmals wiederholen.

3. Kühlen Sie Sektschalen, andere geeignete Gläser oder Tassen gut vor. Das Orangen-Grand-Marnier-Granité einfüllen, mit rot gefärbten Orangenzesten und nach Belieben zusätzlich mit Orangenfilets und Minzeblättchen garnieren und servieren. Alternativ können Sie das Granité auch zu Schokoladenkuchen reichen, der einen angenehm süßen Kontrast dazu bildet.

ALS APERITIF GENIESSEN
Sie können das fruchtige Orangen-Grand-Marnier-Granité auch mit Sekt oder Champagner aufgießen und als erfrischenden Drink servieren.

GRANATAPFEL-GRANITÉ AUF INGWER-MOUSSE

ZUBEREITUNGSZEIT: 2 Std. 40 Min. KÜHLZEIT: 4–5 Std. FÜR 6–8 Portionen

FÜR DAS GRANATAPFEL-GRANITÉ: (Für 15–20 Portionen) • 3 Granatäpfel • ½ l Granatapfelsaft
• 150 g Zucker • ½ Bio-Orange • ½ Bio-Zitrone • 150 ml Portwein • 70 ml Rotwein • 4 Dörrpflaumen • 1 Gewürznelke • ½ Stange Zimt • 1 ganzer Sternanis • 1 Vanilleschote • 350 ml Mineralwasser
FÜR DIE ITALIENISCHE MERINGUE: 65 g Eiweiß (etwa 2 Eiweiße) • 115 g Zucker
FÜR DIE INGWER-MOUSSE: 2 Eigelbe • 25 g Zucker • 2 Blatt Gelatine, kalt eingeweicht
• 25 g Ingwersirup • 40 g eingelegter Ingwer, sehr fein gewürfelt • 200 g Sahne, geschlagen
FÜR DAS ORANGENSODA: 600 ml frisch gepresster Orangensaft • 1 Vanilleschote
• 1 ganzer Sternanis • 1 Kapsel Kardamom • 35 ml Läuterzucker • abgeriebene Schale von
½ Bio-Orange • 1 cl Orangenlikör, z. B. Grand Marnier • 2 Blatt Gelatine, kalt eingeweicht

S.254, 255
LÄUTERZUCKER/
ZUCKER KARAMELLISIEREN

S. 264
ZUR »ROSE« ABZIEHEN

S. 279
GRANITÉ HERSTELLEN

S. 270
SCHÄUME HERSTELLEN

1. Für das Granité die Granatäpfel halbieren, die Kerne
auslösen (Saft auffangen) und von den weißen Hautresten
befreien. Kochen Sie die Granatapfelkerne mit dem -saft und
den übrigen Zutaten auf und lassen Sie alles 10 Minuten bei
schwacher Hitze ziehen. Anschließend den Topf vom Herd
nehmen und die Mischung zugedeckt auskühlen lassen.

2. Die kalte Mischung durch ein Tuch passieren, dabei alles
kräftig bis zum letzten Tropfen ausdrücken. Den Saft probieren, eventuell etwas nachsüßen, in eine große flache Form
füllen und tiefkühlen. Nachdem die Flüssigkeit zu gefrieren
beginnt, mit einer Gabel oder einem Löffel lockere Eiskristalle
vom Rand abschaben. Den Vorgang alle 20–30 Minuten
mehrmals wiederholen.

3. Für die italienische Meringue die Eiweiße zu Schnee
schlagen, dabei langsam 50 g Zucker einrieseln lassen.
Kochen Sie parallel dazu die restlichen 65 g Zucker mit 35 ml
Wasser in einer Kasserolle zum Flug (112 °C). Dann den
Zuckersirup in leichtem Faden in den Eischnee einschlagen.

4. Für die Ingwer-Mousse die Eigelbe mit Zucker und 25 ml
Wasser in einen Metallrührkessel geben und über einem
heißen Wasserbad zur »Rose« abziehen. Lösen Sie die gut
ausgedrückte Gelatine in der noch warmen Eigelbmasse auf.

5. Den Ingwersirup sowie den fein gewürfelten Ingwer
zufügen und alles auf 35–40 °C abkühlen lassen. Erst 125 g
Meringuenmasse, dann die geschlagene Sahne unterheben.
Die Ingwer-Mousse in Martinigläser füllen und kühl stellen.

6. Für das Orangensoda den Orangensaft mit der längs
halbierten Vanilleschote, Sternanis und Kardamom auf
400 ml reduzieren. Durch ein Tuch passieren und ausdrücken.
Den Läuterzucker und die Orangenschale unterrühren.
Anschließend den Likör auf 45 °C erwärmen und die gut
ausgedrückte Gelatine darin auflösen.

7. Die Mischung kräftig unter die Orangenreduktion rühren,
alles in eine ¼-l-Sahne-Siphon-Flasche füllen, diese mit
2 Gaspatronen laden und kalt stellen.

8. Nehmen Sie die Gläser heraus und füllen Sie die Mousse
mit 2–3 EL Granité auf. Das Orangensoda zufügen und das
Dessert nach Belieben mit Minzeblättchen garniert servieren.
Das restliche Granité lässt sich in Tiefkühldosen einige Tage
aufbewahren.

GRANITÉ VOM WEISSEN PFIRSICH MIT SCHOKOLADEN-CREMEUX UND MATCHA-BAISERS

ZUBEREITUNGSZEIT: 1 Std. 20 Min. / TROCKENZEIT: 3–4 Std. / KÜHLZEIT: 3 Std.

FÜR DIE MATCHA-BAISERS: 20 g Zucker • 20 g Isomalt (Ersatz: Zucker) • 2 Eiweiße • 20 g Dextrose (Apotheke) • 3 g Matcha (gemahlener japanischer Grüntee, erhältlich in gut sortierten Teeläden oder im Internet)
FÜR DAS GRANITÉ: 500 g weiße Pfirsiche (Ersatz: andere Pfirsiche) • 50 g Zucker • ¼ l Weißwein • 5 EL Orangensaft • 3 EL Zitronensaft • 7–8 Zweige Zitronenthymian
FÜR DIE SCHOKOLADEN-CREMEUX: 240 g weiße Schokolade • 150 g Sahne • 250 g griechischer Joghurt
AUSSERDEM: Backpapier • einige Stängel Thymian oder Eisenkraut

S. 279
GRANITÉ HERSTELLEN

S. 280
BAISER HERSTELLEN

1. Den Backofen auf 60 °C vorheizen. Für die Baisers Zucker und Isomalt vermischen, zu den Eiweißen geben und alles zu einem cremigen Schnee schlagen. Vermengen Sie die Dextrose mit dem Matcha-Pulver. Heben Sie die Mischung unter den Eischnee. Ein Backblech mit Backpapier belegen. Den Eischnee in einen Spritzbeutel mit Lochtülle füllen und Baisertropfen auf das Backpapier aufspritzen. Die Matcha-Baisers im vorgeheizten Ofen 3–4 Stunden trocknen. Die Baisers in einer gut schließenden Dose trocken aufbewahren.

2. Für das Granité die Pfirsiche halbieren, entsteinen und das Fruchtfleisch würfeln. Die Fruchtwürfel in einer Kasserolle mit 300 ml Wasser und dem Zucker weich garen. Pürieren Sie das weiche Pfirsichfruchtfleisch mitsamt der Flüssigkeit und streichen Sie das Mark durch ein Sieb.

3. Den Weißwein in einem Topf mit dem Orangen- und Zitronensaft aufkochen und etwa 5 Minuten bei schwacher Hitze köcheln lassen. Den Zitronenthymian zufügen, den Topf mit Frischhaltefolie bedecken und alles 5 Minuten ziehen lassen.

4. Passieren Sie den Weißwein-Thymian-Sud durch ein Sieb und geben Sie ihn zum Pfirsichmark. Beides gut verrühren, den Sud in eine flache Form gießen und tiefkühlen. Sobald das Granité zu gefrieren beginnt, mit einer Gabel oder einem Löffel Eiskristalle vom Rand abschaben. Den Vorgang alle 20–30 Minuten mehrmals wiederholen, bis das Granité durchgefroren ist.

5. Für die Cremeux die weiße Schokolade in kleine Stücke hacken und in einen hitzebeständigen hohen Rührbecher geben. Die Sahne aufkochen und über die Schokolade gießen. Lassen Sie alles 2 Minuten stehen und mixen Sie dann die Schokoladensahne cremig auf. Den Joghurt zufügen und alles nochmals gut durchmixen. Die fertige Creme in Gläser füllen und im Kühlschrank auskühlen lassen.

6. Nehmen Sie die Gläser aus dem Kühlschrank und verteilen Sie das Granité auf der Cremeux. Alles mit frischen Thymianblättchen oder Eisenkrautspitzen garnieren und jeweils 1 Matcha-Baiser auf das Granité setzen. Das Dessert sofort servieren, damit das Baiser nicht durchweicht.

»Sie können das Pfirsich-Granité auch im Block gefrieren lassen und anschließend über eine feine Reibe hobeln – so entsteht eine Art feiner Pfirsichschnee.«

HOLUNDER-GRANITÉ

ZUBEREITUNGSZEIT: 40 Min. / ZIEHZEIT: 5 Tage / KÜHLZEIT: 12 Std.

FÜR DEN HOLUNDERBLÜTENSIRUP: 15–20 Holunderblütendolden • 800 g Zucker
• Saft von 4 Zitronen • 30 g Ascorbinsäure (Apotheke)
FÜR DAS HOLUNDER-GRANITÉ: 200 ml Holundersirup (selbst gemacht oder Fertigprodukt)
• 100 ml trockener Sekt • Saft von 1 Limette • Mark von ¼ Vanilleschote
AUSSERDEM: Schraubdeckelflaschen für den Holundersirup

1. Für den Holunderblütensirup die Holunderdolden sehr vorsichtig waschen. Geben Sie die Blütendolden in ein sauberes Steingutgefäß oder in eine Schüssel. Dann in einem Topf 2 l Wasser mit dem Zucker, Zitronensaft und Ascorbinsäure aufkochen und über die Blüten gießen. Alles zugedeckt an einem warmen, sonnigen Platz 5 Tage durchziehen lassen.

2. Anschließend den Sirup durch ein feines Sieb passieren und in saubere Flaschen abfüllen. Den Holundersirup bis zur Verwendung kühl und trocken lagern, angebrochene Flaschen im Kühlschrank aufbewahren.

3. Für das Granité 200 ml Holundersirup mit dem Sekt, dem Limettensaft und dem Vanillemark verrühren. Die Mischung etwa fingerdick in ein flaches Blech oder in eine flache Form gießen und tiefkühlen. Sobald die Flüssigkeit zu gefrieren beginnt, mit einer Gabel oder einem Löffel Eiskristalle vom Rand abschaben. Wiederholen Sie diesen Vorgang alle 20–30 Minuten, bis das Granité vollständig gefroren ist.

4. Richten Sie das Holunder-Granité in gekühlten Gläsern an und füllen Sie es nach Belieben mit Sekt, Prosecco oder Riesling auf.

HOLUNDERBLÜTEN ERNTEN
Am besten warten Sie zum Pflücken der Holunderblüten auf eine sonnige und trockene Periode im Frühsommer, denn nur dann können sich Aroma und Geschmack der Blüten voll entfalten.

S. 243
HOLUNDER

S. 279
GRANITÉ HERSTELLEN

GEEISTES ROSENBLÜTENSÜPPCHEN

ZUBEREITUNGSZEIT: 15 Min. / ZIEHZEIT: 24 Std. / KÜHLZEIT: 2 Std.

FÜR DAS GEEISTE SÜPPCHEN: ½ Vanilleschote, aufgeschlitzt • 100 ml Sekt
• 100 ml Weißwein mit Restsüße • 80 g Zucker • 40 ungespritzte Rosenblütenblätter
(am besten frisch gepflückt) • 1 Blatt Gelatine • 1 EL Champagner oder trockener Sekt (10 ml)
AUSSERDEM: nach Belieben 4 kleine Kugeln Limetten-Estragon-Sorbet

1. Für das geeiste Süppchen das Mark aus der Vanilleschote
herauskratzen und mitsamt der Schote in einen Topf geben.
Dann den Sekt, Weißwein, Zucker sowie 200 ml Wasser
zufügen und alles kurz aufkochen lassen. Gießen Sie den
Sud über die Rosenblütenblätter und lassen Sie die Mischung
abgedeckt 24 Stunden ziehen.

2. Am nächsten Tag die Gelatine 5–10 Minuten in kaltem
Wasser einweichen. Passieren Sie den Rosenblütenfond
durch ein feines Sieb. Dann etwas von der Flüssigkeit abnehmen, in einem kleinen Topf erwärmen und die gut ausgedrückte Gelatine darin auflösen.

3. Rühren Sie die Gelatinemischung unter den übrigen
Rosenblütenfond und stellen Sie alles etwa 2 Stunden kalt.
Kurz vor dem Servieren den Champagner vorsichtig unterrüh-
ren, das Rosenblütensüppchen in geeiste Gläser füllen und
servieren. Nach Belieben können Sie noch je 1 Nocke
Limetten-Estragon-Sorbet dazu reichen.

S. 250
WEISSWEIN

S. 278
SORBET HERSTELLEN

S. 252
BINDEN MIT GELATINE

DUFTENDE EDELROSEN
Rosensorten mit feinem Duft eignen sich für dieses Dessert
besonders gut. Der ideale Erntezeitpunkt ist ab Anfang Juni
der späte Vormittag an warmen, sonnigen Tagen, wenn die
Rosenblüten am intensivsten duften.

FRAPPÉ »DOWN UNDER«

ZUBEREITUNGSZEIT: 1 Std. 15 Min. / **KÜHLZEIT:** 3–12 Std.

FÜR DAS DESERT-LIME-GRANITÉ: Saft und abgeriebene Schale von 4 Bio-Limetten
• 50 ml Desert-Lime-Fond (aus von im Glas eingelegten Früchten, online erhältlich z. B.
bei BOS FOOD) • 50 ml Mineralwasser • 20 ml Läuterzucker
FÜR DEN MELISSENSCHAUM: 3 Stängel Zitronenmelisse • 70 ml Läuterzucker
• 1 EL Crème fraîche • 1 EL Pro Espuma Kalt (Ersatz: ½ Blatt Gelatine) • 1 EL Minzsirup
AUSSERDEM: 4 Nocken Eiscreme, z. B. Akaziensamen-Eis • 4 australische Desert Limes
(Ersatz: 4 Limetten) • frische Minzeblättchen • kandierte Zitronenzesten

S.254
LÄUTERZUCKER
HERSTELLEN

S. 270
SCHÄUME HERSTELLEN

1. Für das Granité alle Zutaten verrühren, die Mischung in eine flache Form gießen und tiefkühlen. Schaben Sie, sobald die Flüssigkeit zu gefrieren beginnt, mit einer Gabel Eiskristalle vom Rand ab. Den Vorgang alle 20–30 Minuten wiederholen, bis das Granité vollständig gefroren ist.

2. Für den Schaum die Zitronenmelisse mit 50 ml Wasser und Läuterzucker aufkochen. Nehmen Sie den Sud vom Herd und lassen Sie ihn 10 Minuten ziehen und abkühlen. Dann den Sud durch ein feines Sieb passieren, die Crème fraîche sowie das Pro Espuma zufügen, alles mit einem Schneebesen glatt rühren und mit Minzsirup abschmecken. Die Masse in eine ½-l-Sahne-Siphon-Flasche geben, diese mit 1 Gaspatrone laden und kalt stellen.

3. Füllen Sie 1–2 EL Desert-Lime-Granité in Whiskytumbler. Die Sahne-Siphon-Flasche gut schütteln und die Gläser bis knapp unter den Rand mit Melisseschaum füllen. Darauf jeweils 1 Nocke Eiscreme platzieren und alles mit 1 Desert Lime, 1 Minzespitze sowie kandierten Zitronenzesten garnieren und servieren.

GUT VORZUBEREITEN
Sie können Eis und Granité bereits am Vortag zubereiten und gut verschlossen tiefgekühlt aufbewahren. Das Granité schmeckt auch pur ausgezeichnet – aufgegossen mit Champagner oder Wodka.

MANDELMILCH-SORBET

ZUBEREITUNGSZEIT: 30 Min. / **ZIEHZEIT:** 12 Std. / **KÜHLZEIT:** 12 Std.

FÜR DAS SORBET: 50 g Mandelblättchen • ¼ l Milch • 250 g Sahne • 100 g Zucker
• 20 cl Mandellikör, z. B. Amaretto • 30 ml Mandelsirup
AUSSERDEM: Backpapier • Aprikosen, Himbeeren oder Früchte der Saison, gewaschen und
in mundgerechte Stücke zerteilt • Kräuter und Karamellmandeln für die Garnitur

1. Den Backofen auf 160 °C vorheizen. Für das Sorbet die
Mandelblättchen auf einem mit Backpapier ausgelegten
Backblech verteilen. Rösten Sie die Mandeln im vorgeheizten
Ofen goldbraun.

2. Anschließend die Milch in einem Topf zusammen mit der
Sahne, dem Zucker sowie den gerösteten Mandelblättchen
aufkochen. Die Mischung abkühlen, dann über Nacht im
Kühlschrank durchziehen lassen. Passieren Sie die Mandel-
mischung durch ein feines Sieb. Anschließend den Likör
sowie den Mandelsirup zufügen, alles gut vermischen und
die Masse in der Eismaschine zu Sorbet gefrieren.

3. Drehen Sie mit dem Eisportionierer 2 schöne Kugeln ab.
Das Sorbet auf gekühlten Tellern oder in Schalen anrichten
und jeweils einige Aprikosen und Himbeeren danebenlegen.
Alles mit einem Kräuterzweig und Karamellmandeln garnieren
und sofort servieren.

S. 278
SORBET HERSTELLEN

»Dieses Sorbet passt mit seinem feinen Mandelgeschmack
vorzüglich zu Aprikosen. Sollten Sie keine Eismaschine zur
Verfügung haben, können Sie die Masse in einem hohen Gefäß tiefkühlen
und nach 1 Stunde mit dem Pürierstab kurz aufmixen.
Nach 20 Minuten alles erneut aufmixen und das
Sorbet noch 30 Minuten tiefkühlen.«

DUNKLES SCHOKOLADEN-SOUFFLÉ MIT WALNUSS-KROKANT-EIS

ZUBEREITUNGSZEIT: 1 Std. 40 Min. / KÜHLZEIT: 3–12 Std. / FÜR 8–10 Portionen

FÜR DAS WALNUSS-KROKANT-EIS: 4 Eigelbe • 40 g Zucker • ¼ l Milch • 125 g Sahne • ½ Vanilleschote, aufgeschlitzt • 60 g Walnusskerne • 100 g Zucker • 30 g Mandeln, gemahlen • 2 EL Mandel- oder Walnusslikör

FÜR DAS SCHOKOLADEN-SOUFFLÉ: 8–10 Löffelbiskuits, zerbröselt • 3 cl Walnuss- oder Mandellikör, z. B. Amaretto • 30 ml Läuterzucker • ¼ l Milch • 80 g dunkle Kuvertüre, z. B. Guanaja von Valrhona, gehackt • 20 g entöltes Kakaopulver • 80 g Mehlbutter (1 : 1 verknetet), in Stücken • 5 Eiweiße • 4 Eigelbe • 80 g Zucker

AUSSERDEM: Backpapier • 8–10 Portionsförmchen mit 8 cm Ø • Butter und Zucker für die Förmchen

S. 248
KUVERTÜRE SCHMELZEN

S. 264
ZUR »ROSE« ABZIEHEN

S. 278
LIKÖRE

1. Für das Eis Eigelbe und Zucker in einem Metallrührkessel cremig rühren. Die Milch mit der Sahne und der Vanilleschote aufkochen. Schote herausnehmen, das Mark auskratzen und zurückstreifen. Die Milch erneut aufkochen, unter die Eigelbmasse rühren und diese über einem heißen Wasserbad zur »Rose« abziehen. Auf Eiswasser kalt rühren und kühl stellen.

2. Ein Blech mit Backpapier auslegen und die Walnüsse mittelgrob hacken. Lassen Sie den Zucker mit 1 EL Wasser hellbraun karamellisieren, dann Walnüsse und Mandeln rasch unterrühren. Den Krokant dünn auf dem Backpapier verstreichen, abkühlen lassen und fein zerstoßen.

3. Die kalte Eismasse in der Eismaschine cremig gefrieren, dabei gegen Ende den Krokant sowie den Walnusslikör zufügen.

4. Den Backofen auf 200 °C vorheizen. Die Förmchen mit Butter fetten, mit Zucker ausstreuen, überschüssigen Zucker ausklopfen. Die Brösel in die Förmchen verteilen und mit Likör und Läuterzucker tränken. Kochen Sie die Milch auf und fügen Sie Kuvertüre und Kakaopulver zu. Die Mehlbutter portionsweise zugeben und jeweils mit dem Schneebesen unterarbeiten. Den Topf vom Herd nehmen, 1 Eiweiß zufügen und die Masse glatt rühren.

5. Die Masse in eine Schüssel füllen, lauwarm abkühlen lassen, dann die Eigelbe einarbeiten. Die übrigen Eiweiße mit dem Zucker cremig-steif schlagen und ein Drittel unterrühren. Den übrigen Eischnee vorsichtig unterheben. Verteilen Sie die Masse in die Förmchen und backen Sie diese im vorgeheizten Ofen 20 Minuten. Herausnehmen und die Soufflés mit je 2 Nocken Walnuss-Krokant-Eis servieren.

SALZBURGER NOCKERLN

ZUBEREITUNGSZEIT: 30 Min. / FÜR 3–4 Portionen

FÜR DIE NOCKERLN: 2 Orangen • 20 g Orangenmarmelade • 4 Eiweiße
• 50 g Zucker • 3 Eigelbe • 15 g Mohn, gemahlen • 20 g Mehl
AUSSERDEM: 1 Auflaufform (15 x 25 cm) • Butter und Zucker für die Form
• Puderzucker zum Bestreuen

S. 249
MOHN

S. 259
ORANGEN FILETIEREN

1. Für die Nockerln die Form mit Butter auspinseln und
mit Zucker ausstreuen, überschüssigen Zucker ausklopfen.
Die Orangen schälen und filetieren. Die Orangenfilets in einem
Sieb gut abtropfen lassen, dann mit der Orangenmarmelade
vermischen und auf den Boden der Form verteilen. Den
Backofen auf 190 °C vorheizen und einen Rost in das untere
Drittel des Ofens schieben. Stellen Sie die Auflaufform mit
den Orangenfilets 5 Minuten zum Erwärmen in den Ofen.

2. In der Zwischenzeit die Eiweiße mit der Hälfte des Zuckers
sehr steif schlagen. Die Eigelbe mit dem restlichen Zucker
schaumig aufschlagen und den Mohn sorgfältig unterrühren.
Ein Drittel des Eischnees unter die Eigelbmasse rühren, dann
den restlichen Eischnee daraufgeben, das Mehl darübersieben,
vorsichtig unterheben und weiterarbeiten, wie unten in
Step 1 und 2 gezeigt.

3. Backen Sie die Nockerln in 12–15 Minuten goldbraun,
dabei die Tür keinesfalls öffnen, da sie sonst zusammenfallen.
Sollte die Oberfläche zu dunkel werden, die Temperatur etwas
reduzieren. Die Nockerln herausnehmen, auf Teller verteilen
und mit Puderzucker bestreuen. Sofort servieren.

NOCKERLN ABSTECHEN UND EINFÜLLEN

(1) Mit einer Teigkarte eine erste große Nocke
von der luftigen Masse abstechen und in die
vorgewärmte Auflaufform setzen.

(2) Dann eine zweite und dritte Nocke abstechen, in die Form setzen und diese sofort in
den vorgeheizten Ofen schieben.

POMELO-GRATIN MIT MOSCATO-SABAYON

S. 241
POMELO

S. 272
SABAYON HERSTELLEN

ZUBEREITUNGSZEIT: 50 Min. / FÜR 6 Portionen

FÜR DAS POMELO-GRATIN: 80 ml Orangensaft • 50 g Sahne • 3 Eier
• 100 g Zucker • 15 g Maisstärke • 2 Blatt Gelatine, kalt eingeweicht
• 1 Pomelo (Ersatz: 2–3 Grapefruits)
FÜR DAS SABAYON: 75 ml Moscato d'Asti • 2 Eigelbe • 15 g Zucker
AUSSERDEM: 6 Gratinförmchen • Puderzucker • frische Minzeblättchen

1. Für das Gratin den Orangensaft mit der Sahne aufkochen lassen. Die Eier trennen. Verrühren Sie die Eigelbe mit 20 g Zucker und der Stärke. Die Eigelbmischung in die Orangensahne gießen und alles köcheln lassen, bis die Creme andickt, dann die gut ausgedrückte Gelatine darin auflösen.

2. Die Eiweiße mit dem restlichen Zucker steif schlagen und ein Drittel des Eischnees unter die heiße Creme rühren. Lassen Sie alles auf etwa 37 °C abkühlen und heben Sie dann den übrigen Eischnee vorsichtig unter.

3. Den Backofen auf 230 °C vorheizen. Die Pomelo schälen und filetieren. Belegen Sie den Boden der Förmchen oder tiefe, ofenfeste Teller mit den Pomelo-Filets. Die Creme in einen Spritzbeutel füllen und aufspritzen oder mit einem

Löffel dekorativ auf den Filets verteilen. Die Pomelo-Gratins im vorgeheizten Ofen 7–10 Minuten gratinieren, dabei darauf achten, dass sie nicht zu dunkel werden.

4. Inzwischen für das Sabayon alle Zutaten in einen Metallrührkessel geben und cremig rühren. Die Masse über einem heißen Wasserbad schaumig aufschlagen (70 °C). Den Rührkessel sofort vom Wasserbad nehmen und das Sabayon entweder warm servieren oder auf einer Schüssel mit Eiswasser kalt schlagen.

5. Zum Schluss das Pomelo-Gratin mit Puderzucker bestreuen und mit Minzeblättchen garniert servieren. Das Sabayon warm oder kalt in Gläser füllen und zum Fruchtgratin reichen.

BEEREN-GRATIN MIT MINZ-SORBET

ZUBEREITUNGSZEIT: 1 Std. 40 Min. / KÜHLZEIT: 3–12 Std. / FÜR 6–8 Portionen

FÜR DAS MINZ-SORBET: 35 g Glukosesirup (Fachhandel) • 130 g Traubenzucker
• 30 g Minzeblätter • 80 g Zucker • 5 g Pektin (Apotheke) • 4 EL Zitronensaft (40 ml) • Minzöl
FÜR DIE BUTTERHIPPEN: getrocknete Hibiskusblüten (Bio-Laden, Ersatz: ungespritzte getrocknete
Rosenblütenblätter) • 50 g Butter, zerlassen • 50 g Puderzucker • 2 Eiweiße (Größe S) • 55 g Mehl
FÜR DAS BEEREN-GRATIN: 500 g gemischte Beeren • 40 g Puderzucker • 2 cl Orangenlikör, z.B.
Grand Manier • 2 Eier • 160 g Ziegenquark (Ersatz: normaler Quark) • 30 g Zucker
• 1 gehäufter EL Speisestärke • abgeriebene Schale von 1 Bio-Zitrone • Mark von 1 Vanilleschote
• 40 g Puderzucker
AUSSERDEM: 1 runde Schablone für die Hippen (15 cm Ø) • Silikonbackmatte
• 6–8 Portionsförmchen • Minze

S. 246
GLUKOSESIRUP

S. 251
LIKÖRE

S. 278
SORBET HERSTELLEN

1. Für das Minz-Sorbet ½ l Wasser, Glukosesirup und
Traubenzucker auf 40 °C erwärmen. Die Minzeblätter zufügen
und alles mit dem Pürierstab gut durchmixen. Zucker und
Pektin sehr gut miteinander vermischen, unterrühren und
die Mischung auf 80 °C erhitzen, dann abkühlen lassen.
Schmecken Sie alles mit Zitronensaft und einigen Tropfen
Minzöl ab. Die Masse durch ein feines Sieb passieren und
in der Eismaschine zu Sorbet gefrieren.

2. Den Backofen auf 160 °C Umluft vorheizen. Für die Hippen
die Hibiskusblüten im Mörser zu Pulver zerreiben. Verrühren
Sie Butter, Puderzucker, Eiweiße und Mehl zu einer glatten
Masse. Alles gut durchkühlen lassen, dann die Hippenmasse
mithilfe der Schablone sehr dünn auf die Backmatte aufstrei-
chen und mit etwas Hibiskuspulver bestreuen. Die Hippen
im vorgeheizten Ofen goldgelb backen. Nach 4 Minuten die
Ofentür öffnen, alles leicht abkühlen lassen und die Tür wieder
schließen. Herausnehmen, die Hippen warm über ein Glas
stülpen, zu Körbchen formen und auskühlen lassen.

3. Den Backofen auf 200 °C vorheizen. Die Beeren für das
Gratin waschen, abtropfen lassen, verlesen, mit Puderzucker
und Orangenlikör vermischen und kurz durchziehen lassen. Die
marinierten Früchte in die Förmchen verteilen. Die Eier trennen.
Rühren Sie den Quark in einer Schüssel mit Zucker, Speisestärke, Eigelben, Zitronenschale und Vanillemark mit dem
Schneebesen glatt. Eiweiße mit Puderzucker steif schlagen
und den Eischnee vorsichtig unter die Quarkmasse heben.
Die Gratinmasse über die Beeren verteilen und alles im
vorgeheizten Ofen in etwa 10 Minuten goldbraun gratinieren.

4. Richten Sie die Beeren-Gratins in den Förmchen auf Tellern
an. Dann je 1 Hippenkörbchen danebensetzen, mit je 1 Kugel
Sorbet füllen und mit Minze garnieren. Sofort servieren.

»Beide Komponenten des Desserts,
sowohl das Beeren-Gratin als auch
das Minz-Sorbet im Hippenkörbchen,
überzeugen auch solo.«

TOPFENPALATSCHINKEN

ZUBEREITUNGSZEIT: 1 Std. 40 Min. / FÜR 8 Portionen

FÜR DIE PALATSCHINKEN: 75 g Butter • ½ l Milch, zimmerwarm • 120 g Mehl
• 4 Eier, zimmerwarm • Mark von ¼ Vanilleschote • abgeriebene Schale von ½ Bio-Zitrone
• 20 g Zucker • 1 Prise Salz
FÜR DIE TOPFENFÜLLUNG: 200 g Speisequark, 20 % Fett i.Tr. • 40 g Zucker • 2 Eigelbe
• 1 EL Puddingpulver oder Speisestärke • 10 g Vanillezucker • abgeriebene Schale von
1 Bio-Orange und 1 Bio-Zitrone • 20 g Butter, zerlassen • 60 g Sahne, geschlagen
• 30 g Rosinen, eingeweicht und klein gehackt
FÜR DEN GUSS: 260 ml Milch • 60 g Crème fraîche • 2 Eier • 20 g Vanillezucker
AUSSERDEM: Butterschmalz zum Ausbacken • Backpapier • Butter für die Form
• Puderzucker • Zitronenverbene

S. 247
QUARK

1. Für die Palatschinken die Butter erhitzen, dabei den entstehenden Schaum abschöpfen und die Butter leicht bräunen. Butter durch ein Tuch in eine Schüssel passieren und leicht abkühlen lassen. Verrühren Sie die Milch mit dem Mehl und mischen Sie dann die Eier sowie das Vanillemark unter. Zitronenschale, Zucker und Salz zufügen und alles mit dem Pürierstab kurz durchmixen, dabei die gebräunte Butter (Nussbutter) einlaufen lassen. Palatschinkenteig 30 Minuten ruhen lassen, dann durch ein Sieb passieren.

2. Für die Topfenfüllung den Quark mit Zucker, Eigelben, Puddingpulver oder Stärke, Vanillezucker, Orangen- und Zitronenschale sowie der zerlassenen Butter glatt rühren. Heben Sie dann die geschlagene Sahne vorsichtig unter.

3. Eine beschichtete Pfanne mit Butterschmalz auspinseln und erhitzen. Gießen Sie 1 Schöpflöffel Teig ein und backen Sie eine dünne Palatschinke aus.

4. Aus dem übrigen Teig 15 Palatschinken ausbacken und zwischen Backpapier legen.

5. Den Backofen auf 175 °C vorheizen. Eine große oder mehrere kleine ofenfeste flache Formen mit Butter fetten. Bestreichen Sie die Palatschinken dünn mit der Topfenmasse und streuen Sie die Rosinen darüber. Jede Palatschinke zweimal zu Dreiecken zusammenklappen, dachziegelartig in die Form schichten und im Ofen 10 Minuten überbacken.

6. Für den Guss alle Zutaten verrühren und durch ein feines Sieb passieren. Die Ofentemperatur auf 110 °C verringern, die Palatschinken mit dem Guss überziehen und noch 15–20 Minuten backen. Die Topfenpalatschinken mit Puderzucker bestreuen und mit Zitronenverbene garniert in den Formen servieren oder auf Tellern anrichten. Reichen Sie nach Belieben Aprikosenragout (rechts) oder Heidelbeerragout und/oder je 1 Kugel Vanilleeis dazu.

»PALATSCHINKENFÜLLUNGEN«

Sind die Palatschinken einmal gebacken, lassen sie sich mit den verschiedensten Leckereien füllen. Für Marillen-Palatschinken blanchieren, häuten und entsteinen Sie 120 g reife Aprikosen und schneiden das Fruchtfleisch in kleine Stücke. Anschließend 100 g Aprikosenkonfitüre kurz erhitzen und die Aprikosenstücke darin 1–2 Minuten ziehen lassen. Kurz vor dem Füllen rühren Sie 2 cl Vanillelikör, zum Beispiel Galliano, unter die Aprikosen. Die gefüllten Palatschinken mit zerlassener Butter bestreichen und im vorgeheizten Backofen bei 200 °C 5–6 Minuten überbacken. Dann herausnehmen, die Palatschinken vor dem Servieren mit Puderzucker bestäuben und mit je 1 Aprikosenhälfte garniert servieren. Kirsch-Palatschinken füllen Sie mit 100 g Sauerkirschkonfitüre, bestreichen sie mit zerlassener Butter und überbacken sie 5–6 Minuten. Dazu passt eine Schokoladensauce. Dafür ⅛ l Wasser mit 80 g Zucker, 40 g Butter und 20 g Kakaopulver aufkochen und 100 g gehackte dunkle Schokolade unterrühren. Die Kirsch-Palatschinken vor dem Servieren mit der Sauce überziehen.
Margarethe Brunner

LIWANZEN MIT SAUERKIRSCHEN

ZUBEREITUNGSZEIT: 1 Std. 50 Min.

FÜR DIE LIWANZEN: 10 g Butter • 10 g Hefe • 160 ml lauwarme Milch • 60 g Mehl
• 60 g Vollkornmehl • 1 Eigelb • Mark von ½ Vanilleschote • abgeriebene Schale von ¼ Bio-Zitrone
• 1 Eiweiß • 15 g Zucker
FÜR DAS SAUERKIRSCH-RAGOUT: 100 g Zucker • Saft von ½ Zitrone • 250 g Sauerkirschen,
entsteint (Steine aufbewahren, Ersatz: TK-Kirschen) • 100 ml Portwein • 100 ml Rotwein
• ½ Stange Zimt • 1 TL Speisestärke
AUSSERDEM: Butterschmalz • Puderzucker

1. Für den Liwanzenteig die Butter zerlassen. Die Hefe in der lauwarmen Milch auflösen. Geben Sie beide Mehlsorten zu der Hefemilch und rühren Sie den Teig glatt. Anschließend Eigelb, Vanillemark, abgeriebene Zitronenschale sowie die zerlassene Butter zufügen, alles gut verrühren und den Teig abgedeckt 45 Minuten gehen lassen.

2. Inzwischen für das Kirsch-Ragout Zucker und Zitronensaft hell karamellisieren lassen. Die Kirschsteine, falls vorhanden, zufügen und den Karamell mit Portwein und Rotwein ablöschen. Die Zimtstange einlegen und alles etwa 5 Minuten bei mittlerer Hitze köcheln lassen. Passieren Sie den Sud durch ein Sieb in einen zweiten Topf und lassen Sie ihn kurz aufkochen. Die Speisestärke mit etwas kaltem Wasser anrühren, den Sud damit binden, erneut kurz aufkochen, dann abkühlen lassen und über die entsteinten Sauerkirschen gießen.

3. Den Backofen auf 180 °C vorheizen. Schlagen Sie das Eiweiß für die Liwanzen mit dem Zucker steif. Den Teig gut durchrühren und den Eischnee vorsichtig unterheben. In einer ofenfesten Liwanzenpfanne etwas Butterschmalz erhitzen, den Teig in die Vertiefungen füllen und 4–5 Minuten bei mittlerer Hitze anbacken. Anschließend wenden und die Küchlein im vorgeheizten Ofen in etwa 15 Minuten fertig backen. Herausnehmen, die Liwanzen mit dem Sauerkirsch-Ragout auf Tellern anrichten und mit Puderzucker bestäubt servieren.

S. 250
ROTWEIN

S. 255
ZUCKER
KARAMELLISIEREN

MIT SCHLEHEN SERVIERT
Zu den Liwanzen passt ein Schlehen-Ragout. Die Früchte entweder nach einer frostigen Nacht ernten oder über Nacht tiefkühlen, entsteinen und zubereiten, wie beschrieben. Zum Backen des Teiges können Sie auch eine normale Pfanne verwenden.

MARILLENKNÖDEL
MIT RIESLING-SABAYON

ZUBEREITUNGSZEIT: 1 Std. 5 Min. / FÜR 4–6 Portionen

FÜR DIE MARILLENKNÖDEL: 250 g Quark (20 % Fett) • 2 Eigelbe • 50 g weiche Butter
• 100 g Mehl • 1 Prise Salz • 8–10 Aprikosen, je nach Größe • 8–10 Stück Würfelzucker
FÜR DAS RIESLING-SABAYON: 75 ml Riesling-Beerenauslese • 2 Eigelbe • 15 g Zucker
AUSSERDEM: Mehl • 1 EL Zucker • 1 Stange Zimt • 100 g Semmelbrösel
• 25 g Butter • Puderzucker zum Bestreuen • frische Minze

S. 250
EDELSÜSSE WEINE

S. 272
SABAYON HERSTELLEN

1. Für die Marillenknödel den Quark in ein Tuch geben und gut ausdrücken, es werden etwa 200 g trockener Quark benötigt. Rühren Sie dann die Eigelbe mit der Butter cremig. Danach den Quark und das Mehl untermengen, den Teig leicht salzen und 20 Minuten ruhen lassen. Sollte er zu weich und klebrig sein, etwas Mehl oder Semmelbrösel einarbeiten.

2. Die Aprikosen ein-, aber nicht durchschneiden und entsteinen. Die Früchte jeweils mit 1 Würfelzucker füllen und fest zusammendrücken.

3. Teilen Sie den Teig mit bemehlten Händen in so viele Portionen, wie Sie Aprikosen haben. Die Teigstücke flach drücken, jeweils 1 gefüllte Aprikose auflegen, mit Teig umhüllen und rund formen.

4. In einem Topf ausreichend Wasser mit dem Zucker und der Zimtstange zum Kochen bringen. Legen Sie die Knödel ein und lassen Sie diese bei schwacher Hitze in etwa 10 Minuten gar ziehen.

5. In der Zwischenzeit für das Riesling-Sabayon alle Zutaten in einem Metallrührkessel cremig verrühren. Schlagen Sie die Masse dann über einem heißen Wasserbad mit dem Schneebesen luftig auf, bis das Sabayon Stand hat.

6. In einer Pfanne die Semmelbrösel in der Butter hellbraun anrösten. Wälzen Sie die fertigen Knödel in den Bröseln. Das warme Riesling-Sabayon auf Teller verteilen, die Marillenknödel darauf mittig anrichten, leicht mit Puderzucker bestreuen, mit Minzeblättchen garnieren und sofort servieren.

BELGISCHE WAFFELN MIT ZIMT-KIRSCHEN UND QUARKSCHAUM

ZUBEREITUNGSZEIT: 40 Min. / FÜR 10 Portionen

FÜR DIE ZIMTKIRSCHEN: 1 Glas Sauerkirschen, etwa 600 g • 1–2 Zimtstangen
(Ersatz: ½ TL gemahlener Zimt) • 15 g Vanillepuddingpulver • 20 g Zucker
FÜR DEN QUARKSCHAUM: 200 g Quark • 60 g Joghurt • 1 Blatt Gelatine, kalt eingeweicht
• 45 g Zucker
FÜR DIE WAFFELN: 125 g weiche Butter • 75 g Zucker • 15 g Honig • 1 Prise Salz
• 3 Eier (Größe M), zimmerwarm • 250 g Mehl • ½ Päckchen Backpulver • 180 ml Buttermilch
• 25 ml Mineralwasser
AUSSERDEM: Waffeleisen • Butterschmalz • Puderzucker

S. 270
SCHÄUME HERSTELLEN

1. Für die Zimtkirschen die Sauerkirschen in einem Sieb abtropfen lassen, dabei den Saft auffangen und 200 ml abmessen. Den Saft mit den Zimtstangen aufkochen und 10 Minuten zugedeckt ziehen lassen, dann den Zimt entfernen. Ein Viertel des Safts mit dem Puddingpulver verrühren. Übrigen Saft mit dem Zucker aufkochen und mit dem angerührten Puddingpulver binden. Einmal kräftig aufkochen lassen. Kirschen und Zimt zufügen, Sauerkirschen beiseitestellen.

2. Für den Schaum Quark und Joghurt glatt rühren und leicht anwärmen. Die ausgedrückte Gelatine über einem Wasserbad schmelzen und unterrühren. Den Zucker zufügen, die Quarkmasse durch ein Sieb passieren, in eine ½-l-Sahne-Siphon-Flasche füllen, diese mit 2 Gaspatronen laden und kalt stellen.

Falls Sie keinen Sahne-Siphon zur Verfügung haben, bietet sich die unten stehende Variante an.

3. Für die Waffeln Butter, Zucker, Honig und Salz cremig aufschlagen. Nach und nach die Eier einarbeiten. Mehl und Backpulver vermischen und unterziehen, dann Buttermilch und Mineralwasser einrühren.

4. Den Backofen auf 80 °C vorheizen. Den Teig fertigstellen und die Waffeln backen, wie unten (Step 1–3) gezeigt. Die Zimtkirschen nochmals kurz erwärmen, dann mit den Waffeln auf Tellern anrichten. Sahne-Siphon-Flasche gut schütteln und kopfüber Quarkschaum auf die Teller geben. Die Belgischen Waffeln mit Puderzucker bestreuen und das Dessert servieren.

WAFFELTEIG FERTIGSTELLEN UND WAFFELN BACKEN

(1) Kurz vor dem Backen das Mineralwasser zugießen und gründlich unter den Waffelteig rühren.

(2) Waffeleisen erhitzen, mit etwas zerlassenem Butterschmalz fetten und 2 kleine Schöpflöffel Teig einfüllen.

(3) Die fertigen Waffeln mit einer Gabel herausnehmen und nebeneinander im vorgeheizten Ofen warm halten.

»TEIGVARIATIONEN FÜR WAFFELN«

Den Buttermilchteig für die Belgischen Waffeln können Sie leicht variieren, indem Sie gehackte geröstete Mandeln oder klein gehackten Krokant untermischen. Für Haselnusswaffeln rühren Sie 150 g weiche Butter, 1 Prise Salz und 3 Eier schaumig. Dann 1 Msp. abgeriebene Bio-Orangenschale und 6 EL kalten Kaffee zufügen und vorsichtig 100 g Mehl, 2 Msp. Backpulver und 100 g gemahlene Haselnüsse unter die Masse heben. Gut dazu passt mit Kakaopulver und Zucker aromatisierte Sahne. Ein Knuspererlebnis der besonderen Art beschert Ihnen das folgende Rezept: Für die krossen Waffelröllchen rühren Sie 2 Eier mit 150 g Puderzucker schaumig. Dann abwechselnd 80 ml Milch und 250 g Mehl unter die Masse mischen. Rühren Sie zusätzlich das Mark von ½ Vanilleschote und 60 g zerlassene, nicht zu warme Butter unter und lassen Sie den Teig einige Minuten ruhen, bevor Sie ihn in einen Hörnchen-Automaten geben – ein spezielles Eisen, das diese hauchdünnen Waffeln herstellen kann. Die fertigen Waffeln können Sie über ein rundes Holz rollen, auskühlen lassen und mit Schlagsahne, Eis oder Früchten füllen. *Margarethe Brunner*

OLIVENÖL-PRALINÉ MIT FLEUR DE SEL

ZUBEREITUNGSZEIT: 15 Min. / KÜHLZEIT: 12 Std. / FÜR etwa 40 Stück

FÜR DIE PRALINÉS: 175 g Sahne • 30 g Honig • 200 g dunkle Kuvertüre (70 %), gehackt
• 200 g Vollmilchkuvertüre, gehackt • 100 ml kräftiges Olivenöl • Fleur de Sel
• etwas Öl für die Form

1. Für die Pralinés Sahne und Honig aufkochen, den Topf vom Herd nehmen und beide Kuvertüresorten in der heißen Sahne schmelzen lassen. Das Olivenöl zugießen und alles mit einem Kochlöffel glatt rühren. Eine rechteckige Form (30 x 21 cm) leicht ölen und mit Frischhaltefolie auslegen. Füllen Sie die Ganache etwa 1 cm hoch ein und stellen Sie die Form über Nacht kühl.

2. Am nächsten Tag die feste Ganache mit der Folie herausnehmen und mit einem warmen Messer in 1–2 cm große Würfel schneiden. Stellen Sie die Pralinés erneut kalt. Kurz vor dem Servieren jedes Olivenöl-Praliné mit 1 Prise Fleur de Sel bestreuen.

S. 248
KUVERTÜRE SCHMELZEN

S. 268
GANACHE HERSTELLEN

»KLASSISCHE SCHOKOLADENTRÜFFEL«

In der Schweiz und in Frankreich nennt man die runden Pralinen Truffes. Sie bestehen meist aus einem Schokoladenhohlkörper, sind mit einer Ganache aus Schokolade, Sahne, Butter und Aromen gefüllt und werden in Puder- oder Kristallzucker, Kakaopulver oder gehackten Nüssen gewendet. Die Aromen liefert Hochprozentiges wie Rum, Whiskey, Himbeergeist oder Marc de Champagne, sie können aber auch von Gewürzen wie Zimt, Kardamom oder Vanille stammen. Wichtig ist vor allem, dass mit möglichst frischen Zutaten bester Qualität gearbeitet wird. Für Schokoladentrüffel bringt man 200 g zerkleinerte Zartbitter- und 250 g Milchkuvertüre mit 60 g Zucker, 1 Msp. Salz und dem Mark von 1 Vanilleschote in 150 g heißer Sahne unter Rühren zum Schmelzen. Die Ganache leicht abkühlen lassen, nach und nach 250 g zimmerwarme, cremige Butter unterrühren. Alles in einen Spritzbeutel füllen, Kugeln auf Backpapier spritzen, diese erkalten lassen, in dünnflüssige dunkle Kuvertüre tauchen, abtropfen lassen und in Kakao wenden.

Ingrid Schindler

FLORENTINER

ZUBEREITUNGSZEIT: 1 Std. 55 Min. / KÜHLZEIT: 3–12 Std. / FÜR etwa 100 Stück

FÜR DIE FLORENTINER: 150 g gemischte kandierte Früchte oder getrocknete Früchte
• 120 g Honig • 130 g Glukose (Ersatz: 120 g Zucker) • 250 g Sahne • 200 g Butter
• 360 g Zucker • 400 g gehobelte Mandeln • 200 g gestiftelte Mandeln • 50 g Mehl
AUSSERDEM: Backpapier • Öl • 150 g dunkle Kuvertüre, gehackt

S. 245
KANDIERTE FRÜCHTE

S. 248
KUVERTÜRE SCHMELZEN

1. Für die Florentiner die kandierten Früchte durch die mittlere Scheibe des Fleischwolfs drehen. Zwei Backbleche mit Backpapier auslegen und den Backofen auf 180 °C vorheizen. Bringen Sie den Honig zusammen mit der Glukose, der Sahne, der Butter und dem Zucker langsam zum Kochen. Die Masse weiter erhitzen, bis sie nach dem Zuckerthermometer 105 °C erreicht hat.

2. Den Topf sofort vom Herd nehmen, die zerkleinerten kandierten Früchte unterrühren und alles gut vermischen. Heben Sie anschließend die Mandelblättchen und -stifte sowie das Mehl unter. Die Florentinermasse auf den Blechen verteilen und mit einer in Wasser getauchten Winkelpalette glatt streichen.

3. Die Bleche nacheinander auf der mittleren Schiene in den vorgeheizten Ofen schieben und die Florentinermasse leicht bräunen. Nehmen Sie die Bleche dann heraus und lassen Sie die Masse etwas abkühlen. Anschließend die Bleche erneut in den heißen Ofen schieben und die Florentinermasse in etwa 10 Minuten goldbraun backen. Herausnehmen und die Florentinerplatte mit einem leicht geölten Messer in etwa 4 x 4 cm große Quadrate schneiden. Dafür ein Blatt Küchenpapier in Öl tauchen und die Klinge vor jedem Schnitt kurz abreiben. Die Florentiner auf ein Kuchengitter legen und vollständig auskühlen lassen.

4. Die Kuvertüre in einer Metallschüssel über einem heißen Wasserbad schmelzen, dann mithilfe eines Pinsels dünn auf der Unterseite der Florentiner auftragen und erstarren lassen. Die Florentiner bis zum Verzehr in einer gut schließenden Dose kühl und trocken aufbewahren.

EINE ALTERNATIVE

Sie können die geschmolzene Kuvertüre auch dünn auf Backpapier verstreichen, die Florentiner daraufsetzen und leicht andrücken. Sie lassen sich dann nach dem Erstarren der Kuvertüre ganz einfach vom Backpapier abheben. Ohne Schokolade lassen sich die Florentiner auch für Profiterols verwenden.

FRUCHTGELEE

ZUBEREITUNGSZEIT: 30 Min. / KÜHLZEIT: 12 Std. / FÜR 30–40 Stück

FÜR DAS GELEE: 15 g Pektin (Apotheke) • 140 g Zucker
• 150 g Fruchtmark • 125 g Glukosesirup • 3 g Zitronensäure (Apotheke)
AUSSERDEM: Förmchen zum Ausstechen oder Eiswürfelformen aus Silikon
• Kristallzucker zum Wälzen

1. Für das Gelee das Pektin sorgfältig mit 40 g Zucker
vermischen. Das Fruchtmark in einem kleinen Topf zum
Kochen bringen, dabei nach und nach die Pektinmischung
mit dem Schneebesen einrühren und alles auf 106 °C
erhitzen. Die Mischung köcheln lassen, bis sich das Pektin
vollständig aufgelöst hat, dann den restlichen Zucker,
110 ml Wasser und den Glukosesirup unter ständigem
Rühren zufügen. Lassen Sie alles erneut kurz aufkochen.
Zum Schluss die Zitronensäure unterrühren, die Flüssigkeit
so-fort in Portionsförmchen oder in eine flache Form
füllen und über Nacht in den Kühlschrank stellen.

2. Am nächsten Tag das Gelee herausnehmen und vorsichtig
aus den Förmchen drücken oder stürzen. Mit einem Messer
in Würfel schneiden oder Formen ausstechen. Wälzen Sie die
Geleestücke vor dem Servieren noch in Kristallzucker.

S.252
FRUCHTGELEE

S. 260
FRUCHTMARK

FRUCHTGELEE MIT FRUCHTSAFT HERSTELLEN
Sie können zur Herstellung von Gelee statt des Frucht-
marks auch jeden beliebigen Fruchtsaft verwenden.
In diesem Fall den Wasseranteil durch Saft ersetzen,
damit das Aroma intensiver wird.

KLEINE LIME-PIES

ZUBEREITUNGSZEIT: 2 Std. / KÜHLZEIT: 13 Std. / FÜR 6 Stück

FÜR DEN MÜRBETEIG: 100 g Mehl • 25 g Puderzucker • 1 Prise Salz
• 50 g kalte Butter • 1 Eigelb
FÜR DIE LIMETTENCREME: abgeriebene Schale von 2 Bio-Limetten
• 75 ml Limettensaft • 100 g Zucker • 1 Prise Salz • 3 Eier (Größe S) • 75 g Sahne
AUSSERDEM: Mehl • 1 Dessertring (10 cm Ø) • 1 Muffinform aus Silikon
(Ersatz: 1 beschichtete Muffinform) • Backpapier • getrocknete Linsen
• frische Himbeeren • Schokoladendekor

S. 240
ZITRUSFRÜCHTE

1. Für den Mürbeteig das Mehl mit Puderzucker und Salz
vermischen. Geben Sie die kalte Butter in Flöckchen hinzu
und hacken Sie die Mischung mit dem Messer krümelig. Das
Eigelb einarbeiten und den Teig mit den Händen geschmeidig
kneten. Den Teig zu einer Kugel formen, in Frischhaltefolie
einschlagen und im Kühlschrank 1 Stunde ruhen lassen.

2. Den Backofen auf 180 °C vorheizen. Den Teig auf einer
bemehlten Arbeitsfläche etwa 2 mm dünn ausrollen. Mit dem
Dessertring Kreise (im Durchmesser 1–1 ½ cm größer als die
Muffinmulden) ausstechen und diese damit auskleiden. Teig
mehrmals einstechen, mit Backpapier belegen, Linsen einfüllen und im vorgeheizten Ofen 10–15 Minuten blindbacken.

3. Für die Limettencreme Limettenschale und -saft, Zucker
und Salz mit dem Handrührgerät verrühren, bis sich der
Zucker gelöst hat. Die Eier einarbeiten und die Sahne zufügen.

4. Die Form aus dem Ofen nehmen und die Backofen-
temperatur auf 110 °C reduzieren.

5. Nun die Limettencreme in einen Topf umfüllen und auf
dem Herd unter ständigem Rühren auf etwa 70 °C erhitzen,
dann durch ein Sieb passieren. Verteilen Sie die Creme in
die vorgebackenen Mürbeteig-Torteletts.

6. Anschließend die Lime-Pies im Ofen in 35–40 Minuten
fertig backen. Den Ofen ausschalten, die Tür öffnen, die
Törtchen im Backofen abkühlen lassen, dann vorsichtig
aus den Formen drücken und am besten über Nacht
durchziehen lassen.

7. Die Lime-Pies auf Tellern anrichten und mit Himbeeren
und nach Belieben mit Schokoladengittern oder -streifen
garnieren und servieren.

IMPRESSUM

© 2019 TEUBNER
Grillparzerstraße 12, D-81675 München
TEUBNER ist ein Unternehmen des Verlagshauses
GRÄFE UND UNZER, GANSKE VERLAGSGRUPPE
www.teubner-verlag.de
Genehmigte Sonderausgabe 2019 für HAWESKO GmbH, Hamburg

AUTOREN

Bernd Arold, Martin Baudrexel, Markus Bischoff, Christoph Bob, Ingo Bockler, Bobby Bräuer, Margarethe Brunner, Matthias Buchholz, Bernhard Diers, Gerd Eis, Björn Freitag, Stephan Franz, Peter Hauptmeier, Ursula Heinzelmann, Alexander Herrmann, Michael Kreiling, Matthias Ludwig, Oskar Marti, Astrid Mathé, Wolfgang Müller, Fred Nowack, Christian Petz, Cornelia Poletto, Tim Raue, Philip Rümmele, Peter Scharff, Ingrid Schindler, Achim Schwekendiek, Bernd Siener, Jürgen Sperber, Andy Vorbusch.

BILDNACHWEIS

Alle Bilder im Innenteil stammen von Westermann Studios GbR, außer:
S. 4, S. 8/9: mauritius images/Protzel; S. 11 (1), (2), S. 12 (1), (2), (3), (5), (6), (7), (8), S. 13 (9), (11), (12), (13), (14), (15), (17), S. 14–16, S. 17 (2), (4), S. 18–19, S. 20 (2), (3), S. 21–23, S. 25 (2), (3), (5), (7), (8), (9), (10), (11), (12), (13), S. 27–28, S. 29 (3), (4), S. 30–31, S. 32 (1), (2), (3), (5), S. 33–55: Dorothee Gödert; S. 11 (3), S. 12 (4), S. 13 (10), (16), S. 17 (3), S. 20 (1), S. 25 (6), (9), S. 32 (4), S. 88, S. 91, S. 92 (1), (2); S. 93–95, S. 97, S. 99–115, S. 117, S. 118 unten, S. 121, S. 122 unten, S. 125, S. 134, S. 137, S. 139 unten, S. 159, S. 161–168, 170–174, 176–201, S. 207 unten, S. 211 unten, S. 219, S. 221 unten, S. 224 unten, S. 227: Teubner Foodfoto; S. 24: IFA-Bilderteam/Rose; S. 25 (1): Okapia/Cattlin; S. 25 (4): mauritius/CuboImages; S. 29 rechts: StockFood/Muthuramann; S. 89: StockFood (FoodPhotography Eising); S. 90: StockFood (Maximilian Stock, LDT); S. 92 links: StockFood (Euler, Bernd); S. 96: StockFood (Leser, Nicolas); S. 158: Forum Fotoagentur

Gesamtherstellung: bookwise GmbH

ISBN: 978-3-8338-7131-3